鉴古知今
继往开来

从《资治通鉴》看吏治监察

罗英桓 著

中国法制出版社

序　言

　　《资治通鉴》是中华优秀传统文化的代表作之一，知名度极高，在国内外享有盛誉。一代伟人毛泽东读《资治通鉴》达十七遍，他说："中国有两部大书，一曰《史记》，一曰《资治通鉴》，都是有才气的人在政治上不得志的境遇中编写的。"[1] 他还指出："《通鉴》是一部值得再读的好书。"[2]

一

　　《资治通鉴》是史学巨擘司马光主持编撰的。据《宋史·司马光传》载，司马光七岁时，听别人讲《左氏春秋》，就爱上了历史，以后更是手不释卷。他读书十分刻苦，不论是大伏暑天，或者数九寒冬，他总捧着书不放，有时候连吃饭喝水都忘了。他还用一截圆木当枕头，称为"警枕"。每天夜里，"警枕"一滚动，他就立即起床，伏案读书。入仕后也从未放弃对历史的钻研。他认为，治国要通晓历史，要从历史中吸取兴盛、衰亡的经验教训。于是，他想编写一部从战国到五代的简明完整的编年体通史。加上北宋面临积贫积弱、内忧外患的严峻形势，使他更迫切地想以史为鉴，向皇帝提供治国之道。宋英宗在位时，很支持他，专门设书局，让他修史。宋神宗也非常支

---

[1] 卢志丹著：《毛泽东点评历史人物》，人民日报出版社2017年版，第729页。
[2] 陈晋主编：《毛泽东读书笔记精讲（第四卷）》，广西人民出版社2017年版，第121页。

持他，给了他很丰厚的条件和待遇，鼓励他继续撰史。自公元1066年到1085年，司马光用了十九年时间，才把这部著作完成。

司马光在主持编撰《资治通鉴》过程中，不仅在编撰史实上下功夫，更在史论上下功夫。《资治通鉴》一书的史论共有218则。这里面，既有司马光写的评论（"臣光曰"）119则，又有司马光所引他人的评论99则。而司马光所写的评论的确显示了大史学家的风范。

司马光在主持编撰这本书的时候非常勤奋，且"日力不足，继之以夜"，也就是"白加黑"拼命地干，经常著书到深夜，可谓殚精竭虑。到书写完时，六十六岁的他已经眼睛昏花，牙齿掉光，神形衰耗。他在《进〈资治通鉴〉表》中说："臣之精力，尽于此书。"明末清初大学问家顾炎武讲："宋人书，如司马温公《资治通鉴》，马贵与（即马端临）《文献通考》，皆以一生精力成之，遂为后世不可无之书。"（《日知录·卷十九·著书之难》）这个"后世不可无之书"可谓是对司马光的辛勤努力和《资治通鉴》的高度评价。

二

《资治通鉴》是治国安邦的帝王书、文韬武略的执政书、经世济民的智慧书，所以《资治通鉴》一书流传后，即成为帝王常备必学之书，宋、金、元、明、清历代的贤明君主都非常注重学习这本书，并将这本书纳入太子诸王等必学之书。

宋神宗在司马光写完《资治通鉴》后，不仅赐名，而且"每开经筵，常令进读"，也就是说，只要宋神宗开经筵读书学习，就会令司马光进讲《资治通鉴》。（司马光《进〈资治通鉴〉表》）在清朝毕沅编撰的《续资治通鉴》"宋纪六十六"至"宋纪六十七"中专门提到了关于司马光进讲《资治通鉴》的三件事：第一件事是苏秦合纵六国，第二件事是曹参不变更萧何所定制度，第三件事是贾山上疏言事。

宋高宗于建炎二年三月下诏经筵进读《资治通鉴》，以司马光配享宋哲宗庙庭；绍兴四年，还命右文殿修撰王伦将《资治通鉴》送给金朝元帅完颜宗翰所亲近的耶律绍文、高庆裔。宋孝宗也常读《资治通鉴》，并熟知其中很多内容，且当时太子也熟读《资治通鉴》。宋理宗时，工部侍郎兼崇政殿说书郑清之进讲《资治通鉴》，得到宋理宗的称赞（以上分别见《续资治通鉴》"宋纪一百零一""宋纪一百十三""宋纪一百四十六""宋纪一百五十一""宋纪一百六十三"）。

有"小尧舜"之称的金世宗评价说："近览《资治通鉴》，编次累代废兴，甚有鉴戒，司马光用心如此，古之良史无以加也。"（《金史·世宗本纪》）意思是，近来读《资治通鉴》，该书编写历代兴亡事，很有借鉴价值，司马光能如此用功，实在是前无古人的良史。

金代还在正大三年设立了益政院，置于宫廷之内，选拔学问广博、议论宏远的人兼任益政院官。每天有两人轮值，备皇帝顾问，就讲解三本书，一本是《尚书》，一本是《贞观政要》，一本是《资治通鉴》（《金史·百官志二》）。

元世祖极为重视《资治通鉴》，在未统一中国前就读《资治通鉴》。中统二年十一月，蒙古左右司郎中贾居贞跟随元世祖北征时，常向元世祖陈说《资治通鉴》，元世祖"虽在军中，未尝废书"（《续资治通鉴·宋纪一百七十六》）。元世祖统一中国后，继续读《资治通鉴》。至元十四年三月，翰林待制王思廉进读《资治通鉴》，当讲到唐太宗想杀魏徵而长孙皇后进谏时，元世祖还让引到皇后阁，详细讲给皇后听（《续资治通鉴·元纪一》）。元世祖还重视让蒙古士子读《资治通鉴》，至元八年下诏建立京师蒙古国子学，将《通鉴节要》译写成蒙古语用来教育生员，等到生员学有所成，就出题考试，对其中对答优良的，酌情授予官职（《元史·选举志一·学校》）。

元世祖的太子真金（先于世祖去世，被后世尊为文惠明孝皇帝），每次与诸王近臣练习射箭的空闲时间，就同他们讲经论典，诸如《资治通鉴》《贞观政要》，还有王恂、许衡所讲述的辽金两朝帝王行事要略，以及《武经》等书。真金太子从这些只言片语之间，如果觉得很好的地方，未尝不为之肃然起敬。

真金的长子甘麻剌（被后世尊为光圣仁孝皇帝）在抚慰部下的闲暇时间，命令也灭坚用蒙语为他讲解《资治通鉴》（《元史·裕宗显宗列传》）。

元成宗（元世祖之孙，真金第三子）即位后，于大德元年三月命焦养直进讲《资治通鉴》。焦养直陈述规谏之言，受到元成宗厚赐（《续资治通鉴·元纪十》）。

元仁宗非常关注《资治通鉴》，延祐元年四月，元仁宗因为《资治通鉴》记载了前代兴亡治乱，命令集贤学士忽都鲁都儿迷失、李孟选择其中重要的部分译写后进呈（《元史·仁宗本纪》）。

元朝泰定帝在泰定元年二月，任命平章政事张珪、翰林学士承旨忽都鲁都儿迷失、学士吴澄、集贤直学士邓文原，讲解《帝范》《资治通鉴》《大学衍义》《贞观政要》等书。泰定四年六月，翰林侍讲学士阿鲁威、直学士燕赤等为泰定帝讲学，泰定帝命令翻译《资治通鉴》进呈（《元史·泰定帝本纪》）。

明太祖对《资治通鉴》极为爱好，经常研读，"习闻明知古代帝王之道，身体力行《通鉴》原则"。

明穆宗时，在经筵午讲中，专门令讲官讲解《通鉴节要》及《贞观政要》（《明史·礼志九·日讲》）。

明神宗时，大学士张居正等将编撰的《尚书直解》《四书直解》《通鉴直解》《帝鉴图说》等为神宗皇帝讲解。

明朝还将《资治通鉴》作为太子必读之书。《明史·职官二》载，詹事入侍太子时，与左右春坊、司经局的翰林官轮番进讲《尚书》《春秋》《资治通鉴》《大学衍义》《贞观政要》等书。前期编撰成章，然后到文华殿讲读。

清圣祖康熙帝非常爱读《资治通鉴》，在经筵上，命讲官讲解《周易》《尚书》《资治通鉴》（见《清史稿·圣祖本纪》），他还亲自为《日讲通鉴解义》写序，并在序言中称自己勤求治国之道，在学习《六经》之余，喜欢观看前代兴衰得失的言行事迹，"故《通鉴》一书，披览未尝去手（即《资治通鉴》一书经常观看，不曾离手）"（见《康熙政要·论经史文学》）。清朝乾隆皇帝专门对《资治通鉴》批注，形成了《御批通鉴辑览》一书。可见，《资治通鉴》

对促成"康乾盛世"是有很大作用的。

三

后世学者也非常关注此书,并给予了《资治通鉴》极高的评价。比如:南宋理学家朱熹在《跋通鉴纪事本末》中说:"伟哉书乎,自汉以来未始有也。"意思说,伟大啊这本书,自从汉代以来从未有过这样的书。

金元之际的"一代文宗"元好问在《集诸家通鉴节要序》中称:"成一家之言而为百代不刊之典。"意思是,《资治通鉴》成一家之言,是历经百代都不可磨灭(不可改动)的经典。

元朝胡三省专门为《资治通鉴》作注,他在《新注资治通鉴序》中讲:"为人君而不知通鉴,则欲治而不知自治之源,恶乱而不知防乱之术。为人臣而不知通鉴,则上无以事君,下无以治民。为人子而不知通鉴,则谋身必至于辱先,作事不足以垂后。及如用兵行师,创法立制,而不知迹古人之所以得,鉴古人之所以失,则求胜而败,图利而害,此必然者也。"意思是,作为君主的不知晓《通鉴》,那么想让天下大治却不知道治理的源头,讨厌祸乱却不知道防范祸乱的方法。作为臣子的不知晓《通鉴》,那么对上则无法侍奉君主,对下则无法治理百姓。作为儿子的不知晓《通鉴》,那么谋身会导致辱没先人,作事不能为后人作垂范。甚至像行军打仗、创制法度,如果不知道效仿古人之所以成功的地方,警戒古人之所以失败的地方,那么想求胜利却会失败,想图利益却会受到损害,这是必然的啊!

清代史学家王鸣盛认为"读十七史,不可不兼读《通鉴》",并称赞《通鉴》:"此天地间必不可无之书,亦学者不可不读之书。"(《十七史商榷·卷一》)

四

司马光主持编撰《资治通鉴》是为了从前代兴衰治乱中,总结历史经验教训，使国家得到有效治理，以造福百姓。他在《进〈资治通鉴〉表》中讲："鉴前世之兴衰，考当今之得失，嘉善矜恶，取是舍非，足以懋稽古之盛德，跻无前之至治，俾四海群生，咸蒙其福。"他真诚希望，皇帝能够从《资治通鉴》中参考借鉴前代王朝的兴衰，考察当今的政治得失，嘉赏善良、摒弃劣行，坚持正义、舍弃谬误，如此可以光大古代圣贤的盛德，使国家升到从前没有过的治世，真正使四海百姓受到福泽。

历史上，研读《资治通鉴》的主要是执政者、官员及各行业的领导者、学者、读书人等，他们拥有决策权、话语权、执行权或影响力，直接关系国家治乱兴衰，关系百姓生活苦乐，关系社会风俗好坏。如果他们能真正掌握运用《资治通鉴》的智慧，使国家达到大治、百姓安居乐业，那么这该是多么大的功德啊！所以，《资治通鉴》可谓是一本福泽天下之书。

五

治国必先治吏，治民必先治官，这是一条重要的历史规律。《资治通鉴》作为一部治国理政的智慧书，对于治吏治官自然很是关注。

一般而言，治吏治官可以分为吏治、监察两项主要内容，吏治主要是指如何选任官员、考核官员的问题，监察主要是指如何监察官员的问题。而且监察与吏治关系极其密切，可以说监察是吏治清明的有力支撑，可以及时将那些蛀虫和变质的官员清除队伍，保证官员的纯洁性。同时，选任官员、考核官员、监察官员也是一套完整的系统，选任官员是吏治的源头、考核官员是吏治的关键、监察官员是吏治的保障。

我们从《资治通鉴》中可以看到，大凡治盛之世（即治世和盛世）的贤明君主或雄武之君都特别注重吏治监察，如汉武帝狠抓吏治监察而有汉武盛世，汉宣帝狠抓吏治监察而有汉室中兴，唐太宗狠抓吏治监察而有"贞观之治"，唐玄宗狠抓吏治监察而有"开元盛世"，唐宣宗狠抓吏治监察而有"大中之治"。大凡衰亡之世，则吏治腐败，买官卖官现象十分严重，像汉桓帝、汉灵帝时就是如此。

所以，吏治监察在一个国家中，极为重要，关系国家治乱兴衰，是治国必须优先考虑的大事。司马光在《资治通鉴》中记载了许多吏治监察事迹。为了更好地借鉴《资治通鉴》所载的吏治监察经验和吸取教训，特著《从〈资治通鉴〉看吏治监察》。

由于学识有限，本书定有不足之处，敬请读者不吝指正！

罗英桓　谨识

二〇二三年十月

目录
CONTENTS

引　言　十六朝吏治监察简述 / 001

第一篇　《资治通鉴》所载治盛之世的吏治监察

一、"文景之治"时期的吏治监察 / 007

二、"昭宣中兴"时期的吏治监察 / 012

三、"建武之治"时期的吏治监察 / 016

四、"明章之治"时期的吏治监察 / 021

五、"太康之治"时期的吏治监察 / 026

六、"开皇之治"时期的吏治监察 / 027

七、"贞观之治"时期的吏治监察 / 030

八、"开元盛世"时期的吏治监察 / 038

九、"大中之治"时期的吏治监察 / 048

第二篇　《资治通鉴》所载衰亡之世的吏治监察

一、西汉衰亡时期的吏治监察 / 055

二、王莽、更始帝时期的吏治监察 / 058

三、东汉衰亡时期的吏治监察 / 059

四、西晋衰亡时期的吏治监察 / 070

五、东晋衰亡时期的吏治监察 / 071

六、南朝宋衰亡时期的吏治监察 / 073

七、南朝齐衰亡时期的吏治监察 / 075

八、南朝梁衰亡时期的吏治监察 / 076

九、南朝陈衰亡时期的吏治监察 / 077

十、北魏衰亡时期的吏治监察 / 078

十一、北齐衰亡时期的吏治监察 / 083

十二、隋朝衰亡时期的吏治监察 / 085

十三、唐朝衰亡时期的吏治监察 / 087

十四、五代衰亡时期的吏治监察 / 095

十五、十国衰亡时期的吏治监察 / 098

第三篇 《资治通鉴》所载雄武之君时期的吏治监察

一、战国雄武之君时期的吏治 / 103

二、两汉雄武之君时期的吏治监察 / 106

三、魏晋雄武之君时期的吏治监察 / 112

四、南北朝雄武之君时期的吏治监察 / 120

五、隋唐雄武之君时期的吏治监察 / 130

六、五代雄武之君时期的吏治监察 / 140

第四篇 《资治通鉴》所载守文之君时期的吏治监察

一、两汉守文之君时期的吏治监察 / 145

二、魏晋守文之君时期的吏治监察 / 155

三、南北朝守文之君时期的吏治监察 / 159

四、隋唐守文之君时期的吏治监察 / 169

五、五代守文之君时期的吏治监察 / 182

第五篇 《资治通鉴》所载的吏治监察制度

一、吏治方面的制度 / 187

二、监察方面的制度 / 210

第六篇　《资治通鉴》所载关于吏治监察的言论

一、两汉时期关于吏治监察的言论 / 235

二、魏晋南北朝时的吏治监察言论 / 249

三、隋唐五代时期的吏治监察言论 / 261

第七篇　吏治清明的历史举措

一、任官惟贤才 / 277

二、举荐者承担连带责任 / 279

三、慎择中央高级官员及组织人事部门、政务机要部门、刑狱部门的官员 / 282

四、极端重视地方长官的选拔 / 285

五、选用少言质朴敦厚清廉者为官 / 288

六、分不同科目选拔官员 / 290

七、精简机构和冗余官员 / 293

八、选任官员必须公平公正 / 295

九、官员要有一定的任期 / 297

十、考核官吏需要科学分类、评定等次 / 300

十一、考核的重点是治民之官 / 305

十二、考核必须综核名实 / 309

十三、加强对地方长官（或部门主管）的巡视和各级官员的监察 / 311

十四、奖励提拔廉洁能干的官吏 / 314

十五、严厉惩处贪污受贿的官吏 / 318

十六、实行高位尊贤、高薪养贤（含高薪养廉）制度 / 322

参考文献 / 326

引言　十六朝吏治监察简述

《资治通鉴》记载了上起周威烈王二十三年，下迄后周世宗显德六年共1362年的史事，贯穿周、秦、汉、魏、晋、宋、齐、梁、陈、隋、唐、后梁、后唐、后晋、后汉、后周共十六个朝代。

司马光极为重视吏治在治国中的作用，在《资治通鉴》中记载了很多关于吏治监察的事迹。从这些吏治监察事迹中，可以知道十六朝各个帝王在位时期的政治是否清明、官吏是否清廉。

在《资治通鉴》一书中，周朝时期（周威烈王二十三年至东周灭亡）的历史记载得比较简明，吏治监察方面的事迹也不多，主要体现在当时的改革或变法举措中，如楚国的吴起变法、秦国的商鞅变法、魏国的子顺改革，他们的改革或变法在吏治上有一个共同的特征就是剥夺那些不干事（包括王族宗室）官员的俸禄，用以赏赐有功劳的人或安抚培养征战之士。

秦朝建立之后，确立了不少重要的政治制度，如郡县制后世还基本沿用，毛泽东称之为"百代都行秦政法"。[1] 在吏治监察方面，也有极其重要的制度，比如御史制度，秦朝在中央设置了御史大夫，相当于副丞相，负责监察百官，有弹劾百官之权。然而在《资治通鉴》中，司马光却没有太多记载秦朝的吏治监察事迹，而是记载了一个关于治理狱吏的举措，这大概是秦朝重视刑名法术，因此出台了一个专门针对狱吏的诏令，即对那些徇私枉法、知人有罪却释放出狱、无罪却下

---

[1] 毛泽东：《七律·读〈封建论〉呈郭老》。

狱的狱吏，进行处罚，或修筑长城，或到南越地区戍边。

西汉时期是中国吏治的一个极其重要的时期，这个时期不仅有许多好的吏治监察举措，而且还形成了许多好的吏治监察制度，比如策问制度、察举制度（包括孝廉、明经、贤良文学等科目）、征辟制度、刺史制度。汉朝虽然是汉高祖开创天下，但他在晚年仍然在平定叛乱，因而在吏治上无暇顾及。汉惠帝、吕后称制时期，才正式在吏治上迈出了步伐，汉文帝、汉景帝在吏治上的举措非常值得借鉴，汉武帝在吏治上有一番非常大的作为，汉昭帝主要延续汉武帝的做法，到了汉宣帝时，吏治达到最高峰，汉朝也因此而中兴。自汉元帝之后，便江河日下，一直到西汉末年，吏治腐败，直到被王莽篡位。

东汉时期，开国皇帝刘秀极为重视吏治，这可能与他在民间感受王莽的苛政有关。他即位后不久，天下还未统一，他就首先访求循吏卓茂，任命卓茂为太傅，封褒德侯。司马光高度称赞他在即位之初，独能任用忠厚之臣、表彰循良之吏，从社会最底层将卓茂提拔为公卿之首，所以他能光复汉室、享祚久长。其后，他的儿子汉明帝、孙子汉章帝、曾孙汉和帝在吏治监察方面也有不少作为，也开创了治盛之世。自汉安帝至汉桓帝、汉灵帝都是走下坡路，中间除了汉顺帝在吏治方面进行了改革外，其他绝大多数时期都是吏治败坏。到了汉献帝之时，实际权力在曹操手中，等到曹丕逼迫禅让，东汉就灭亡了。

魏晋时期是一个政权更替较快、内乱较多的时期。司马光在《资治通鉴》中是以魏为正统来纪年的，当时与魏并行的政权还有刘备建立的蜀国、孙权建立的吴国。魏文帝、魏明帝时期，吏治监察还是相当不错的。魏明帝去世后，政权逐渐被司马氏所夺。晋武帝称帝后多用贤能之士，故能统一中国，然而统一天下后就荒政事、贪女色、近小人，去世不久晋朝便陷入内乱，史称"八王之乱"，紧接着又"五胡乱华"，西晋于公元316年灭亡。公元317年，司马睿称帝，建立东晋，史称晋元帝。晋元帝、晋明帝虽然经历王敦之乱，但吏治大体不错，但晋明帝去世后，吏治状况就不太好，特别是自晋孝武帝时起吏治败坏，最后到晋恭帝时被刘裕逼迫禅让而灭亡。总体而言，魏晋前期的吏治监察都是不错的，后期就比较差了。然而，有一个现象值得关注，就是"五胡十六国"也还有君主抓吏治监察很好的，比如前秦君主苻坚、后秦君主姚兴、北燕国主冯跋、北魏道武帝拓跋珪及其子明元帝拓跋嗣。

南北朝指的是从刘宋建立至陈朝灭亡这一段时期。司马光在《资治通鉴》中是以晋朝、南朝为正统，因此纪元是以晋朝、南朝的为准。像北魏实际上就跨越了两个时期，在《资治通鉴》中的"晋纪"中也有，在南朝的"宋纪""齐纪""梁纪"中也有记载。东魏、西魏的历史均在南朝的"梁纪"中，北齐、北周的历史则在"梁纪""陈纪"中。在这一段历史时期，数南朝宋文帝、齐武帝、梁武帝（前期）以及北朝的北魏太武帝、文成帝、献文帝、孝文帝、东魏孝静帝、北齐文宣帝（前期）、西魏文帝、北周武帝时期的吏治监察成效较为突出。总的来说，除了上述时期外，其他时期的吏治监察或者好坏参半，或者吏治败坏，如南朝宋明帝、陈后主，还有北朝北齐后主等，这也是当时朝代更替较快的重要原因。

隋唐时期是中国帝制时代繁荣时期。隋朝是自"五胡乱华"以来将分裂格局长达260多年重新统一起来的王朝，同时隋朝开创的吏治制度在中国历史上具有重大影响，比如科举制，而且《剑桥中国史》对隋朝的开国皇帝隋文帝评价极高。唐朝在中国历史上极为知名，是"汉唐盛世"之一，关键是它的影响远播世界，又因为唐朝的政策极其开放（如外国人可以在唐朝做官），所以被誉为世界的"天朝"。像隋文帝时的"开皇之治"、唐太宗时的"贞观之治"、唐玄宗时的"开元盛世"、唐宪宗时的"元和中兴"、唐宣宗时的"大中之治"均为史家所称道。这几位帝王非常重视吏治监察，所以能开创治盛之世。在隋唐时期除了隋炀帝、唐中宗、唐懿宗、唐僖宗等在位时吏治败坏之外，其他多数帝王在吏治监察方面有好的一面，也有不好的一面。

五代时期是中国历史上的一个动乱时期，总共存续时间只有五十来年。在这个时期政权更替频繁，而且这个时期崇尚武力，"有枪便是草头王"是真实的写照。后梁是朱温所建，只经历了两代就被后唐所灭，后梁末期的吏治败坏成为后唐庄宗扫灭后梁的重要原因。后唐庄宗李存勖前期不错，可是后期极为宠信伶人，四方的藩镇官员也争相以财货贿赂巴结伶人，导致自身的灭亡。后唐明宗即位后吏治焕然一新，可他去世后没多久，后唐就灭亡了。后晋高祖石敬瑭是后唐明宗的女婿，因后唐末帝猜忌而谋反，在契丹的帮助下夺得帝位；即位之初还能重视吏治，但晚年多用宦官，导致士人不被重用，吏治腐败。其养子晋出帝即位后吏治更加腐败，不久后晋被契丹所灭。后汉高祖刘知远原本是石敬瑭部将，晋出帝被契丹俘虏，他在太原称帝，不到一年就因病去世。其子刘承祐即位，是为后汉隐帝。后汉时期吏治不太好，经常有买官卖官现象。不过两年，就被后周太祖郭威夺位。后周太祖也是不错的皇帝，而后周世宗更是被司马光誉为五代最好的皇帝，称之为"仁明"之君。就五代来说，后周时期的吏治无疑是最好的。

第一篇

《资治通鉴》所载治盛之世的吏治监察

第一篇　《资治通鉴》所载治盛之世的吏治监察

在中国历史上，治盛之世成为百姓歌咏的时代。在上古之时有"尧舜之治"、在三代之时有"成康之治"，然而在春秋战国之时，由于列国争雄、诸侯争霸，百姓饱受战乱之苦。直到西汉建立后，中国才迎来了治盛之世。

从历史上看，通常治盛之世多指统一后出现的太平盛世景象。所以，在未实现统一之时，即使在某一区域（包括某一诸侯国、某一国）出现国治兵强，呈现不断向上的趋势，也不能称为治盛之世。在中国历史上，有不少这样的时期，如战国时商鞅变法，秦国出现了国治兵强；五胡乱华时的十六国也有出现某一国家强盛的时期，但在历史上没有被称为治盛之世。

另外，治盛之世一般也要求当时皇帝在位时间较长，在位时间不长的，即使当时出现治盛之世的景象，一般也没有列入治盛之世（比如后周世宗显德年间）。

司马光在《资治通鉴》中记载的治盛之世从"文景之治"开始，一直到唐朝晚期的"大中之治"。这期间共有一千来年，按照历史通常的称呼，可分为以下治盛之世："文景之治"、"昭宣中兴"、"建武之治"（也称"光武中兴"）、"明章之治"、"太康之治"、"开皇之治"、"贞观之治"、"开元盛世"、"大中之治"。在这九个治盛之世中，吏治监察都是卓有成效的。

现根据时间顺序，对《资治通鉴》所载的这些治盛之世的吏治监察进行讲述。

一、"文景之治"时期的吏治监察

"文景之治"就是汉文帝、汉景帝时创造的治世局面。司马光在《资治通鉴·汉纪八·景帝后三年》中讲，在汉高祖、汉惠帝、吕太后之后继位的汉文帝、汉景帝，清净恭俭，安养天下，七十多年之间，国家无事，如果不遇到水旱灾害，百姓就可人人自给，家家足用。城乡仓储都装满了粮食，官府仓库贮存了剩余的财物；京师库存的钱财累积巨万，用来串钱的绳子都已朽烂，无法计数；京城谷仓中的粟米逐年增加，陈化粮一层盖一层，满仓后堆积于仓外，露在外面堆积着，以至于腐坏而不能食用。

这主要讲的是经济方面的景象。那么当时吏治监察的情况是怎样的呢？

1. 汉文帝采取的吏治监察举措

《资治通鉴·汉纪七·汉文帝十三年》中有一段话："上既躬修玄默，而将相皆旧功臣，少文多质。惩恶亡秦之政，论议务在宽厚，耻言人之过失；化行天下，告讦之俗易。吏安其官，民乐其业，畜积岁增，户口浸息。风流笃厚，禁罔疏阔，罪疑者予民，是以刑罚大省，至于断狱四百，有刑错之风焉。"

这里面的"玄默"出自黄老之学。"玄"，出自《道德经》第十章中的"生之畜之，生而不有，长而不宰，是谓玄德"。"默"，指的是"静默"，《道德经》第二章讲"圣人处无为之事，行不言之教"，不言即是默。

这段话说，汉文帝亲自修行静默无为、推行休养生息的政治方针，而且将相都是从前的功臣，少文采而多质朴。君臣以导致秦灭亡的弊政为惩戒，商议国是专门以宽厚为本，耻于评论别人的过失。这种风气影响教化到天下，改变了那种互相检举、攻讦的习俗。官吏各安其位，百姓安居乐业，国家的粮食财货逐年积累增加，人口也越来越多。民间的风俗也变得笃实厚道，政府的法律禁令疏松宽大，有疑点难以定罪的往往从轻发落，因此刑事案件大大地减少，以至于全国只审判了四百起案件，出现有刑法而搁置不用的景象。

上述就提到了当时的吏治情况：将相少文采而多质朴，官吏各安其位。出现这种吏治情况的原因，在于汉文帝时的吏治政策："任用少言重厚的长者为官吏"。

当然这种吏治政策也不是汉文帝最先开创的，早在汉惠帝时曹参担任相国时就是这样做的。《资治通鉴·汉纪四》载，汉惠帝二年（公元前193年），汉惠帝任命曹参为相国。曹参为相国后，"择郡国吏木讷于文辞、重厚长者，即召除为丞相史；吏之言文刻深、欲务声名者，辄斥去之"，即从各郡和诸侯国中挑选一些不善于文辞、人品质朴厚重的长者，立即召来任命为丞相的属官。对官吏中那些言语文字苛求很深、务求声誉的人，就予以斥责辞退。

汉文帝即位后也是如此。我们可以从《资治通鉴》记载的一件事情上看出：

《资治通鉴·汉纪六》载，汉文帝即位的第三年（公元前177年），张释之跟随汉文帝出行，来到禁苑中虎圈旁边，汉文帝向掌管禁苑的上林尉询问书册中登记的各种禽兽的情况，先后问了十多个问题，上林尉左右观望，回答不上来。这时看管虎圈的啬夫从旁边代上林尉回答了汉文帝的提问。文帝想考察啬夫的才能，啬夫都有问即答，且没有被汉文帝问倒。汉文帝很是欣赏，命令张释之任命啬夫为掌管禁苑的上林令。

张释之过了一会儿才上前说："陛下认为绛侯周勃是怎样的人呢？"汉文帝回答说："是长者。"

张释之又问："东阳侯张相如是怎样的人呢？"汉文帝回答说："是长者。"

张释之说："绛侯周勃、东阳侯张相如都被称为长者，可这两个人在议论事情时都不善言谈，现在这样做，难道是让人们效法这个伶牙俐齿、善于辞令的啬夫吗？秦王朝重用舞文弄法的刀笔吏，所以官吏们争着比办事敏捷和苛察督责，这样做的流弊是徒然具有表面形式的文书，皇帝听不到过失，使国家最终土崩瓦解。现在陛下因啬夫善于辞令就越级提拔他，我担心天下人追随效仿，争相施展口舌之能而不求实际。何况处在下位的容易受到处在上位的感化，快得如影随形。陛下不可不审慎啊！"汉文帝说："对啊！"于是取消了封啬夫为上林令的任命。

除了任用少言厚重的长者为官员外，《资治通鉴》还记载了汉文帝在位时的吏治监察事迹，主要有以下几件：

一是加强对有关政令的监察。《资治通鉴·汉纪五》载，汉文帝前元年（公元前179年），汉文帝下诏抚恤救济鳏、寡、孤、独和穷困之人。又下令说："八十岁以上的老人，每月赐给米、肉、酒；九十岁以上的老人，另外再加赐布帛、棉絮。所赐之物应当由县令亲自检查，由县丞或县尉送米给老人，不满九十岁的老人则由啬夫、令史送上门。各郡国俸禄为二千石的长官要派遣负责监察的都吏巡视，不按规定办理的进行责罚督促。"

二是提拔政绩突出的地方官吏。《资治通鉴·汉纪五》载，汉文帝前元年（公元前179年），汉文帝闻知河南郡守吴公治理地方的政绩为天下第一，征召他入朝，提拔吴公担任廷尉（九卿之一）。这是对政绩突出官员的奖赏。

三是让群臣举荐贤良方正、能直言极谏者。《资治通鉴·汉纪五》载，汉文帝前二年（公元前178年），因为发生日食，汉文帝下诏说："群臣都要思虑朕的过失以及朕智慧识见所不够的地方，请大家告诉朕，并向朝廷举荐贤良方正、能直言极谏之士，以便帮助朕克服不足。"

另外，根据《汉书·贡禹传》载，汉文帝"贵廉洁，贱贪污，贾人、赘婿及吏坐赃者皆禁锢不得为吏"。意思是，汉文帝以廉洁为贵，以贪污为贱，对于商人、上门入赘的女婿及贪赃（指贪污受贿）的官吏都禁锢不得为官吏。也就是说，只要曾经犯过贪赃罪的官吏永远没有机会再起用，这说明汉文帝对贪污受贿的官员还是很严格限制的。

2. 汉景帝采取的吏治监察举措

汉景帝即位后，继续沿用汉文帝时的吏治政策，多任用长者为官吏，尤其是高级官员。《资治通鉴》记载了三位长者被汉景帝重用的事迹。

第一位是张欧。《资治通鉴·汉纪七》载，汉景帝前元年（公元前156年），汉景帝任命张欧为廷尉。张欧曾在太子宫侍奉过汉景帝（当时汉景帝为太子），虽然他研究刑名法律，但"为人长者"，汉景帝因此很是器重，任用为九卿（廷尉是九卿之一）。张欧为官未曾审查他人，专门以诚厚长者处理政事，部属认为他是长者，也不敢太欺蒙他。

第二位是卫绾。《资治通鉴·汉纪八》载，汉景帝前三年（公元前154年），河间王太傅卫绾攻打叛乱的吴、楚军队有功，汉景帝任命他为中尉。卫绾曾以中郎将身份侍奉汉文帝，"醇谨无他"（除醇厚谨慎之外，没有其他）。汉景帝做太子时，召集汉文帝的左右饮酒，而卫绾称病不去参加。汉文帝临终前，嘱咐汉景帝说："卫绾是长者，你要善待他！"因此，汉景帝也宠幸信任他。到了汉景帝后元年（公元前143年）八月，汉景帝任命御史大夫卫绾为丞相。

第三位是直不疑。《资治通鉴·汉纪八》载，起初，直不疑为郎官（汉朝的低级官员）时，同住一处的有个人告假回家，误拿了同住一处的另一位郎官的黄金走了。不久，同住一处的郎官发现自己黄金丢失了，怀疑是直不疑拿了。直不疑谢罪说是他拿的，并买黄金偿还。后来，告假归家的同住一处的人回来了，将黄金归还，丢失黄金的郎官大为惭愧。因为此事，直不疑被称为长者，不久直不疑升迁当了中大夫。又有人在朝廷上诋毁直不疑，说他与嫂子私通，直不疑听后说："我没有兄长啊！"然而终究没有申明。到了汉景帝后元年（公元前143年）八月，汉景帝任命卫尉直不疑为御史大夫。

同时，汉景帝在吏治监察方面还有两项措施值得关注：

一是严厉惩处疏于职守、渎职害民的官吏。《资治通鉴·汉纪八》载，汉景帝后二年（公元前142年）四月，下诏说："如今年岁收成不好，百姓的粮食很少，这其中的过失在哪里？有些奸诈的人做了官吏，公开接受贿赂，鱼肉百姓，侵夺万民。县丞，是地方重要官员，有的知法犯法，与盗贼共同为盗，这是辱没了称谓！命令郡太守、诸侯国丞相等俸禄为二千石的官员各修其职，对疏于职守与渎职害民的官吏，丞相要向朕奏报，议定罪名。将诏书布告天下，使天下人都知道朕的意思。"

汉景帝后三年（公元前141年）正月，汉景帝又下诏说："命令郡国官吏务必要劝农桑，多种树，这样就可得吃穿之物。如果有官吏征发百姓雇他们去开采黄金、珠玉的，就按偷盗的罪名论处。俸禄为二千石的官员如果听之任之，不进行查处的，与其同罪。"

二是放宽廉洁之士为官条件。《资治通鉴·汉纪八》载，汉景帝后二年（公元前142年）五月，汉景帝下诏规定，纳官钱数达到四万钱的，就可以做官。为什么汉景帝下达这个诏书呢？因为在此之前汉朝规定纳官钱数十万才可以得官。但是汉景帝认为对廉洁之士不必用这样的要求。如果按照原来的规定商人有钱不能得官（《资治通鉴·汉纪八·景帝后三年》载，汉初规定"市井之子孙不得仕宦为吏"），廉洁之士没有钱也不能得官，这样得官的人就很少。因此汉景帝命令纳官钱数四万钱的就可得官，主要考虑是不要让廉洁之士长久不得其职，而让贪夫长久得利。这是放宽了让廉洁之士为官的条件。

此外，汉景帝还下诏加重对官吏接受财物或贱买贵卖以牟利的惩治，这个在《资治通鉴》没有记载，《汉书》中有记载。《汉书·景帝纪》载，汉景帝前元年（公元前156年）七月，汉景帝下诏让廷尉与丞相重新制定律令，他说，当今的律令对于官吏因接受吃请就免职的惩治过重，而对官吏接受财物的惩治或过轻，因此需要修改。廷尉与丞相议定后的新律是：官吏及诸位有俸禄的官员接受下属及百姓吃请的，要计算费用偿还，不予处分。吃请之外的财物，如果利用职务之便贱买贵卖，都按贪赃罪查处，没收财物。官吏调动、罢免时，接受原来的下属所送的财物，削夺爵位，并免职。没有爵位的，罚以黄金二斤，并没收所接受的财物。

二、"昭宣中兴"时期的吏治监察

"昭宣中兴"指的是汉昭帝、汉宣帝时的政治，使汉朝出现中兴的局面。

汉昭帝是汉武帝的小儿子，平心而论确实是一位不错的皇帝，非常聪明，洞察力极强，在十四岁时便粉碎了一场政变阴谋。司马光在《资治通鉴·汉纪十五·元凤元年》引用唐朝名相李德裕的话称赞汉昭帝之明，认为假使汉昭帝能得到伊尹、吕尚的辅佐，则周成王、康王都不值得与他相比。可惜，当时大权一直被霍光所把持，他没有机会展现自己，二十一岁就去世了。

汉宣帝之时，西汉的官吏称其本职、百姓安居乐业，国力也最为强盛，而且信义和威严震慑北方夷狄之国，匈奴单于仰慕汉朝大义，俯首自居为藩属。这在汉文帝、汉武帝时也是没有过的，因为，汉文帝时匈奴主动入侵，汉武帝时匈奴虽然战败但并没有主动臣服。所以，汉宣帝是汉代非常了不起的皇帝。汉宣帝之所以取得如此功业，与他狠抓吏治密切相关。

1. 汉昭帝采取的吏治监察举措

汉昭帝在位之时，吏治监察方面有两件事值得称道：

一件事是派人巡视郡国。《资治通鉴·汉纪十五》载，始元元年（公元前86年），汉昭帝派遣以前的廷尉王平等五人持皇帝的符节巡视各郡国，"举贤良，问民疾苦、冤、失职者"，也就是举荐贤良之士，察问民间疾苦、受到冤屈者以及地方官吏失职者。这是监察方面的重要体现。

另一件事是重用上书言事者（包括吏员和百姓）。《资治通鉴·汉纪十五》载，元凤元年（公元前80年），大将军霍光因为杜延年有忠义节操，擢升杜延年为太仆、右曹、给事中。霍光执行刑罚严厉，杜延年常常以宽厚辅佐他。吏员和百姓有上书言事的，霍光就先交杜延年处理后再上奏汉昭帝。

汉昭帝对于这些上书言事者，十分看重，可以试用为官吏的，最高可当县令，或者交丞相府、御史府试用，一年后考核他们的情况上奏，有罪的依法惩治。

2. 汉宣帝采取的吏治监察举措

汉宣帝在吏治方面的举措主要体现在：

一是亲自考核朝廷官员的工作实绩。《资治通鉴·汉纪十六·地节二年》载，汉宣帝从民间兴起，知道百姓的艰难疾苦。霍光去世后，汉宣帝开始亲自处理政事，励精图治，五天一听事。自丞相以下各位臣子都要就本职工作奏事，将他们所陈述的意见考核试行、检验功效。

对于侍中、尚书之类的中央官员，有功劳应当升迁及有特殊善绩的，汉宣帝就厚加赏赐，并且延及他们的子孙而不改变。因此中枢机构运转周密，法令制度完备，上下都安于本职、恪尽职守，没有苟且度日、敷衍应付的。

二是亲自召见并考察刺史、太守、国相等地方长官。《资治通鉴·汉纪十六·地节二年》载，对于任命州刺史、郡太守、诸侯国丞相等地方官员，汉宣帝就亲自召见，当面询问有关问题，观察他们治政的动机和如何治理百姓，又担心他们说一套做一套，因而等他们上任后考察他们的行为，看是否言行一致。如果言行不一，徒有虚名而不能实际执行的，都一一查证，务必知道原因所在。

三是重视太守、国相等地方长官并让其久任。《资治通鉴·汉纪十六·地节二年》载，汉宣帝常称："百姓之所以能安于耕田，而无叹息、忧愁、怨恨之心，就在于为政公平、讼狱合理。能与我共同做到这样的，难道不是那些优良的郡太守、诸侯国丞相等俸禄为二千石的地方官吏吗？"

汉宣帝还认为："郡太守是吏民之本，如果更换频繁则会引起吏民的不安。百姓如果知道郡太守长久在任，不可欺骗，就会服从他的教化。"因此，汉宣帝在位时郡太守任期保持稳定。

四是加强考核地方官吏政绩。《资治通鉴·汉纪十七》还载，地节三年（公元前67年），汉宣帝下诏派丞相、御史向各郡、国来朝廷呈送财政、户籍簿册的长史、守丞等官员询问政令的得失，借以考察地方官吏的政绩。

地节四年（公元前66年），汉宣帝命令各郡、国每年上报本地因受笞刑或病饿而死的囚犯的情况，包括所属的县、姓名、爵位和所居住的里巷呈报朝廷，由丞相、御史对地方官员考课，然后奏报皇帝。

五是对地方循吏予以破格重用赏赐。汉宣帝对循吏非常看重，对郡太守、诸侯国丞相，只要他们治理地方有成效，不惜重用赏赐。《资治通鉴·汉纪十六·地节二年》载，汉宣帝对待这些有政绩的郡太守、诸侯国丞相，要么颁布诏书勉励，增加俸禄，赏赐黄金；要么赏赐爵位，最高能封到关内侯。如果朝廷公卿有缺额，就从那些有政绩的郡太守、诸侯国丞相中按顺序越级提拔。

《资治通鉴》"汉纪十七至汉纪十九"记载了汉宣帝对这些郡太守、诸侯国丞相重用赏赐的情况。比如地节三年（公元前67年）三月，汉宣帝颁布诏书赐胶东国丞相王成关内侯爵位，俸禄为中二千石。地节四年（公元前66年），因为北海太守朱邑"治行第一"，汉宣帝将其提拔为大司农，主管政府财政。同时汉宣帝还提拔渤海太守龚遂为水衡都尉，主管上林苑和铸钱等事。元康元年（公元前65年），因为东海太守尹翁归治绩被列为第一等，汉宣帝将其提拔为右扶风。元康三年（公元前63年），因为颖川太守黄霸"治为天下第一"，汉宣帝将其提拔为京兆尹。神爵四年（公元前58年）赐黄霸关内侯爵位，赏赐黄金百斤，俸禄为中二千石。

正是因为汉宣帝极为重视地方循吏，给予重用赏赐。所以，"汉世良吏，于是为盛，称中兴焉"。（《资治通鉴·汉纪十六·地节二年》）即是说，汉朝的好官，在汉宣帝时代最多，号称中兴。

六是设置"廷尉平"并严格狱吏管理。狱吏，相当于现代的负责刑事的司法人员。在古代，狱吏虽职位不高，实际的权力很大。为了使天下断狱公平，汉宣帝设置"廷尉平"职位。《资治通鉴·汉纪十七》载，地节三年（公元前67年）十二月，汉宣帝下令设置"廷尉平"这个官职，俸禄六百石，员额四人。这个"廷尉平"是廷尉的属官，负责对案件的审查。之所以加一个"平"字，就是取断狱公平的意思。同时汉宣帝对狱吏进行严格管理，《资治通鉴·汉纪十七》载，元康二年（公元前64年），汉宣帝下诏俸禄为二千石的官员都各自督察所属官员，不得任用枉法的狱吏。

七是给小官吏增加俸禄。《资治通鉴·汉纪十八》载，神爵三年（公元前59年）八月，汉宣帝下诏说："吏不廉平，则治道衰。今小吏皆勤事而俸禄薄，欲无侵渔百姓，难矣！其益吏百石以下俸十五。"意思是，官吏如果不清廉公平，则治国之道必将衰微，国家就不可能得到治理。如今小吏都勤于事务而俸禄却很微薄，想要他们不侵夺鱼肉百姓，很难啊！给百石以下的官吏增加俸禄十分之五。

在监察方面，《资治通鉴》记载得较少，实际上汉宣帝也还是重视监察的，比如《资治通鉴·汉纪十九》载，黄龙元年（公元前49年），汉宣帝下诏让御史核查各郡上报的计簿真伪。另外，像汉宣帝派人前往各郡国巡视，《资治通鉴》未收录，而《汉书》有记载。《汉书·宣帝纪》载，元康四年（公元前62年），汉宣帝派遣名叫强的太中大夫等十二人巡视天下郡国，慰问鳏寡，观看民情风俗，考察吏治得失，推举德才特别突出的人。五凤四年（公元前54年），因有日食，汉宣帝下诏再派丞相、御史的属官二十四人巡视天下郡国，平反冤狱，查处擅自制定苛刻政令而不改的官吏。

3. "昭宣中兴"时期吏治监察的成效

汉昭帝在"昭宣中兴"所起的作用在于他扭转了汉武帝时虚耗国力、折腾百姓的做法，实行休养生息的政策，为西汉中兴创造了良好条件。而"昭宣中兴"的大部分功劳还是汉宣帝的。

对于汉宣帝狠抓吏治及其成效，司马光在《资治通鉴·汉纪十九·五凤三年》引用班固的赞辞说："近观汉相，高祖开基，萧、曹为冠；孝宣中兴，丙、魏有声。是时黜陟有序，众职修理，公卿多称其位。"即是说，近观汉朝丞相，汉高祖开基立业，萧何、曹参为第一；汉宣帝中兴，丙吉、魏相最有声名。当时官员升降有序，各种职位安排合适，公卿大多能称其职。这表明了汉宣帝时的吏治是不错的。

司马光还在《资治通鉴·汉纪十九·黄龙元年》引用班固的赞辞说："孝宣之治，信赏必罚，综核名实。政事、文学、法理之士，咸精其能。至于技巧、工匠、器械，自元、成间鲜能及之。亦足以知吏称其职，民安其业也。"即汉宣帝治国，有功必赏、有罪必罚，综合考察官吏的名与实是否相称。政事（研究理政之学）、文学（研究文献经学）、法理（研究法律断案）之士，都精通自己的本职。而在民间，技巧、工匠、器械等方面，后来的汉元帝、汉成帝在位期间很少有能赶得上的。这也足以知道汉宣帝时做到了官吏称其职，百姓安其业（因为百姓安其业之后，就容易发明一些工艺器械，如果活得不安生就不可能有这样的闲时间去研究创造）。

三、"建武之治"时期的吏治监察

"建武之治"是东汉光武帝刘秀在位时开创的治世，建武是光武帝的年号，历史上也称"光武中兴"，这是因为东汉虽然是西汉的延续，但中间隔了一个王莽新朝，所以称为中兴。

1. 光武帝采取的吏治举措

光武帝极为重视吏治，这可能与他在民间感受王莽的苛政有关。早在他当更始帝刘玄的大司马时，他就在吏治方面有所作为。《资治通鉴·汉纪三十一》载，更始元年（公元23年），大司马刘秀到达黄河以北地区，所过的郡县，他都注重考察官吏，根据能力来任免，公平审理囚徒的案件，废除王莽时的苛政，恢复汉朝官名，官吏和百姓都很高兴，争相持着牛肉和美酒迎接慰劳，刘秀都不接受。光武帝称帝后，更是如此。根据《资治通鉴》记载，光武帝在位时的吏治事迹主要有以下：

一是任命循吏卓茂为太傅并封侯。《资治通鉴·汉纪三十二》载，建武元年（公元25年）六月，刘秀即位称帝（即光武帝）。即位后，刘秀首先寻访卓茂，卓茂当时已七十多岁。紧接着在九月又下诏说："夫名冠天下，当受天下重赏。今以茂为太傅，封褒德侯。"这就是光武帝任卓茂为太傅、封褒德侯之事。根据《汉书·百官公卿表》所载，太傅位在当时的三公①之上，所以，卓茂的官位位于群臣之首。而且光武帝还给卓茂封侯，叫作褒德，这也表明了光武帝治国平天下要以德为首。

对于光武帝任卓茂为太傅、封褒德侯一事，司马光写了一段评论，专门称赞光武帝。这个评论说："光武帝在即位之初，群雄相互竞争，逐鹿中原，四海鼎沸很不平静，那些摧坚克难、冲锋陷阵的人，以及有权谋计略、善于诡辩的人，正是用武之时、见重当世。而光武帝独能起用忠厚之臣，表彰循良之吏，提拔卓茂于最底层，并列为公卿首位。光武帝之所以能光复汉室，国祚长久，原因在于他知道治国要务之先而抓住了根本。"

二是重用能吏、任用孝廉为尚书郎。《资治通鉴·汉纪三十二》载，建武二年（公元26年），光武帝将所有的功臣都封为列侯，派遣郎中、魏郡人冯勤负责封诸侯之事。冯勤根据每个人的功劳大小而分封国土远近、土地的肥沃贫瘠，使他们不互相逾越，众人没有不满足和不服气的。光武帝认为冯勤有能力，将尚书的众多事务都让冯勤总管和处理。同时，过去的惯例是尚书郎由尚书令史按资历依次补授，光武帝开始任用孝廉为尚书郎。

三是精简县和封国以及官职数额。《资治通鉴·汉纪三十四》载，建武六年（公元30年）六月，光武帝下诏说："设置官吏，是为了百姓。如今百姓遭受苦难，户口不断减少，而国家官吏的设置还很繁多。现令司隶和各州州牧分别核实

---

① 朝代不同，三公也不相同，此处的三公是指西汉末至东汉初，以大司马、大司徒、大司空为三公。

所辖地区的官吏设置，裁减官员。那些县或封国，不足以设置长吏的，予以合并。"从这以后，全国共合并减少四百多个县，官吏的职位也减少了十分之九，即十个官员留一个。

四是减少州牧太守更换的频次。《资治通鉴·汉纪三十四》载，建武六年（公元30年）九月，出现日食，执金吾朱浮上书说："从前尧、舜时的盛世，仍然每隔三年进行考核；汉朝兴起，也是累积功效，官吏任期都较久，甚至传给子孙。当时的官吏为什么都能治理得好呢？我认为，成就天地那样大的功劳，不可以仓促完成；艰难之业应当逐日积累才能成功。近来，郡太守、县令数次更换，迎新送旧，在路途上疲劳奔波。探究起来，他们在任的时间越来越短，还不足以看到他们任职的政绩，就遭到严厉的切责，不能自保，又迫于检举弹劾，害怕讽刺讥笑，因此争相用粉饰、欺诈的方法伪装自己以求得虚名，这正是导致日月运行不正常、出现日食的应征。大凡生物暴发式生长的必定会夭折，功业速成的必定会毁坏。如果摧毁长久基业而造速成之功，不是陛下的福气。愿陛下考虑长久，看到三十年之后，则天下幸甚！"光武帝采纳他的建议，自此以后州牧太守更换的次数颇为减少。

五是退功臣而用文吏。《资治通鉴·汉纪三十五》载，建武十三年（公元37年），吴汉平定蜀地后，至此天下统一。光武帝刘秀举行盛宴犒赏将士。功臣增加食邑调整分封的共有三百六十五人，外戚及加恩分封的有四十五人。封邓禹为高密侯，食邑四个县；李通为固始侯，贾复为胶东侯，食邑六个县。其他的各有不同差别，已经去世的则加封其子孙，没有子孙的就改封宗族旁支。

光武帝自起兵以来，身经百战，久在军中，已经厌恶战事。而且光武帝已知道天下战争不断，百姓疲惫、财力虚耗，都盼望罢兵而休养生息。自平定陇右的隗嚣、蜀中的公孙述之后，除非有危险紧急之事，未曾谈论军旅之事。皇太子刘庄曾经向光武帝请教军旅之事，光武帝说："从前卫灵公向孔子请教战争之事，孔子不回答。这不是你应当问的。"

邓禹、贾复知道光武帝有"偃干戈，修文德"之意，不想功臣在京城洛阳拥有众兵，于是二人交出军权，"敦儒学"。光武帝也想保全功臣们的爵位土地，不让他们因为吏职有过错，于是罢撤左、右将军等官职。这时耿弇等也交出大将军、将军的印绶，都以列侯的爵位回到自己的府第，光武帝加以特进的官衔，让他们可以参加朝会。

贾复为人刚毅方直，多大节，回到私人府第后修身养性。朱祜等推荐贾复为宰相，光武帝正以吏事责成三公，因此功臣一律不用，这个时候，列侯中唯有高密侯邓禹、固始侯李通、胶东侯贾复三人与公卿参议国家大事，恩遇深厚。光武帝虽然控制功臣，但往往能包容他们的小过失，功臣们因此都能保住福禄，没有被诛杀或谴退的。

以上就是历史上所讲的光武帝"退功臣而用文吏"。

六是给百官增加俸禄。《资治通鉴·汉纪三十六》载，建武二十六年（公元50年）正月，光武帝下诏增加百官的俸禄。千石以上的官吏，俸禄低于西汉同级别的官吏，但六百石以下的官吏，俸禄高于西汉同级别的官吏。

虽然光武帝在吏治上的举措非常不错，但他有一点还是遭到了后世的诟病。

《资治通鉴·汉纪四十一》载，永初元年（公元107年）九月，太尉徐防因为灾异、叛贼作乱而被策免，太尉、司徒、司空三公因为灾异被罢免的，自徐防开始。第二天，司空尹勤因为大雨水灾而被策免。

司马光就此引用仲长统《昌言》中的一段进行评论："光武帝痛恨西汉时数代帝王失去权柄，对强臣窃取帝位（即王莽篡位）极为愤恨，因此矫枉过正，政治权力不交给臣下，虽然设置了三公，但政事却归台阁（尚书台）处理。从此以后，三公的职位，只是充数而已。然而国家大政尚未得到治理的地方，就对三公加以谴责。而权力逐渐转移到外戚，宠信身边的宦官，导致他们的私人党羽，在内充满京城、在外布满州郡，颠倒贤愚，在推举官员中搞私下交易，使无能的人守卫边境，贪婪凶残者当郡守，挠扰百姓，激怒四夷，招致反叛，乱象丛生，怨气并发，阴阳失和，虫吃庄稼，水旱为灾。这都是外戚宦官造成的，反而颁策责备三公，乃至将三公处死或罢免。这真值得为此呼叫苍天、号哭泣血啊！……光武帝夺去三公的权力，如今剥夺得更加厉害；光武帝制定不给皇后家族权力的政策，数代后已不再遵行了，这大概是皇帝与三公、后党的亲疏不同造成的。"

这段是批评光武帝对三公这样的高官不够信任,开了一个不好的头,导致后来外戚宦官做大,对东汉的政权造成了严重打击。在吏治上,有一个很重要的方面就是选择高官,他们是百官的榜样。如果说官吏是百姓中的少数,那么他们就是官吏的少数,也就是少数中的少数。如果选了他们又不被信任,这样的吏治是有缺陷的,必然会导致三公不愿致力于政事,而大政方针及大权则旁落在亲戚及左右人那里,这些人的素质是参差不齐的,没有像三公那样经过严格的选拔,没有像三公那样高的素质。所以,必然会导致吏治上的腐败,像东汉窦氏、邓氏、梁氏外戚及汉桓帝、汉灵帝时的宦官就是这样。

2. 光武帝采取的监察举措

在监察方面,《资治通鉴》也记载了一些光武帝在位时的事迹,主要有三件事:

一是派遣侍御史杜诗安抚地方并提拔重用。《资治通鉴·汉纪三十二》载,建武元年(公元25年),光武帝派遣侍御史、河内人杜诗安抚洛阳,将军萧广放纵兵士暴虐横行,杜诗晓谕告诫他,但是萧广不改,于是杜诗杀了萧广,回来后将情况奏报光武帝,光武帝召见他,赐给他戟(官员出行时作为前导的武器),并提拔他。

二是派遣谒者监察州郡长官是否徇私枉法。《资治通鉴·汉纪三十五》载,建武十五年(公元39年),光武帝因为全国开垦的田地多不以实报,且户口、年龄都有增减,于是下诏让各州郡检查核实,于是刺史、太守多行诡诈,以丈量土地为名,将百姓聚集在田中,并丈量百姓的房屋、村落,百姓挡在路上号哭,有的优待豪强,侵害苛待贫弱百姓。所以,光武帝派遣谒者前往各州郡考察核实俸禄为二千石的地方长官是否徇私枉法。

三是严惩丈量田地不实、贪赃的官员。《资治通鉴·汉纪三十五》载,建武十五年(公元39年)十一月,大司徒欧阳歙因为之前担任汝南太守时,丈量土地不实,贪赃一千万钱,被关押监狱。欧阳歙家世代教授《尚书》,有八代为博士,学生们守在宫门为欧阳歙求情的有一千多人,甚至有自行剃掉头发的。平原人礼震,年龄十七岁,请求代替欧阳歙去死。光武帝终究不赦免,欧阳歙死在狱中。

建武十六年（公元40年）九月，河南尹张伋及各郡守十多人都因为丈量田地作弊，被下狱处死。

3. "建武之治"时期的吏治监察成效

由于光武帝采取了以上吏治监察举措，所以光武帝在有生之年就实现了治盛之世。

司马光在《资治通鉴·汉纪三十六·汉光武帝中元二年》中对光武帝有一段总评，这里面讲到，光武帝"虽以征伐济大业，及天下既定，乃退功臣而进文吏，明慎政体，总揽权纲，量时度力，举无过事，故能恢复前烈，身致太平"。

即是说，光武帝虽然以征伐建立东汉大业，但到了天下已经安定之后，就退功臣武将而进用文吏，英明谨慎地确定政治根本制度，总揽朝廷权力和治国纲要，审时度势，量力而行，一举一动没有差错，因此能恢复前代的功业，在自己有生之年就实现了太平盛世。

四、"明章之治"时期的吏治监察

"明章之治"是指汉明帝（光武帝儿子）、汉章帝（汉明帝儿子）在位时的良好政治局面。这个良好政治局面与当时的吏治监察是分不开的。汉明帝、汉章帝都是东汉时期的好皇帝，他们在位时期的吏治监察成效及政治局面得到了司马光《资治通鉴》的高度肯定。

1. 汉明帝采取的吏治监察举措

根据《资治通鉴》的记载，主要有以下几件事：

一是在光武帝牌位前上计（考核各郡国政绩）。《资治通鉴·汉纪三十六》载，永平元年（公元58年）正月，汉明帝率领公卿及以下大臣朝拜原陵（光武帝陵），如同元旦朝会的仪式一样。汉明帝在拜光武帝神主牌位后，退下坐在东厢，侍卫官都在光武帝神主牌位之后，太官献上膳食，太常演奏舞乐。然后，各郡国呈递计簿的官吏依次上前，在供奉光武帝神主牌位的大堂上奏报本郡国的粮食价格及百姓疾苦之事。从此之后，这项仪式成为常例。这个做法有个好处，就是以神灵来震慑那些统计造假的。

二是严惩贪赃枉法的权贵。《资治通鉴·汉纪三十六》载，永平二年（公元59年）十二月，护羌校尉窦林因为犯有欺罔及贪赃之罪，被下狱处死。窦林是窦融堂兄的儿子。当时，窦氏家族中出了一位公爵、两位侯爵、三位公主、四位俸禄为二千石的高级官员。从祖父到孙子，他们的官府和宅第遍布，在京城相望，他们的富贵在皇帝亲戚功臣中没有谁能比。即使是这样显贵的家族，汉明帝照样将窦林绳之以法。

三是奖励提拔良吏。《资治通鉴·汉纪三十六》载，永平三年（公元60年），尚书仆射钟离意举荐政绩突出的全椒县长刘平，汉明帝下诏征召刘平，任命为议郎。刘平在全椒县为县长时，政绩突出，对百姓有恩惠，有的百姓多报财产以多交赋税，有的百姓自动减少年龄以服徭役，刺史、太守巡视到县，狱中没有关押的囚犯，人人自认为各得其所，因为巡视查不出任何问题，所以只颁布诏书而离去。

这年十月，汉明帝乘车跟从皇太后到章陵，因为荆州刺史郭贺为官政绩优异，汉明帝赐给他三公的衣服，上面有华丽的色彩，命郭贺在巡行所属地区除去车前的帷帐，让百姓见到他的容貌和服饰，以表彰他的德行。

《资治通鉴·汉纪三十七》载，永平七年（公元64年），汉明帝提拔东海国相宗均担任尚书令。起初，宗均担任九江郡太守，他五天处理一次政事，将郡掾、史等属官罢除，将督邮关在府内而不让其外出巡查，所属各县平安无事，百姓安居乐业。九江郡之前多老虎为害，官府经常招募人设槛阱，但还是造成很多伤害。宗均命令所属各县说："江淮之地有猛兽，犹如北方有鸡、猪，如今成为百姓的祸害，过错在于残暴的官吏，而且让百姓辛劳地捕猎，不是怜悯体恤之本。务必罢退奸佞贪婪的官吏，考虑进用忠诚善良之人，可去掉槛阱，减免赋税。"从此之后不再有老虎为害。汉明帝听说宗均的名声后，因此任命他负责枢机之职（即尚书令）。

四是选拔任职三年以上、政绩突出的县令以下官员。永平九年（公元66年）四月，汉明帝下诏命令司隶校尉、州部刺史：每年从任职三年以上、治理政绩特别优异的县令以下官员中各选拔一人上报，让此人与郡国派遣上计官员进京。对于治理政绩尤为差的，也上报朝廷。

五是不轻授贵戚官职。《资治通鉴·汉纪三十六·永平十八年》载，馆陶公主曾为儿子求为郎官，汉明帝不答应，而是赐钱千万，对群臣说："郎官与天上的星宿对应，出到地方就是百里之长（县长），如果不得其人，那么百姓就会遭受殃害，因此我拒绝这个要求。"尚书阎章的两个妹妹为贵人，阎章本人精于过去的典章，早就可以按照规定升迁重用，但汉明帝因为他是后宫亲属，竟然不提拔重用。

2. 汉章帝采取的吏治监察举措

根据《资治通鉴》的记载，主要有以下几件事：

一是重用提拔清廉公正和有善政的官员。《资治通鉴·汉纪三十七》载，永平十八年（公元75年）十一月，此时汉章帝刚即位不久，他提拔蜀郡太守第五伦担任司空（三公之一）。第五伦在蜀郡太守任上为官清廉公正，所举荐的官吏多能称职，因此汉章帝将他从偏远之郡提拔到朝廷重用。

《资治通鉴·汉纪三十八》载，元和元年（公元84年）九月，汉章帝到章陵，十月又到江陵，在回京城洛阳途中到了宛城，他召见前临淮太守、宛人朱晖，任命朱晖担任尚书仆射。朱晖在临淮太守任上，"有善政"，百姓歌颂说："强直自遂，南阳朱季，吏畏其威，民怀其惠。"意思是，刚强正直，南阳朱晖，官吏畏惧他的威望，百姓感怀他的恩惠。

二是要求有关部门审慎选拔官吏，进用善良、罢退贪猾。《资治通鉴·汉纪三十八》载，建初元年（公元76年），汉章帝下诏："二千石官员应当劝勉农耕和桑蚕之业，如果百姓所犯之罪不是应当立即斩首，都须等到秋天之后审理。有关部门要审慎地选用推荐官吏，进用温柔善良的，罢退贪婪狡猾的，顺应时令，审理冤狱。"

三是在官吏中推崇温和宽厚、去除严苛之风。《资治通鉴·汉纪三十八》载，建初元年（公元76年），当时，沿袭汉明帝时的旧例，官吏施政都崇尚严苛，尚书决断之事，多从重处理。尚书、沛国人陈宠认为，汉章帝新即位，应当改革前世的苛刻之风，于是上疏说："臣听说先王治国理政，奖赏不过度，刑罚不滥施。

与其不得已，宁愿奖赏过度，也不刑罚过滥。以前断狱严明，所以能威慑奸恶。奸恶既然清除，必须济之以宽。陛下即位，根据此义，多次下诏百官，崇尚温和。然而有关部门未能懂得陛下之意，仍然崇尚苛刻。断狱的人急于采用酷烈手段，执法的人则使用诋毁欺诈等文书，有的假公济私，逞意骄纵，作威作福。大凡治国理政就像琴瑟，大弦急太紧，小弦就会崩断。陛下应当发扬古代先王之道，清除烦苛之法，减轻刑罚以拯救群生，全面推广至德之政以承奉天意！"汉章帝深深采纳陈宠的建议，自己也"每事务于宽厚"。

四是将正直贤士放在地方任职历练。《资治通鉴·汉纪三十八》载，建初五年（公元80年）五月，汉章帝下诏说："朕思虑见正直之士，侧坐席上，听他的所讲的奇闻高论，先来到的，各自讲了肺腑之言，朕大概知道各位子大夫的想法。朕打算将你们留在左右，充任顾问。但光武帝诏书上说：'尧帝以任职之事来试用臣子，不只看他的言语和文字。'如今地方官有很多缺额，你们可以去补充任职。"

五是重视郡守、尚书的选拔。《资治通鉴·汉纪三十八》载，元和元年（公元84年），上书奏事的人多次说："郡国推荐的人才，大多不按功劳的次序，因此官吏越来越不守职，非常松懈，而且办事也粗疏，责任过失在于州郡。"汉章帝于是下诏让公卿大臣们商议讨论。

大鸿胪（汉代九卿之一，掌管诸侯及四方归附的蛮夷，负责礼宾等）韦彪上书议论说："大凡国家以选择贤人为要务，贤人以孝行为首，因此'求忠臣必于孝子之门'。人的才能和品行很少有能兼备的，因此孟公绰做晋国赵、魏两家的家臣很优异，却不可以担任滕、薛两国的大夫。因为忠孝的人，本心接近仁厚；而网罗罪名、陷害人的吏员，本心虚假、刻薄。选择贤士应当以才能、品行为先，不可以只凭功劳和经历。而问题的关键在于选拔俸禄为二千石的郡守。郡守贤能，则选拔推荐可得到人才。"又上疏说："天下枢要在于尚书，对于尚书的选拔，岂可不重视？然而近来尚书多从郎官中超迁升任此位，虽然他们通晓文法，擅长应对，然而苛察这样的小聪明，大多没有大的才能。应当借鉴汉文帝采纳张释之建议不用敏捷利口的啬夫，深思绛侯周勃虽然木讷不善于言辞而建立大功。"汉章帝对他的意见都予以采纳。

六是表彰安静之官并要求官吏去除四种观念。《资治通鉴·汉纪三十九》还载，元和二年（公元85年），汉章帝下诏三公说："沉静稳重的官吏，诚恳而无虚华，考察他每天的政绩好像不足，但每月的政绩却又不少。像襄城县令刘方，官吏百姓都称他为政从简，不搅扰百姓，虽然没有其他特殊政绩，这也大概接近朕的要求。如果'以苛为察，以刻为明，以轻为德，以重为威'（以苛求为明察，以苛刻为聪明，以从轻为恩德，以重惩为威风），这四个方面兴起，在下的百姓就会有怨恨之心。我诏书数次下达，颁布诏书的使者都在路上相接，而吏治不见好转，有的百姓不守本职，这个过错在哪里？勉励大家牢记旧的法令，以称朕意。"

3. "明章之治"时期的吏治监察成效

汉明帝在位期间，司马光在《资治通鉴·汉纪三十六·永平十八年》中评价称当时"吏得其人，民乐其业，远近畏服，户口滋殖焉"，即官吏称职，百姓安居乐业，远近蛮夷畏惧归服，人口也不断增长。《资治通鉴·汉纪三十七》还记载，永平十二年（公元69年），天下安定太平，几乎无人服徭役，粮食连年丰收，百姓殷实富裕，粮食价格低到每斛三十钱，牛羊遍野。这确实呈现了治盛之世的景象。

汉章帝在位期间，司马光在《资治通鉴·汉纪三十九·章和二年》中引用史学家范晔的评论说："魏文帝说汉明帝精明苛察，而汉章帝是忠厚长者。汉章帝向来通达人情，不喜欢汉明帝的苛刻切责，事事都遵从宽厚，侍奉明德马太后，尽心孝道。他在位时减轻徭役、减少赋税，而百姓依赖他得到恩惠，他又以忠恕为体，以礼乐为文，称他为忠厚长者，不也应当吗？"

这两位帝王都得到了很高的评价，为史家所称道。从评价中也可知道，汉明帝时的吏治是非常不错的，汉章帝时的吏治虽然没有明确提到，但从他的行事风格来说，所用的官吏也多是忠厚之人，所以百姓得到恩惠。

五、"太康之治"时期的吏治监察

西晋的开国皇帝晋武帝司马炎在《资治通鉴》中评价较高。司马光在《资治通鉴·晋纪四·永熙元年》中评价说:"帝宇量弘厚,明达好谋,容纳直言,未尝失色于人。"甚至还称赞遵守三年守孝礼法的晋武帝是"不世之贤君"(《资治通鉴·晋纪一·泰始二年》)。

此外,司马光还引用干宝的评论,评价晋武帝"仁以厚下,俭以足用,和而不弛,宽而能断",所统治的地方遍及尧舜旧时的疆域,颁布的历法也在荒远的地方推行,当时有"天下没有穷人"的谚语,虽然太平还没有完全,但也足以表明百姓安居乐业了(《资治通鉴·晋纪十一·建兴四年》)。这个评价也还是挺高的。

观其用人,虽然也用了一些小人如贾充、荀勖,但总体来说,还是多用贤士,比如用羊祜、杜预、张华而灭东吴,统一天下,而且还不顾多人反对,破格用小将马隆平定了凉州。这也反映了当时的吏治总体上是好多于坏,否则也很难建立功业。

在晋武帝时,有一个著名的"山公启事",讲的是当时吏治的事。《资治通鉴·晋纪二》载,泰始十年(公元274年),晋武帝任命前任太常山涛为吏部尚书。山涛主管选拔官员十多年,每当有一官职空缺,他就选择拟可用的数名才能和资历合适的人启奏晋武帝,得到晋武帝对某人有所倾向的诏令后,才明确上奏。晋武帝所用的官员,有的并不是最好的,但朝廷官员不知道这些内情,认为山涛是凭自己的意愿选择后向晋武帝提出的。山涛甄别选拔人才,对人才都有符合各自特征的评语,然后上奏,时人称为"山公启事"。这一年,山涛推荐了嵇绍(即嵇康的儿子),请求晋武帝任用嵇绍为秘书郎。晋武帝下诏征召嵇绍,任命他为秘书丞。《资治通鉴·晋纪七》载,永兴元年(公元304年),嵇绍因用身体护卫晋惠帝而被杀,鲜血溅在晋惠帝的衣服上(南宋文天祥《正气歌》中称赞的"嵇侍中血"便是出于此)。这也说明山涛选拔官员大体上还是合适的。

在监察方面，晋武帝也比较严格，比如《资治通鉴·晋纪一》载，泰始七年（公元271年），豫州刺史石鉴因为攻打吴军时虚报首级数量而获罪，晋武帝下诏说："石鉴作为大臣，我信任他，而他却用下等的手段欺诈，不合乎道义。现在将他遣归故乡，终身不得再起用。"应当说，这个惩罚是很重的。但正是因为监察严厉，所以保证了吏治大致清明。

六、"开皇之治"时期的吏治监察

"开皇之治"是隋文帝开创的政治局面。"开皇"是隋文帝第一个年号，自公元581年开始起用，长达二十年。由于司马光在《资治通鉴》中是以南朝为正统，所以纪年时用的是陈朝的年号，直到陈朝灭亡后才用开皇年号纪年，此时已是开皇九年（公元589年）。对应来说，从陈宣帝太建十三年至陈后主（长城公）至德、祯明年间就是隋文帝开皇元年至开皇八年。

根据《资治通鉴》记载，隋文帝在位时采取的吏治监察措施如下：

一是改革职官制度。《资治通鉴·陈纪九》载，太建十三年（公元581年），少内史崔仲方劝隋文帝废除北周的六官制度，依照汉、魏的旧制，隋文帝采纳了他的建议。隋文帝于是设置三师、三公及尚书、门下、内史、秘书、内侍五省，设置御史、都水二台及太常等十一寺，设置左右卫等十二府，以分别统领各类职事。又设置上柱国至都督十一等勋官，以酬劳勤苦和立功之人；设置特进至朝散大夫七等散官，以加封有德行和声名的文武官员。将侍中改为纳言，任命原相国府（隋文帝杨坚曾任北周相国）司马高颎为尚书左仆射兼任纳言，原相国府司录虞庆则为内史监兼任吏部尚书，原相国府内郎李德林为内史令。

这即是说，隋文帝之时，已初步有了三省六部制度。到了唐高祖时也沿袭了隋文帝时的职官制度，但更加完善了。《资治通鉴·唐纪六》载，武德七年（公元624年）三月，初次确定官制，以太尉、司徒、司空为三公，以尚书、门下、中书、秘书、殿中、内侍为六省，又设御史台，以太常至太府为九寺，又设置将作监、国子学、天策上将府，以左右卫至左右领卫为十四卫；东宫设置三师、三少、詹事及两坊、三寺、十率府；王、公设置府佐、国官，公主设置邑司，以上官职都为京职事官（即京官），而州、县、镇、戍为外职事官。自开府仪同三司到将仕郎，共二十八阶，为文散官；骠骑大将军到陪戎副尉，共三十一阶，为武散官；上柱国到武骑尉，共十二等，为勋官。这里面最为核心的中央机构是六省和御史台，也就是后世常讲的"台省"，三公自汉代以后多为虚职，没有实权。其中，六省中的尚书、门下、中书三省及尚书省中的吏、户、礼、兵、刑、工六部，就是通称的"三省六部制"，而御史台就是当然的监察机构。

二是褒奖提拔天下有政绩的官员。《资治通鉴·陈纪九》载，太建十三年（公元581年），岐州刺史、安定人梁彦光，"有惠政"，隋文帝下诏褒扬，赏赐给他束帛、御伞，以激励天下的官吏。过了一段时间，又调梁彦光任相州刺史。岐州地区风俗质朴纯厚，梁彦光以清静来治理，每年上报朝廷的考课内容连续为天下第一。

当时又有相州刺史、陈留人樊叔略，"有异政"（有特别突出的政绩），隋文帝颁发玺书褒扬，公告天下，并征召樊叔略任司农。

《资治通鉴·隋纪一》载，开皇十一年（公元591年），平乡县令刘旷"有异政"，对前来打官司的以义理晓谕，使他们都自责而离去。由此，监狱中因为没有犯人而长满了草，断案大厅的门前庭落因为没有人打官司而能张网捕鸟。后来调任临颍县令。尚书左仆射高颎推荐刘旷，说他"清名善政为天下第一"。隋文帝召见后慰劳勉励他，对侍臣说："如果不予以特殊奖励，将何以劝勉天下的官吏呢？"于是，隋文帝下诏提拔刘旷为莒州刺史。

《资治通鉴·隋纪二》载，开皇十五年（公元595年），汴州刺史令孤熙入朝，因为他"考绩为天下之最"，所以隋文帝赐帛三百匹，颁告天下。

三是亲自召见县令并咨询如何治理百姓。《资治通鉴·陈纪九》载，太建十三年（公元581年），当时新丰县的县令房恭懿，政绩是京城三辅地区最好的，隋文帝赐给他粟米和布帛。每当雍州的县令朝见时，隋文帝见到房恭懿，必定将他叫到坐榻前，咨询如何治理百姓。并多次提拔，任命他为德州司马。隋文帝对各州朝集使（相当于现在各州的驻京办）说："房恭懿志存体国，爱养我民，这是上天保佑我大隋宗庙。朕如果放在一边，不赏赐他，上天和宗庙必当责备我。卿等应当向他学习。"因此提拔房恭懿为海州刺史。

四是不任武将为地方治民长官。《资治通鉴·陈纪九》载，至德元年（公元583年），当时刺史多任武将，大多不称职。治书侍御史柳彧上书说："从前汉光武帝与二十八将，披荆棘，定天下，等到功成之后，这些将军都没有任职。臣拜读诏书，任命上柱国和千子担任杞州刺史。和千子从前担任赵州刺史时，百姓歌唱说：'老禾不早杀，余种秽良田。'和千子对于弓马武略，是其所长，但是治民不是他所能干得好的。如果说朝廷想优待老年人，自可多赏赐金帛；如果让他们出任州刺史这样的地方长官，损失就会特别大。"隋文帝对他的上书称善，和千子终究被免除刺史之官。

五是规定每年岁末考核各州政绩。《资治通鉴·陈纪十》载，至德四年（公元586年）二月，隋朝开始下令刺史及上佐（刺史的高级属吏）每年岁末轮流入朝，奏上本州官吏的政绩，由朝廷进行考核。

六是限制工商业者不得做官。《资治通鉴·隋纪二》载，开皇十六年（公元596年）六月，隋文帝初次以制度规定工商业者不得入仕做官。

七是任用合适的官员掌管吏部。吏部是掌管官员铨选的重要部门，隋文帝重视吏部官员的选拔，所以当时选拔的官员都是很优秀的人才。《资治通鉴·隋纪二》载，开皇十二年（公元592年），由于北周以来不论是清官还是贪官都靠选拔，等到卢恺代理吏部尚书，与薛道衡一起甄别士人的流品，因此遭到朋党比周的非议。开皇十九年（公元599年）九月，隋文帝任命太常卿牛弘担任吏部尚书。牛弘选拔官吏先看德行而后看文才，非常审慎，虽然官吏授任缓慢，但所进用的官吏多称职。吏部侍郎高孝基善于看相识人，清廉谨慎无比绝伦，然而豪爽俊迈，形迹似乎轻薄，时人也多以此疑虑。唯有牛弘深深地知道了解高孝基，对他推心委任。隋朝的选拔举荐，这个时候做得最好，得人最多。时人议论时更加佩服牛弘有远见卓识和宽大度量。

以上主要是吏治方面，在监察方面，隋文帝做得就乏善可陈。《资治通鉴·隋纪一·开皇十年》载，隋文帝性格好猜忌，不喜欢学习，由于他是靠聪明智谋获得皇帝之位，因此以熟悉文法而自负，以明察治理百官，经常命令左右窥探朝廷内外官员，有过失就加以重罪。又担心令史们贪污，私下派遣人用钱帛贿赂试探，有收受贿赂的就立即斩首。此外，在仁寿年间，隋文帝曾派遣使者巡视地方，但主要是风俗（当然包括官风）。《资治通鉴·隋纪三》载，仁寿元年（公元601年）六月，隋文帝派遣十六名使者巡视各地风俗。

总体来讲，隋文帝在位期间，吏治非常不错，所以取得治世的局面。特别是他本人不遗余力地褒奖提拔政绩好的治民之官，对待房恭懿之举更是起了很好的示范作用，《资治通鉴·陈纪九·太建十三年》称"由是州县吏多称职，百姓富庶"。即是说，从此州县的官吏多能称职，百姓富庶。

司马光在隋文帝去世的仁寿四年一节中对隋文帝进行了评论，他描述了"开皇之治"的富庶情形：当时天下的粮食衣物日益增长，仓库都充满了。当时人口也增长了一倍多，《资治通鉴·隋纪四·仁寿四年》载，隋文帝受禅之初（公元581年），百姓的人口户数不满四百万户；到仁寿末年（公元604年），则超过了八百九十万户，仅冀州就有一百万户。

七、"贞观之治"时期的吏治监察

"贞观之治"是唐太宗在位时开创的政治局面。"贞观"是唐太宗的年号，时间长达二十三年。"贞观"二字，取自《易经·系辞下》中的"天地之道，贞观者也"。表明了唐太宗要效仿天地之道，即自强不息、厚德载物。

唐太宗是旷世明君，被少数民族称为"天可汗"，特别得到史家的高度称赞，后晋史学家刘昫在《旧唐书·太宗本纪》中评价他"听断不惑，从善如流，千载可称，一人而已！"即是讲他听断政事而不疑惑，从善如流，千载以来值得称赞的，只有唐太宗一人罢了。北宋史学家、文学家欧阳修在《新唐书·太宗本纪》中评价他："除隋之乱，比迹汤、武；致治之美，庶几成、康。自古功德兼隆，由汉以来未之有也。"意思是，唐太宗消除隋末之乱，可比商汤、周武王；贞观之治，与周朝的成康之治相近。自古以来功德都隆盛的，自汉以来没有像唐太宗这样的君主。司马光在《资治通鉴》中主要是通过记载唐太宗的事迹来体现唐太宗形象的，对他的直接评论不多，但在他的另一部史学著作《稽古录》中称赞"太宗文武之才，高出千古"。唐朝之所以被称为世界的"天朝"，也正是唐太宗文武之才高出千古的体现。

由于唐太宗个人的魅力，所以后世提到"贞观之治"时无不把它作为三代以后的政治最清明、百姓最向往的治世。

这个"贞观之治"是怎样的情形呢？以贞观四年（公元630年）为例，当时的情形在《资治通鉴·唐纪九·贞观四年》中有提到："米斗不过三、四钱，终岁断死刑才二十九人。东至于海，南及五岭，皆外户不闭，行旅不赍粮，取给于道路焉。"也就是说，当时一斗米不过三四文钱（粮食丰收），一年处以死刑的才二十九人（达到了"刑措基本不用"），东到大海、南到五岭，家家户户外出都不用关门（治安非常好），在外旅行的人不用携带粮食，在路途中就有食物。从这些景象来看，确实古今少有。

司马光还在《稽古录》中讲，唐太宗"拯民于汤火之中，而措之衽席之上，使盗贼化为君子，呻吟转为讴歌，衣食有余，刑措不用，突厥之渠，系颈阙庭，北海之滨，悉为郡县。盖三代以还，中国之盛，未之有也！"也就是说，唐太宗拯救百姓于水火之中，在政教方面很成功，使盗贼化为君子，使处在痛苦呻吟的百姓过上好日子而讴歌当时的政治，百姓富裕、衣食有余，刑罚基本措置不用。在军事上也非常成功，突厥的首领被擒获，北海一带都成为唐朝的郡县。自三代以来，中国之盛从来没有能像这样！这虽然是称赞唐太宗的文武之才，但也描述了"贞观之治"的景象。

那么，"贞观之治"时期的吏治监察是怎样的呢？

1. 唐太宗采取的吏治举措

根据《资治通鉴》的记载，唐太宗在位时采取了以下吏治举措：

一是精简州县及中央官员。《资治通鉴·唐纪八·贞观元年》载，起初，隋朝末年天下丧乱，豪杰并起，拥众据地，各自竞相称雄。唐朝建立后，相继来归附，唐高祖为他们分割土地，设置州县以作为他们的官禄，由此州县的数目是隋文帝开皇年间、隋炀帝大业年间的两倍以上。

唐太宗考虑到百姓少而官吏多，百姓负担重，于是革除其弊端。贞观元年（公元627年）二月，唐太宗命令对州县大加精简合并，依照山川地形的条件，将全国分为十道：一是关内，二是河南，三是河东，四是河北，五是山南，六是陇右，七是淮南，八是江南，九是剑南，十是岭南。

这一年，唐太宗还对房玄龄说：“官在得人，不在员多。"（即官吏在于得到合适的人，而不在人多）于是命令房玄龄精简中央官员，只留下文武官员总共六百四十三名。

二是允许四季都可选官。《资治通鉴·唐纪八·贞观元年》载，隋朝选拔官员，每年十一月聚集京城，到第二年春天结束，候选者都苦于期限短促。到了贞观元年，吏部侍郎刘林甫奏请四季都可选官，根据空缺进行补充，候选者都感到便利。这个四季选官到了贞观十九年，中书令马周代理吏部尚书时又恢复为每年十一月选官到第二年的三月结束（《资治通鉴·唐纪十四》）。

唐朝初年，士大夫因为动乱之后不愿为官，官员都不够。尚书省下文让各州差人赴京城候选，州府及皇帝使者多直接以红色牒文补授官职。到了贞观元年全部废除，要求都到尚书省候选，当时聚集在一起的有七千多人，刘林甫量才铨叙，各得其所，得到时人称赞。唐太宗又考虑关中的米价贵，下诏分一部人到洛州参加铨选。

三是慎择都督、刺史、县令。《资治通鉴·唐纪九》载，贞观二年（公元628年），唐太宗说：“为朕养护百姓的，只在都督（负责总督各州的兵马等事的职官）、刺史（各州的长官）。朕常常将他们的名字书写在屏风上，以便坐卧都可以观看，得知其在为官一方任内的善恶事迹，均注于他们的名下，以备将来升迁或降职。县令对百姓来说，尤其亲近，不可不谨慎选择。"唐太宗还下令让朝廷内外五品以上官员，各自举荐能胜任县令的人，呈报他们的姓名。

时隔九年，因侍御史马周的上疏，唐太宗再次强调对刺史、县令的择任。《资治通鉴·唐纪十一》载，贞观十一年（公元637年）八月，侍御史马周上疏认为："百姓所以治安，唯在刺史、县令，苟选用得人，则陛下可以端拱无为。今朝廷唯重内官而轻州县之选，刺史多用武人，或京官不称职始补外任，边远之处，用人更轻。所以百姓未安，殆由于此。"也就是说，百姓之所以能够得到治理和安定，只在于刺史和县令，如果选用的人合适，则陛下可以垂拱无为。但是现在朝廷只重中央官员的选用而轻视州县官员的选用，刺史多用武人，有的是京官不称职就补选外任为地方官，边远地区选用官员更加不看重。百姓之所以不能够安定，大概原因都在此。

这个上疏，唐太宗看了之后，称赞很久，对身边的侍臣说："刺史，朕当自选；县令，宜诏京官以上各举一人。"即由唐太宗亲自选拔刺史，而县令则由京官五品以上官员各自荐举一人。

对于唐太宗慎择刺史县令，元代史学家戈直在《贞观政要·择官》中注评说："自秦罢侯置守之后，郡守古诸侯，其关系民生，至不轻也。汉宣帝谓与我共理者，惟良二千石。太宗谓治民之本在刺史，斯言也，真知本者矣！然宣帝以刑名绳下，故当时多循吏，而未免有酷吏。太宗英明仁恕，故当时居多循吏，而无酷吏。此又二帝之优劣也。"这也告诉我们，自从秦代废除分封诸侯制度、推行郡县制度之后，郡守就相当于古代的诸侯，他们直接影响到百姓的生活，职责任务不轻。汉宣帝曾说与我共治天下的惟优良的郡守（俸禄二千石）。唐太宗也说，治民之本在于刺史。这些话，真是知道治天下的本源啊！然而，汉宣帝以刑名对待下面的官员，因此当时有很多循吏（比如龚遂、黄霸），但是也未免有酷吏（比如河南太守严延年，被称为"屠伯"）。而唐太宗则英明、仁厚、宽恕，因此当时多循吏而无酷吏。

四是选官择人用君子、贤人。《资治通鉴·唐纪十》载，贞观六年（公元632年），唐太宗对魏徵说："为官择人，不可造次。用一君子，则君子皆至；用一小人，则小人竞进矣。"即是说，择选人任官，切不可随意。任用一位君子，则众位君子都会来到；任用一位小人，则其他小人竞相引进。

《资治通鉴·唐纪十三》载，贞观十九年，（公元645年），唐太宗征伐辽东，将要出发，太子（即唐高宗李治）悲泣数日，唐太宗告诫他："为国之要，在于进贤退不肖，赏善罚恶，至公无私，你当努力行此三条，悲泣有什么用呢！"这里面，唐太宗将进用贤人、退用不肖之人作为治国要领的第一条。

唐太宗在选官择人上是这么说的，也是这么做的。清高宗乾隆皇帝曾经为《贞观政要》作序时说："太宗以英武之资，能用贤良之士，时若房玄龄、杜如晦、魏徵、王珪诸人，布列左右，相得益彰。盖自三代以下，能用贤纳谏而治天下者，未有如此之盛焉。"意思是唐太宗能用贤良之士，比如房玄龄、杜如晦、魏徵、王珪诸人，这些人在他左右，相得益彰。大概自三代以来，能用贤纳谏而治天下的，没有这么隆盛的。

唐太宗在选官时还有一个事例。《资治通鉴·唐纪十四》载，贞观二十一年（公元647年）六月，唐太宗任命司农卿李纬为户部尚书。当时房玄龄留守京师，有从京师来的人，唐太宗问："房玄龄说了什么吗？"那人回答说："房玄龄听说李纬任命为尚书，只说李纬长了很美的胡须。"唐太宗于是改任李纬担任洛州刺史。这也说明唐太宗在选官择人上以用贤能为先，所以当房玄龄隐讳地说出来后，便立即改正。

五是注重选用廉洁的官吏。《资治通鉴·唐纪八》载，武德九年（公元626年）十一月，此时唐太宗已即位，尚未改元，他与群臣讨论如何防止盗贼问题。有的说要用重法以禁止盗贼，唐太宗说："百姓之所以做盗贼，是因为赋税、徭役繁重，官吏又贪婪索贿，百姓饥寒交迫，因此顾不上廉耻。朕应当去除奢侈、节省费用，轻徭薄赋，选用廉吏，使百姓衣食有余，那么百姓自然不去做盗贼，怎么用得上严刑重法呢？"自此数年之后，"海内升平，路不拾遗，外户不闭，商旅野宿焉"。

六是从精通儒学之士中选拔官员。《资治通鉴·唐纪九》载，贞观二年（公元628年），唐太宗问王珪："近世以来治国者更加不如古代，这是为什么呢？"王珪回答说："汉代崇尚儒家经术，宰相多任用精通经学的儒士，因此风俗淳厚。近世以来重视文学而轻视儒学，又参以法律，这是政治教化日益衰微的原因。"唐太宗认为他说得对。

后来，唐太宗也是这么做的。《资治通鉴·唐纪十一》载，贞观十四年（公元 640 年）二月，当时唐太宗大征天下的名儒担任学官（负责教育的官员），多次到国子监，让他们讲经论典，学生如果能精通一种大经（唐朝的大经指《礼记》《春秋左氏传》）以上就可以补授官职。不久，唐太宗又下诏访求近世名儒南朝梁朝时的皇甫侃、褚仲都，北周时的熊安生、沈重，南朝陈朝的沈文阿、周弘正、张讥，隋朝的何妥、刘炫等人的子孙上报朝廷，加以擢用。

2. 唐太宗采取的监察举措

根据《资治通鉴》的记载，唐太宗在位时采取了以下监察举措：

一是对受贿的官员使其知耻。当然这个不能完全算是监察措施，但确实是对待受贿官员的另一种方法。《资治通鉴·唐纪八》载，贞观元年（公元 627 年），右骁卫大将军长孙顺德（唐太宗皇后长孙氏族叔，是凌烟阁二十四功臣之一）收受他人的绢帛，事情被发觉，唐太宗说："长孙顺德果然能有益于国家，朕与他共同享有国家的府库，何至于这样贪婪呢？"唐太宗仍然爱惜他的功劳，不处以罪，反而在殿庭上赐给绢帛几十匹。大理少卿胡演说："长孙顺德贪赃枉法，收受财物，罪不可赦，为何还赐他绢帛？"唐太宗说："他如果还有人性，得到朕赐给的绢帛之羞辱，更甚于受刑；如果他不知道羞愧，说明不过是一只禽兽，杀他又有何益呢？"

唐太宗此举当然是学汉文帝的，有没有效果呢？《新唐书·长孙顺德列传》载，唐太宗后来将长孙顺德任命为泽州刺史，恢复他的封爵和食邑，而长孙顺德一改以前的放纵奢侈，"折节为政"，以严明而著称，"遂为良吏"。他还将前刺史张长贵、赵士达侵占的肥田几十顷夺回给贫民。

二是对贪污犯不念旧情进行严惩。《资治通鉴·唐纪九》载，贞观三年（公元 629 年），濮州刺史庞相寿因贪污被解除任职，自己陈述曾经是秦王府僚，唐太宗念及旧情，心生怜意，想让他恢复原职。魏徵进谏说："秦王府的僚属，朝廷内外都很多，恐怕他们人人都倚仗陛下的旧恩而徇私，这样就会让那些为善之人害怕。"唐太宗欣然采纳，对庞相寿说："我从前为秦王，乃是一个王府的主人，现在身居帝位，乃是天下之主，不能独私故人。大臣的意见是这样，朕怎么能违背呢？"赐给庞相寿布帛而遣走，庞相寿流着泪离去。

《资治通鉴·唐纪十三》载，贞观十九年（公元645年），沧州刺史席辩因贪污受贿而犯罪，这年的二月，唐太宗下诏让朝集使前往观看，当场斩首。

但是，唐太宗对功劳很大的贪污官员也有网开一面的时候。《资治通鉴·唐纪十二·贞观十六年》载，唐高祖刚入关的时候，隋朝武勇郎将党仁弘率军二千多人在蒲阪归附唐高祖，并跟随唐高祖平定京城，不久担任陕州总管，唐军东征王世充时，党仁弘负责运转粮饷，没有断绝，历任南宁州、戎州、广州都督。党仁弘有才略，所到之处都有好名声，唐太宗很器重他。然而党仁弘性格贪婪，被罢免广州都督，有人控告他贪赃一百多万钱，论罪当处死。唐太宗想免他一死，这一年（公元642年）十二月，唐太宗召集朝廷五品以上官员聚集太极殿前，说："法度，是君主受命于天所制定的，不可以因为私情而失信。如今朕偏袒仁弘而想赦免他，是乱了法度，有负于上天。朕想在南郊待三天，每天只进一次蔬食，以此谢罪于上天。"房玄龄等人都说："生杀之柄，在于皇上一人专持，何至自己这样贬责呢？"唐太宗不答应，群臣叩头坚持请求，从早晨到傍晚，唐太宗于是降下手诏，自称说："朕有三罪：知人不明，一罪；以私乱法，二罪；认为善人正确而未赏赐，认为恶人错误而未诛杀，三罪。因为你们坚持进谏，暂且依照你们的请求。"于是罢免党仁弘为百姓，流放到钦州。

三是派遣使者巡视各道。《资治通鉴·唐纪十》载，贞观八年（公元634年），唐太宗想分派大臣作为诸道黜陟大使，一时没有得到合适的人，李靖推荐魏徵，唐太宗说："魏徵以箴言规劝朕的过失，朕不可一天离开他。"于是命令李靖与太常寺卿萧瑀等共十三人分别巡行天下，要求他们考察地方长官吏员是否贤能，访问民间疾苦，礼遇高寿的老人，赈济穷困百姓，起用埋没已久的人才，做到使者所至之处如同唐太宗本人亲往一样。

《资治通鉴·唐纪十四》载，贞观二十年（公元646年）正月，唐太宗派遣大理卿孙伏伽等二十二人以六条巡察四方，刺史、县令以下的官吏多被贬官罢黜，这些人到宫门喊冤，前后不断。唐太宗命令褚遂良将情况按类呈报，唐太宗亲自决断，确定可以提拔的有二十人，可以判处死罪的有七人，流放以下免除官职的有成百上千人。

四是处罚犯有渎职罪的官员。《资治通鉴·唐纪十三》载，贞观十九年（公元645年）正月，韦挺因事先不去察看漕渠，导致运米的六百多艘船在卢思台边搁浅，而犯有渎职罪，被械送到洛阳。不久即将韦挺除名。

《资治通鉴·唐纪十四》载，贞观十九年（公元645年）十一月，吏部尚书杨师道因为任用官吏多非其才，贬为工部尚书。

以上是《资治通鉴》记载的，《贞观政要》还记载了唐太宗严惩贪官、整顿吏治的事迹和成效。《贞观政要·政体》载："（唐太宗）深恶官吏贪浊，有枉法受财者，必无赦免。在京流外有犯赃者，皆遣执奏，随其所犯，置以重法。由是官吏多自清谨。制驭王公、妃主之家，大姓豪猾之伍，皆畏威屏迹，无敢侵欺细人。"就是说，唐太宗深深痛恨贪官污吏，有违反法律而接受贿赂的，绝不赦免。在京城以外贪赃枉法的官员，唐太宗都会派遣专人调查，根据他所犯的罪行予以重法惩处。因此，贞观年间的官员大多清廉谨慎。不管是王侯公卿、贵妃公主之家，还是士族大姓、豪富商贾，都慑于唐太宗的威严，收敛屏迹，不敢侵犯欺负百姓。

3. "贞观之治"时期吏治监察的评价

张居正等编撰的《通鉴直解》评论说："《尚书》上说'德惟善政，政在养民'，又说'民为邦本，本固邦宁'。唐太宗对于治国的方法理解深刻，注意选择贤能的人治理百姓，又设定制度，地方的都督、刺史都由天子亲自任命，任命的时候，都在便殿接见，赏赐衣物，以示宠信。由此可见，'贞观之治'并不是偶然形成的啊！"

从张居正的评论可知，"贞观之治"与唐太宗采取的吏治监察措施密切相关，尤其是选择贤能的官员治理百姓、亲自任命都督刺史最为重要。

八、"开元盛世"时期的吏治监察

"开元盛世"是唐玄宗在位时的政治局面。"开元"是唐玄宗（唐明皇）的年号，时间长达二十九年。唐玄宗是唐朝在位最久的一位帝王，共在位四十三年，前期开创了"开元盛世"。

那么，当时的吏治监察情况是怎样的呢？

1. 唐玄宗采取的吏治举措

一是任用贤相姚崇、宋璟等人。《资治通鉴·唐纪二十七·开元四年》评价姚崇、宋璟说："姚、宋相继为相，崇善应变成务，璟善守法持正，二人志操不同，然协心辅佐，使赋税宽平，刑罚清省，百姓富庶。唐世贤相，前称房、杜，后称姚、宋，他人莫得比焉。二人每进见，上辄为之起，去则临轩送之。及李林甫为相，虽宠任过于姚、宋，然礼遇殊卑薄矣。"就是说，开元初年，姚崇和宋璟相继为相，姚崇善于应变以办成大事，宋璟则善于谨守法度，坚持正道。两个人志向、操行，虽然各不相同，但都同心协力辅佐玄宗，使得这个时期赋役宽松，刑罚减省，百姓富足，人口增多。唐代的贤相中，前有房玄龄和杜如晦，后有姚崇和宋璟，其他人没有谁能比得上。姚崇和宋璟每次进见时，唐玄宗会站起来迎接，他们离开时，唐玄宗会起身在殿前相送。到李林甫为相时，虽然唐玄宗对他的宠幸超过了姚崇和宋璟，但对他的礼遇就很微薄了。

从这可以看出，唐玄宗任命姚崇、宋璟为相，是成就"开元盛世"的最为重要的原因。在这两位贤相中，尤其是宋璟非常注重吏治，使得唐玄宗时的吏治清明。

《资治通鉴·唐纪二十七》载，开元四年（公元716年）闰十二月，唐玄宗任命宋璟守吏部尚书兼黄门监（宰相）、紫微侍郎苏颋为同平章事（宰相）。宋璟为相，"务在择人，随材授任，使百官各称其职"（即致力于选拔官员，根据才能授予相应官职，使百官都各称其职），而且实行赏罚公平无私，敢于犯颜直谏。唐玄宗很是敬惮他，即使不合自己心意，也往往曲意听从采纳宋璟的意见和建议。

《资治通鉴》还记载了一些事迹，体现了宋璟在吏治方面的公正无私。如《资治通鉴·唐纪二十八》载，开元六年（公元718年）十一月，宰相宋璟上奏说："括州员外司马李邕、仪州司马郑勉，都有才略、文词好，但性格多异端，喜欢改变是非观念，如果完全重用，则必会招致咎悔；如果长久弃之不用，则才能可惜，请任命他们分别担任渝、硖二州刺史。"又上奏说："大理卿元行冲向来被认为才行都好，初期试用后，确实与时人议论的相符合，但真正处理一些具体事务之后，很不称职，请陛下仍旧让他担任左散骑常侍，让李朝隐代替他任大理卿。陆象先熟悉政体要领，宽厚但不容忍错误，请任命为河南尹。"唐玄宗都予以采纳。

又如《资治通鉴·唐纪二十八》载，开元七年（公元719年），候选的官员宋元超到吏部自称是侍中宋璟叔父，希望得到优先关照。宋璟知道后，发牒文到吏部说："宋元超是我隔了三重的族叔，由于他常在洛阳，所以不多参见。我既不敢因为他是长辈就隐瞒，也不愿以私害公。如果他之前没有讲到这层关系，自然依据大的惯例办事，现在他既然将这层关系传出声来，就必须矫枉过正，请不要录用他。"

在唐玄宗的开元后期，又任用贤相张九龄等人，对"开元盛世"的形成，也起了积极作用。

二是亲自召见都督、刺史地方长官并选拔有才识的京官担任。《资治通鉴·唐纪二十六》载，开元元年（公元713年）十二月，唐玄宗发敕令说："都督、刺史、都护将要去赴任时，都要在引见皇帝当面辞行后，在左右侧门听候旨意。"

同时为了保证地方长官的素质，唐玄宗还要求选择有才识的京官担任。《资治通鉴·唐纪二十七》载，开元二年（公元714年）正月，唐玄宗颁布制度："选择有才识的京官担任都督、刺史，都督、刺史有政绩者担任京官，使官员的出朝和入朝任职保持均衡，并永远作为常规。"

然而当时京官大都不愿去地方任职。《资治通鉴·唐纪二十七》载，开元四年（公元716年），唐玄宗任命尚书右丞倪若水为汴州刺史兼河南采访使。这个时候，唐玄宗虽然想重视都督、刺史，选拔京官中有才能和声望的人去担任，可是当时的士大夫还是不够重视到地方任都督、刺史。

为了改变这个状况，唐玄宗采取了一些措施。《资治通鉴·唐纪二十八》载，开元十三年（公元725年）二月，唐玄宗亲自选拔各司有声望的长官如大理卿源光裕、尚书左丞杨承令、兵部侍郎寇泚等十一人出任刺史，又命令宰相、诸王及诸司长官、台郎、御史在洛水之滨为他们饯行，供给的帷帐非常盛大，唐玄宗赐给御膳，太常安排乐舞，内坊歌妓助兴，唐玄宗亲自书写十韵诗赐给他们。源光裕，是宰相源乾曜的侄孙。

另外，唐玄宗还设置了一个经历程序，鼓励京官去州县。根据《新唐书·选举志》记载，"凡官，不历州县不拟台省。"即是说，如果不经历州县官员的任职，就不得任命为中央台省（指御史台和尚书省、中书省、门下省）官员。

三是对直接治民的县令多有告诫且重视对县令的选拔。《资治通鉴·唐纪二十六》载，开元元年（公元713年）十月，唐玄宗召见京畿县令（京城郊县的县令），告诫他们要在饥荒之年施恩惠养护百姓。

《资治通鉴·唐纪三十》还载，开元二十四年（公元736年）二月，唐玄宗在朝堂宴请新任县令，唐玄宗亲自作了《令长新戒》一篇，赐给天下的县令。根据《全唐文·卷四十一》载，这个"令长新戒"全文是："我求令长，保乂下人。人之所为，必有所因。侵渔浸广，赋役不均，使夫离散，莫保其身。征诸善理，寄尔良臣，与之革故，政在维新。调风变俗，背伪归真。教先为富，惠恤于贫。无大无小，必躬必亲。责躬劝农，其惟在勤。墨绶行令，孰不攸遵。曷云被之，我泽如春。"

唐玄宗还亲自以如何治民出题策试县令并进行升降。《资治通鉴·唐纪二十七》载，开元四年（公元716年），有人对唐玄宗说："今年的选任官员太滥，所任命的县令都是没有才能的人。"到了新任命官员入朝拜谢之时，唐玄宗召集所有的县令到宣政殿庭，亲自策试，题目是"如何治理百姓"。只有鄄城县令韦济的文辞和义理第一，擢拔为京兆府醴泉县令，其余二百多人写得不到位，暂时让他们任职。有四十五人被放归家中加强学习。吏部侍郎卢从愿因为选官问题被降职为豫州刺史，李朝隐被降职为滑州刺史。卢从愿主持选官事务六年，与李朝隐都以称职而知名。当初在唐高宗时，马载、裴行俭二人在吏部最有名，时人称吏部前有马、裴，后有卢、李。

《资治通鉴·唐纪二十八》还载，开元九年（公元721年）四月，唐玄宗敕令："五品以上京官，各州刺史及京兆、河南、河中、太原四府的府尹，各推荐一名县令，根据县令为政善恶，对举荐者进行赏罚。"

此外，唐玄宗注重从皇家宗室中选拔有才能的人担任京县的县官（根据《新唐书·百官志》载，京县的县令级别在所有县令中级别最高，是正五品上，连县丞都是从七品上）。《资治通鉴·唐纪三十》载，开元二十五年（公元737年）五月，唐玄宗命令有关部门从宗室子弟中选拔有才能者，授予台省及法官、京县的县官，并且敕令说："如果你们违背道义怠慢伦常，朕是不会枉法而徇私情的；如果你们修养品行、忠于本职，朕对你们的恩情怎会比他人薄呢？希望你们作表率，激励他人，带好风气。"

四是不滥授官职。《资治通鉴·唐纪二十七》载，开元二年（公元714年）五月，因为出现饥荒，唐玄宗将员外、试、检校官全部罢除，明确今后如果没有战功或皇帝另外下达的特别敕令，不得注拟授予这类官职。

《资治通鉴·唐纪二十七》载，开元四年（公元716年）正月，陇右节度使郭虔瓘上奏，他的奴仆石良才等八人都有战功，请唐玄宗任命为游击将军。唐玄宗敕命下达后，宰相卢怀慎等人上奏说："郭虔瓘倚仗微小的功劳，就侮辱常规，为奴仆请授五品官职，实在是扰乱朝廷纲纪，不可答应。"唐玄宗采纳了。

同时，唐玄宗还对不称职的官员、酷吏等进行淘汰。《资治通鉴·唐纪二十七》载，开元三年（公元715年），尚书左丞韦玢上奏说："郎官多不称职，请淘汰改授他官。"韦玢不久外放为刺史，宰相上奏拟授他为冀州刺史，唐玄宗敕令改派到小州任刺史。姚崇上奏说："郎官有松散懈怠及不称职的，韦玢奏请淘汰，这是奉公的体现。现在郎官刚刚改任他官，韦玢随即被贬黜外放，议论的人都说是郎官诽谤伤害的。臣担心今后的左右丞会以韦玢为戒，那么尚书省的事务如何办好呢？臣希望陛下慈悲，详细考察，使为官者无所疑惧。"唐玄宗于是将韦玢任命为冀州刺史。从这可以看出，郎官不称职的确实改授他官。

酷吏在唐玄宗开元年间也基本没有市场，且子孙也被限制入仕。《资治通鉴·唐纪二十七》载，开元二年（公元714年），唐玄宗下敕说："涪州刺史周利贞等十三人，都是天后（武则天）时的酷吏，比周兴等人罪状要轻些，应当削职放归民间，终身不得入仕。"

《资治通鉴·唐纪二十八》载，开元十三年（公元725年）三月，御史大夫程行湛上奏说："周朝酷吏来俊臣等二十三人，罪状尤其严重，他们的子孙都要被禁锢为官。傅游艺等四人罪状稍轻，他们的子孙不得在京城附近任职。"唐玄宗采纳了。

五是改革过去的一些选官、授官、俸禄等制度和吏治弊端。《资治通鉴·唐纪二十七·开元四年》载，唐朝旧制规定，六品以下官员都委任给尚书省拟授上奏给皇帝。这一年（公元716年），唐玄宗开始制令员外郎、御史、起居郎、拾遗、补阙的任命不由尚书省拟授，而由皇帝亲自授予。

《资治通鉴·唐纪二十七·开元七年》载，此前各州朝集使往往携带礼物到京城，等到第二年春天将要返回时，大多得到升迁，宋璟奏请将这些人一律原职返回以革除这一弊端。

《资治通鉴·唐纪三十》载，开元二十五年（公元737年）正月，初次设置玄学博士，每年像科举中的明经科一样举行考试，选拔官员。二月，唐玄宗下敕说："科举中的进士科主要考声韵为主的诗赋，对古今之道不通；明经科主要考帖经和背诵经文，很少有人探究它的旨趣。自今以后，明经科考大义十条，对时务策三首；进士科考大经十贴。"

另外，唐玄宗时还改革了俸禄制度。《资治通鉴·唐纪二十八·开元六年》载，唐朝初年，州县官员的俸禄都是由当地富户掌管公廨钱用利息来支付，由于利息高至数倍，因此有很多破产的。这一年（公元718年），秘书少监崔沔上奏说，请计算州县官员所得的俸禄总额，在百姓正常交纳赋税之外，稍微多加一些，以此给付俸禄。唐玄宗听从了他的建议。开元十年（公元722年），唐玄宗命令有关部门征收公廨钱，用这笔税赋给付京城百官的俸禄。为此，不久唐玄宗下令收回之前分给京城百官的职田，每年每亩大概给粟米二斗。时隔八年后又再次分给京官。

《资治通鉴·唐纪二十九》载，开元十八年（公元730年）三月，唐玄宗重新又分给京官职田。六年后，唐玄宗又开始改革俸禄制度。《资治通鉴·唐纪三十》载，开元二十四年（公元736年）六月，开始按月给百官俸禄钱。所以，按月发工资就是从这里来的。

六是任命官员必须经过程序。唐朝官员任命的程序，必须经过中书省、门下省审核，姚崇、卢怀慎、宋璟担任宰相时都严格执行任命官员的程序，唐玄宗也听从他们的意见。《资治通鉴·唐纪二十七》载，开元二年（公元714年），申王李成义请求唐玄宗将自己的王府录事阎楚珪任命为王府参军，唐玄宗同意了。宰相姚崇、卢怀慎进言说："臣等之前得到陛下旨意，说王公、驸马如果有所奏请，不经过陛下亲自书写的墨敕都不准同意。臣认为量材授官，当归主管部门，如果因为有亲朋故旧之恩，就可以官爵相赠，就是延续中宗皇帝时的弊端，实在是会紊乱朝廷纪纲。"这件事于是被搁置，"由是请谒不行"（从此请托不再进行）。

《资治通鉴·唐纪二十八》载，开元七年（公元719年）十一月，唐玄宗直接用墨敕令提拔岐山县的县令王仁琛为五品官，原因是王仁琛是唐玄宗任藩王时的旧属。宋璟上奏说："对故旧给予私恩，有大的惯例；授官的资历，也是有公正准则的。王仁琛因为陛下的旧恩，已经获得优先任命，现在如果再次蒙获破格提拔，就与和他相当的人大不一样，而且他还是王皇后的家族人，必须考虑要杜绝舆论。请求陛下将此事交由吏部检核勘查，如果王仁琛没有失误，按规定应当任命，臣就请求按照资历稍稍优先拟授官职。"唐玄宗听从了宋璟的意见。

宁王李宪上奏请给候选官员薛嗣先授予小官，唐玄宗将此事交付中书、门下省办理。宋璟上奏说："薛嗣先两次被任命为斋郎，虽说不是明显应当留任，考虑是至亲的原因，本应当借助资历任命。景龙年间，中宗皇帝常常用墨敕直接任命官员，称为斜封官。自从陛下即位以来，这种事杜绝了，每当施行一次赏、任命一位官，必定是因为他的功劳与才能，都经过中书、门下省。至公之道，只有圣明君主能做到。薛嗣先是陛下的姻亲，陛下不为此而法外施恩，交臣等商量，恳请将此事交吏部处理，不要直接用墨敕任命。"唐玄宗同意宋璟的奏请。

七是赏赐提拔爱民的刺史。《资治通鉴·唐纪二十八》载，开元十三年（公元725年）十一月，唐玄宗登泰山封禅完毕，返京途中来到宋州，在楼上设宴款待随从官员，宋州刺史寇泚也参加了。酒酣之际，唐玄宗对张说讲："之前朕多次派遣使臣分别巡视各道，考察官吏善恶，如今因为封禅而经过各州，才知道使臣辜负我很多啊！怀州刺史王丘，除了正常的牛羊猪等之外，没有其他物品进献。魏州刺史崔沔，供给的帷帐没有锦绣，以俭朴展示给我。济州刺史裴耀卿，向朕上表数百言，都是劝谏的话，并且说：'如果有重重扰民，封禅就不足以向上天告成。'朕常常放在座位旁边，并且用以告诫左右侍从。像这三人，不烦劳百姓以向朕邀恩，真是良吏啊！"唐玄宗回头对寇泚说："近来也屡次有人向朕诉说你置办的酒菜不丰盛，知道你没有买通朕的左右替你说好话。"唐玄宗亲自举杯赐酒。宰相率群臣起身称贺，楼上的人都称万岁。由此，唐玄宗任命王丘为尚书左丞，崔沔为散骑侍郎，裴耀卿为定州刺史。

同时，唐玄宗还对那些扰民、浪费钱财的刺史进行贬降。《资治通鉴·唐纪三十》还载，开元二十三年（公元735年）正月，唐玄宗到五凤楼设宴。当时命令三百里以内的刺史、县令各自带领乐队聚集在五凤楼下，各自比较胜负。怀州刺史用车载数百名乐工，都穿着锦绣衣服，驾车的牛也绘成虎豹犀象的样子。鲁山县的县令元德秀只派遣乐工几人，一起唱歌。唐玄宗说："怀州的百姓可受难了！"唐玄宗就立即贬怀州刺史为散官。元德秀性格耿介质朴，士大夫都很佩服他。

2. 唐玄宗采取的监察举措

根据《资治通鉴》的记载，唐玄宗在位时主要有以下监察举措：

一是支持御史弹劾皇亲贵戚和显要官员。《资治通鉴·唐纪二十七》载，开元二年（公元714年）正月，薛王李业的舅舅王仙童，侵犯暴虐百姓，御史弹劾上奏了这件事，薛王李业为其舅舅求情，唐玄宗敕令紫微省、黄门省重新审理。宰相姚崇、卢怀慎等人上奏说："王仙童的罪状很清楚，御史所言没有冤枉他，不可宽贷。"唐玄宗采纳了他们意见，"由是贵戚束手"（从此皇帝贵戚收敛）。

《资治通鉴·唐纪二十七》载，开元三年（公元715年），京兆尹崔日知贪婪残暴不法，御史大夫李杰准备纠察弹劾他，崔日知反而诬陷李杰有罪。这年的十二月，侍御史杨玚在朝廷上奏说："如果负责纠察弹劾的部门，被奸佞之人恐吓，那么御史台可以废除了。"唐玄宗于是命令李杰继续处理，贬崔日知为歙县县丞。

二是设置十道按察使监察各州县官员。《资治通鉴·唐纪二十七》载，开元二年（公元714年），唐玄宗下诏恢复设置十道按察使，任命益州长史陆象先等人充任。开元三年（公元715年），有人上奏说："按察使只会烦扰官府和百姓，请精简各地的刺史、县令，停止派遣按察使。"唐玄宗命令召集尚书省官员讨论，宰相姚崇认为："如今只是选派了十道按察使，还担心未能找到合适人选。何况天下三百多州，县比州多几倍，难道刺史县令都称职吗？"于是唐玄宗没有停止派遣按察使。但开元四年（公元716年）十二月，唐玄宗又下诏罢除十道按察使。《资治通鉴·唐纪二十八》载，开元八年（公元720年）五月，唐玄宗下令又重新设置十道按察使。但可惜的是，时隔四年即开元十二年（公元724年）五月，唐玄宗再次下令停止设置各道按察使。

此外，按察使还有一项职责是负责考核地方州县官员的政绩。根据《新唐书·选举志》记载，"岁十月，按察使校殿最，自第一至第五，校考使及户部长官总核之，以为升降。"也即是说，每年的十月，按察使考核地方州县官员，评出最好与最差，从第一名到第五名，校考的使者和户部长官负责总把关，以此来进行升降（顺数第一至第五的升，倒数第一至第五的降）。

三是严厉惩处贪赃官员。《资治通鉴·唐纪二十七》载，开元三年（公元715年），起初监察御史张孝嵩奉命出使廓州，回来后他陈述大漠以西地区的利害形势，奏请前往察看，唐玄宗同意了，并允许他相机行事。当时，吐蕃与大食共立阿了达为拔汗那王，攻打拔汗那国，拔汗那国兵败向唐朝安西都护府求救。张孝嵩对都护吕休璟说："不救则无以号令西域。"于是率领各戎族部落的军队一万多人，沿着龟兹挺进千里，攻占数百城，并在连城攻打阿了达。张孝嵩亲自上阵督率士兵急攻，俘虏斩首一千多人，阿了达与数名骑兵逃入山谷。张孝嵩传檄西域各国，一时威振西域，大食、康居、大宛等八国都派遣使者请求归降，这时有人检举张孝嵩贪赃，张孝嵩因此被关押在凉州监狱，不久被贬为灵州兵曹参军。

《资治通鉴·唐纪二十七》载，开元四年（公元716年）十一月，宰相姚崇的儿子光禄少卿姚彝、宗正少卿姚异，平时广交宾客，颇收受馈赠礼物，受到时人的讥评。主书赵诲是姚崇所亲信的人，收受胡人的贿赂，事情发觉后，唐玄宗亲自审问，将赵诲下狱当处以死刑，姚崇出面营救，唐玄宗因此不高兴。恰逢京城大赦，唐玄宗特地在赦令中标出赵诲的名字，处以杖刑一百，流放岭南。姚崇因此而忧惧，数次请辞宰相之位，并推荐广州都督宋璟代替自己。

《资治通鉴·唐纪二十八》载，开元十年（公元722年）八月，武强县的县令裴景仙，贪赃五千匹，事情被发觉后逃命。唐玄宗大怒，命令召集众人斩他。大理卿李朝隐上奏说裴景仙贪赃都是乞求而得，罪不应当处死，又说其曾祖裴寂有辅佐唐高祖反隋的大功，载初年间裴氏因被诬陷获罪而破家，只有裴景仙独存，应当宽宥其死，流放荒远地区。唐玄宗于是同意，在处以裴景仙杖刑一百后，将他流放到岭南荒恶之地。

开元十一年（公元723年），宰相张说与张嘉贞不和，恰逢张嘉贞弟弟金吾将军张嘉祐贪赃之事被检举，张说劝张嘉贞穿着素服在外等候唐玄宗治罪，没隔多久，唐玄宗将张嘉贞贬为幽州刺史。这一年，唐玄宗还将平遥县的县令王同庆贬职为赣县的县尉，原因是唐玄宗在汾阴祭祀土神时，王同庆借机广为储存很多物品，烦扰了百姓。

《资治通鉴·唐纪二十九》载，开元十七年（公元729年），宇文融性情精明机敏，善于应对，有辩才，因为善于理财而受到唐玄宗的宠幸，他担任宰相后开始广泛设置各种使者，竞相为朝廷聚敛，由此百官都逐渐荒废本职而唐玄宗的心更加奢侈，百姓也怨恨愁苦。后来因为嫉妒唐玄宗所宠幸的信安王李祎，指使御史李寅弹劾，却被泄露，唐玄宗因此大怒将宇文融贬为汝州刺史，其只当了百日宰相。宇文融被贬后，国家用度不足，唐玄宗又想起他，并且对裴光庭说："卿等都说宇文融之恶，朕已罢黜他，如今国家用度不足怎么办？卿等怎么辅佐朕？"裴光庭等恐惧得不能回答。恰好有匿名信件告宇文融贪赃受贿之事，唐玄宗将宇文融又贬为平乐县的县尉。宇文融到岭外一年多，司农少卿蒋岑上奏弹劾宇文融在汴州侵吞官钱以巨万计，唐玄宗下令彻查此事，宇文融被流放岩州，在途中死去。

开元十九年（公元 731 年），有人控告巂州都督张审素贪赃，唐玄宗制命派遣监察御史杨汪审查此事。张审素的总管董元礼率军七百人围住杨汪，杀了上告之人，并对杨汪说："好好上奏张审素之事则可以活命，不然则死。"恰逢救兵来到，击斩了这些人。杨汪上奏张审素谋反，张审素因此被斩首，家产全部被没收。开元二十年（公元 732 年），幽州节度使赵含章因贪赃巨万，在朝堂上被施以杖刑，流放到州，途中死去。

《资治通鉴·唐纪三十》载，开元二十五年（公元 737 年）五月，夷州刺史杨浚因为贪赃应当处死，唐玄宗命令施以杖刑六十，流放古州。开元二十七年（公元 739 年），太子太师萧嵩曾经用城南的数顷良田贿赂牛仙童，李林甫检举此事，萧嵩因此被贬为青州刺史。

四是设置十五道采访使以六条检察州县。《资治通鉴·唐纪二十九》载，开元二十一年（公元 733 年），唐玄宗下令将天下分为京畿、都畿、关内、河南、河东、河北、陇右、山南东道、山南西道、剑南、淮南、江南东道、江南西道、黔中、岭南，共十五道（相当于现在省的建置），各自设置采访使，"以六条检察非法"，两畿采访使由御史中丞兼任，其余都选择贤明的刺史兼任。如果不是刺史职位有升迁罢免，则采访使的职务不变动。

五是设置十位劝农判官兼任代理御史巡视天下。《资治通鉴·唐纪二十八》载，开元九年（公元 721 年），兵部员外郎兼侍御史宇文融奏请唐玄宗设置了十位劝农判官，都兼任代理御史，分头巡视各州县，负责搜寻逃亡的户口及清查隐瞒不报的田地。州县官吏为了迎合旨意，务求多报逃亡的户口，虚张其数，共报查出流亡的户口八十多万，查出的隐瞒田地数目也基本相当。开元十二年（公元 724 年）六月，唐玄宗下制听任逃亡的户口自动申报，所开辟的闲置土地给他们耕种，由官府根据情况收税，不得派公差和征发徭役，租庸一概蠲免。仍旧以兵部员外郎兼侍御史宇文融为劝农使，巡行州县，与官吏百姓议定赋税徭役。可见唐玄宗本意是好的，可是被宇文融和地方官吏执行偏差了。

3."开元盛世"时期吏治监察的成效

唐玄宗时的"开元盛世"是怎样的呢?《资治通鉴·唐纪三十》载,开元二十八年(公元740年),天下的县共有一千五百七十三个,户口数有八百四十一万二千八百七十一户,人口有四千八百一十四万三千六百零九人。当时的西京与东都每斛米的价格不到二百钱,每匹绢价格也如此。"海内富安",而且出行的人即使远到万里也不用拿任何武器。

这个景象主要是讲区划数、人口数、衣服与粮食价格、治安状况,体现了当时的富裕情形。

《新唐书·刑法志》还载:"玄宗自初即位,励精政事,常自选太守、县令,告戒以言,而良吏布州县,民获安乐;二十年间,号称治平,衣食富足,人罕犯法。是岁刑部所断天下死罪五十八人,往时大理狱,相传鸟雀不栖,至是有鹊巢其庭树,群臣称贺,以为几致刑错。"

所以这个景象的形成最离不开的是吏治监察,尤其是唐玄宗在吏治上注重任用贤相,精心选用都督、刺史、县令等地方治民长官,是开创"开元盛世"的最重要原因。

九、"大中之治"时期的吏治监察

"大中之治"是唐宣宗在位时的政治局面。"大中"是唐宣宗年号,共用十三年。

唐宣宗李忱是唐宪宗的儿子,原名李怡,是历史上因韬光养晦、装傻扮痴而当上皇帝的典型。《资治通鉴·唐纪六十四》载,会昌六年(公元846年),唐武宗病重不能说话,诸位宦官立他为皇太叔,并改名叫李忱。此时,他裁决政务,都很合理,人们才知道他有隐德。皇太叔即位后,创造了晚唐之时的治世,这就是"大中之治"。

那么,唐宣宗在位时采取了哪些吏治监察举措呢?

一是慎重选拔五品以上官员。《资治通鉴·唐纪六十四》载,大中二年(公元848年），唐宣宗任命知制诰令狐绹为翰林学士。唐宣宗想知道朝廷百官的名数，令狐绹说："六品以下的，官位卑下的数目很多，都由尚书省吏部注拟授职；五品以上的官，则由中书门下政事堂（代表政府）制文授职，他们各有簿籍，叫作具员。"唐宣宗于是命宰相撰写《具员御览》五卷，宰相撰写完奏上，唐宣宗将其常常放置在办公的案头上，以备查考。

二是不让平庸的皇亲国戚任治民之官。《资治通鉴·唐纪六十五》载，大中七年（公元853年），唐宣宗的舅舅郑光历任平卢节度使、河中节度使，唐宣宗与他论为政之道，郑光应对得非常鄙俗浅陋，因此唐宣宗不太高兴，就让郑光任右羽林统军（官职名，逢大朝会时就率其仪仗保卫皇帝；皇帝大驾行幸，则在驰道两边仗卫），使他能够奉朝请安。唐宣宗的母亲郑太后多次向唐宣宗说郑光很穷，唐宣宗就厚厚赏赐郑光金帛，但始终不让他再任治民之官。

三是明确官员在于称职不在于多。《资治通鉴·唐纪六十五》载，大中八年（公元854年）二月，中书门下政事堂上奏说，拾遗、补阙（唐朝谏官）官员缺额，请重新增补。唐宣宗说："谏官的关键在于称职，不一定要人多，像张道符、牛丛、赵璘等数人，使朕每天能听到许多朕无法听到的事，这样就够了。"

四是不以官职私赏近臣。《资治通鉴·唐纪六十五·大中八年》载，唐宣宗重视和珍惜代表官员身份地位的官服，有关部门都准备好绯衣、紫衣数套，以备唐宣宗赏赐，有时半年也用不着其中一件，因此当时官员以穿绯衣、紫衣为荣。唐宣宗很重视翰林学士，但对于翰林学士升迁官职时，唐宣宗也必定校查他们任职的时间，看是否有资历升迁新职，认为不可以随意将官爵私赏近臣。

五是不轻授官职、杜绝侥幸。《资治通鉴·唐纪六十五》载，大中九年（公元855年）十一月，唐宣宗任命吏部侍郎柳仲郢为兵部侍郎，充当盐铁转运使。有一位名叫刘集的乡间医生，因为机缘而与宫中有来往，唐宣宗下敕任命他为盐铁补场官。柳仲郢对唐宣宗说："医工刘集医术精通，应当补为医官；如果委任他管理铜盐，如何考课他呢！何况盐铁补场官品秩低贱，不是陛下特敕所应当亲自任命的，臣不敢奉诏。"唐宣宗立即批道："刘集应当赏赐一百匹绢，派遣他回去。"他日，唐宣宗见到柳仲郢，慰劳他说："卿所论刘集的事甚好。"

唐宣宗曾经苦于不能吃东西，召来一位名叫梁新的医生诊脉，治疗数天后，就变好了。梁新趁机开口向唐宣宗求官，唐宣宗不准，只是下敕命令盐铁使每月给梁新三千缗钱而已。

《资治通鉴·唐纪六十五》还载，大中十二年（公元858年）十一月，兵部侍郎、判户部蒋伸从容对唐宣宗说："近日官位很容易得到，人们都存有侥幸。"唐宣宗惊骇地说："如此就会出现乱子了！"蒋伸回答说："乱倒还不会乱，但心存侥幸的人多，乱也不是难事。"唐宣宗称叹再三。蒋伸起身要走，唐宣宗再三留住他，没多久又任命蒋伸为同平章事（宰相）。从这一段可知，唐宣宗非常担心官职容易得到、人们心存侥幸，所以他还任用向他反映情况的蒋伸为宰相，也有让他整顿吏治之意。

六是贬黜挪用公款的官员。《资治通鉴·唐纪六十五》载，大中九年（公元855年），右威卫大将军康季荣之前担任过泾原节度使，曾擅自挪用官钱二百万缗，事情被发觉，康季荣请求以家财抵偿。唐宣宗认为康季荣有开辟河、湟地区的功劳，同意他这样做。但是给事中封还敕书，谏官也向唐宣书进谏。这年的十二月，唐宣宗将康季荣贬为夔州长史。

七是亲自面试考察刺史。《资治通鉴·唐纪六十五·大中十二年》载，唐宣宗曾颁布诏令："各州刺史不得外迁调往他处，必须先到京师，由皇帝当面考察其能否胜任，然后再授予官职。"宰相令狐绹曾经将他的故旧迁往相邻的州任刺史，没有面见皇帝就直接走便道上任了。后来唐宣宗见到这位刺史上表谢恩之文，就问令狐绹，令狐绹回答说："因为所迁之州道路很近，所以没来长安，以省去迎送。"唐宣宗说："朕因为天下各州刺史大多用非其人，成为百姓的祸害，因而想一一召见，询问他们的施政举措，了解他们的优劣以进行升降。然而朕的诏令已颁行，你却废弃搁置，看来宰相可怕，真有权！"当时天气正寒冷，令狐绹吓得汗流浃背，都湿透裹衣了。

由于刺史是治民之官，所以唐宣宗非常重视，如果有不称职的就会被贬，或有其他情况也会慎重考虑。比如《资治通鉴·唐纪六十五》载，大中十二年（公元858年）十月，建州刺史于延陵入朝向唐宣宗辞行，唐宣宗说："建州离京师有多远？"于延陵回答说："八千里。"唐宣宗说："卿到那里任职后的为政善恶，朕都知道，不要以为太远朕不知道？"于延陵惊慌失措，唐宣宗抚慰他并让他出宫。于延陵到任后，最终因不称职而被贬为复州司马。还有一次，宰相令狐绹拟选拔李远任杭州刺史，唐宣宗说："我听说李远作诗'长日惟消一局棋'，如此岂能治理百姓？"令狐绹说："李远写诗不过是借下棋以表示高兴罢了，未必真是这样。"唐宣宗说："那暂且让李远试试看。"

八是提拔有良好政声、民间百姓称赞的县令以及能干的官员。《资治通鉴·唐纪六十五》载，大中八年（公元854年），唐宣宗在苑城之北畋猎，遇到樵夫，问他是什么县的人，樵夫说是泾阳县的。唐宣宗问县令是谁，樵夫说是李行言。唐宣宗又接着问李行言为政怎么样，樵夫说："李行言性格很固执。有强盗数人被关押后，皇家禁军来县府要人，李行言竟敢不给，将强盗全部处死。"唐宣宗回宫后，将李行言的名字写在自己寝殿中的柱子上。这年的十月，李行言被任命为海州刺史，入朝向唐宣宗谢恩，唐宣宗赐给他金紫之服，并问李行言说："卿知道为什么赐给你紫衣吗？"李行言回答说："不知道。"唐宣宗命人取殿柱的帖文给李行言看，李行言才明白。

大中九年（公元855年）二月，唐宣宗任命醴泉县令李君奭为怀州刺史。起初，唐宣宗在渭上畋猎，有十多个父老聚集佛祠前，唐宣宗上前询问，父老们回答说："我们是醴泉县百姓，县令李君有优异的政绩，考期将满当离职，我们到官府乞求留任，为此祈祷于佛祠，希望都如我们所愿。"后来怀州刺史空缺，唐宣宗亲手写诏敕任命李君奭，宰相们都不能测知其意。李君奭入朝拜谢，唐宣宗以此来奖赏李君，众人这才明白了李君奭提拔的缘故。

大中十三年（公元859年），武宁节度使康季荣不体恤士兵，士兵鼓噪而驱逐他。唐宣宗因为左金吾大将军田牟曾经镇守徐州，有能干的名声，于是任命田牟为武宁节度使，徐州一方于是安定下来。

由于唐宣宗在位期间，重视吏治监察（主要是吏治)，尤其是不轻授官职、重视刺史县令的选拔，所以能开创治世。司马光在《资治通鉴·唐纪六十五·大中十三年》中评价说："宣宗性明察沈断，用法无私，从谏如流，重惜官赏，恭谨节俭，惠爱民物，故大中之政，讫于唐亡，人思咏之，谓之小太宗。"即是说，唐宣宗聪明洞察、沉着果断，用法无私，从谏如流，重惜官位赏赐，谦恭谨慎，节制俭朴，爱护百姓，因此大中年间的政治清明，一直到唐朝灭亡，人们都思念歌咏，称唐宣宗为"小太宗"。

《旧唐书·宣宗本纪》也称赞唐宣宗"器识深远，久历艰难，备知人间疾苦"，自唐敬宗宝历年间以来，宦官擅权，京城豪强，大扰百姓，而唐宣宗即位后，有三个变化：一是权贵豪强敛迹，二是奸佞之臣畏法，三是宦官不敢嚣张。因此刑政不滥，政治清明，贤能愿意效用，十多年间，称颂之声载于道路，"虽汉文、景不足过也"。可见，唐宣宗时"大中之治"的局面确实是不错的。

第二篇

《资治通鉴》所载衰亡之世的吏治监察

《左传·桓公二年》中讲："国家之败，由官邪也。官之失德，宠赂章也。"意思是，国家的衰败，是由于官吏的邪恶。官吏的失德，是因为受宠而贿赂公行造成的。这个道理，我们可以从司马光《资治通鉴》所载的衰亡之世的吏治监察验证。

司马光记载这些衰亡之世的吏治监察，目的正是让当时或后世的帝王引以为戒。

宋神宗在给司马光编撰的《资治通鉴》作序时讲："至于荒坠颠危，可见前车之失；乱贼奸宄，厥有履霜之渐。诗云：'商鉴不远，在夏后之世。'"宋神宗说，至于那些荒政、衰坠、颠覆、危亡的帝王，可以见到前车之失；对于那些乱臣贼子、奸邪诡诈的事例，则要有"履霜之渐"的警惕。"履霜之渐"，源自《易经·坤卦》中的"履霜，坚冰至"，就是脚踩着霜，就想到结厚冰的日子要到来，比喻当事物有苗头时就要警戒，要见微知著、防微杜渐。因此，《诗经》上说"商朝引起鉴戒的教训并不远，就在前代的夏朝"。

而且，宋神宗给司马光编撰的史书赐名叫《资治通鉴》，有两重意思，一重意思是像汉文帝、汉宣帝、唐太宗等帝王的修身治国事迹可以"资治"，另一重意思是那些荒坠颠危等帝王的事迹需要引起"通鉴"。

所以，这些衰亡之世的吏治监察与治盛之世的吏治监察同样重要，治盛之世的可以作为经验参考，而衰亡之世的可以作为教训鉴戒，它们都是宝贵的财富。

现根据时间顺序，对《资治通鉴》所载的衰亡之世的吏治监察事迹讲述如下。

一、西汉衰亡时期的吏治监察

西汉是从汉元帝开始衰落的，一直到王莽篡位时灭亡。这期间除了汉平帝、孺子婴年幼外,其他帝王的吏治监察均导致了西汉衰亡。

1. 汉元帝时期的吏治监察

汉元帝是汉宣帝的儿子,他在位时贤佞不辨,优柔寡断,重用奸佞石显,导致吏治败坏。《资治通鉴·汉纪二十·初元二年》载,萧望之是当时的名儒,与周堪都是汉元帝做太子时的老师,因此汉元帝对他们极为信任,数次宴会接见,谈论治乱之道和王道之事。萧望之推选宗室中通晓经术的刘更生(即西汉大学者刘向)为给事中,与侍中金敞一起侍奉皇帝左右。四人同心谋划,以古代良制劝导汉元帝,对时政多有所匡正,汉元帝也很采纳他们的意见。

同时,汉元帝还重用宦官弘恭、石显,这两位宦官将萧望之等人陷害致死。《资治通鉴·汉纪二十·初元二年》还载,汉元帝即位后多疾病,认为石显掌握朝廷机密之事较久且没有交结朝廷大臣,值得信任,因此将政事交给他,事情无论小大,都由石显来上奏决定,宠幸倾于朝廷,百官都敬奉石显。石显为人精巧聪明,会来事,能深得汉元帝的心意,内心深沉像贼人一样,且会诡辩用以中伤他人,如果有忤逆他的,他就睚眦必报施之以重法。弘恭、石显还上奏说萧望之、周堪、刘更生结成朋党,萧望之后来被迫自杀。

《资治通鉴·汉纪二十一》载,建昭二年(公元前37年),石显威权日渐强盛,公卿及以下官员都畏惧他。石显与中书仆射牢梁、少府五鹿充宗结为朋党密友,凡是依附、倚仗他们的人都得了高位。因此民歌唱道:"姓牢的,姓石的,还有五鹿家的门客,你们的官印何其多啊,绶带何其多啊!"这反映了当时的吏治败坏。

但是,汉元帝也不是一无是处,他还知道从有德之士中选拔官吏。《资治通鉴·汉纪二十》载,永光元年(公元前43年)二月,汉元帝下诏让丞相、御史大夫举荐"质朴、敦厚、逊让、有行者",光禄寺从这些人中选取成绩好的任命为郎从之官。

2. 汉成帝时期的吏治监察

到了汉成帝之时,吏治更是败坏。《资治通鉴·汉纪二十二》载,建始元年(公元前 32 年），御史中丞、东海人薛宣上书说："陛下至德仁厚，然而祥和之气还凝结，阴阳不和，大概是因为官吏多行苛政。那些巡察地方的刺史，有的不遵循六条问事的职责，各随其意行事，过多干预郡县事务，乃至开私门，听信谗佞之言，以搜求官吏和百姓的过错，谴责呵斥很是细微，苛求地不自量力，而郡县官吏迫于压力，也对内严厉苛刻，流毒害及百姓。"从薛宣的上书可以看出，当时的吏治导致祸害百姓。

而且，当时丞相、御史大夫也没有起到好的带头作用，比如陈汤立下极大战功，像"明犯强汉者，虽远必诛"这种豪气的话就是出自陈汤，但是却被丞相等人阻拦，不但不封赏，反而被降罪。《资治通鉴·汉纪二十二》载，建始四年（公元前 29 年），丞相匡衡奏报说陈汤出使西域不能正己率下，盗取康居国财物，不宜担任官职。因此陈汤获罪被免官。又如王尊担任京兆尹期间，政绩突出，却被诬奏，导致不升反降。《资治通鉴·汉纪二十二》载，河平二年（公元前 27 年），御史大夫张忠上奏说王尊"暴虐倨慢"，于是王尊因此而被免官。后来因为官吏和百姓多称惋惜，加上湖县三老公乘兴等人上书汉成帝为王尊讼冤，汉成帝才将王尊任命为徐州刺史。

当然，汉成帝在吏治监察方面也不是什么都不管，也还是按罪处罚。比如《资治通鉴·汉纪二十二》载，建始三年（公元前 30 年），御史大夫张谭因为举荐人才不实而获罪，被免官。而匡衡也因为多取封邑土地四百顷，及下属官吏监守自盗价值十金以上，而被免官，贬为百姓。

3. 汉哀帝、平帝时期的吏治监察

汉哀帝起先还是非常不错的，《资治通鉴·汉纪二十五》载，绥和二年（公元前 7 年），此时汉哀帝刚刚即位，他下诏废除了"任子令"，增加俸禄为三百石以下的官吏的薪水。所谓"任子令"，是指汉代俸禄为二千石及以上的官员可以保荐子弟当官。汉哀帝此举是相当了不起的。但是，后来汉哀帝因为宠任男宠董贤，导致吏治也衰败。

汉平帝时，权力掌握在王莽手中。《资治通鉴·汉纪二十七》载，汉平帝元始元年（公元 1 年），王莽"媚说吏民"，让王太后下诏让新任命的州牧、二千石

官员以及茂材出身的官吏奏报情况，直接到安汉公王莽官署回答所问问题，由王莽考核官吏的治绩，询问到任后如何履职，以了解他们是否能胜任。于是王莽对这些官吏一一接见，示恩厚赠，对那些不迎合他的就予以免职，所以王莽的权力与皇帝相等了。所以，王莽最后顺利篡位，西汉灭亡。

二、王莽、更始帝时期的吏治监察

在西汉与东汉之间，有两个很短的时期，这就是王莽、更始帝时期。在《资治通鉴》中，王莽时期及更始帝时期，都纳入了汉纪，而且是作为两个相连的时期。

1. 王莽时期的吏治监察

王莽从孺子婴那里得到政权后，建立新朝，吏治极为腐败，加上他盲目复古，所以不到十几年，他的新朝也灭亡了。

《资治通鉴·汉纪三十》载，天凤二年（公元15年），王莽以为制度确定后则天下会自然太平，因此将精力放在思考划分地理、制礼作乐上，凡事讲究符合《六经》之说。公卿大臣早晨上朝，傍晚退朝，连年议而不决，没有时间办理"狱讼冤结，民之急务"。县里的长官缺额数年都是派人兼职，一些贪赃枉法的行为日益严重。中郎将、绣衣御史前往郡国执法，乘机利用权势，检举弹劾。还有十一名公士分布到各地，劝课农桑、颁布时令、检查规章落实，往来冠盖相望、络绎不绝，并召集官员百姓，进行逮捕取证。郡县则征收赋税、聚敛财物，层层贿赂，颠倒黑白。这说明，当时腐败丛生，百姓含冤受苦。

天凤三年（公元16年），王莽起先以制度未确定为由，当时上自公侯、下至小吏，都没有俸禄，于是在这一年的五月下诏发给俸禄。但是由于王莽规定领取俸禄的制度烦琐，官吏们终究没有领到俸禄，于是各自用职权干坏事，靠收受贿赂来供给。

天凤四年（公元17年），王莽设置羲和命士，督促实行五均、六筦制度。每郡有数人，都由富商担任，他们乘坐驿车谋求利益，乘机与郡县官员相互勾结，多设立空的账簿，而国库储藏不充实，百姓更加穷苦。这一年，王莽再下诏申明

"六筦"，每筦都设立法令条文以防止犯禁，如有违犯者直至判处死刑。奸猾之吏民同时侵害，百姓不得安生。新朝的法令烦苛，百姓动辄触犯禁令，不能耕田种桑，徭役也很繁重。而旱灾、蝗虫灾迭相发生，狱讼之事议而不决。官吏用苛暴立威，借助王莽的禁令侵扰剥削百姓，以致"富者不能自别，贫者无以自存，于是并起为盗贼"。

后来到了更始元年（公元23年），王莽被"盗贼"（即义军）杀死。

2. 更始帝时期的吏治监察

更始帝，即刘玄。更始帝极为平庸，且贪酒好佞，最终被赤眉军所杀。他在位时，对吏治监察极不重视，导致吏治极为混乱。

《资治通鉴·汉纪三十一》载，更始二年（公元24年），更始帝刘玄纳赵萌的女儿为夫人，因此将政事都委托给赵萌，自己则日夜在后宫喝酒取乐，群臣想上奏言事，刘玄总是因醉而不能见，有时不得已，就命令侍中代替他坐在帷帐中与群臣说话。韩夫人尤其好酒，每次侍奉刘玄饮酒时，见到常侍向奏事，就发怒说："皇帝正和我对饮，你偏在此时来奏事吗？"而赵萌也专权，随意杀人。郎吏中有人说赵萌放纵，更始帝大怒，拔剑斩了这个郎吏，自此以后无人敢再说。

由于更始帝的昏庸，"以至群小、膳夫皆滥授官爵，长安为之语曰：'灶下养，中郎将。烂羊胃，骑都尉。烂羊头，关内侯。'"也就是说，众小人、厨师，都被滥授官爵，长安人为此编歌说："灶下负责炊烹的，当了中郎将；烹煮羊肚的，当了骑都尉。烹煮羊头的，当了关内侯。"各位将领也纷纷在外自行赏罚诛杀，各自设置州牧、太守，而州郡交错，百姓不知所从。因此"关中离心，四海怨叛"。从上可见，当时的吏治极为混乱，所以更始帝的政权也没有久远，一年后（公元25年）就灭亡了。

三、东汉衰亡时期的吏治监察

东汉是从汉安帝开始走向衰落的，中间汉顺帝算是中平之世，而汉冲帝、质帝在位时间极短，到了桓帝、灵帝时最为腐败，而汉献帝只是曹操的傀儡，到了曹丕逼迫禅让时，东汉就灭亡了。

1. 汉安帝时期的吏治监察

汉安帝刘祜是清河王刘庆之子，汉章帝之孙，在汉殇帝去世后，由邓太后与其兄长邓骘、邓悝等定策迎立。因此，汉安帝前期（公元107年至120年）主要是邓太后临朝主政，而后期（公元121年至125年）才是他本人亲政。

自公元121年邓太后去世后，汉安帝开始亲政，但他宠幸外戚宦官，导致贿赂请托不少，而且不用杨震、翟酺等贤臣，杨震还被处死，确实令人惋惜。

《资治通鉴·汉纪四十二》载，建光元年（公元121年），汉安帝将耿贵人的兄长、牟平侯耿宝任命为监羽林左军车骑，掌管羽林左军；将祖母宋贵人的父亲宋杨的四个儿子都封为列侯，宋氏家族中担任卿、校、侍中、大夫、谒者、郎官的有十多人；阎皇后的兄弟阎显、阎景、阎耀，都担任卿、校，掌管皇家禁军。自此以后，外戚的权势开始显赫。

汉安帝又因为宦官江京当年前往迎接自己入宫即位，认为他有功劳，封他为都乡侯，封李闰为雍乡侯，李闰、江京同时升迁为中常侍。江京兼任大长秋，与中常侍樊丰、黄门令刘安、钩盾令陈达，以及汉安帝的乳母王圣、王圣的女儿伯荣，相互勾结、内外活动，竞相奢侈暴虐，伯荣出入宫廷，传送奸佞之事和贿赂的勾当。在这些人当中，伯荣尤其骄奢淫逸，她与已故朝阳侯刘护的堂兄刘瓌通奸，刘瓌娶了她，就被提拔为侍中，并且继承刘护的爵位。

杨震上书论及此事，汉安帝不予理睬。尚书翟酺也上书提出当前的吏治情形是"禄去公室，政移私门"（禄位不由朝廷掌握，政权转移到私门），请汉安帝勉求忠贞之臣，诛杀疏远奸佞谄媚之党，割舍情欲的欢乐、罢除宴会和私恩之好，"心存亡国所以失之，鉴观兴王所以得之"（心存亡国之君失败的教训，鉴察兴盛之君成功的经验），这样才能止住灾害、招来丰年。

汉安帝时吏治败坏还有一个特点就是外戚宦官请托严重。《资治通鉴·汉纪四十二》载，延光二年（公元123年），大鸿胪耿宝亲自拜见当时的太尉杨震，向他推荐中常侍李闰的哥哥，说："李常侍是国家所倚重的人，皇帝想让您征召他的哥哥，我只是传达皇帝的意思。"杨震说："如果朝廷想让三公征辟，按照惯例应当有尚书发出的敕令。"耿宝大为恼恨离去。执金吾阎显也向杨震推荐自己所亲近的人，杨震也没有听从。

汉安帝下诏派遣使者为王圣修建府第，中常侍樊丰及侍中周广、谢恽等人更互相煽动，结党营私，"倾摇朝廷"。杨震上书谈到当时的官场请托，说："周广和谢恽兄弟，并非是王室的近亲，依靠倚仗皇帝身边宠幸的奸佞之人，和他们一起分享窃取皇帝的威权，向州郡官府请托，势倾大臣，主管征辟官吏的部门，也顺着他们的意思。他们招来天下的贪污之人，收受财货贿赂，乃至有因犯贪赃罪而被禁止当官的人，重新得到显要的官职。黑白混淆，清浊不分，天下人议论纷纷，讥讽朝廷。"但汉安帝并没有听进去。延光三年（公元124年），汉安帝听信诋毁，派人收回杨震的太尉印信，杨震服毒而死。

另外，汉安帝还废除了"赃官之后不得为官"的先例。《资治通鉴·汉纪四十二》载，建光元年（公元121年），汉安帝任命前任司徒刘恺为太尉。起初，清河国相叔孙光因赃罪（即贪污）而判罪，禁止他的子孙二代不得为官。这一年，居延都尉范邠也犯了贪污罪，朝廷想按照叔孙光的例子进行惩罚，刘恺独以为："《春秋》的大义是，对于善行的报答是延及子孙，对于恶行的惩处是只限自身，这样做是为了导人向善。如今禁锢贪官的子孙为官，这是从重判处，恐怕让善人畏惧，不是先王审慎用刑的本意。"陈忠也同意刘恺的意见。汉安帝于是下诏说："太尉所议很对。"也就是说，汉安帝以诏书的形式肯定了太尉刘恺的意见，不再禁止贪官的子孙为官。

虽然，汉安帝时吏治不怎么好，但是也有一件事值得肯定，就是重视任用隐士和直道之士。《资治通鉴·汉纪四十二》载，建光元年（公元121年），汉安帝开始亲自处理政事时，尚书陈忠举荐"隐逸"及"直道"之士颍川人杜根、平原人成翊世等人，汉安帝都予以任用。建光元年（公元121年），汉安帝下令上自公卿、下至郡太守和诸侯国相各自举荐"有道之士"一人。并将有道之士中考试成绩高的沛国人施延任命为侍中，这一年还用公车单独征召薛包，对他礼敬优待。

2. 汉桓帝时期的吏治监察

诸葛亮在《出师表》中说："亲贤臣，远小人，此先汉所以兴隆也；亲小人，远贤臣，此后汉所以倾颓也。先帝在时，每与臣论此事，未尝不叹息痛恨于桓、灵也。"这里面就提到，先主刘备在与诸葛亮谈论汉桓帝、汉灵帝时，常常叹息和感到痛心遗憾。为什么刘备会有如此的感叹，当然是汉桓帝、汉灵帝亲小人、远贤臣，导致腐败丛生、民不聊生，最后天下大乱。

汉桓帝刘志是汉章帝的曾孙、河间王刘开之孙、蠡吾侯刘翼之子，汉质帝被梁冀毒死后，本来太尉李固、司徒胡广、司空赵成主张迎立清河王刘蒜，但梁冀逼迫群臣立刘志为帝。刘志在梁冀的操纵下即位，梁太后继续临朝称制，梁冀掌握实际权力。

汉桓帝时的政治可分为两个阶段，第一个阶段是从公元146年到159年，汉桓帝基本上是个傀儡；第二个阶段是从公元159年至167年，汉桓帝在诛杀梁冀一门后真正亲政。

在第一个阶段，根据《资治通鉴·汉纪四十五》所载，和平元年（公元150年），梁太后下诏归政汉桓帝，并罢除称制，不久去世。但国家大权还掌握在梁冀手中，汉桓帝并没有太大权力。这一段时间的吏治败坏，但主要责任在于梁冀。

《资治通鉴·汉纪四十五》载，和平元年（公元150年），梁太后去世后，增加大将军梁冀食邑一万户，加上之前的食邑，共有三万户；封梁冀的妻子孙寿为襄城君，孙寿善于以娇媚之态蛊惑梁冀，梁冀很是宠爱和畏惮。梁冀所宠爱的监奴有个叫秦宫的，官至太仓令，可以自由出入孙寿的住所，"威权大震"，刺史和俸禄为二千石的郡太守等官吏上任之前都要拜见秦宫。

孙氏家族中假冒虚名担任侍中、卿、校、郡守、长吏的，有十多人，都极为贪婪凶恶，他们派自己的私人门客到所属县，调查登记富人，用其他罪名将富人关到监狱中进行拷打，让富人出钱赎罪，有家中财物少的就被折磨死。梁冀还派遣门客到全国各地，远到塞外，广求珍宝异物，这些门客又乘着梁冀的势力横征暴敛，抢夺妇女，殴打官吏和士兵，所到之处都激起怨恨。

侍御史朱穆因为之前是梁冀的属吏，向梁冀进谏说："近年来，官府和百姓都很穷困，加上水灾和虫害，京城各官的费用增多，诏书征调的税费有的比平时多至十倍，各地都说官府没有钱财，应当向百姓征收，于是掠夺剥削，强迫凑足数目。朝廷征收的赋税已经很重，而官吏私人的聚敛又很残酷，州牧、太守等地方高级官吏，大多不是因为德行而选用的，贪婪聚敛没有满足，对待百姓如同俘虏，有的百姓死于鞭打之下，有的因逼迫太紧而自杀。"朱穆还建议梁冀及时撤换那些贪婪暴虐的州牧和郡太守，使仗势为恶的奸吏无所依托，负责监察的官吏得以履职。梁冀没有采纳朱穆的意见。梁冀当时把持朝政，极为专横，他结交左右宦官，任命他们的子弟、宾客担任州郡要职，以此来固宠。朱穆又极力劝谏，但梁冀终究不觉悟。从朱穆的进谏可知，当时吏治败坏极为严重。

《资治通鉴·汉纪四十六》载，永寿三年（公元157年），居风县县令贪污暴虐无度，县里的百姓朱达等与蛮夷一同反叛，攻杀县令，聚众达到四五千人。这说明，当时的吏治败坏，在某些地方到了官逼民反的地步。

虽然前期吏治比较败坏，但也有些选官举措值得留意。《资治通鉴·汉纪四十五》载，元嘉元年（公元151年）十一月，汉桓帝下诏百官推荐"独行之士"。什么是"独行之士"呢？就是那种品行高洁、不随波逐流的人。这种人有操守，不会汲汲于名利。所以，汉桓帝要求推荐这种人为官，这是有眼光的举措。

在第二个阶段，汉桓帝亲政后在吏治监察方面有两件事做得不错：

一件事是打掉"大老虎"梁冀。《资治通鉴·汉纪四十六·延熹二年》载，当时，梁冀秉持朝中大权近二十年，威势震动朝廷内外，汉桓帝只能拱手而已，不得亲自参与，汉桓帝心中不平。汉桓帝与小黄门史、宦官唐衡、中常侍单超、小黄门史左悺、中常侍徐璜、黄门令具瑗六人定计除掉梁冀。这一年（公元159年）的八月，梁冀及妻子孙寿都自杀，梁冀的弟弟梁不疑、梁蒙已于此前去世。汉桓帝下令将梁氏、孙氏的朝廷内外宗亲全部送到关押钦犯的监狱，不论老少都在街市斩首，所牵连的公卿、列校、刺史、二千石官员处死的有几十人。梁冀的旧吏、宾客遭到罢免的有三百多人，朝廷为之一空。

汉桓帝下令没收梁冀家中的钱财货物，官府变卖后共计三十多亿，全部充公，供朝廷官府使用，同时减天下租税一半，并将梁冀的园林土地分给贫民耕种。

另一件事是较大规模地反贪治腐。《资治通鉴·汉纪四十六》载,延熹二年（公元159年）,汉桓帝任命大司农黄琼为太尉,光禄大夫祝恬为司徒,大鸿胪盛允为司空。这个时候,刚刚诛杀梁冀,天下人都盼望有不同的政治出现。黄琼居三公首位,于是他弹劾上奏州郡中向来行为残暴、贪污受贿的官吏,有十多人被处死或流放,海内都高兴地称赞。

延熹六年（公元163年）十二月,汉桓帝采纳司空周景与太尉杨秉的意见,将青州刺史羊亮等州牧、太守共五十多人,处死或罢免,天下人无不肃然。紧接着,杨秉等人将反腐的矛头直接对向了当时最有权势的宦官。《资治通鉴·汉纪四十七》载,延熹八年（公元165年）,由于中常侍侯览的哥哥侯参担任益州刺史,残暴贪婪,赃款累以亿计,太尉杨秉上奏用槛车（囚禁犯人的车）押解侯参,侯参在途中自杀,查看他的车有三百多辆,都装的是金银和锦帛。杨秉上奏弹劾侯览,汉桓帝终究将侯览免官。

司隶校尉韩缜趁机上奏弹劾左悺的罪恶以及左悺的哥哥太仆、南乡侯左称向州郡请托,聚敛钱财,朋比为奸,放纵宾客,侵犯官吏和百姓。左悺、左称都自杀。韩缜又上奏弹劾中常侍具瑗的哥哥沛国的国相具恭贪赃之罪,送到廷尉治罪。具瑗也到廷尉谢罪,上交归还东武侯的印绶,汉桓帝下诏贬具瑗为都乡侯。单超及徐璜、唐衡的继承者都降为乡侯,子弟得到封邑的,全部取消爵位和食邑。刘普等贬为关内侯,尹勋等也被取消爵位。

自此,当初帮助汉桓帝诛杀梁冀、权势炽热的五位宦官全部受到惩治（除单超此前去世外,但单超的继承者也受到贬降）,这与汉桓帝反腐的决心和力度是密切相关的。

当然,汉桓帝并不是历史上称道的贤君,这主要是因为他在亲政后对李膺等人的打压,禁锢他们终身不得做官,这即是"党锢之祸",同时还因为他在吏治上做了两件很坏的事:

一是宠信宦官,败坏吏治,以致民不堪命。《资治通鉴·汉纪四十六》载,延熹二年（公元159年）,汉桓帝下诏赏赐诛杀梁冀的功臣,封单超、徐璜、具瑗、左悺、唐衡皆为县侯,单超食邑二万户,徐璜等各一万多户,时人称为"五侯",

仍旧以左悺、唐衡担任中常侍，又封尚书令尹勋等七人为亭侯。

汉桓帝在诛杀梁冀之后，与他有旧恩和私情的，多受封爵，追赠邓皇后父亲邓香为车骑将军，封安阳侯；封邓皇后母亲宣为昆阳君，邓皇后的侄子邓康、邓秉为列侯，宗族都任命为列校、郎将，赏赐以巨万计。中常侍侯览进献缣帛五千匹，汉桓帝赐爵关内侯，又托言曾经参与诛杀梁冀，进封高乡侯，汉桓帝又封小黄门刘普、赵忠等八人为乡侯，"自是权势专归宦官矣"。其中，"五侯"尤其贪纵，权倾内外。

当时灾异屡次出现，白马县县令李云上书汉桓帝，并将副本呈送太尉、司徒、司空三府，说："梁冀虽然倚仗权势独断，暴虐流毒天下，如今因为罪行伏诛，犹如召唤家臣扼杀罢了，而滥封参与谋划臣子万户以上的食邑，如果汉高祖听说了，能不被怪罪吗！西北的各位将领听说后，会不会人心离叛呢？孔子说：'帝者，谛也。'① 如今官位任免错乱，小人因为谄媚而得以进用，贿赂公行，政治教化日益损坏。任命官员的诏书都不经皇帝过目，这是帝想不谛吧！"汉桓帝看后大怒，下令逮捕李云，并中常侍管霸与御史、延尉拷问李云，弘农郡五官掾杜众痛心于李云忠谏而获罪，上书愿与李云同日死，汉桓帝更加发怒，将两人都交廷尉审理，大鸿胪陈蕃、太常杨秉及洛阳市长沐茂、郎中上官资上书解救李云，汉桓帝极为愤怒，将陈蕃、杨秉免职，沐茂、上官资降官秩二等。中常侍管霸也为李云求情，但最终李云和杜众都死在狱中。自此，汉桓帝左右的宦官更加骄横。太尉黄琼自知力量不能够制住宦官，于是称病不起，上书汉桓帝讲明宦官的奸佞诡谲情状，但汉桓帝不听。

不久，汉桓帝又下诏重新任命陈蕃为光禄勋，杨秉为河南尹。单超的侄子单匡担任济阴太守，仗势贪污放纵。兖州刺史第五种（东汉初年良吏第五伦的曾孙）派遣从事卫羽调查，查出赃款五六千万，第五种立即上奏单匡之事，并因此而弹劾单超。单匡贿赂刺客任方刺杀卫羽，卫羽察觉逮捕任方，囚禁在洛阳。单匡考虑杨秉会穷追此事，密令任方等越狱逃走。尚书召杨秉诘责，杨秉回答说："任方等无礼，实由单匡主使，乞请用囚车押解单匡，考问此事，那么奸匿之事就清楚了。"杨秉竟被判罪罚作苦役。当时泰山贼人叔孙无忌侵犯徐州、兖州，州郡不

---

① 谛，指详审细察。

能讨伐，单超因此陷害第五种，流放朔方郡，而单超的外孙董瑗担任朔方郡太守，怒以待之。第五种过去的属吏孙斌知道第五种去到朔方郡必死无疑，于是集结宾客追赶第五种，在太原将第五种劫走，逃亡数年，恰逢大赦才得以免罪。

由此可见，当时的宦官势力过于强大，朝廷正直的高官都拿他们没办法、反遭迫害，百姓就更活得艰难。《资治通鉴·汉纪四十六》载，延熹三年（公元160年），新丰侯单超去世，汉桓帝赏赐他用东园秘器及棺木玉具，等到埋葬时，又调发五营骑士、将作大匠为他起坟。其后，另外四侯更加骄横，天下人说："左（悺）回天，具（瑗）独坐，徐（璜）卧虎，唐（衡）雨堕。"这四侯都竞相修筑府第宅院，崇尚豪华奢侈，连仆从都乘牛车而有骑兵跟随，兄弟姻戚担任州牧和刺史，掠夺百姓与强盗没有什么不同，暴虐遍及天下，民不堪命，因此很多去当盗贼。

另一件事，就是开了卖官鬻爵的恶劣之风。《资治通鉴·汉纪四十六》载，延熹四年（公元161年），汉桓帝下诏减少公卿及以下官吏的俸禄，向各封国的王侯收取租税一半。同时，出卖关内侯、虎贲、羽林缇骑、营士、五大夫等官爵，按照价钱各有差别（与后来的汉灵帝不同的是，汉桓帝卖官得的钱是放入国库）。

3. 汉灵帝时期的吏治监察

汉灵帝刘宏是汉章帝的玄孙，汉灵帝时期的吏治监察与汉桓帝时期相比，败坏程度更有过之而无不及，汉灵帝在位时便爆发了黄巾军起义，东汉政权遭受沉重打击。

《资治通鉴·汉纪四十八》载，永康元年（公元167年）十二月，汉桓帝去世，皇后窦妙被尊为皇太后，临朝主政。窦太后父亲窦武商议新皇帝人选，问侍御史刘修皇帝宗室中有谁比较贤能（因汉桓帝无子），侍御史刘修推荐解渎亭侯刘宏。刘宏是河间王刘开的曾孙，祖父刘淑，父亲刘苌，两世都封为解渎亭侯。窦武入宫报告窦太后，在宫中决定立刘宏为帝。于是刘宏得以即位（即汉灵帝），时年十二岁。

汉灵帝在位时发生的三件事对当时的吏治有极大影响：

一是诛杀党人。陈蕃、窦武合谋想诛杀宦官，反被宦官诛杀。后来，李膺、范滂等党人受牵连而死的有一百多人，天下豪杰及有良好品行的儒家学者，都被宦官指为党人，当时州郡迎合上面的旨意，有的和党人没有瓜葛的也惨遭灾祸，因此被处死、流放、废黜、禁锢的又有六七百人。（《资治通鉴·汉纪四十八》）

二是重用宦官及善于作文赋的太学生。汉灵帝时，中常侍赵忠、张让、夏恽、郭胜、段珪、宋典等都被封侯，极为尊贵受宠，汉灵帝常说："张常侍是我父亲，赵常侍是我母亲。"因此宦官无所忌惮（《资治通鉴·汉纪五十·中平元年》）。这导致了吏治极为败坏。

比如《资治通鉴·汉纪四十八·建宁三年》载，起初，中常侍张让家中有一位家奴，掌管家中之事，威风和权势煊赫。有位叫孟佗的，财产富饶，与张让的这位家奴结交。孟佗倾尽财产赠给他，毫不吝惜。因此，家奴很是感激，问他想要什么。孟佗回答说："我只希望你们向我一拜就行了。"当时，每天求见张让的宾客，所乘的车常有数百千辆。有一次，孟佗前来拜见张让，稍后才到，车辆不得进，于是那位家奴率其他奴仆前来接孟佗，在路旁迎拜，与孟佗同乘车辆驶入大门。宾客们都非常惊奇，认为孟佗和张让关系极好，于是都争相送给孟佗珍玩以贿赂他。孟佗将这些珍宝送给张让，张让大喜，因此孟佗得以担任凉州刺史。

又如《资治通鉴·汉纪四十九·光和二年》载，宦官王甫、曹节等人奸佞，操弄权力，朝廷内外到处插手，太尉段颎阿谀迎合他们，王甫、曹节的父兄子弟们担任九卿、校尉、郡太守、县令（所辖在一万户以上的为县令）、县长（所辖在一万户以下的为县长）的布满天下，所在之处无不贪污暴虐。

同时，汉灵帝还十分重用善于作文赋的太学生，将他们集中到鸿都门下，并专门设置鸿都门学，让这些善于作文赋的太学生由州郡举荐、三公征辟，有的被任命为刺史、太守，有的被任命为尚书、侍中，有的还被封侯赐爵，当时"士君子皆耻与为列焉"。汉灵帝还下诏命令中尚方官署为鸿都门的文学之士乐松、江览等三十二人画像立赞，以劝勉其他太学生。当时尚书令阳球进谏说，乐松、江览出身微贱，不过是斗筲小人（指气量小、见识浅的人），有的呈献赋一篇，而被擢升为郎中，还用丹青画像，恳请汉灵帝罢除鸿都门文学的选拔，以消除天下人的谴责。但是汉灵帝不听。（《资治通鉴·汉纪四十九》）

当时，任光禄大夫的杨赐及议郎蔡邕都对汉灵帝时的吏治进谏。《资治通鉴·汉纪四十九》载，光和元年（公元178年）七月，因为青色彩虹出现在玉堂后殿庭中。汉灵帝下诏召集光禄大夫杨赐等到金商门，询问天降灾异原因及消除方法。杨赐提到，当今皇帝的姬妾、宦官等共同专断国政，鸿都门下那些小人因为会作文学辞赋受宠，互相推荐，十来天至一个月期间，都各自被提拔。而士大夫则屈身乡野，口诵尧、舜之言，身修绝俗之行，却被弃而不用。

议郎蔡邕指出，当前妇人干政很厉害，前有乳母赵娆，显贵天下，谗害忠良、阿谀求宠、骄横奢侈，后有永乐门史霍玉，倚仗权势，作奸邪之事。现在路上行人纷纷传言，有程大人，看他的风声将为国家大患，应当提防，深以赵娆、霍玉为戒。如今的太尉张颢，是霍玉推荐的；光禄勋伟璋，是有名的贪浊之官；长水校尉赵玹、屯骑校尉盖升，都同时得到宠幸，荣华富贵优足，应当念及小人在位的过错。像廷尉郭禧纯厚老成，光禄大夫桥玄聪达方直，前太尉刘宠忠实守正，都应当成为陛下主谋，陛下多向他们征求意见。而且宫廷方技之作、鸿都学士篇赋之文，都应当停止。郡县推荐孝廉，原本是士人的高选，近来因为征辟、征召不审慎，切责三公，而今又有因为写那些小文章而被破格提拔的现象，大开请托之门，违背圣明帝王的制度。愿陛下忍痛杜绝，思考国家政事。

三是公开卖官鬻爵。《资治通鉴·汉纪四十九》载，光和元年（公元178年），这一年开始设"西邸"，公开卖官，按照官位高低卖钱，俸禄为二千石的官位卖钱二千万，四百石的官位卖钱四百万，其中按照德行次序应当选用的出一半的钱或三分之一的钱。卖官所得的钱在西园设立钱库以贮藏。有人到宫门上书要买县令（县长）的官位，按照每个县的贫富好坏出的钱不等。当时，有钱的富人先交上钱，穷一点的到任后再加倍上交。汉灵帝又私下命令左右的人卖公卿的官位，三公的官位卖钱一千万，九卿的官位卖钱五百万。起初，汉灵帝为解渎亭侯时经常为贫困所苦，等到即位后，每每叹息汉桓帝不懂得经营家产，没有私钱，所以卖官聚钱作为自己的私藏。

《资治通鉴·汉纪五十》载，中平二年（公元185年），当时三公的官位往往通过宦官、汉灵帝的乳母，向西园送钱才能得到，像段颎、张温等虽然有军功或有声名，然而都是先送钱财，才登上三公之位的。崔烈通过汉灵帝的乳母送钱五百万，因此才当上司徒。等到任命之日，汉灵帝亲自主持，百官来参加，汉灵帝对左右的宠幸的人说："我后悔当初没有稍微吝啬一点，不然可以卖到千万！"汉灵帝的乳母程夫人在一旁回答说："崔公是冀州名士，怎么肯用钱买官！幸好依赖我才得到这么多钱。"崔烈的声誉因此而顿时衰跌。中平四年（公元187年），这一年开始卖关内侯的爵位，价格为五百万钱。

除此之外，官员还要交纳别的名目的钱财方可就任。《资治通鉴·汉纪五十》载，中平二年（公元185年），中常侍张让、赵忠劝说汉灵帝征收天下的田赋，每亩十钱，用来修宫殿、铸铜人。乐安太守陆康上书进谏却被宦官谗害，被关押到监狱，幸亏侍御史刘岱上书为其辩护，才得以免官还乡。当时，刺史、俸禄为二千石的官员以及茂才、孝廉在就任时，均被责令交纳"助军"和"修宫"钱。大郡的太守甚至要交到二三千万钱，其余的依官位等级而差别不等。新任命的官员，都要先到西园议定应交纳的钱数，然后才能得以上任。有些清廉之士请求不到任，都被逼迫遣送上任。当时，钜鹿太守司马直刚刚新任命，因为他向来有清廉的声名，因此减少他应交的三百万钱。司马直接到诏书，怅然感叹说："作为百姓的父母官，反而剥削百姓以符合当时所求之官，我心里不忍。"于是称病辞职，但是没有批准，在行至孟津时，他上书恳切地陈述了当时的政治之失，然后吞药自杀。汉灵帝看到他的上书后，为此暂时不收"修宫"钱。

除上述三件事外，对吏治有影响的还有当时施行的"三互法"以及官员任期过短。《资治通鉴·汉纪四十九》载，光和元年（公元178年）十月发生日食，尚书卢植上书提到，当时的郡太守、州刺史任职一个月内往往数次变动。所以卢植提到要按照正常的升迁制度来考核他们是否胜任，纵使不能任满九年，也可任满三年。

当然，汉灵帝也不是一无是处，在监察方面稍微做了一些工作。比如《资治通鉴·汉纪四十八》载，建宁三年（公元170年）九月，执金吾董宠因假传永乐太后（即董宠的妹妹董太后）的旨意而请托，被下狱处死。又如《资治通鉴·汉纪四十九》载，熹平元年（公元172年）五月，长乐太仆侯览因专权和骄奢，被汉灵帝策令收回印绶，侯览自杀。汉灵帝还下令三公上奏弹劾苛酷贪污的地方长官,将他们罢免。再如《资治通鉴·汉纪五十》载,光和五年(公元182年),汉灵帝下诏命令公卿根据民谣检举危害百姓的刺史和俸禄为二千石的地方长官。然而,当时的太尉和司空都投靠宦官,收受贿赂,因此对那些宦官的子弟、宾客,即使贪污,名声不堪,却不敢过问,而是纠举那些边远小郡中清廉有政绩的二十六名官员,结果弄得这些官员所属的小吏和百姓都到皇宫为他们申诉,汉灵帝为此责备太尉和司空,并将那些因民谣而问罪的官员,全都任命为议郎。

四、西晋衰亡时期的吏治监察

晋武帝去世后,晋惠帝即位,这时候西晋就走向了衰亡,吏治监察败坏,到了怀帝、愍帝时期根本无法扭转,所以被前汉灭亡。

晋惠帝是历史上有名的"白痴"皇帝,因为生了个聪明的儿子,所以晋武帝司马炎没有废他,后来即位,大权却掌握在丑陋的皇后贾南风手中。贾南风弄权终于导致了"八王之乱",不久西晋就被匈奴刘渊所灭。晋惠帝之时,吏治就混乱不堪了。

众所周知,有一个成语叫"狗尾续貂",这个成语最初之意就是形容吏治混乱的。《资治通鉴·晋纪六》载,永宁元年(公元301年),相国、赵王司马伦和孙秀派牙门赵奉诈称晋宣帝司马懿有神语说:"司马伦宜早入西宫称帝。"司马伦还让司马威逼夺晋惠帝的玉玺印绶,作禅让帝位的诏书,又派尚书令满奋持符节取来玉玺印绶,奉交给司马伦。司马伦便进入皇宫,即帝位,晋惠帝则从华林西门出宫到金墉城居住。

司马伦将晋惠帝尊为太上皇,改金墉城为永昌宫,立自己的世子司马荂为皇太子,将儿子司马馥封为京兆王、司马虔封为广平王、司马诩封为霸城王,都为侍中掌管皇宫军队。任命梁王司马肜为宰衡,何劭为太宰,孙秀为侍中、中书监、骠骑将军、仪同三司,义阳王司马威为中书令,张林为卫将军,其余党羽都任命为卿、将,超过职级越级提拔的不可胜数,下至奴仆走卒,也都加封爵位。每次朝会,戴貂尾、蝉羽等高官饰物的人满座,时人为此编歌谣说:"貂不足,狗尾续。"

这一年，天下所推举的贤良、秀才、孝廉都不用考试，郡国掌管簿册的上计官吏及太学生年满十六岁以上的都任命为官吏；太守县令在大赦之日都封侯，郡中的小吏都为孝廉，县的小吏都为廉吏。当时府库的储备，都不够用来赏赐。封侯的人多，铸印都供应不了，有的就用无字的白板赐封。

但是在当时也有一些循吏。比如刘弘。《资治通鉴·晋纪七》载，晋惠帝太安二年（公元303年）刘弘"劝课农桑，宽刑省赋"（劝勉百姓从事农桑，放宽刑罚、减少赋税），官府与百姓都经济宽裕，百姓爱戴喜欢他。

晋惠帝去世后，皇太弟司马炽即位，是为晋怀帝。晋怀帝自身还不错，只是继晋惠帝时的动乱之后，东海王司马越又专政，所以不遇时，难以有作为，后来被前汉所虏，终遭杀害。大臣于是拥立年幼的司马邺即位，是为晋愍帝，不久即被前汉所虏，也被杀害。所以，晋怀帝与晋愍帝时的吏治监察无可称道。

另外，司马光在《资治通鉴》中还记载了西晋时期的前汉（匈奴人刘渊所立）国主刘聪在位的后几年吏治情况。《资治通鉴·晋纪十一》载，晋愍帝建兴四年（公元316年），前汉的中常侍王沈、宣怀、中宫仆射郭猗等，都受前汉国主刘聪的宠幸而掌权用事。前汉国主刘聪到后宫游玩宴乐，有时三日不醒，有时百日不出宫。自建兴三年冬天以来就不上朝，政事一概委托给相国刘粲，只有涉及大臣生死或官位任免时才让王沈等进宫报告。王沈等多不报告，而是以自己个人的私意来决断，因此朝廷的功勋旧臣得不到任用，而奸佞小人没几天就提拔为俸禄为二千石的高级官员。当时，军队战事较多，而将士们没有钱帛之赏，而后宫外戚之家，赐给僮仆，动辄几千万。王沈等人的乘车、服饰、宅第都超过诸位亲王，王沈等人的子弟及表亲担任郡守县令的有三十多人，都非常贪婪残暴，祸害百姓。由于吏治败坏，没两年刘聪去世后就导致了国乱（即靳准之乱）。

五、东晋衰亡时期的吏治监察

东晋除第二代皇帝晋明帝杰出外，其他皇帝要么懦弱，要么昏庸，吏治监察总体是走下坡路。

自晋明帝去世后，其长子司马衍即位，当时只有四岁，即晋成帝，主要由其母亲庾太后辅政，后来又由其舅庾亮和王导辅政，但庾亮猜忌其他大臣，导致了苏峻之乱，幸得温峤、陶侃平定。晋成帝在位虽然有十八年，但只活了二十二岁就去世了。晋成帝病重时因为两个儿子年幼所以立弟弟司马岳为继承人，司马岳即位，就是历史上的晋康帝。晋康帝在位仅两年就去世，两岁的儿子司马聃即位，是为晋穆帝，由其母褚太后（即褚蒜子）临朝摄政，这期间大臣桓温北伐关中，大败前秦，并消灭了成汉，拓展了疆土。晋穆帝和晋成帝一样在位虽然时间长（有十七年），但去世时才十九岁。晋穆帝去世后，晋成帝司马衍长子司马丕即位，是为晋哀帝，但在位仅三年就中毒去世，其弟弟司马奕即位，即晋废帝，被降封为海西公。桓温废掉司马奕后，立司马昱（晋元帝司马睿幼子）为帝，司马昱实际为傀儡，在位八个月就去世，史称晋简文帝。

晋简文帝去世后，晋孝武帝即位，当时十一岁，由太后摄政。他在位时发生了著名的淝水之战，当时谢安掌权，所以取得胜利，出现复兴的局面。谢安去世后，琅邪王司马道子辅政，吏治败坏。

司马光在《资治通鉴》中较为详细地记载了晋孝武帝时的吏治状况。《资治通鉴·晋纪二十九》载，太元十四年（公元389年），起初晋孝武帝亲自处理政事，威权均由自己出，有人君的气量。但不久就沉溺于酒色之中，将政事交给琅邪王司马道子，司马道子也嗜酒，日夜与晋孝武帝以酣歌为事。晋孝武帝的左右亲近之人，争相操弄权柄，相互勾结请托，当时"贿赂公行，官赏滥杂，刑狱谬乱"。

尚书令陆纳望着宫廷感叹说："这么好的一家，小儿们想弄坏它啊！"左卫领营将军许营上书说："如今朝廷台府局的官吏、值宿禁卫的武官以及那些不知父亲只取母姓的仆从奴婢，本来没有经过品评考第，都担任郡守、县令，有的带着职务在宫廷当官，还有僧尼、乳母，竞相进用亲党，又接受贿赂财物，他们治理官民，'政教不均，暴滥无罪，禁令不明，劫盗公行'。"但是晋孝武帝没有回音。从许营上书可知，当时的吏治败坏。

《资治通鉴·晋纪三十》还载，太元二十年（公元395年），当时会稽王司马道子专权用事，骄奢放纵，他所亲近的人，如赵牙，本来出自倡伎优伶；茹千秋，本是钱塘的捕抓盗贼的小吏，都因为谄媚贿赂而得以进用。司马道子任命赵牙为魏郡太守，茹千秋为骠骑谘议参军。茹千秋"卖官招权，聚货累亿"。所以后来不过十五年，东晋就灭亡了。起因就与司马道子专权用事、吏治败坏有关。

太元二十一年（公元 396 年），晋孝武帝因为一句玩笑被张贵人所弑，长子司马德宗即位，是为晋安帝。

晋安帝时，司马道子、司马元显父子专权用事，桓玄起兵杀了这父子俩，后来被刘裕平定。但从此刘裕掌权，晋安帝也被刘裕派人勒死。

晋安帝去世后，刘裕又立晋安帝的弟弟司马德文为帝，司马德文即晋恭帝，在位一年就被逼禅让给刘裕，不久就被刘裕派人害死。

六、南朝宋衰亡时期的吏治监察

南朝宋自宋孝武帝时开始衰落。宋文帝被其太子刘劭所弑后，另一儿子刘骏最终夺得帝位，即宋孝武帝。宋孝武帝即位后对宋文帝时的制度进行了改革，其中包括吏治。《资治通鉴·宋纪九》载，元嘉三十年（公元 453 年），此时宋孝武帝已即位，他"多变易太祖（即宋文帝）之制"，郡县的长官以三年为任满期限。司马光评价说："宋之善政，于是乎衰"。也即是说南朝宋的善政，从这以后就开始衰败。

宋孝武帝虽然也重视策试秀才、孝廉，但他不喜欢直言，因此也难以选到真正的人才。比如《资治通鉴·宋纪十一》载，大明六年（公元 462 年），宋孝武帝在中堂策试秀才、孝廉，当时扬州推选的秀才顾法在对策中说："源清则流洁，神圣则形全。躬化易于上风，体训速于草偃。"这是恳切希望宋孝武帝自己带头修身，身体力行。然而宋孝武帝看了后，厌恶他的直言，将他的策试卷子扔在地上。

关于宋孝武帝，还有一个"官是哭出来的"事例，这个事例表明了当时的吏治随意。《资治通鉴·宋纪十一》载，大明七年（公元 463 年），宋孝武帝安葬了自己极其喜爱的殷贵妃后，多次与群臣到她的墓前，对刘德愿说："卿哭贵妃，如果悲伤当厚赏。"刘德愿应声恸哭，搥胸顿足，涕泗交流。宋孝武帝很高兴，因此用豫州刺史的官位赏给他。

宋孝武帝去世后，其子刘子业即位，这即是宋废帝，宋废帝极为荒淫残暴，在位一年多即被杀，湘东王刘彧称帝，是为宋明帝。然而，就在宋明帝泰始二年（公元466年），邓琬等向晋安王刘子勋奉上皇帝尊号，刘子勋称帝，改年号为义嘉。邓琬生性鄙陋昏庸，贪婪吝啬，既然掌握了大权，父子二人就卖官鬻爵，让婢女奴仆到市场上贩卖货物换钱，邓琬傲慢自大，上门求见的宾客，经过十天都难以见到面，内部事务全部委托褚灵嗣等三人，这一群小人，横行恣肆，竞相作威作福。于是，官员百姓无不忿怨，内外离心。而在宋明帝一方，虽然建康朝廷的势力范围只剩下丹阳、淮南等几个郡，在这种危难之际，宋明帝能够重用吴喜、沈攸之、萧道成等，最终打败刘子勋一方。当时，战乱四起，国家用度不够，宋明帝于是下诏向百姓募钱粮，根据捐献多少，赏赐任命他们为荒远地方的郡守、县令，或者是五品至三品的散官。(《资治通鉴·宋纪十三》)

宋明帝还比较重视学术，任命一些学士官员。《资治通鉴·宋纪十四》载，泰始六年（公元470年），宋明帝设立总明观，任命祭酒一人，儒学、玄学、文学、史学学士各十人。

宋明帝当初还是诸侯王时，宽和而有好的声誉，独为宋孝武帝所亲近，即位之初对拥护刘子勋的官员也多保全宽宥，根据他们的才能加以任用，就像自己的旧臣一样。但是到了在位的晚年，就猜忌残忍暴虐，而且奢侈过度，吏治败坏。当时，淮河、泗水一带用兵，国家的府库空竭，朝廷百官都断了俸禄，但宋明帝却过度浪费，而且所宠幸的人掌权，"货赂公行"。(《资治通鉴·宋纪十五·泰始七年》)

司马光在《资治通鉴》中还记载了自宋文帝刘义隆至宋明帝刘彧在吏治方面有一个特征，这就是"寒门掌机要"，也就是用出身寒门的人掌管中枢机要事务。《资治通鉴·宋纪十四·泰始四年》载，起初，中书侍郎、中书舍人的官职都任用社会上的名流。宋文帝开始用寒门出身的秋当，宋孝武帝时还杂选士族和庶族（寒门）出身的人担任，寒门出身的巢尚之、戴法兴都掌权用事。到了宋明帝即位后，左右全部用身份低微的人。

《资治通鉴·宋纪十四》载，泰始四年（公元 468 年），宋明帝任用寒门出身的人，像游击将军阮佃夫、中书通事舍人王道隆、员外散骑侍郎杨运长等，全部都参预政事，权力仅次于皇帝，连巢尚之、戴法兴都比不上他们。阮佃夫尤其恣骄横行，有人顺着他就立刻得好处，有人冒犯他就立刻被祸害。他还大肆收受贿赂，送给他的绢布少于二百匹的，则不回信。朝中官员无论贵贱，没有不对他巴结的。他的奴仆都被破格任用为官员，车夫甚至当上了虎贲中郎将、马夫当上了员外郎。

宋明帝去世后，儿子刘昱即位，这就是《资治通鉴》所称的"苍梧王"。刘昱也凶残狂暴，后被萧道成勾结刘昱近侍杨玉夫等弑杀。萧道成立刘昱弟弟安成王刘准为帝，这即是宋顺帝。《资治通鉴·齐纪一》载，齐高帝建元元年（公元 479 年），萧道成废宋顺帝自立，建立齐朝。宋顺帝在被杀前说："愿生生世世不再生帝王家。"（这是多么深刻的领悟！）

七、南朝齐衰亡时期的吏治监察

南朝齐高帝在位时间短，他去世后，继位的齐武帝创造了"永明之治"。但自齐武帝之后，南朝齐就开始走向衰亡。

齐武帝去世后，其孙子萧昭业即位（因太子萧长懋在齐武帝之前去世，所以其子萧昭业被齐武帝立为皇太孙），这即是齐废帝，也即郁林王。郁林王虽然聪明灵敏，但是善于伪装矫饰，内心阴险奸恶，任用小人，吏治败坏。《资治通鉴·齐纪五》载，齐明帝建武元年（公元 494 年），郁林王宠幸中书舍人綦毋珍之、朱隆之、直阁将军曹道刚、周奉叔、宦者徐龙驹等，綦毋珍之所推荐的人选以及所论的事情，郁林王没有不答应的。对于朝廷内外的重要官职，他都先定好价钱，卖官鬻爵，旬月之间，家里就积累了千金。也就在这一年，郁林王被萧鸾（齐高帝萧道成的侄子）所废，萧鸾先是立新安王萧昭文为帝，不久又将他废掉，自己称帝，是为齐明帝。

齐明帝在位时，吏治不能算坏，但也并不算好。《资治通鉴·齐纪五》载，建武元年（公元494年），齐明帝下诏："各县令俸禄薄，自今开始田赋常贡都全部减免。"应当说，齐明帝还是能体恤县令的待遇低。但是齐明帝治国有一个特点，就是喜欢事必躬亲，要求也繁琐，因此郡县及朝廷六署、九府日常处理的职事，没有不向他启奏的，取决于他的诏令和手敕。当时，文武官员、功臣旧臣，都不归吏部铨选，凭借亲戚关系相互进用。

齐明帝大肆杀害齐高帝萧道成和齐武帝萧赜的子孙，几乎杀光，仅齐高帝次子萧嶷之子萧子显兄弟幸存，这也是造成南齐灭亡较快的重要原因。齐明帝在位五年就死了，其子萧宝卷即位，他是历史上一位荒唐皇帝，在位没两三年，就被萧衍贬为东昏侯，司马光在《资治通鉴》中就是以"东昏侯"来纪年的，萧衍又立萧宝融为帝，这即是齐和帝，齐和帝很快也被萧衍所废，萧衍称帝，是为梁武帝，南齐灭亡。

八、南朝梁衰亡时期的吏治监察

南梁的开创者梁武帝萧衍，早期创造了"天监之治"的局面，后期却昏庸不明，导致了"侯景之乱"，梁武帝本人也饿死于台城，确实很可悲。南朝梁是从梁武帝后期就开始走向衰亡。

梁武帝后期吏治监察情况十分糟糕，百姓活得很艰难，加上他对皇族贵戚姑息太过（比如萧正德），所以内因、外因结合必定出现祸乱。

梁武帝后期的吏治监察是怎样的呢？《资治通鉴·梁纪十五》载，大同十一年（公元545年），此时梁武帝已即位四十三年，散骑常侍贺琛向梁武帝启奏了四件事，其中第一件事便是关于吏治的。这里面就讲到当时的边境州郡县官员横征暴敛，百姓不堪重负。贺琛说，北部边境地区已归服，正是让百姓休养生息之时，而天下户口却减少，尤其是关外的户口减少得更多。郡里不堪州里的控制，县里不堪郡里的剥削，都是更迭交相干扰，只干横征暴敛的事，百姓不堪忍受，各自务求流往他乡，这难道不是州郡县的长官之过错吗？东部边境地区户口也非常空，都是由于国家税赋繁多而导致。即使处在穷乡僻壤、极其偏远的地方，也无所不至。每次来使者，所属地区便被骚扰，而那些无能的官员困守在那里，拱手让他们渔猎搜刮；暴虐狡黠的地方长官，又趁机更加贪婪残酷。纵然遇到廉洁公平的官员，郡守还要掣肘。这样，即使朝廷年年下诏让百姓恢复产业，多次下令免除赋税，而百姓却不能返回他们原来的家园。

《资治通鉴·梁纪十五·大同十一年》还评价说，梁武帝"优假士人太过，牧守多浸渔百姓，使者干扰郡县。又好亲任小人，颇伤苛察"。意思是，梁武帝优待士大夫太过，刺史太守大多剥削渔猎百姓，朝廷派出的使者又干扰郡县。梁武帝又爱亲近任用小人，很少对他们苛察。

梁武帝"敦尚文雅，疏简刑法"，因此从公卿大臣以下，都不重视刑事审判，以致"奸吏招权弄法，货赂成市，枉滥者多"，大概被判二年刑以上的有五千人，而且囚徒中有行贿的就得到优待、没有行贿的就加剧苛待。可见，当时的狱吏也非常腐败。

梁武帝因"侯景之乱"去世后，他的儿子萧纲即位，是为梁简文帝，在位不到一年即被侯景杀死。梁武帝的另一儿子萧绎平定了侯景之乱并称帝，这即是梁元帝。但当时北朝的西魏趁梁朝内乱进攻江陵，梁元帝被俘遇害。后来，陈霸先扶持梁元帝的儿子萧方智称帝，这即是梁敬帝，实权则掌握在陈霸先手中。不久，陈霸先就废掉梁敬帝，自己称帝，建立陈朝。南梁就此灭亡，但梁武帝之孙、昭明太子萧统之子萧詧建立后梁，经历三代，直到三十三年后（公元 587 年）被隋所灭。

九、南朝陈衰亡时期的吏治监察

南朝陈自陈后主（也即长城公）开始就走向衰亡，当时的吏治败坏。《资治通鉴·陈纪十》载，长城公至德二年（公元 584 年），当时"宦官近习，内外连结，援引宗戚，纵横不法，卖官鬻狱，货赂公行"，也就是说陈后主身边的宦官和亲信，内外相互勾结，援引宗族亲戚，横行不法，卖官鬻狱，贿赂公行，导致朝廷赏罚都出自宫廷。

还有，中书舍人施文庆，曾在陈后主为太子时供职东宫，他非常聪明，反应灵敏，记忆力强，通晓吏职政务，办事很有条理，因而大受陈后主宠幸。施文庆又向陈后主推荐了与他关系好的沈客卿、阳惠朗、徐哲、暨慧景等人，陈后主都提拔重用，任命沈客卿为中书舍人，兼掌中书省金帛局。当时陈后主大修宫室，府库没钱，沈客卿奏请无论官吏还是平民，都交纳入市关税，且增加征收数额。陈后主于是任命阳惠朗担任太市令，暨慧景担任尚书金都、仓都令史。阳惠朗、暨慧景两人原本是小吏出身，考校文簿，丝毫不差；但都不知为政大体，督责苛烦，聚敛没有止境，官吏百姓都怨声载道。沈客卿总领督责，每年收入超过正常数额数十倍。陈后主大为高兴，更感到施文庆能知人，尤其亲近倚重，朝廷大小事情无不委任给他。施文庆等人转相引荐，成为达官显贵的有五十人。

由于吏治败坏，最终陈朝在隋朝的大举进攻下灭亡，陈后主也被俘虏。

十、北魏衰亡时期的吏治监察

北魏孝文帝去世后，其子元恪即位（因北魏孝文帝改革，拓跋姓氏改为元姓），是为北魏宣武帝。北魏宣武帝在位时，吏治监察并不好，北魏就是从他开始衰败的。之后又经历了孝明帝、孝庄帝，吏治监察也不好，所以后来北魏就分裂了。

1. 北魏宣武帝时期的吏治监察

北魏宣武帝在位时重用小人掌权。《资治通鉴·齐纪十》载，中兴元年（公元501年），北魏宣武帝元恪当时十六岁，不能亲自决定处理政务，就委托左右亲近的人。于是宠幸之臣茹皓、王仲兴、上谷寇猛、赵修、赵邕及外戚高肇等开始掌权用事，"魏政浸衰"（即北魏政治逐渐衰败）。赵修尤其受到亲近宠幸，旬月之间，就升官当到光禄卿。每次升官，北魏宣武帝就亲自到他家去设宴，王公百官都跟从前往。

《资治通鉴·梁纪一·天监三年》载，冠军将军茹皓，因为心眼灵巧而有宠于北魏宣武帝，常在左右，传达和答复门下省奏事，弄权纳贿，朝野都很害怕，元详也依附巴结他。茹皓娶尚书令高肇的堂妹，茹皓妻子的姐姐是元详堂叔安定王元燮的妃子，元详与元燮的妃子私通，因此与茹皓更加亲近。直阁将军刘胄，本来是元详所引荐，殿中将军常季贤因为善于养马，陈扫静负责为北魏宣武帝梳头，三人都得到北魏宣武帝的宠幸，与茹皓相互勾结，操弄权势。北魏宣武帝在罢黜六位辅政大臣、诛杀咸阳王元禧之后，将政事专门委托给外戚高肇。高肇因为在朝廷中的亲族非常少，于是招揽朋党，依附他的旬月之间破格提拔，不依附的就构陷大罪。

《资治通鉴·梁纪二》还载，天监五年（公元506年），元晖与卢昶都受北魏宣武帝的宠幸，非常贪婪放纵，当时人称"饿虎将军""饥鹰侍中"。元晖不久又升迁为吏部尚书，他任用官员都有定价，大郡的官员需要绢帛二千匹，次郡及下郡递减其半，其余官位的价格都各有等次，选官的地方称为"市曹"（即买官卖官之地）。

另外，从当时廷尉少卿袁翻的上书言论中可以看出，北魏宣武帝时对边境守将的任用混乱。《资治通鉴·梁纪四》载，天监十五年（公元516年），北魏任城王元澄认为朝廷对北部边镇的守将选拔不够重视，担心敌人侵扰边镇，皇陵受到威胁，奏请朝廷重视边镇将领的选拔，严格警备。胡太后（北魏宣武帝去世没多久）下令让公卿议论此事。

廷尉少卿袁翻认为："近来边境的州郡中，任用官员不是择选人才，而是论资排辈。有时碰上贪污的官员，广开巡逻，多设置将领，有的任用左右亲近之人和姻亲家属，有的接受他人钱财贿赂请托，都没有防范敌人入侵的意识，只有聚敛钱财之心。那些有勇力的士兵，被驱赶去抢劫掠夺，如果遇到强敌就被俘虏，如果有捕获的东西就抢夺成自己的财富；那些瘦弱的老小，稍微懂得冶炼和木匠工艺的，无不搜寻出来，让他们遭受苦役。其余的人，有的在深山伐木，有的在平地锄草，贩运买卖的人在路上连绵不绝。这些人被边境州郡'穷其力，薄其衣，用其功，节其食，绵冬历夏，加之疾苦，死于沟渎者什常七八'。因此邻境的敌人寻找时机，扰乱我疆场，都是由于边境将领任用不得其人。"袁翻还建议，南北边境各藩镇及所管辖的郡县府佐、统军以及戍主，都命令朝臣王公以下的人举荐所知道的人担任，一定要选拔有才能的人，不拘于出身。如果称职，所推荐的人给予赏赐；如果不称职，所推荐的人给予处罚。但是，胡太后没有采纳他的意见。

北魏宣武帝虽然在吏治监察方面做得不够好，但也有值得肯定的地方。

一是大兴国学之风，茂才异等、孝廉举荐较多。《资治通鉴·梁纪一》载，天监三年（公元504年），北魏宣武帝下诏营建修缮国学。当时北魏承平安宁日久，学业大盛，燕、齐、赵、魏等地，讲学授业的人不可胜数，学生在册的有一千多人，少的也有数百人。州里举荐茂才异等、郡里举荐孝廉的每年都非常多（茂才异等、孝廉都是汉武帝时设置的科目，凡被举荐者可被朝廷任用为官吏）。

二是诛除腐化的元禧、元详等显贵。《资治通鉴·齐纪十》载，中兴元年（公元501年），北魏咸阳王元禧以太尉之职位居宰相之上，但他不亲自处理政务，骄奢贪淫，多干一些不法之事，北魏宣武帝很是厌恶他。后来元禧想谋反，被北魏宣武帝诛杀。

《资治通鉴·梁纪一》还载，天监三年（公元504年），北魏太傅、领司徒、录尚书北海王元详，骄横奢侈，好声色，贪得无厌，大建府第房舍，夺占他人居室，宠爱身边的人，接受他人请托，朝廷内外都怨声载道。北魏宣武帝因为他是叔叔，对他恩礼没有减少，军国大事都让他参与，他所奏请之事无不答应。北魏宣武帝开始亲政之时，派兵传召各位叔叔，元详与咸阳王元禧、彭城王元澄共同乘车，里面防卫十分严密，元详的母亲高太妃大为恐惧，乘车跟随元详后面哭泣。不久，元详得免而归，高太妃对元详说："自今以后不愿富贵，只要能使母子平安，哪怕与你扫地为生也知足。"但是，元详再次当权后，高太妃不再念及之前的事，专门帮助元详贪污暴虐。

当时，北魏宣武帝将政事委托给高肇，高肇尤其忌妒诸王，由于元详位居其上，想去除元详，独揽朝政，于是向北魏宣武帝诬陷说元详与茹皓、刘胄、常季贤、陈扫静等人密谋叛乱。于是，北魏宣武帝夜晚召中尉崔亮到宫中，让崔亮弹劾元详贪淫奢纵及茹皓等四人弄权贪婪骄横，将茹皓等人拘捕在御史台，派遣虎贲勇士一百人围守元详府第。结果茹皓等四人被赐死，元详则被贬为平民，但仍然看管得很严密,不久元详暴卒。

三是裁减边镇的冗官。《资治通鉴·梁纪一》载,天监二年(公元503年),北魏宣武帝加任尚书左仆射源怀为侍中、行台,持节巡行北边六镇及恒、燕、朔三个州。源怀到边镇后,上奏说:"边镇事情少而设置的官员多,沃野一镇自镇将以下就有八百多人,请减去五分之二。"北魏宣武帝采纳了这个建议。

2. 北魏孝明帝时期的吏治监察

北魏宣武帝去世后,太子元诩即位,是为北魏孝明帝,由于其年幼,其母胡太后(胡充华)专权。

胡太后与北魏孝明帝在吏治监察不好的方面都有一个共同点,就是宠信宦官或小人,造成吏治监察败坏。

《资治通鉴·梁纪四》载,天监十七年(公元518年),北魏宦官刘腾,"多奸谋,善揣人意",胡太后因为他有保护自己之功,多次升迁他,让刘腾担任侍中、右光禄大夫之职,刘腾于是开始干预政事,收受贿赂替人求官,没有不成功的。河间王元琛是元简的儿子,在担任定州刺史期间,以贪污放纵而知名,等他任满回来,胡太后诏令说:"元琛在定州太贪婪,只是没把中山宫带回来,其他无所不致,怎么可以再任用他!"于是将他废置家中。元琛就贿赂刘腾巨万的金银珠宝。刘腾于是替他在胡太后那里说情,元琛就兼任都官尚书,还担任了秦州刺史。这时正逢刘腾病重,胡太后想让他活着富贵,又让刘腾担任卫将军,并加封仪同三司。

《资治通鉴·梁纪五》载,普通二年(公元521年),刘腾被任命为司空(三公之一),朝廷中的八坐、九卿等高官都常常早晨造访刘腾的家,观察他的颜色,然后再赴官署,也有一整天见不到的。刘腾贪污极其多,凡是公事、私事的请托,只看所送的财物多少;对于便利的船、车等以及丰富的山川之物,全都占有;对六镇进行剥削,与权贵互相勾结,买官卖官,每年加上利息所得收入以巨亿计。他还逼迫侵夺四邻以扩大自己府第,远近的人都因为他而痛苦不堪。

上面讲的是,胡太后宠幸宦官刘腾,导致吏治败坏。而北魏孝明帝则是宠幸小人，导致吏治败坏。《资治通鉴·梁纪五》载，普通四年（公元523年），由于元乂囚禁胡太后、常常在北魏孝明帝所住的宫殿值班且对北魏孝明帝曲尽佞媚，所以北魏孝明帝非常宠信元乂。元乂开始执政时，矫情自饰，以谦虚、殷勤待人接物，对政事的得失很是关怀，得志之后就自我骄慢，嗜好酒色，贪图财宝贿赂，处理事情随心所欲，朝廷纪纲坏乱。元乂的父亲、京兆王元继尤其贪婪放纵，和妻子儿女都收受贿赂，请托有关部门，没有谁敢违背，以至于郡县小吏也得不到公正的推选，当时任用的州牧、郡守、县令、县长等治民之官都是贪污之人，因此"百姓困穷，人人思乱"。

元乂不仅败坏了吏治，而且还干涉监察。《资治通鉴·梁纪五》载，普通五年（公元524年），北魏孝明帝派崔暹担任抚军将军，受开府仪同三司、北讨大都督李崇节度，一起征讨叛军，但崔暹违背李崇节度，与破六韩拔陵在白道发生战争，结果大败，单骑逃回。北魏孝明帝下诏召崔暹到廷尉问罪，崔暹用女妓、庄园贿赂元乂，最终没有治罪。

但是北魏孝明帝在位期间，在吏治监察方面也有几项好的举措：

一是核查并防范窃取官位者。《资治通鉴·梁纪四》载，天监十六年（公元517年），北魏很多人假冒军功，尚书左丞卢同查阅吏部的功劳簿，并加以检查审核，发现窃取官位的有三百多人，于是上奏说："请求汇集吏部、中兵二局的功劳簿，核对上报的文书，抄写两份，一份送吏部，一份留在兵局。另外，在军队杀敌可升一级以上的，就命令行台军司颁发券册，中间竖裂分开，一份交给立功的人，一份送到门下省，以防止伪冒弄巧。"胡太后采纳了。中尉元匡还上奏请求取来景明元年以来的内外考核簿册、吏部任职的文书、中兵的功劳记录以及历年考核情况，想以此来核查窃取官位的人。太后同意了。但是尚书令、任城王元澄上书提出不同意见，胡太后才停止核查旧账。

二是大幅淘汰郎吏。《资治通鉴·梁纪五》载，天监十八年（公元519年），北魏因为郎吏的选举过滥，就大加淘汰，只有朱元旭、辛雄、羊深、源子恭及祖莹等八人因为有才能而被留用，其余都罢职遣回。

三是给予退休人员原官职一半的俸禄。《资治通鉴·梁纪五》载，普通四年

（公元 523 年）七月，北魏孝明帝下诏："现在朝中官员，按照年龄到了七十岁应当解职退休的人，可以给予原本官职一半的俸禄，直到终身。"（在此之前，退休官员没有俸禄）

后来，北魏孝明帝因为母亲胡太后专权，发布密诏命尔朱荣率军前来，不料密诏被胡太后知道，于是胡太后就毒死了北魏孝明帝，自此北魏变乱就开始了。胡太后又立了一个小皇帝，没多久，尔朱荣率军进京，杀掉了胡太后和幼主，立彭城王元勰之子元子攸为帝，是为北魏孝庄帝。

北魏孝庄帝时的吏治监察情况怎样呢？《资治通鉴·梁纪八》载，大通二年（公元 528 年），北魏孝庄帝下诏说："自孝昌（北魏孝明帝的年号）以来，凡是有冤屈压抑无处可诉的，全部集中到华林东门，朕当亲自处理。"当时正值动乱之后，国家粮食仓库空虚将要用完，北魏孝庄帝下诏说："交纳粟米八千石的，赐爵散侯；平民百姓交纳五百石的，赐官吏出身；和尚则授予本州僧统或郡县的知事僧。"北魏孝庄帝为了挽救粮食将尽的危局，采取了卖官鬻爵的办法。

北魏孝庄帝在位仅两年，因不满做尔朱荣的傀儡，设计杀了尔朱荣，但自己也被尔朱荣侄子尔朱兆所杀。紧接着北魏不停地变乱，不到五年的时间，节闵帝元恭、孝武帝元修等相继即位，最后在北魏孝武帝之时分为东魏与西魏。

十一、北齐衰亡时期的吏治监察

北齐政权经历北齐文宣帝高洋、北齐废帝高殷、北齐孝昭帝高演、北齐武成帝高湛之后，传到北齐后主高纬手中，北齐就是在他手上衰亡的。

北齐后主刚即位时，在吏治方面做了一件好事，就是重用元文遥，对县令的选拔进行了改革，当然这也可能是太上皇北齐武成帝高湛的旨意。《资治通鉴·陈纪三》载，天康元年（公元 566 年），北齐后主赐侍中、中书监元文遥姓高（和皇帝一样的姓），不久又提拔元文遥担任尚书左仆射。自东魏末年以来，县令的选拔多用那些朝廷的下厮仆役担任，士人都耻为担任。元文遥认为县令是治民之本，于是请求改革县令选用的办法，秘密选择那些贵族子弟，发出敕令任用。但是，还担心他们投诉，于是将他们全部召集到神武门，让赵郡王高睿宣布圣旨点名，厚加抚慰和讲明道理，然后派遣上任。"齐之士人为县自此始"（北齐的士人担任县令从这开始）。元文遥的这个措施很有意义，保证了县令的素质不致太低。

北齐后主在位时宠幸宦官和小人，导致吏治腐败、国势衰败。比如祖珽，有文才技艺，但是品行不好，曾经因为诈骗盗窃三千石粟米的罪行，处以鞭刑二百，发配到甲坊服役。北齐文宣帝时，祖珽盗走《华林遍略》一书，又发现有贪赃行为，本当处以绞刑，最终除名为民（《资治通鉴·陈纪三》）。后来祖珽重新被起用，当了秘书监，他与黄门侍郎刘逖友善，自己想求得做宰相，于是上书弹劾赵彦深、元文遥、和士开的罪状，赵彦深等人听说后，先到太上皇那里申述，太上皇大怒，责问祖珽，祖珽于是就讲述和士开、元文遥、赵彦深等人结党、弄权、卖官及办理狱讼受贿的事实。但太上皇说："你是诽谤我！"最后还将祖珽关在地牢中，戴上镣铐，祖珽还被烟火所熏而失明（《资治通鉴·陈纪四》）。太上皇去世后，祖珽再获起用，任秘书监，加开府仪同三司，又任尚书左仆射，封燕郡公，权势越来越大，然而他却陷害忠臣，当时斛律光就是被祖珽害死的。

又如和士开，他极受北齐武成帝信任，还与武成帝的妃子即后来的胡太后勾搭成奸，担任了极其重要的职务，武成帝处理国事都离不开他。武成帝去世后，他也深受北齐后主的重用。《资治通鉴·陈纪四》载，太建二年（公元570年），北齐后主任命中领军和士开为尚书令，赐爵淮阳王。当时，和士开威权日盛，朝中有些不知廉耻的官员，投靠他做干儿子。和士开曾经生病，有一个人探视，正碰上医生说："大王伤寒极重，应当服黄龙汤。"和士开面有难色，这个官员说："这个容易服，大王不必多疑，请让我先尝。"将黄龙汤举起喝完，和士开感激他的好意，勉强服用，于是病愈。由于和士开所任用的大多是奸佞之人，所以北齐吏治败坏。后来，和士开被琅琊王高俨杀死。

再如陆令萱等小人，陆令萱原本是宫女，因为是北齐后主婴儿时的保姆，加上她非常乖巧狡黠，善于谄媚，因此有宠于胡太后，被封为郡君，和士开、高阿那肱都是她养子。她又将儿子骆提婆引入宫侍奉北齐后主，天天和后主一起玩耍，累次升迁当上了开府仪同三司、武卫大将军。又有宫女穆舍利，有宠于北齐后主，陆令萱想依附她，就认作是她的养母，并举荐她为弘德夫人，还趁此让儿子骆提婆冒姓穆（《资治通鉴·陈纪四·太建元年》）。三年后，陆令萱和她的儿子侍中穆提婆势力倾动朝廷内外，出卖官职，收受贿赂断狱，聚敛钱财贪得无厌（《资治通鉴·陈纪五·太建四年》）。

到了北齐后主后期，更是宠信陆令萱等小人，朝政愈来愈腐败。《资治通鉴·陈纪六》载，太建七年（公元575年），北齐后主宠信任用陆令萱、穆提婆、高阿那肱、韩长鸾等主管朝政，宦官邓长䫉、陈德信、胡儿何洪珍等人一并参预机要权柄，他们各自引荐亲戚朋党，高居显位，"官由财进，狱以贿成，竟为奸谄，蠹政害民"。就连之前是奴仆的刘桃枝等人都开府封王，其余宦官、胡儿、歌舞人、巫师、官府奴婢等滥得富贵的，大概将近万人，外姓封王的有一百多人，开府的有一千多人，封为仪同不计其数，领军一时达到二十人，侍中、中常侍有几十人，乃至于狗、马及鹰也有仪同、郡君之号，有的斗鸡被封为开府，都食用朝廷俸禄。那些受到宠幸的小人朝夕侍奉左右，一次游戏的费用，动辄超过巨万。不久国家府库枯竭，于是便赏赐这些人两三个郡或六七个县，让他们卖官收取钱财，因此当时担任太守、县令的，大多是富商大贾，争相贪污放纵，以致民不聊生。后来，穆提婆投奔北周军队，陆令萱自杀，家属都被诛杀。北齐后主投降后两年，北周有人诬告他与宜州刺史穆提婆谋反，因此他们及宗族都被赐死，宗族多申辩没有谋反，只有北齐后主的弟弟高仁英癫狂、高仁雅因为是哑巴而得免，其余亲属，没有被杀的发配西方，都死在边境。

从上可知，北齐后主在位期间，吏治极其败坏，所以后来北周将其攻灭，而在即将灭亡时北齐后主还传位给儿子高恒，自己当太上皇。虽然北齐后主不是末帝，然而北齐确实是亡于他之手。

十二、隋朝衰亡时期的吏治监察

隋朝虽然算是经历了隋文帝、隋炀帝、隋恭帝三代，但实际上隋恭帝并未有真正的权力,所以通常说隋朝和秦朝一样也是二代而亡。隋朝衰亡是从隋炀帝开始的,尤其是隋炀帝后期。

起先,隋炀帝在吏治监察方面还做了一些事。根据《资治通鉴》记载主要有:一是合并精简州县。《资治通鉴·隋纪四》载,大业二年(公元606年),隋炀帝派遣十名使者负责合并精简州县。

二是规定官员提拔必须有德行和功劳、能力。《资治通鉴·隋纪四》载,大业二年(公元606年),朝廷以制度规定百官不得计量考核而升迁,必须有德行,且功劳和能力非常显著的人才可以升迁。隋炀帝很珍惜名位,群臣中应当晋升职务的,多让他们兼职或暂时代理。即使有缺位的官职,也留着不补。

三是改革行政区划、机构设置和官职爵位。《资治通鉴·隋纪四》载,大业三年(公元607年),隋炀帝改州为郡,改上柱国以下的官为大夫;设置殿内省,与尚书、门下、内史、秘书为五省;增设谒者台、司隶台,与御史台一起为三台;分大府寺,设置少府监,与长秋、国子、将作、都水为五监;又增改左、右翊卫等为十六府;废伯、子、男爵,只留王、公、侯三等爵位。

以上是好的方面,另外还有不好的方面。比如《资治通鉴·隋纪四》载,大业二年(公元606年),当时牛弘为吏部尚书,但是不能专门行使负责官员升迁的职责,隋炀帝另外敕令纳言苏威、左翊卫大将军宇文述、左骁卫大将军张瑾、内史侍郎虞世基、御史大夫裴蕴、黄门侍郎裴矩一同参与掌管选拔官员之事,时人称之为"选曹七贵"。虽然选拔官员时七人一同在座,然而官员升迁任免实际上掌握在虞世基一人手里,他收受贿赂,钱财给的多的就超越等级、破格提拔,没有给钱财的就只是登记而已。

又如《资治通鉴·隋纪七》载,大业十二年(公元616年),隋炀帝到达江都,江、淮各郡官员拜见,隋炀帝专门问到奉献的礼物是厚还是薄,礼物多的破格提拔担任郡丞、太守,礼物少的就率意地罢免或解除官职。江都郡丞王世充进献铜镜、屏风,就升迁为通守;历阳郡丞赵元楷进献异味,升迁为江都郡丞。因此,郡县竞相苛刻剥削百姓,以充实进献礼物。百姓外受盗贼的抢掠,内为郡县官吏逼迫,生计都没有,加上饥馑无食,开始采树皮叶,或者将稻草秆捣成碎末,或者煮土吃，各种能吃的吃完了，就人吃人。然而官府仓库中的粮食还充足，官吏们害怕法令，没有谁敢赈济救助百姓。

从以上可知，隋炀帝时的吏治腐败严重，前期因为虞世基收受贿赂卖官，后期隋炀帝自己也是如此，加上隋炀帝的暴政，所以激起了各地反隋，隋朝因之灭亡。

十三、唐朝衰亡时期的吏治监察

唐朝虽然出现了几个治盛之世，但中间还经历了一些动乱，比如"韦氏乱政""安史之乱"，这期间与唐中宗、唐玄宗（后期）时期的政治有关，使得唐朝中衰，到了唐宪宗时又中兴，唐宪宗之后的唐穆宗、唐敬宗好玩乐，唐文宗优柔寡断，所以吏治监察败坏。唐武宗时的政治局面还算不错，唐宣宗在吏治方面很有作为，故能开创晚唐时期的"大中之治"，可谓是大唐最后的回光返照。唐懿宗、唐僖宗无可称道，迨至唐昭宗、唐哀宗，终于灭亡。

1. 唐中宗时期的吏治监察

唐中宗李显是唐高宗和武则天之子，曾被武则天废为庐陵王，后来张柬之等发动政变才被重新拥立当上皇帝。他在位期间庸庸碌碌，吏治监察比武则天时代差了不少，特别是滥封的官多，影响了国家政治，他本人还被自己的皇后韦后、女儿安乐公主及与韦后勾搭成奸的散骑常侍马秦客、光禄少卿杨均共同毒死。真是极为可悲啊！

那么唐中宗时的吏治监察情况是怎样的呢？主要有以下几个方面：

一是设置大量员外官。《资治通鉴·唐纪二十四》载，神龙二年（公元706年），唐中宗大量增加设置员外官，自京城各部门到地方各州共计有二千多人，宦官破格提拔为七品以上员外官的有将近千人。

当初，李峤担任吏部侍郎时，想树立私人的恩惠以求再次担任宰相，所以奏请大量设置员外官，广泛引荐权贵的亲属旧识。不久他担任宰相后，由于铨选失序，官员数量太多，国库的钱财减少，于是又上奏说官员太滥，并且请求让位，唐中宗安慰他，没有答应。

二是安乐公主卖官、鬻狱（指利用讼案而收受贿赂）。《资治通鉴·唐纪二十四》载，神龙二年（公元706年），唐中宗的女儿安乐公主恃宠而骄，恣意放纵，卖官、鬻狱，势倾朝野。有时自己制定敕文，将内容覆盖让皇帝在上面签名，唐中宗也笑着听从，竟然连敕文内容也不看。安乐公主还自己请求当皇太女，唐中宗虽然不答应，但也不谴责。

三是崇尚浮华文辞，儒学忠说之士难以提拔重用。《资治通鉴·唐纪二十五》载，景龙二年（公元708年）四月，唐中宗设置修文馆大学士四名，直学士八名，学士十二名，选拔公卿以下善于写文章的李峤等人担任这些职务。每当在皇家花园游玩或者皇亲国戚设宴聚集时，学士们无不跟随，赋诗唱和，唐中宗还让上官昭容对他们的诗文品评高下，分为甲乙等次，优秀的赏赐黄金绢帛，一同参加宴会的，只有中书、门下二省长官（即宰相）及长参王公、亲贵数人才有资格，只有举行大宴时才召集八座（尚书左、右仆射加上六部尚书）、九卿、各部门五品以上官员参加。于是天下人都争相"以文华相尚"，儒学忠说之士（即儒学读书人和忠诚正直的人）无人得到提拔进用。

四是"斜封官"太滥。《资治通鉴·唐纪二十五》载，景龙二年（公元708年），由于滥赏官位严重，黄门侍郎萧至忠上疏认为："对于那些恩幸之人，只可以给予金帛，让他们过锦衣玉食的生活，但绝不可将公器（指官爵）私用。如今国家官吏已经很多，冗员又是官吏的一倍多，但求官的人仍不满足，官吏的数量不断增加。特别是一些近臣贵戚卖官利己，鬻法徇私，造成了中央官署到处是身穿朱紫衣服的高官，这些人玩忽职守，倚仗权势，公然违抗法令，无益时政。"但唐中宗没有采用他的建议。当时安乐公主、长宁公主及皇后妹妹、上官婕妤及其母亲沛国夫人郑氏、尚宫柴氏、贺娄氏、女巫第五英儿、陇西夫人赵氏，都倚仗势力掌权用事，接受请托，收受贿赂，即使是屠夫、卖酒或奴婢等人，只要行贿三十万钱，就能得到直接由皇帝亲笔敕书任命的官位，由于这种敕书是斜封着交付中书省的，所以这种官员被时人称为"斜封官"。她们受贿所任命的员外、同正、试官、摄官、检校官、判某职位的官、知官总计有数千人。并在西京长安、东都洛阳分别设置两位吏部侍郎，每年四次选授官职，选任官员数万人。而且当时，安乐公主尤其骄横，"宰相以下多出其门"。

当时"斜封官"都不经过中书、门下两省而直接由皇帝授职，两省长官都不敢就此问题上奏，就将皇帝敕书转达给有关部门。吏部员外郎李朝隐前后阻止了一千四百多名斜封官的任命，招来许多怨恨和诽谤，但李朝隐对此一无所顾。

五是不遵守弹劾制度，反贪"宽松软"。《资治通鉴·唐纪二十五》载，景龙三年（公元709年）二月，监察御史崔琬对着皇帝的仪仗弹劾宗楚客、纪处讷暗中勾结戎狄，接受贿赂财物，导致边疆生乱。按照惯例和制度，大臣被弹劾时，应当俯身低头快步走出，站在朝堂等待治罪。这次宗楚客却大为愤怒，自述自己是忠诚耿直反而被崔琬诬陷。唐中宗竟然也不追究查问此事，反而让崔琬与宗楚客结为兄弟以和解，时人称唐中宗为"和事天子"。

《资治通鉴·唐纪二十五》还载，景龙三年（公元709年），侍御史靳恒与监察御史李尚隐在朝廷上弹劾崔湜，唐中宗将崔湜等人关押监狱，并且派监察御史裴漼审讯，后来，郑愔被免除死罪，流放吉州，崔湜则被贬为江州司马。上官昭容暗中与安乐公主、武延秀为他们说情。唐中宗于是又任命崔湜为襄州刺史，郑愔为江州司马。

六是主管铨选的官员卖官受贿。《资治通鉴·唐纪二十五》载，景龙三年（公元709年）三月，唐中宗任命中书侍郎崔湜为同平章事（宰相）。崔湜和上官昭容私通，因此上官昭容引荐他担任宰相。中书侍郎兼知吏部侍郎、同平章事崔湜与吏部侍郎、同平章事郑愔两人都负责执掌铨选官员的大权，他们倾附权要，贪赃受贿，名声很坏，在官员数额之外授官，授官的名额不够就预先占用三年以后的缺额，选拔官员的制度法令遭受很大破坏。崔湜的父亲崔挹任司业，接受一位候选官员的钱，但崔湜不知道，将这个人写在了落选的长名单上。这个人向崔湜诉求说："您的亲属收受了我的贿赂，为何不给我官呢？"崔湜发怒地说："这是我的什么亲戚，我抓住他当杖杀他。"这个人说："您不能杖杀，将会使您遭受丁忧（古代指官员父母去世，官员离职守孝，称为'丁忧'）。"崔湜大为惭愧。

另外，当时有位名叫袁楚客的明确指出了唐中宗时的吏治情况。《资治通鉴·唐纪二十四》载，神龙二年（公元706年），当时魏元忠从端州回京担任宰相后，就不再直谏了，只是随波逐流，朝廷内外对他失望。酸枣县尉袁楚客写信给魏元忠说："皇帝刚刚接受大命，应当施行新的德政，您应当进用君子、斥退小人，以振兴教化，怎么可以安于荣华富贵和恩宠，缄默无言呢？如今，不早立太子，选择师傅加以辅导，这是第一个过失。允许公主开设官府配置僚属，这是第二个过失。尊崇僧人，使他们交游权贵之门，借助权势收受贿赂，这是第三个过失。表演乐舞优伶的小人，能够窃取有品级俸禄的官职，这是第四个过失。有关部门选拔进用贤才时，应选的人都以钱财行贿或依附权势才能求得官位，这是第五个过失。皇帝宠爱提拔进用宦官，大概已满千人，增长变乱之祸，这是第六个过失。对王公贵戚，赏赐无度，他们竞相奢侈，这是第七个过失。大量增设员外官，伤财害民，这是第八个过失。先朝宫女，可以在宫外居住，出入不受限制，与外人交往勾结，这是第九个过失。旁门左道之人，荧惑皇帝的视听，窃取官位俸禄，这是第十个过失。当今有十个过失，您不去匡正，谁能去匡正呢？"魏元忠得到书信后，只是羞愧致谢而已。从袁楚客的信中，可知这十个过失中除了第一个、第七个、第九个过失外，其他七个过失全是吏治问题，也可见唐中宗时的吏治极差。

唐中宗在吏治监察方面确实是乏善可陈。但有一件事值得肯定，就是他很重视巡察。《资治通鉴·唐纪二十四》载，神龙二年（公元706年）二月，唐中宗下诏选拔左、右台及朝廷内外五品以上官员二十人为十道巡察使，委托他们负责考察官吏、安抚百姓、举荐贤士、平反冤狱。巡察使两年一轮换，根据其功绩和过失而决定提拔还是降职。易州刺史姜师度、礼部员外郎马怀素、殿中侍御史源乾曜、监察御史卢怀慎、卫尉少卿李杰都被选中为巡察使。

2. 唐玄宗后期（天宝年间）的吏治监察

唐玄宗是唐睿宗的儿子，前期英明神武，好贤纳谏，故能开创"开元盛世"。后期由于好色、怠政、用奸、拒谏等原因，导致"安史之乱"。唐玄宗后期以年号来纪，主要是天宝年间，这段时期吏治败坏，任用奸臣李林甫、杨国忠等是最主要原因。

《资治通鉴·唐纪三十》载，开元二十二年（公元734年），李林甫担任宰相后，为了自己能够大权独揽，就想办法蔽塞唐玄宗的耳目，召集各位谏官说："现在明主在上，群臣顺从，皇帝都忙不过来，不用多言了！"有一位谏官曾上书谈到政事，第二天就被贬为县令。从此以后，谏诤之路就断绝了。他和牛仙客负责百官的升迁，即使有奇才异行的也不免终老，难以发挥才智，而用取巧谄媚邪恶阴险的人则得到重用提拔。李林甫的城府极深，没有谁能摸透他的心思。他善于当面说好话，而暗中陷害，不露声色。凡是被唐玄宗所厚待的人，开始他会亲近拉关系，等到地位权势稍微逼近他时，就以计谋除掉。即使是老奸巨猾的官吏，也不能逃脱他所用的手段。

《资治通鉴·唐纪三十一》还载，天宝二年（公元743年），唐玄宗任命右赞善大夫杨慎矜负责御史中丞事务（监察百官）。当时李林甫专权，"公卿之进，有不出其门者，必以罪去之"（晋升为公卿的官员，如果不是通过他的门路，必定设法加罪而除去），杨慎矜因此坚决辞谢。这年的五月，唐玄宗任命杨慎矜为谏议大夫。

《资治通鉴·唐纪三十二·天宝十一载》还将唐玄宗后期及李林甫主管朝政时的政治作了总结。这里讲，此时唐玄宗已执政近四十年，他"自恃承平"，"专以声色自娱"，将全部政事委托给李林甫，而李林甫巴结讨好唐玄宗左右的人，迎合唐玄宗心意，以巩固受宠的地位；杜绝言路，蒙蔽唐玄宗，以便成就自己的奸恶之事；妒贤嫉能，排斥打压才能胜过自己的人，以保持自己的地位；屡次兴起狱案，诛杀或驱逐大臣，以扩张自己的权势。自皇太子以下，都非常害怕他。李林甫在相位十九年，造成了天下大乱的局势，而唐玄宗还没有醒悟。

唐玄宗任用另一位大奸臣杨国忠，也极大败坏了吏治。《资治通鉴·唐纪三十二》载，天宝十一载（公元752年），因为李林甫去世，唐玄宗任命杨国忠为右相，兼文部尚书（即吏部尚书），仍兼任以前的使职。司马光评价杨国忠说：杨国忠为人争强好辩，而且轻浮易躁，没有威仪。既为宰相，自以为权力很大，裁决机务，刚愎自用，果敢而不疑，在朝廷上卷起衣袖叉着腰，对公卿以下臣子颐指气使，以至人人惊恐。杨国忠自从任侍御史到做宰相兼领四十多个使职。台省（即御史台和中书省、门下省、尚书省）官员中有才行和名声的，如果不为杨国忠所用的，都将他们逐出朝廷贬到地方任职。这年的十二月，杨国忠想收买人心，建议说："文部选拔官员，不问是贤明还是不肖，选拔资历深的人留下，依据资历授予官职。"那些长期停滞升迁的官员都很赞成。

当时，按照过去的惯例，兵部、吏部尚书如果兼任宰相，就将科举选拔官员之事委托给侍郎以下的官员主持，经过三注三唱的程序，到门下省审查，从春天到夏天，才能完成。等到杨国忠以宰相兼领文部尚书，想显示自己精明、办事敏捷，于是派遣负责选拔的令史（小官员）先到自己私人家中秘密确定人选。天宝十二载（公元753年）正月，杨国忠召集左相陈希烈及给事中、各部门长官都聚集到尚书都堂，经过唱注授予官职，一天就结束了，他说："现在左相、给事中都在座，就相当于经过了门下省审查了。"这里面的人选素质相差很大，但没有人敢说。从这以后，门下省不再审查被授予官职的人选，侍郎（门下省的副长官）只负责判考试卷而已。

虽然，唐玄宗后期吏治败坏，但对于贪赃的官员也还是进行了惩处。比如《资治通鉴·唐纪三十一》载，天宝五载（公元746年）十二月，邺郡太守王琚因为贪赃贬为江华司马。《资治通鉴·唐纪三十二》载，天宝八载（公元749年）六月，刑部尚书、京兆尹萧炅因为贪赃而被贬为汝阴太守。天宝九载（公元750年）四月，御史大夫宋浑因为贪赃巨万，而被流放潮阳。

3. 唐穆宗时期的吏治监察

唐穆宗李恒是唐宪宗之子，在吏治监察方面不好的居多。《资治通鉴·唐纪五十八》载，起初唐穆宗为太子时听说天下人苦于唐宪宗用兵削藩，因此即位后姑息将士，长庆二年（公元822年）三月，唐穆宗下诏说："神策六军使以及南牙常参武官，各自将所历任职务、功绩登记报送中书省，根据情况加以奖赏提拔。诸道大将久任及有功者，也全部上报，授予官职。各地军队，各由本道按照既定的员额，不得裁减。"于是，商人、小官吏争相贿赂藩镇，由藩镇推荐朝廷补授列将职务，因此各道报送的奏章堆积在中书省，士大夫都扼腕叹息当时授官太滥。

但唐穆宗还能听取意见惩治贪官。《资治通鉴·唐纪五十八》载，长庆元年（公元821年），宿州刺史李直臣因为贪赃而应当判处死刑，宦官收受了他的贿赂，为他请托，当时的御史中丞牛僧孺坚决请求诛杀，唐穆宗说："李直臣有才能，杀了可惜！"牛僧孺回答说："那些没有才能的人，不过是考虑吃饱穿暖以满足妻子儿女的要求，不值得顾虑。国家制定法令，就是为了制住那些有才之人。安禄山、朱泚都是才能过人，法令不能制住他，所以才敢叛乱的。"唐穆宗采纳了他的意见。

4. 唐文宗时期的吏治监察

唐文宗李昂是唐穆宗之子，即位之初有新气象，本人品行也不错，但因为性格柔弱，优柔寡断，最终没有取得什么成就，十分可惜。他在位时的吏治也不怎么好。

一是士大夫多请托升迁。《资治通鉴·唐纪六十》载，太和七年（公元833年）正月，唐文宗加封昭义节度使刘从谏兼任同平章事的荣誉职务，让他返回到本镇。起初，刘从谏以忠义为己任，入朝后想请唐文宗调任其他藩镇。到了京城后，看到朝廷处理政务的权柄不一，政出多门，又见士大夫多请托才能升迁，于是心里轻视朝廷，因此回到藩镇后更加骄横。

二是朝廷结党营私、吏治混乱。《资治通鉴·唐纪六十》载，太和七年（公元833年）二月，唐文宗任命兵部尚书李德裕为同平章事（宰相）。李德裕拜谢唐文宗，唐文宗与他议论朋党之事，李德裕回答说："如今朝中之士有三分之一为朋党。"当时给事中杨虞卿与他的堂兄中书舍人杨汝士、弟弟户部郎中杨汉公、中书舍人张元夫、给事中萧澣等相互勾结，依附权贵显要，对上干预宰相执政，对下干扰有关部门，为士人求官及科第，没有不成的，唐文宗听说后心里厌恶，因此与李德裕谈话时先说起这件事。

三是姑息贪官。唐文宗对贪官的惩处较轻，姑息宽纵。比如《资治通鉴·唐纪六十一》载，开成元年（公元836年），宰相李石任用金部员外郎韩益兼管度支使的文案工作，韩益因为贪赃三千余缗，被关押在监狱。李石说："臣起初认为韩益通晓钱谷财务，因此任用他，不知道他原来这么贪！"十一月，将韩益贬为梧州司户。

又如《资治通鉴·唐纪六十一》载，开成元年（公元836年），有关部门因为左藏库积弊日久，请求进行检勘，并且说掌管库房的官员有罪是在朝廷大赦之前所犯的，请予以宽宥，唐文宗同意了。不久果然发现有掌管库房的官员贪污缯帛而妄称是渍污，唐文宗下敕赦免，给事中狄兼謩封还敕书说："掌管库房的官员贪赃，根据法理不可赦免！"但是唐文宗为了不让自己失信，还是赦免了贪官。

再如《资治通鉴·唐纪六十二》载，开成三年（公元838年），起初灵武节度使王晏平贪赃七千多缗钱，唐文宗因为他的父亲王智兴有功劳，免除其死罪，将他长期流放康州。王晏平秘密请托魏博、镇州和幽州三位节度使，让他们为自己昭雪，唐文宗不得已，将王晏平改为任永州司户。

对于唐文宗时的吏治，杜牧曾在自己所写的《原十六卫》中有披露。《资治通鉴·唐纪六十》载，太和七年（公元833年），杜牧又感伤府兵制度废除毁坏，撰写《原十六卫》，在这篇文章里，杜牧指出当时的吏治情况说："近年以来，朝廷任命将军，弊端更为严重，市井小人多送金玉、折券送物贿赂就可当将军，他们多不懂父兄孝悌的礼义之教，没有慷慨赴难的气节。一朝当上将军，就拥有百座城池、方圆千里的地方，他们中那些强横、桀骜、刚愎的将军还肆意扰乱法令制度，不使自己受约束，甚至斩杀族灭忠良，势力达到一定程度没有不叛乱的。还有一些阴险狡诈的将军，也对百姓进行盘剥以敛财，贿赂朝廷的奸佞，由卿位买得三公之位，由一般的郡升迁到重要都市。在管辖的四围就像自己家的别馆一样。有的或不幸而长寿，则宰割百姓，毒害天下，因此天下兵乱不息。"

5. 唐懿宗、唐僖宗时期的吏治监察

唐懿宗李漼是唐宪宗的孙子、唐宣宗的儿子，他喜欢宴乐酒色，严重败坏了其父唐宣宗创造的"大中之治"。唐懿宗在位时吏治很不好，当时受贿请托严重。

比如《资治通鉴·唐纪六十六》载，咸通七年（公元866年）十月，唐懿宗将

门下侍郎、同平章事杨收贬为宣歙观察使。杨收奢侈，门吏僮仆多倚仗他而作奸求利，杨玄价兄弟接受藩镇的贿赂，对杨收屡次有请托，但杨收不能全部听从，杨玄价就生气，在唐懿宗面前使坏，因此将杨收贬出朝廷。咸通八年，宣歙观察使杨收经过华岳庙，施舍衣物，让巫士祈祷，县令诬告杨收犯罪，当时右拾遗韦保衡又上奏说，杨收从前为宰相时，任命严撰为江西节度使，收受了严撰的百万钱，又在置办造船时有人告他侵吞公款。这年的八月又将杨收贬为端州司马。

又如《资治通鉴·唐纪六十七》载，咸通十年（公元 869 年），唐懿宗荒于宴乐，不亲自处理政务，委任宰相路岩，路岩生活奢靡，收受贿赂，左右小人也掌管权力。当时至德县令陈蟠叟因此而上书请求召对，说："请皇上抄边咸一家，他家的财产可供赡养军队二年。"唐懿宗问："边咸是谁？"陈蟠叟回答说："是路岩亲近的官吏。"唐懿宗发怒，将陈蟠叟流放于爱州，从此没有人再敢说话。

此外，唐懿宗还任命乐工为重要职位的官员。《资治通鉴·唐纪六十六》载，咸通八年（公元 867 年），因为乐工李可及善于谱新曲，唐懿宗任命李可及担任左威卫将军，曹确进谏说："唐太宗时确定文武官员六百多名，对房玄龄说：'朕以这些官位待天下贤士，工商杂流之人不可担任官职。'大和年间，唐文宗想任命乐工尉迟璋担任王府率，拾遗窦洵直谏，唐文宗于是将尉迟璋改任光州长史。臣请求以两朝旧例，另外任命李可及的官职。"但唐懿宗不采纳。

唐僖宗李儇是唐懿宗之子，他在位时吏治更加腐败，民不聊生，导致了黄巢起义。《资治通鉴·唐纪六十八》载，乾符二年（公元 875 年），唐僖宗在即位之前还是普王时，宦官小马坊使田令孜受到宠爱，等到即位后，唐僖宗任命田令孜掌管枢密使政务，这一年更提升田令孜担任掌管禁军的神策军中尉。当时唐僖宗十四岁，他专门喜欢游戏玩乐，政事一概委托田令孜办理，称田令孜为"阿父"。田令孜颇读过一些书，颇有心计，他招权纳贿，任命官员及赐给官员绯衣、紫衣都不向唐僖宗汇报。

十四、五代衰亡时期的吏治监察

五代除后周是因为宋太祖赵匡胤发动政变从后周孤儿寡母中夺取帝位而灭亡

的外，其余都是因为自身而导致衰亡，也包括吏治监察败坏的因素。

后梁是朱温所建，只经历了两代就被后唐所灭。而后梁末期的吏治败坏成为后唐庄宗扫灭后梁的重要原因。《资治通鉴·后唐纪一》载，同光元年（公元923年）八月，后梁康延孝率领一百多骑兵前来投奔后唐，后唐庄宗脱下身穿的锦袍玉带赏赐给他，任命他为南面招讨都指挥使，兼任博州刺史。后唐庄宗屏退身边的人，向康延孝询问后梁之事，康延孝回答说："梁朝地盘不狭小，兵力也不少，然而考察他们的行事，终究必定败亡。为什么说呢？后梁皇帝（即后梁末帝）昏庸懦弱，赵、张兄弟擅权，对内勾结宫内人员，对外收受贿赂，授予官位的高低只看贿赂的多少，不根据才德来选择，不根据功劳审校。"康延孝的分析首先就讲了后梁的吏治，果不其然，就在这一年，后唐庄宗灭亡了后梁。

后唐是后唐庄宗李存勖所建，经历了后唐明宗、闵帝、末帝才灭亡。后唐庄宗前期英勇，灭了后梁，后期却极为宠信伶人和宦官，吏治败坏。《资治通鉴·后唐纪一·同光元年》载，伶人经常出入于宫廷，侮辱捉弄士大夫，群臣都非常愤慨，但没有谁能出口气，反而有人依附请托以求得后唐庄宗的恩泽，四方的藩镇官员也争相以财货贿赂巴结他们。

《资治通鉴·后唐纪二·同光二年》载，在后唐庄宗时宦官达到千人，后唐庄宗都给予优厚的待遇，委派他们担任一定职务，将他们作为心腹，并起用宦官担任各司使而不用士人，至此宦官逐渐干预政事。不久，又让宦官担任各道的监军，节度使出征或留在朝廷，军府的政事都由监军决断，他们凌驾主帅之上，仗势争权，因此藩镇都很愤怒。

所以，后唐庄宗重用伶人宦官，导致自身的灭亡。

后唐明宗从后唐庄宗手上夺得帝位，是五代不错的君主。他去世后，闵帝李从厚即位，但不久被后唐明宗养子李从珂夺位，李从珂即潞王、后唐末帝。当时的吏治也不好，甚至出现"以祷告决定宰相"之事。《资治通鉴·后唐纪八》载，清泰元年（公元934年），刘昫与冯道通婚，结成亲家。刘昫性格喜欢苛察，李愚性情刚直偏激，冯道出镇同州后，两人议论往往不合，甚至互相诟骂，以致政事停滞。后唐末帝于是另行任命宰相，问亲信朝臣中谁人声望可当宰相，亲信都提到尚书左丞姚𫖮、太常卿卢文纪、秘书监崔居俭，但论三人才行，互有优劣。后唐末帝不能决断，于是将三人的名字写好放入琉璃瓶内，夜晚焚香祝天，用筷子从琉璃瓶中夹取，首先得到卢文纪，其次得到姚𫖮，所以后唐末帝任命卢文纪为中书侍郎、同平章事（宰相）。

后晋高祖石敬瑭在契丹的帮助下灭亡后唐。他去世后，其侄子石重贵即位，是为晋出帝。晋出帝时吏治腐败，不久被契丹所灭。《资治通鉴·后晋纪四》载，天福八年（公元943年），晋出帝在后晋高祖石敬瑭棺材还未出殡时，就纳自己的婶母、石敬瑭弟弟石重胤的妻子冯氏为后（因石重胤早死，冯夫人寡居且有美色）。冯氏正位中宫后，很是干预政事，冯皇后的兄长冯玉，当时担任礼部郎中、盐铁判官，晋出帝骤然擢升他为端明殿学士、户部侍郎，同他议论政事。

《资治通鉴·后晋纪六》还载，开运二年（公元945年）八月，晋出帝免去和凝兼任的中书侍郎、同平章事职务，只留右仆射一职，而将中书侍郎、同平章事（宰相）职务加给枢密使、户部尚书冯玉，朝廷政事无论大小都全部委任给冯玉处理。冯玉常常善于承迎晋出帝的心意，因此更加有宠。有次他因为有病在家，晋出帝对各位宰相说："自刺史以上官职，等冯玉病好后才能任命。"晋出帝对冯玉就是如此倚重信任。冯玉乘势弄权，四方贿赂他，都集中到他家门，由此朝政更加败坏。

后汉是后汉高祖刘知远所开创，刘知远原本是石敬瑭部将，石敬瑭建立后晋后，刘知远也受重用，担任检校太傅、河东节度使等职，晋出帝时，刘知远担任检校太师、中书令之职。后来晋出帝被契丹俘虏，他于是在太原称帝，不到一年就因病去世。其子刘承祐即位，是为后汉隐帝。但也不过两年，就被郭威夺位。所以，后汉是五代存续时间最短的一个王朝。

后汉时期的吏治开始不太好，经常有买官卖官现象。《资治通鉴·后汉纪二》载，天福十二年（公元947年），当时后汉高祖刘知远将军旅之事全部委托给杨邠、郭威，而将各部门的政务处理委托给宰相苏逢吉及苏禹珪，苏逢吉及苏禹珪决断政事，都是出于自己的想法，不拘于旧制，虽然政事没有滞留，但是任用罢免官员，都随心所欲。后汉高祖正倚重信任他们，没有人敢提意见。苏逢吉尤其贪婪奸诈，公开索求贿赂，无所顾忌。

《资治通鉴·后汉纪三》载，乾祐元年（公元948年）三月，此时后汉高祖刘知远已去世，后汉隐帝即位，有位叫侯益的官员家里很有钱，他送厚礼贿赂执政大臣及史弘肇等人，因此执政大臣都争相称赞他，不久，后汉隐帝就任命侯益兼中书令，代理开封府尹。四月，后汉隐帝任命枢密使杨邠为中书侍郎兼吏部尚书、同平章事（宰相），仍兼枢密使，副枢密使郭威为枢密使，又任命三司使王章加官为同平章事。凡是中书省任命官员、各部门奏事，后汉隐帝全部委任给杨邠斟酌办理。自此，其他三位宰相拱手无事，政事都取决于杨邠。其他三位宰相每次所拟的任用官员的人选，只要不是出于杨邠之意，即使主簿、尉这样的小官也不给。杨邠平素不喜欢书生，他恨苏逢吉及苏禹珪排挤自己，又因为苏逢吉及苏禹珪授官太滥，被众人非议，想矫正这个弊端，因此授官就艰难了，士大夫往往有从后汉建立到灭亡都不曾沾过一次任命，而且凡是靠门荫以及从各部门入仕的全部罢免。虽然这是因为杨邠的愚昧封闭，时人也归咎于苏逢吉及苏禹珪用人不公所导致。

《资治通鉴·后汉纪四》载，乾祐三年（公元950年），后汉隐帝听信谗言，猜忌大臣，杀死杨邠、史弘肇、王章，逼反郭威，而后汉也因此灭亡。

十五、十国衰亡时期的吏治监察

五代时期还包括当时的割据政权，即前蜀、后蜀、南吴、南唐、吴越、闽、楚、南汉、南平、北汉共十国。司马光在《资治通鉴》中也记载了十国衰亡时期的一些吏治监察事迹。

在后梁时期，十国中的前蜀吏治败坏、买官卖官严重。《资治通鉴·后梁纪五》载，贞明五年（公元919年），前蜀主奢侈放纵没有节制，天天和太后、太妃在贵臣之家游玩宴会，饮酒赋诗，及游玩附近郡县名山，所花费的不可胜数。太后、太妃各自发出教令卖刺史、县令、录事参军等官位，每当一个官位有缺额时，数人争相贿赂，贿赂多的人就可以得到这个官位。

在后唐时期，十国中的闽国吏治混乱。《资治通鉴·后唐纪八》载，清泰二年（公元935年），闽主王昶赐给洞真先生陈守元"天师"的称号，信任重用他，以至于更换将相、判处刑罚、选拔推荐官员，都与他商议。陈守元收受贿赂请托，门庭若市。

在后晋时期，十国中的闽、楚两国的吏治也很腐败，买官卖官严重。

《资治通鉴·后晋纪二》载，天福二年（公元937年），当时闽国的徭役不断且繁重，国家用度不足，闽主王昶对吏部侍郎、兼管三司的蔡守蒙说："听说有关部门授予官职都收受贿赂，有这回事吗？"蔡守蒙回答说："那些流言不值得相信。"闽主王昶说："朕知道很久了，如今将授官之事委托给卿，是选择贤能的人而授官，但是不肖的和假冒的也不要拒绝，让他们缴纳贿赂，进行登记而授官。"蔡守蒙向来廉洁，认为这样做不可以，而闽主王昶发怒，蔡守蒙恐惧而听从了。自此以后，任用官员只以缴纳的钱多少来分差等。闽主王昶又派医工陈究拿着空名的委任官职的牒文在朝廷之外卖官，专门聚敛，没有满足。

闽主王昶死后，儿子王曦即位，王曦也和其父一样卖官鬻爵。《资治通鉴·后晋纪三》载，天福六年（公元941年），闽主王曦奢侈无度，资金用度不够，起先陈匡范帮他日进万金，向商人收费时增算数倍，没多久又不够花，就挪用各部门的经费，陈匡范担心被发觉，忧惧而死。闽主王曦又任用黄绍颇暂时代理国计使。黄绍颇建议说："命令想做官的人，如果不是因功绩荫补为官的，都要送钱才能授予官职，百缗至千缗不等，以资历声望高低和州县户口多少来定价格。"闽主王曦采纳了这个办法。

十国中的楚国也是因为用度不足而用卖官来补充。《资治通鉴·后晋纪四》载，天福八年（公元943年），楚王马希范奢欲无厌，造成国家用度不足，于是增加赋税，每次派遣使者统计田亩时，专门以增加顷亩的数量为功劳，百姓承担不起租赋而逃走。后来楚王马希范又听任捐钱买官，以送钱多少作为官位高低的等级，当时富商大贾，都安排在朝廷官员之位。在地方为官的要回朝做官，必定要责令他向朝廷进贡钱财。

在后周时期，北汉很少有廉洁的官吏。《资治通鉴·后周纪一》载，广顺元年（公元951年），北汉国主刘崇对李存瓌、张元徽说："朕因为高祖（指刘知远）的大业一朝堕落，今日朕之帝位年号，不得已才称的。我算什么天子呢，你们算是什么节度使呢？"因此，北汉国主刘崇不建立宗庙，祭祀如同家人，宰相每月俸禄只有一百缗钱，节度使只有三十缗钱，其他官员只有微薄的钱供给而已，"故其国中少廉吏"。

而当时的南唐则是谄媚阿谀之臣得到提拔任用。《资治通鉴·后周纪三》载，显德二年（公元955年），南唐主性格平和柔顺，喜欢文学，而且喜欢别人奉承，因此善于谄媚、阿谀的臣子大多得到进用，政事日渐混乱。

最令人大跌眼镜的是，南汉国的显贵官员尽用宦官。《资治通鉴·后周纪五》载，显德六年（公元959年），南汉国主任命宦官龚澄枢为左龙虎观军容使、内太师，军国之事都取决于他。大凡群臣中有才能以及进士中的状元或者僧道中谈得来的，都先到蚕室施以宫刑后，才能得到进用，也有自宫而请求当官的，还有因为赦免死罪而受宫刑的，因此当时宦官近两万人。朝廷显贵掌权的人，大抵都是宦官，而称士人为门外人，不得参与政事，然而南汉"卒以此亡国"。

第三篇

《资治通鉴》所载雄武之君时期的吏治监察

第三篇 《资治通鉴》所载雄武之君时期的吏治监察

所谓雄武之君，是指那些有英武雄略特质的君主（帝王）。在中国历史上，这类君主多为创业或中兴君主（帝王），还有些是有雄武气概。这类君主（帝王）谥号往往会有一个"武"字。有些虽然谥号有"文"，但也是文武双全，如战国时的魏文侯、北周实际开创者北周文帝宇文泰。他们多数面临争战之世或相当的危机，通过他们的努力使国家兴旺起来、强大起来。

从历史上看，这些雄武之君有哪些呢？比如汉武帝、魏明帝、前秦君主苻坚、南朝宋武帝、齐武帝、梁武帝、北魏道武帝、北魏太武帝、北齐献武帝、北周武帝、唐宪宗、唐武宗、后唐庄宗、后周世宗等。

因此，从这些雄武之君身上，可学习到很多本领。就吏治监察来说，也是如此，如何通过吏治监察举措使国家由弱变强、由小变大、由乱变治，的确是值得关注的。

现根据时间顺序，对《资治通鉴》所载的这些雄武之君时期的吏治监察进行讲述。

一、战国雄武之君时期的吏治

在《资治通鉴》中，战国时期的历史记载得比较简洁，相应地吏治事迹也不多，监察事迹几乎没有。其中有五位雄武之君在吏治方面有些作为，因而国治兵强。

（一）魏文侯时期的吏治

《资治通鉴·周纪一》载，周威烈王二十三年（公元前403年），魏文侯"以卜子夏、田子方为师，每过段干木之庐必式"。意思是，魏文侯拜卜子夏、田子方为师，每次经过段干木的住宅，都要在车上俯首行礼。

魏文侯这样做收到了很好的效果："四方贤士多归之"。比如《资治通鉴·周纪一》载，吴起"闻魏文侯贤，乃往归之"。吴起投奔魏文侯后，魏文侯征求李克（也称李悝）的意见，李克说："吴起为人贪婪而好色，但是他用兵作战，连齐国的名将司马穰苴也不能超过他。"于是魏文侯任命吴起为大将，攻打秦国，占领五座城。

那么这与吏治有关系吗？当然有，因为魏文侯礼敬贤士，任用贤人为帝王师，所以能吸引四方的贤士。这说明，魏文侯时的吏治非常好，所任用的官员基本上都是贤士或者有本事的人。

像子夏的学生李克就是一位贤士。他虽然在《资治通鉴·周纪一》中就有出场，但事迹不多。在历史上他可是大名鼎鼎，他在魏国变法，而且是战国时期第一个变法的。李克在变法中就有吏治方面的，比如推行"食有劳而禄有功"，即给劳动的人饭吃，给立功的人俸禄，同时剥夺那些不劳而获、不功而禄人的俸禄，用来招徕四方贤士（参见《说苑·政理》）。李克变法使魏国国力大增，不仅打败了楚国、齐国，还攻占了秦国的河西地区、中山国部分地区，使魏国首霸中原，称雄六国，商鞅在秦国变法就是学李克的。

（二）楚悼王时期的吏治

《资治通鉴·周纪一》载，周安王十五年（公元前385年），由于魏国国相公叔的陷害，导致吴起被国君魏武侯疑忌而不被信任，吴起害怕被诛杀，于是投奔楚国。

楚悼王向来听说吴起贤能，吴起到了后就任命他为国相。吴起严明法令，精简不重要的闲官、废除公族中较为疏远的宗室人员的官职（"捐不急之官，废公族疏远者"），用来安抚培养征战之士，主要在于增强军队的实力，破除合纵连横者的游说，于是向南平定百越，向北击退三晋之国（即韩、赵、魏），向西讨伐秦国，国力之强令各诸侯都害怕。

（三）秦孝公时期的吏治

《资治通鉴·周纪二》载，周显王十年（公元前359年），秦孝公任命商鞅为左庶长，实行变法。商鞅变法的内容有很多，其中有几条涉及吏治：

一是奖励军功。"有军功者，各以率受上爵"，即立军功者，可以获得上等爵位。

二是取消特权。"宗室非有军功论，不得为属籍"，即王族宗室没有获得军功的，不能享有宗族的属籍。这条法令打击了秦国的世卿世禄制度，为本国的阶层流动和引进其他国家的人才提供了条件。

三是明确等级。即明确由低到高的各级官阶等级，分别配给应享有的田地房宅、奴仆侍女、衣饰器物。

四是推行功勋制度。即"有功者显荣，无功者虽富无所芬华"，也就是让有功劳的人获得显荣，无功劳的人即使富有也不能显耀。这条法令对形成崇尚功勋、讲究贡献和实绩的局面有很大的好处。

商鞅变法，使秦国迅速发展起来。《资治通鉴·周纪二》载："行之十年，秦国道不拾遗，山无盗贼，民勇于公战，怯于私斗，乡邑大治。"意思是，法令施行十年，秦国出现了路不拾遗、山无盗贼的太平景象，百姓勇于为国家作战，而不敢私下斗殴，乡村城镇都得到了很好的治理。

（四）韩昭侯时期的吏治

《资治通鉴·周纪二》载，周显王十八年（公元前351年），韩昭侯任用申不害为国相。经过十五年，到申不害去世，韩国国治兵强。

申不害曾经请求韩昭侯给他堂兄入仕做官，韩昭侯不答应，申不害心中很不高兴，面上就带有埋怨之色。韩昭侯就向他解释原因："我之所以向您学习请教，就是想用来治国啊。今天是听从您的私请而废除您制定的法度呢？还是推行您制定的法度而拒绝您的私请呢？您曾经教导我赏赐功劳要考察功劳的高低来确定，现在您有个私人请求，我要听哪种呢？"申不害于是请罪说："您真是我们贤明的君主啊！"

由此可见，韩昭侯是不吃官场请托那一套的，哪怕这个人是自己敬重的国相。所以在韩昭侯之时，韩国的吏治是非常好的。

（五）齐威王时期的吏治

《资治通鉴·周纪一》载，周烈王六年（公元前370年），齐威王召见即墨大夫，说："自从你到即墨任职，诋毁你的话每天都有传来。但是我派人去察看即墨，见到田野开辟得很好，百姓丰足自给，官府无事，齐国的东面因而十分安定。因此我知道你遭诋毁是你不侍奉我的左右以谋求援助的原因。"于是便封赏即墨大夫享用万户的俸禄。齐威王又召见阿地的大夫，说："自从你掌管阿地，称赞你的话每天都有传来。但是我派人去察看阿地，见到田地荒芜，百姓贫困饥饿。以前赵国攻打鄄地，你不救；卫国夺取薛陵，你不知道。因此我知道你受称赞是用重金来侍奉我的左右以求声誉！"当天，齐威王下令烹死阿地大夫及曾经称赞阿地大夫的左右近臣。

自此，群臣人人震惊恐惧，行事再也不敢像以前一样了。在地方任职的及左右近臣，没有谁敢作假、欺诈，都陈述全部真实之情，各尽其职，因此"齐国大治，强于天下"。

从这可以看出，齐威王善于考察地方官吏的政绩，他不是听身边的人怎么说，就信什么，而是派人真正去看，而且所派的人还不是那些进行毁誉的人，确保了能真实地考察干部，同时赏有功、罚有罪，绝不滥施赏罚，绝不讲情面。他不仅惩罚了阿地大夫，更是一起惩罚了那些收了阿地大夫的好处经常夸赞阿地大夫的左右近臣。这也是吏治上的"信赏必罚，综核名实"八字要义。后来的汉宣帝狠抓吏治也主要是这八个字（《资治通鉴·汉纪十九·黄龙元年》）。

二、两汉雄武之君时期的吏治监察

两汉时期的雄武之君，像汉武帝、光武帝、汉和帝。汉武帝的雄才大略在历史上知名度极高,与秦始皇并称。光武帝开创了"建武之治"的治盛局面。汉和帝开创了"永元之隆",使大汉的声威更加显扬。光武帝的吏治监察事迹在第一篇已讲述,这里重点讲述汉武帝、汉和帝时期的吏治监察。

(一)汉武帝时期的吏治监察

《资治通鉴·汉纪十四·后元二年》引用了班固对汉武帝的赞辞:"如武帝之雄材大略,不改文、景之恭俭以济斯民,虽《诗》《书》所称何有加焉!"意思是,像汉武帝这般雄才大略,倘若不改汉文帝、景帝时的恭敬俭朴以泽济百姓,即使是《诗经》《书经》所称道的帝王也不能超过啊!

在吏治监察方面,汉武帝同样地大有作为,不仅延续了圣明先王的制度,比如策问、上计、巡视等制度,而且还开创了选官方面的孝廉制度、监察方面的刺史制度。司马光在《资治通鉴》中记载了汉武帝在吏治监察方面的事迹。

1.汉武帝采取的吏治举措

在吏治方面,汉武帝主要采取了以下举措:

一是以古今治道策问贤良方正、直言极谏之士。《资治通鉴·汉纪九》载,建元元年(公元前140年)十月,汉武帝下诏让大臣举荐品德贤良操行方正、直言极谏的人才,亲自策问古今治国理政之道。

二是注重用政绩突出和清廉正直的官吏。《资治通鉴·汉纪九》载,建元六年(公元前135年),汉武帝提拔东海太守汲黯为主爵都尉,这是因为汲黯在东海太守任上,治官理民政绩突出,当时"东海大治",百姓都称赞他。所以汉武帝听说后就提拔他为主爵都尉,汲黯因此成为位列九卿的高官。

《资治通鉴·汉纪十二》载,元狩六年(公元前117年),大农令颜异被处死。同时还提到"初,异以廉直,稍迁至九卿"。这就是说,颜异起先是因为廉洁正直而升迁到九卿高官之位的。

三是察举孝廉。《资治通鉴·汉纪九》载,元光元年(公元前134年)十一月,汉武帝首次令天下郡国各自察举孝廉一人,这是采纳了董仲舒的建议,这在中国政治制度史写下了光辉的一页。孝道是中华文化的精髓，是儒家特别提倡的，而汉代倡导以孝治天下，尤其是汉武帝将孝子列为推荐从政的对象，实属了不起。同时，廉也是中华文化八德（"孝悌忠信，礼义廉耻"）之一，只有廉洁的官吏才能使百姓不受祸害。

但这一制度在刚推行时效果并不理想，因此时隔六年后的元朔元年（公元前128年）十一月，汉武帝再次下诏举孝廉，并对不举孝廉者追究责任（《资治通鉴·汉纪十》）。在中国历史上，将孝道和廉道用制度来保证且重视到如此程度的，汉武帝是第一人。

四是从精通儒家经学的人员中选拔官员。《资治通鉴·汉纪九》载，建元五年（公元前136年）春，汉武帝设置五经博士。这里的博士是一种官职，是学官，不同于现在的学位。

《资治通鉴·汉纪十一》载，元朔五年（公元前124年）六月，汉武帝颁布劝学兴礼之诏后，丞相公孙弘等上奏说："请为博士设置弟子五十人，免除他们的赋税、徭役，排列他们德才的高下，用以补充郎中、文学、掌故等官。其中若有优秀异常者，就使其名闻朝廷；若有不愿学习的下等之材，就罢黜他。又有，如果吏员中有通晓一种经学以上的，请都选拔出来补充任官。"这篇奏书得到了汉武帝的批准。这篇奏书带来的影响就是"自此公卿、大夫、士、吏彬彬多文学之士矣"[①]。也就是说，自此以后，公卿、士大夫、吏员中多是彬彬有礼的文学之士。

五是推行上计制度考核郡国政绩。《资治通鉴·汉纪十三》载，元封五年（公元前106年）三月，汉武帝开始在明堂祭祀上帝，将汉高祖配祀。于是又命各诸侯王、列侯来朝见，接受郡国上计。[②]太初元年（公元前104年）春，汉武帝返回长安，因为柏梁台遭受火灾，因此在甘泉宫接受诸侯朝拜和上计。

虽然汉武帝在吏治上的举措取得了成效，但仍有不足。比如汉武帝多用酷吏。《资治通鉴·汉纪十三·天汉二年》评价："上（汉武帝）以法制御下，好尊用酷吏。"汉武帝用的酷吏有不少，比如义纵、赵禹、张汤、王温舒、尹齐、杜周等。又如由

---

① 此处文学指的是精通经学。
② 此处上计，是指地方官员在年终将户口、钱谷、盗贼之数呈送朝廷，接受考核。

于攻打匈奴，国家经费不足，汉武帝下令可以用钱买官，因此当时的吏治也比较糟糕。《资治通鉴·汉纪十一》载，元朔六年（公元前 123 年）六月，汉武帝下诏允许出钱买爵和以钱赎买禁锢，甚至交钱可以免除贪赃之罪。又设置"赏官"，称为"武功爵"，第一级十七万钱，以上递增，共值黄金三十余万斤。凡买武功爵至"千夫"的人，可以优先被任命为官吏。由此官吏的来源就杂而多端，官职就混乱废坏了。

2. 汉武帝采取的监察举措

在监察方面，汉武帝主要采取了以下举措：

一是对奸猾官吏进行严惩。《资治通鉴·汉纪十二》载，元狩五年（公元前 118 年），汉武帝下诏"徙奸猾吏民于边"，即将奸猾不法的官吏和百姓流放到边远地区。

二是派博士巡视各郡国。《资治通鉴·汉纪十二》载，元狩六年（公元前 117 年）六月，汉武帝下诏派遣博士褚大、徐偃等六人分别巡视郡国，奏举弹劾各地兼并土地的人，以及违法犯罪的郡守、诸侯国相和其他官吏。

三是设置刺史。《资治通鉴·汉纪十三》载，元封五年（公元前 106 年），汉武帝在驱逐北方的匈奴、消灭南方的越国后，开疆拓土，设置交趾、朔方二州，以及冀州、幽州、并州、兖州、徐州、青州、扬州、荆州、豫州、益州、凉州，全国划分为十三个州，全都设置刺史[①]。

3. 汉武帝时期吏治最大的特征

从汉武帝一生来看，他最大的特征就是好贤不倦（好用贤能之士为官），这是他吏治上最值得称赞的地方。

司马光在《资治通鉴·汉纪十四·后元二年》中评论汉武帝："孝武穷奢极欲，繁刑重敛，内侈宫室，外事四夷，信惑神怪，巡游无度，使百姓疲敝，起为盗贼，其所以异于秦始皇者无几矣。然秦以之亡，汉以之兴者，孝武能尊先王之道，知

---

① 刺史以"六条问事"监察各州，主要针对各州主管。

所统守，受忠直之言，恶人欺蔽，好贤不倦，诛赏严明，晚而改过，顾托得人，此其所以有亡秦之失而免亡秦之祸乎！"这里面就指出了汉武帝"好贤不倦",《资治通鉴》还记载了他在这方面的事迹。

《资治通鉴·汉纪九·建元三年》载，汉武帝即位之初即招选天下文学才智之士，并予以破格重用。像庄助、吴人朱买臣、赵人吾丘寿王、蜀人司马相如、平原人东方朔、吴人枚皋、济南人终军等人。

《资治通鉴·汉纪十》载，元光五年（公元前130年），汉武帝"征吏民有明当世之务，习先圣之术者"，即征召官吏百姓中明晓当世政务、熟知古代圣王治国之术的人到朝廷任职。

《资治通鉴·汉纪十》载，元朔元年（公元前128年），主父偃、严安、徐乐，都向汉武帝上书议论政事，汉武帝看后召见了他们三人，并称"相见恨晚！"

《资治通鉴·汉纪十三》载，元封五年（公元前106年），汉武帝颁布"求茂才异等诏"，向州郡的吏民中求贤。

汉武帝早期最先礼敬任用的贤人有董仲舒，还曾命儒生赵绾担任御史大夫、王臧担任郎中令，派遣使臣携带贵重的玉璧、驾着驷马去迎请赵绾、王臧的老师申公。其后又重用公孙弘，并开创了丞相封侯的先例。他对汲黯也很看重。

汉武帝执政后期，他还选拔任用了卜式、兒宽、田千秋、霍光、金日磾等贤者。在武将中，他不拘一格，提拔了家奴出身的卫青为大将军，重用青年天才将领霍去病。

正是因为汉武帝好贤不倦，所以班固在《汉书》中称"汉之得人，于此为盛"。

汉武帝举用这些人才，在政治、军事、经济、文化等方面，实行了一系列措施，造就了汉武帝的文治武功。

（二）汉和帝时期的吏治监察

汉和帝刘肇是汉章帝的儿子，即位时年仅十岁，他的名声虽不及其祖、其父，但实际上也是极厉害的，众人都知道康熙皇帝十四岁智除权臣鳌拜，却不知汉和帝也是十四岁除去权臣窦宪的。而且他在位时注重吏治，任用贤能之人，东汉国力达到极盛，开创了"永元之隆"的政治局面。北宋大文学家、政治家苏辙在《栾城后集卷七·历代论一·三宗》中讲"西汉文帝二十三年，景帝十六年，昭帝十二年。东汉明帝十八年，章帝十三年，和帝十二年，唐太宗二十三年。此皆近世之明主"，称汉和帝是明主。

根据《资治通鉴·汉纪四十》记载，永元五年（公元93年），汉和帝任用王辅、任尚追讨北匈奴，斩单于於除鞬，消灭其部众。这一年，武陵郡兵击破叛乱的蛮人，降服他们；护羌校尉贯友瓦解羌人部落。永元六年（公元94年），西域都护班超发龟兹、鄯善等八国兵合七万余人讨焉耆，斩杀焉耆王、尉犁王等，传首京师，并纵兵掳掠，斩杀五千余人，生擒一万五千人，班超留驻焉耆半年，进行慰抚。西域五十多国都归服汉朝，"至于海滨，四万里外，皆重译贡献"（远至四海之滨，四万里之外的国家，都经过重重翻译来进贡）。后来，东汉王朝还多次平定四夷和叛乱。这与当时汉和帝善于用人、吏治清明有关。

1. "永元之隆"前期的吏治监察背景

汉和帝一直到剪除外戚权臣窦宪后才开始亲政。前期的四年主要是窦太后临朝摄政、窦宪兄弟秉政，吏治败坏。《资治通鉴·汉纪三十九》载，永元三年（公元91年），窦宪立大功后，威名显赫，他以耿夔、任尚等人为爪牙，以邓叠、郭璜为心腹，以班固、傅毅等人写文章，"刺史、守、令，多出其门，赋敛吏民，共为赂遗"。也就是说，刺史、太守、县令，大多出自窦氏一门举荐任命，他们搜刮官吏百姓，共同贪污受贿。

当时，司徒袁安、司空任隗弹劾了一批俸禄为二千石及其有牵连的官员，这些官员被贬俸禄或免官的达四十多人。窦家兄弟大为怨恨，但袁安、任隗向来行为高洁，也没有加害他们。尚书仆射乐恢，对窦氏兄弟所举荐任命的官员监察检举无所回避，窦宪等人痛恨他。乐恢上书请窦宪兄弟引退，未被理睬后称病退休，回到故乡长陵。窦宪暗中令州郡官员胁迫乐恢饮毒药而死。于是朝臣震恐，全都望风而迎合窦宪，没有人敢违抗。袁安因为汉和帝年幼，外戚专权，每次朝会进见以及与公卿谈论国家政事之时，未曾不呜咽流泪。自天子至大臣，全都依靠袁安。

所以，"永元之隆"前期幸得贤臣袁安、任隗、乐恢扭转了一些局面。

2. 汉和帝采取的吏治监察举措

在吏治上，汉和帝注重选拔重用两种人为官员：

一种是仁心宽厚之人。《资治通鉴·汉纪四十》载，永元六年（公元94年），汉和帝任命大司农陈宠为廷尉。陈宠"性仁矜，数议疑狱，每附经典，务从宽恕"，就是说，他生性仁厚矜持，数次议论疑难案件，每每引用儒家经典，力求宽恕。在陈宠的影响下，"刻敝之风，于此少衰"（苛刻的风气，至此稍稍衰减）。

另一种是勤政奉献之人。《资治通鉴·汉纪四十》载，永元六年（公元94年），汉和帝任命尚书令（汉代的尚书令是内廷职务，品级不高，不像隋唐时的尚书令是宰相）黄香为东郡太守。黄香辞谢说，主管一郡的行政，并非自己的才能所宜，愿意留下当散官，赐以督责的小职，承担宫中尚书台的琐事。于是，汉和帝留任黄香为尚书令，将他的俸禄增加为二千石，对他很是亲近重用。黄香也勤奋处理公务，"忧公如家"。[①]

在监察上，汉和帝严惩那些怯懦、不敢担当的官员。《资治通鉴·汉纪四十》载，永元九年（公元97年）八月，鲜卑侵犯肥如，辽东太守祭参因怯懦而作战失败，下狱处死。永元十年（公元98年），代理征西将军刘尚、越骑校尉赵世因畏惧怯懦被召回，下狱，免去官职。

三、魏晋雄武之君时期的吏治监察

魏晋时期的雄武之君，如魏明帝、晋武帝、后赵君主石勒、前秦君主苻坚、

[①] 黄香精通经学、学术文章极好，京城的人称他"天下无双，江夏黄童"，汉章帝也非常看重他，曾召黄香勉励诸王说："这就是'天下无双，江夏黄香'也。"黄香不仅学问好、文章好，而且品行极好，他的孝行在中国知名度极高，《三字经》讲"香九龄，能温席，孝于亲，所当执"，便是讲黄香的孝行，"二十四孝"有"黄香扇枕"的故事。

北魏道武帝。魏明帝是曹魏时期最有作为的君主，晋武帝统一全国并开创了"太康之治"的局面，后赵君主石勒能够灭掉当时的前赵君主刘曜，前秦君主苻坚统一北方并极有英雄气质，北魏道武帝将边远小国变得逐步强大。由于晋武帝"太康之治"时期的吏治监察已在第一篇讲述，这里重点讲述魏明帝、后赵君主石勒、前秦君主苻坚、北魏道武帝时期的吏治监察。

（一）魏明帝时期的吏治监察

《资治通鉴·魏纪二·黄初七年》载，起初，魏明帝曹叡在东宫为太子时，不结交朝臣，不问政事，只是潜心思考书籍。即位之后，大臣都想见识他的风采。过了数天，魏明帝独独见了侍中刘晔，两人谈了一天，众人在外侧听。刘晔出来后，大臣问："当今皇上是什么样的君主？"刘晔说："是与秦始皇、汉武帝一类的人，只是才智稍有不及。"这说明魏明帝是一位雄主，而且他在位时，司马懿根本不敢有篡权的念头。

根据《资治通鉴》记载，魏明帝在位时的吏治监察（监察方面的极少）举措如下：

一是重视考核官员政绩，综核名实。《资治通鉴·魏纪五》载，景初元年（公元237年），魏明帝痛恨那些浮华的士人，下诏给吏部尚书卢毓说："选拔推荐人才时，不要根据名声，名声就像画地作饼，不可以吃。"卢毓回答说："名声不足以得到奇异之人，但可以得到平常之士。平常之士畏惧教化、仰慕善行，然后才会有名声，不应当痛恨。愚臣既不能够识别奇异之人，主事的人又根据名声按照常规任命官职，只有从以后来检验了。古代以上奏陈事来考察他的思想言论，以实际工作来考察他的功劳绩业，如今考绩之法已废除，而凭借毁誉取决晋升或罢免，因此真伪浑杂、虚实蒙混。"魏明帝接受了他的建议，下诏让散骑常侍刘邵作考课法，刘邵制定《都官考课法》七十二条，又作《说略》一篇，魏明帝下诏让百官讨论。司隶校尉崔林、黄门侍郎杜恕、司空掾（司空的属官）傅嘏发表了意见，不大赞成考课。所以，讨论久而不决，最终考课法没有实行。

但是在实践中，魏明帝还是做到"料简功能，屏绝浮伪"（《资治通鉴·魏纪六·景初三年》），即能够根据官吏的事功和能力选用，杜绝浮华虚伪。在太和四年，就罢黜过名声很大的诸葛诞、邓飏的官职。

二是重视狱吏的选拔。《资治通鉴·魏纪三》载，太和三年（公元229年）十月，魏明帝将平望观改为听讼观。魏明帝常常说："刑狱之事，关系到天下人的性命。"因此每次审判要案，魏明帝常到听讼观监听。尚书卫觊上奏说："狱吏，关系到百姓的性命，但主管选用的部门并不重视。国家政治的衰败，未必不是由此引起的，请求设置法律博士。"魏明帝采纳了这个建议。

三是重视从通晓儒家经典的郎吏中选拔地方长官。《资治通鉴·魏纪三》载，太和四年（公元230年），魏明帝下诏说："从现在起，郎吏必须学通儒家的一种经典，才能任地方长官，博士要经过课试，成绩优秀的马上任用，那些浮华、不务正道的人都罢退！"

另外，《三国志·魏书·明帝纪》还载，太和二年（公元228年）六月，魏明帝下诏说："尊崇儒家学术，倡导研究之风，是国家推行王道教化的根本。但近来有些儒官很不称职，如果这样怎能传播弘扬圣人之道？必须通过严格考核选拔上来的博学之士，才可以担任侍中、常侍这样的要职。现在特此告知天下：今后向朝廷举荐的贤良之才必须以通晓儒家经典为前提条件。"

司马光在《资治通鉴·魏纪六·景初三年》中对魏明帝评价很高："魏明帝深沉、刚毅、聪明、灵敏，随心而行，能选用官吏的事功和能力，杜绝浮华虚伪。每当劳师动众、行军打仗之时，他议论决断大事，谋臣将相都很佩服他的雄才大略。魏明帝天资记忆力强，即使是左右小臣，只要宫中簿册中记载了他们的禀性行为、事迹履历，及家中父兄子弟情况，一经耳目，就终身不会遗忘。"所以他在位时，吏治方面是不错的，可以说，曹魏时代最有作为的君主就是他了。

（二）后赵君主石勒时期的吏治监察

后赵君主石勒出身于奴隶，能起而成为五胡十六国中的一位雄主，确实有他过人之处。《资治通鉴·晋纪十三》载，晋元帝太兴二年（公元319年）冬，石勒的左、右长史张敬、张宾，左、右司马张屈六、程遐等劝石勒称帝，石勒不许。

十一月，将佐等复请石勒称大将军、大单于、领冀州牧、赵王，依照汉昭烈帝在蜀、魏武帝在邺的旧例，以河内等二十四郡为赵国，太守改为内史，石勒同意，不久，石勒即位，建立后赵。他即位后就采取了一些吏治监察举措。

一是派遣使者巡视州郡并改革官制。《资治通鉴·晋纪十三》载，石勒即位后，就"遣使循行州郡，劝课农桑"（派遣使者巡视州郡，鼓励督促农业生产）。加升张宾为大执法，专门总管朝政。太兴三年（公元320年），石勒又让张宾负责铨选官员，起初将官阶定为五品，后来改为九品。

二是选用贤才为官员。《资治通鉴·晋纪十三》载，晋元帝太兴三年（公元320年），石勒下令公卿和州郡长官每年举荐"秀才、至孝、廉清、贤良、直言、武勇之士"各一人。《资治通鉴·晋纪十五》载，晋成帝咸和元年（公元326年），石勒任命牙门将王波为记室参军，负责按九流高下评定官员，设立对秀才、孝廉考试儒家经学的制度。《资治通鉴·晋纪十六》载，咸和六年（公元331年），石勒下诏让公卿以下官员每年荐举贤良方正之士，并且命令被荐举的人相互荐引，以广求贤之路。

三是注重监察官吏。《资治通鉴·晋纪十五》载，晋成帝咸和元年（公元326年）三月，石勒夜晚微服私行，检察各营帐护卫，他拿着金帛贿赂守门人，请求出门。永昌门守卫者王假想收捕他，因石勒随从到了才停止。第二天清晨，石勒召见王假，提拔他为振忠都尉，赐爵关内侯。石勒又召见记室参军徐光，徐光喝醉了没有到，被贬为牙门。

（三）前秦君主苻坚时期的吏治监察

前秦君主苻坚是十六国时最有英雄气概的君主，虽然淝水之战的两年后，苻坚即被姚苌缢死，但观其为人，仍不失为一代雄主。他在王猛的帮助下，将前秦治理得蒸蒸日上，成为北方第一强国。

1. 前秦君主苻坚采取的吏治举措

根据《资治通鉴》记载，前秦君主苻坚在吏治上采取了以下举措：

一是罢免无能官员，任用特殊人才。《资治通鉴·晋纪二十二》载，晋穆帝升平元年（公元357年），苻坚巡行到尚书省，因为文案办理得不好，免除尚书左丞程卓的官职，任命王猛代替他。前秦君主苻坚"举异材，修废职，课农桑，恤困穷，礼百神，立学校，旌节义，继绝世"，因此"秦民大悦"。也就是说，苻坚任用特殊的人才，修治废弛的职事，劝勉农桑，抚恤贫困，礼敬百神，设立学校，表彰节义，恢复已经断绝的世系，前秦的百姓非常喜悦。这里面的"异材"，像王猛就是其中最杰出的。

二是亲自考察州郡长官举荐的人才，不用无能之人为官。《资治通鉴·晋纪二十三》记载，晋穆帝升平五年（公元361年），苻坚命令州郡地方长官各自荐举孝悌、廉直、文学、政事等科目的人才，并且对他们荐举上来的人加以考察，得当者给以奖赏，失当者给以责罚。因此这些地方长官都不敢妄自推荐，也没有请求拜托的现象，读书人都自我勉励。特别是"虽宗室外戚，无才能者皆弃不用"（即使是宗室外戚，没有才能的也都弃而不用）。因而"当是之时，内外之官，率皆称职；田畴修辟，仓库充实，盗贼屏息"。也就是说这个时候，朝廷内外的官吏，大都称职。农田得以修整，荒地得以开垦，仓库得以充实，盗贼也不敢出来。

三是严厉惩处举荐官员不当者，将任命官吏之权收归中央。《资治通鉴·晋纪二十三》载，晋哀帝兴宁二年（公元364年），苻坚命令各公国设置三卿（郎中令、中尉、大农），独有郎中令由苻坚任命，其他官吏都听任各公国自行辟用。富商赵掇等人车乘服饰奢侈僭越了礼制，但各位国公竟相引荐他为卿，黄门侍郎程宪奏请前秦王苻坚处理此事。苻坚于是下诏说："本来想让各位国公延揽选拔才华优异的儒生，没想到混乱如此！应当命令有关部门查究，辟用之人不当的，全部降爵位为侯，从今以后国家的官吏任命都交由吏部选拔。"于是平阳、平昌、九江、陈留、安乐五位公爵降为侯。（古代爵位分为公、侯、伯、子、男）

四是重视郡守县令的人选。《资治通鉴·晋纪二十五》载，晋简文帝咸安元年（公元371年）二月，苻坚因为关东初步平定，郡守县令应当有合适人选，于是命令王猛选拔征召英才，补任为六州的郡守县令，授官之后，上报朝廷正式任命。

五是征召名士为官。《资治通鉴·晋纪二十五》载，晋简文帝咸安二年（公元372年），苻坚征召尚书左丞、清河人房旷的哥哥房默以及清河人崔逞、燕国人韩胤为尚书郎，北平人阳陟、田勰、阳瑶为著作佐郎，郝略为清河相。这些人都是关东有名望的士人，都是王猛荐举的。

六是明确规定俸禄为百石的官员必须具备学识才能。《资治通鉴·晋纪二十五》载，晋简文帝咸安二年（公元372年），苻坚下诏说："关东之民学通一经、才成一艺者，在所以礼送之。在官百石以上，学不通一经、才不成一艺者，罢遣还民。"意思是，关东的百姓有学问能够精通一经、才有一艺的，所在州县应以礼节送到官府。享受百石以上俸禄的官员，学问不能精通一经、才无一艺的，罢官为民。

七是设置听讼观访求隐没民间的贤才。《资治通鉴·晋纪二十五》载，晋孝武帝宁康三年（公元375年），王猛去世后不久，苻坚下达诏令说："新丧贤明的辅佐（指王猛），有关部门中不称朕心的，可以在未央宫以南设置听讼观，朕五天亲临一次，以访求隐没在民间的贤才。"

2. 前秦君主苻坚采取的监察举措

根据《资治通鉴》记载，前秦君主苻坚在监察上主要有以下举措：

一是打击豪强权贵，整肃百官。《资治通鉴·晋纪二十二》载，晋穆帝升平二年（公元358年）、晋穆帝升平三年（公元359年），苻坚任命咸阳内史王猛为侍中、中书令兼领京兆尹。王猛与御史中丞邓羌志向相同，痛恨邪恶，纠正冤案，无所顾忌，在几十天内，处死和依法黜免的权贵、豪强、贵戚达二十多人，朝廷百官都震恐胆战，奸猾之辈屏声敛气。

二是重视司隶校尉一职的人选。司隶校尉一职从东汉以来非常重要，可以纠察京城百官。苻坚极为重视这一职位的人选，一直将它交给最为信任的王猛担任。《资治通鉴·晋纪二十二》载，晋穆帝升平三年（公元359年），苻坚任命王猛为辅国将军、司隶校尉等职务。

隔了10来年，将军邓羌曾请求王猛将这一职位让给他，王猛也答应了他。

《资治通鉴·晋纪二十四》载,晋海西公太和五年(公元370年),王猛进军潞川,与前燕太傅慕容评相对峙。王猛在渭源誓师,望见前燕的兵力众多,对将军邓羌说:"今天的战事,非将军不能攻破强大的敌人,成败之机,在此一举,将军努力吧!"邓羌说:"如果能让我任司隶校尉,您不必以此为忧。"王猛说:"这不是我所能做到的。我一定让你做安定太守、万户侯。"邓羌不高兴,退走了。不一会儿,双方军队交战,王猛召唤邓羌,邓羌沉默不答应。王猛驰马跑到邓羌身边,答应委任他为司隶校尉的要求,邓羌在军帐中畅怀大饮,然后与张蚝、徐成等跨上战马,奔向前燕军阵。四番出入,旁若无人,杀伤数百人。到中午时,前燕军大败,被俘获斩首的有五万多人,前秦军乘胜追击,前燕被斩杀和投降的又有十万多人。慕容评只身匹马逃回邺城。

《资治通鉴·晋纪二十五》载,晋简文帝咸安元年(公元371年),王猛因为邓羌在潞川的战功,奏请前秦君主苻坚任命邓羌为司隶校尉。苻坚下诏说:"司隶校尉,负责督察京畿,职责很重,不能用来优礼名将。光武帝不以吏事来让功臣处理,实际上是看重他们。邓羌有廉颇、李牧之才,朕正委任他以征伐之事,向北平定匈奴,向南扫除扬、越一带,这是邓羌职任所在,司隶校尉怎么值得交给他呢?进封他为镇军将军,赐位特进。"

从以上可以看出,苻坚是很看重司隶校尉这一职位的,虽然他知人善用,没有让邓羌担任司隶校尉,但另外一方面也是因为他更信任王猛。

三是派遣绣衣使者或侍臣巡视地方。《资治通鉴·晋纪二十四》载,晋海西公太和四年(公元369年),苻坚任命前燕的常山太守申绍为散骑侍郎,派遣他与散骑侍郎韦儒都为绣衣使者,巡视关东州郡,观察风俗,劝课农桑,振恤穷困,收葬死者,表彰节义,有不利于百姓的前燕政令全部被修改废除。

七年后,苻坚再次派遣侍臣巡视各郡县。《资治通鉴·晋纪二十六》载,晋孝武帝太元元年(公元376年)二月,苻坚下诏说:"朕听说,推行王道的君主在寻求贤能的人时辛劳,得到人才后就安逸了。确实是这样啊!过去我得到了丞相王猛,经常说帝王容易做。自从丞相去世后,我已经操劳得胡须头发都半白了,每一想到丞相,不觉酸楚悲痛。如今天下既然没有丞相,政治教化或许会陷于沦废,可以分派侍臣巡视各郡县,询问民间疾苦。"

3. 前秦君主苻坚时期的吏治监察成效

《资治通鉴·晋纪二十五·晋简文帝咸安二年》载,王猛为相,"刚明清肃,善恶著白,放黜尸素,显拔幽滞,劝课农桑,练习军旅,官必当才,刑必当罪。由是国富兵强,战无不克,秦国大治。"也就是说,王猛刚正贤明,清廉严肃,对待善恶非常分明,放逐罢免尸位素餐者,提拔重用有才而不得志者,劝勉农耕蚕桑,训练军队,任用官职一定讲求才能匹配,给予刑罚一定讲求与所犯之罪相适应。因此国富兵强,战无不胜,秦国大治。

从《资治通鉴》对王猛担任宰相时的评价可以看出,前秦国富兵强确实与吏治监察紧密相关。

(四)北魏道武帝时期的吏治监察

公元386年,拓跋珪建立北魏,史称道武帝。北魏一直到公元534年才分裂为东魏、西魏。而司马光在《资治通鉴》中的纪年是将晋纪截至419年,因此北魏在公元386年至419年的历史是记载在晋纪中。在这段时间,北魏经历了两个皇帝,一个是北魏道武帝拓跋珪,另一个是北魏明元帝拓跋嗣。

北魏道武帝拓跋珪在位时,颇为重视吏治监察,因此国家逐渐强大起来。

一是设置机构官职,重用儒生为官。《资治通鉴·晋纪三十》载,晋孝武帝太元二十一年(公元396年),北魏国主拓跋珪夺取并州,开始设置中央的台省机构,设置刺史、太守、尚书郎等以下的官职,全部用儒生来担任。士大夫到军营门口,无论年长或年少,拓跋珪都引入到营中慰抚,使他们都能尽言,稍有才华的,都委以官职。拓跋珪还任命中书侍郎张恂等人为郡太守,招抚离散的百姓回乡,鼓励他们从事种田养蚕。

二是加强对郡国监察。《资治通鉴·晋纪三十二》载,晋安帝隆安二年(公元398年),拓跋珪派遣使者到各郡国巡视监察,检举弹劾不法的太守县令,并亲自考察进行升降。

三是对朝廷文武官员进行考核，随才授任。《资治通鉴·晋纪三十五》载，晋安帝元兴三年（公元404年），拓跋珪到昭阳殿将文武官员召来，亲自加以铨选，根据他们的才能授以官职。拓跋珪列出四等爵位：王爵封给大郡，公爵封给小郡，侯爵封给大县，伯爵封给小县。他们的品级分为一品到四品，旧臣中有功而无爵的追封爵位，宗室中血缘关系较远的及异姓承袭封爵的都不同程度地降低爵位。又设置五等散官，分为五品到九品，对于文官士子中才能特别优异的、武官中可担任将帅的，列入五品到九品之中。百官中有空缺的，就在这些人中递补。这年的十一月，拓跋珪到西宫，命令宗室设置宗师，八个部落设置大师、小师，州郡也设置师的职位，用来辨别宗亲，举荐才能品行好的人，类似魏晋时期的中正之职。

四是明确设置太守、令长的职数。《资治通鉴·晋纪三十六》载，晋安帝义熙二年（公元406年），拓跋珪来到豺山宫，下令每个州设置三个刺史，每个郡设置三个太守，每个县设置三个令长，刺史、令长等各自到所在州县上任，那些虽然设置了太守而没有实际到位的以及功臣管辖各州的都征召回京师，以原有的爵位归家。

拓跋珪去世后，长子拓跋嗣继位，是为北魏明元帝。他在位时也重视吏治监察。《资治通鉴·晋纪三十八》载，晋安帝义熙十年（公元414年）十一月，拓跋嗣派遣使者巡行各州，检查审阅太守县令等地方官员的资产钱财，如果查出不是自家的，全部登记为赃物。

四、南北朝雄武之君时期的吏治监察

南北朝是从公元420年刘宋建立至公元589年陈朝灭亡这一段时期，总计169年的历史。司马光在《资治通鉴》中是以晋朝、南朝为正统，纪年是以晋朝、南朝为准。像北魏就跨越了两个时期，"晋纪"中也有，在南朝的"宋纪""齐纪""梁纪"中也有记载。东魏、西魏的历史均在南朝的"梁纪"中，北齐、北周的历史则在"梁纪""陈纪"中。

第三篇 《资治通鉴》所载雄武之君时期的吏治监察

在这一段历史时期，因为天下处于分裂时期，所以出现了不少雄主，比如南朝宋武帝、齐武帝、梁武帝，北朝的北魏太武帝、北齐献武帝、北周文帝、北周武帝等。

（一）宋武帝时期的吏治监察

南朝宋是宋武帝刘裕于公元420年建立，但刘裕在位时间较短，公元422年就去世了，他的主要特色是"清简寡欲"（《资治通鉴·宋纪一》），非常俭朴。

宋武帝在吏治上有一件事值得称赞，那还是他在当宋王即将称帝时。《资治通鉴·晋纪四十》载，晋恭帝元熙元年（公元419年）十月，宋王刘裕召回儿子司州刺史刘义真，改任扬州刺史，镇守石头城。刘裕的母亲萧太妃说："刘道怜是你的布衣兄弟，应当为扬州刺史。"宋武帝说："寄奴（宋武帝的小名）对道怜难道还会有所保留吗？扬州是国家根本所寄，事务很多，不是道怜所能胜任的。"萧太后说："道怜年纪已五十了，难道不如你十来岁的儿子吗？"宋武帝说："义真虽然是刺史，事无大小却是寄奴在处理。道怜年长，不亲政事，在聪明方面还有不足之处。"萧太后于是没有话说。刘道怜生性愚蠢低鄙，贪婪放纵，因此刘裕不肯任用他。

司马光虽然在《资治通鉴》中没有表扬刘裕，但在自己上奏宋哲宗时的《进修心治国之要札子状》中称赞宋武帝能如此用人（选用官员），所以其功业为南朝之首。

（二）齐武帝时期的吏治监察

齐武帝萧赜是南朝齐高帝萧道成的儿子，是齐朝的第二任皇帝。齐武帝为政不错，是南朝可以称道的一位皇帝，创立了"永明之治"的局面。但这个"永明之治"时间不长，只有十来年。

"永明之治"与齐武帝重视吏治有关。《资治通鉴·齐纪四》载，永明十一年（公元493年），齐武帝萧赜去世。司马光评价说，齐武帝留心政事，务必总揽大的方面，而且严明果断。郡守、县令都让他们长期任职，如果犯法，就派人诛杀。因此他在位的永明年间，百姓生活丰足安乐，盗贼不敢出声。可见，司马光是将当时郡县长官长期任职并且从严管理的吏治措施作为"永明之治"的主要原因。

齐武帝是怎么抓吏治的呢？《资治通鉴·齐纪一》载，永明元年（公元483年），齐武帝刚即位时，颁布诏书对"治民之官"（即州县官员）普遍恢复田地俸禄。这年的三月，针对刘宋末年将"治民之官"的六年任期改为三年后升迁调动频繁实际上还不够三年的状况，齐武帝下诏说，从今以后，"治民之官"一律以三年为一任。

虽然齐武帝时的吏治总体不错，但是也还有不足的地方。《资治通鉴·齐纪二》载，永明二年（公元484年）六月，齐武帝封中书舍人茹法亮为望蔡县男爵。当时中书舍人有四人，各住一省（南朝官制：中书舍人号为"恩幸"，掌握实权；四省指中书省、门下省、集书省、尚书省，其中集书省负责审驳，后来归并到门下省），称为"四户"，由茹法亮及吕文显等人担任。他们总揽重权，势倾朝廷，太守县令等升迁调整，都向他们送礼物，一年数百万。茹法亮曾当众对人说："何必要求外禄，在这一户，一年就可得百万。"这个一百万也是一个大概数字。后来因为天象有变，王俭恳切说："吕文显等专权徇私，所以上天出现异象，祸害根源在于四户。"齐武帝亲自写手诏酬答，但不能改正。

（三）梁武帝时期（天监年间）的吏治监察

梁武帝在位长达四十多年，其中"天监"是第一个年号，共十七年。在天监期间，梁武帝颇有作为，重视吏治监察（主要是吏治），开创了"天监之治"。

一是任命地方长官，务必挑选清廉公平的官员。《资治通鉴·梁纪一》载，天监元年（公元502年），梁武帝即位后，"每简长吏，务选廉平"，都召见勉励他们以政道治理地方。梁武帝还提拔尚书、殿中郎到溉担任建安内史，左户侍郎刘馥担任晋安太守，二人都以廉洁著称。

二是提升重用有能力的县令。《资治通鉴·梁纪一》载，天监元年（公元502年），梁武帝诏令："小县的县令有能力的，可以升到大县担任县令；大县的县令有能力的，可以担任俸禄为二千石的郡守。"这一年，梁武帝提拔山阴县令丘仲孚为长沙内史，武康县令何远为宣城太守，因此官吏们无不以廉洁和有能力勉励自己。

三是选拔精通经学的人做官。《资治通鉴·梁纪二》载，天监四年（公元505年）正月，梁武帝下诏说："两汉时期的读书人登贤入仕，莫不是通过经学之术，他们信服学习儒家大雅之道，名声树立，修行成功。魏、晋以来，社会风气浮华放荡，而儒教衰败，风气节操没有树立，大概是这个原因。可以设置《五经》博士各一人，广开馆宇，招纳后进！"于是补授贺玚及平原人明山宾、吴兴人沈峻、建平人严植之为博士，让他们各主持一馆，每馆有数百名学生，给予口粮，在射策考试中优秀的即可任为官吏。因此，一年之间，天下士子怀经负笈，云集而至。梁武帝又下令选学生往云门山跟从何胤接受学业，命令何胤选拔学生中通晓经学、品行优秀者，将他们的姓名上奏朝廷知道（以备选拔为官员）。

四是设置专门职位搜求举荐贤士。《资治通鉴·梁纪三》载，天监七年（公元508年），梁武帝下诏"置州望、郡宗、乡豪各一人，专掌搜荐"。即设置州望、郡宗、乡豪各一人，专门负责搜求举荐贤士。

五是坚决不重用贪图荣利之辈。《资治通鉴·梁纪三》载，天监九年（公元510年）正月，梁武帝任命尚书令沈约为左光禄大夫，右光禄大夫王莹为尚书令。沈约文学才华名高一时，但是贪图荣华利益，掌权用事十多年，对政治得失只是唯唯诺诺，自认为久任尚书省长官，有志于担任宰辅，议论的人也认为应当，而梁武帝终究不用他。他请求外放出任地方长官，梁武帝也不允许，当时吏部尚书徐勉为沈约请求开府仪同三司的官职，梁武帝也不同意。

六是改革尚书五都令史的职位人选。《资治通鉴·梁纪三》载，天监九年（公元510年）四月，当时尚书五都令史都用寒门之士，梁武帝下诏说："尚书五都令史是参与朝政的机要职位，不仅总领全局，也可与左右丞相相齐，可以改革起用士族门第出身的人担任，以秉持全面。"于是，梁武帝将五都令史的地位提升到和奉朝请一职相等，并任用太学博士刘纳兼任殿中都令史，司空法曹参军刘显兼任吏部都令史，太学博士孔虔孙兼任金部都令史，司空法曹参军萧轨兼任左右户都令史，宣毅将军府墨曹参军王颙兼任中兵都令史，这几人因为才能和门第都很优秀，因而被梁武帝首次选中。

可惜的是，梁武帝没有将天监时期的良好政治保持下去，在位后期吏治每况愈下。司马光在《资治通鉴·梁纪十五》评价说，梁武帝优待士大夫太过，刺史太守大多剥削渔猎百姓，朝廷派出的使者又干扰郡县。梁武帝又爱亲近任用小人，很少对他们苛察。所以，梁武帝的治世仅限于天监年间。

（四）北魏太武帝时期的吏治监察

北魏太武帝拓跋焘是明元帝拓跋嗣的长子，也是北魏一代雄主，北魏正是在他在位时统一了北方。而这也缘于他在吏治监察方面取得的成效，为国家富强提供了组织保证和纪律保证。司马光在《资治通鉴》中记载了北魏太武帝拓跋焘在吏治监察方面的事迹，主要有：

一是征召逸民（即隐士）及名士为官。《资治通鉴·宋纪四》载，元嘉八年（公元431年），拓跋焘下诏说："如今宋（指南朝宋，宋文帝时曾经北伐但失败）、夏（指胡夏，赫连勃勃所建，他病死后，其子赫连昌即位，被北魏攻灭）二寇分别被击败和消灭，国家将偃武修文，整顿过去废弛的职事，荐举逸民。范阳人卢玄、博陵人崔绰、赵郡人李灵、河间人邢颖、勃海人高允、广平人游雅、太原人张伟等人，都是贤俊的后代，他们在州郡都是一流的人才。《易经》说：'我有好爵，吾与尔縻之（我有好的酒器，和你一起享用）。'凡是才华能与卢玄等相比的，敕令各州郡要以礼相敬送至京城。"于是，征召卢玄等人以及州郡荐举的贤士共数百人到京城，根据他们的才能，授予不同的官职。崔绰因为母亲年迈坚决辞官。卢玄等人都被授予中书博士。元嘉九年（公元432年），北魏太武帝征召那些没有做官的名士，而州郡官府多强行逼迫送到京城，拓跋焘知道后下诏，命令州郡长官要以礼传达旨意，任由名士自行决定进退，不得强行逼迫。

二是命令官吏百姓检举郡守县令不法行为。《资治通鉴·宋纪五》载，元嘉十四年（公元437年），北魏太武帝认为治民之官（郡守、县令）大多贪赃枉法，这年的五月下诏官吏和百姓检举郡守县令不法行为。从此，地方一些奸猾之辈专门寻求郡守县令的过失，逼迫威胁在位的郡守县令，横行乡间，而地方郡县长官都能降低自己的身份对待他们，但是贪污放纵如故。

三是加强官员的监察。《资治通鉴·宋纪六》载，元嘉十九年（公元442年），北魏太武帝派尚书李顺评定群臣的等级，以此来赏赐爵位。李顺受贿，评定等级时不公平，凉州人徐桀检举告发李顺之事，拓跋焘发怒，并且认为李顺曾经包庇沮渠氏，欺君误国，赐李顺自杀。

另外，北魏太武帝在位时，极为信任崔浩，而崔浩确实是第一流的人才，但是崔浩倚仗拓跋焘的宠任，在吏治方面滥用权力。《资治通鉴·宋纪七》载，元嘉二十七年（公元450年），北魏司徒崔浩自恃才略和君主宠任，独揽朝中大权，曾经推荐冀、定、相、幽、并五州之士数十人，都直接担任郡守。太子拓跋晃说："原先征召的人才，也是州郡经过挑选推荐的，在职也很久，辛勤劳苦没有得到酬答，应当让他们先补授郡守县令，而让新征召的这几十人代替他们作为郎吏。况且郡守县令是治民之官，应当由有过处理政事经验的人来担任。"但是崔浩坚持派遣这些人直接任郡守。应当说，太子拓跋晃所说的话非常有道理，崔浩的做法不够好。

北魏太武帝晚年杀戮过多，最后被中常侍宗爱所弑，宗爱立南安王拓跋余为帝，不久又弑拓跋余。大臣等拥立拓跋焘的孙子拓跋濬即位，此前太子拓跋晃已先于拓跋焘去世，因此立了拓跋晃长子拓跋濬，拓跋濬即北魏文成帝。

北魏文成帝即位后，便诛杀了宗爱，灭其三族。他在位期间，注重息兵养民，得到了史家"有君人之度"的好评。北魏文成帝在吏治监察方面最突出的在于对百官的监察和对贪官污吏的严惩。《资治通鉴·宋纪十》载，大明二年（公元458年），北魏朝廷增加了内外候官，侦探伺察各曹（古代分科办事的官署）官员及各州、镇的官员，有的候官还微服，混杂在府寺等官署中，寻找百官的过失，如果有问题，就会严格追究查办，甚至刑讯逼供。而且，百官贪赃受贿布匹达到两丈的就予以斩首。

（五）北齐献武帝、文襄帝时期的吏治监察

北齐献武帝高欢与文襄帝高澄是父子俩，俩人主要在东魏孝静帝元善见（北魏孝文帝的曾孙、清河文献王元怿之孙、清河文宣王元亶之子，公元534年至550年在位）之时掌权，帝号是后来追谥的，但《资治通鉴》也是明确记载的。比如《资治通鉴·梁纪十六》载，太清元年（公元547年），北齐献武帝高欢去世。

高欢、高澄父子在吏治监察方面还是相当有作为的，主要有以下方面：

一是根据工作量给予俸禄。《资治通鉴·梁纪十三》载，大同元年（公元535年）十二月，东魏根据文武官员的工作量即承担事务的轻重，给予不同的俸禄。也就是说，不搞平均主义、吃大锅饭，这是非常科学的。因为总是有忙闲不均的现象，总是有的工作繁重、有的工作轻松，如果都一个样给予俸禄，会打击工作量大的官员积极性。所以，这是调动工作积极性、也是一项公平的措施。

二是改变按资历选拔官员的制度，注重任用贤能。《资治通鉴·梁纪十四》载，大同四年（公元538年），东魏孝静帝任命高澄（高欢的儿子）代理吏部尚书，高澄开始改变以前按资历选拔官员的制度，提拔贤能的人，又对尚书郎进行淘汰，精选门第才能合适的人充任。凡是有才能与声望的人士，即使没有推荐提拔，他也要把他们罗织在自己的门下，和他们一起交游饮酒，谈古论今，吟诗诵赋，士族官员因此都称赞他。

三是褒扬政绩好、清廉、有能力的地方长官。《资治通鉴·梁纪十四》载，大同五年（公元539年），东魏丞相高欢因为徐州刺史房谟、广平太守羊敦、广宗太守窦瑗、平原太守许惇有政绩、清廉、有才能，给各位刺史写信，褒扬称赞房谟等，以劝勉各位刺史向房谟等学习。

四是削减朝廷显贵的权力。《资治通鉴·梁纪十四》载，大同十年（公元544年），丞相高欢多在晋阳，孙腾、司马子如、高岳、高隆之，这四人都是高欢的亲信党羽，高欢将朝廷政务交由他们处理，邺城（东魏的都城）的人称他们为"四贵"，这四人权倾朝廷内外，大多专横、恣意、骄慢、贪婪，高欢想削减他们的

权力，任命儿子高澄为大将军、领中书监，将原来门下省处理的机要之事归属中书省，文武百官的赏罚都向高澄禀报。

五是重用御史反贪，以澄清吏治。《资治通鉴·梁纪十四》载，大同十年（公元544年），由于北魏自正光（北魏孝明帝的年号）以来政令刑罚松弛导致在位官员多贪污，所以丞相高欢启奏孝静帝，请求任命司州中从事宋遊道担任御史中尉，高澄坚持请求让吏部郎崔暹担任御史中尉，而让宋遊道担任尚书左丞。高澄对崔暹、宋道说："你们一人在南面的御史台，一人在北面的尚书省，应当使天下肃然。"崔暹挑选毕义云等人担任御史，"时称得人"（当时人称用人合适）。

当时，尚书令司马子如自以为是丞相高欢的老朋友，又担当重任，因此自高自大，与太师、咸阳王元坦一起贪污。崔暹前后弹劾司马子如、元坦及并州刺史可朱浑道元等人的罪状，写得极为严厉。宋遊道也弹劾司马子如、元坦及太保孙腾、司徒高隆之、司空侯景、尚书元羡等。高澄将司马子如关押到监狱，仅一个晚上，司马子如头发全白，写信给高欢说："我司马子如从夏州策杖投奔丞相大王，大王给我一辆无篷的车，一头小牛犊，小牛犊还在途中死了，我保留了牛角，此外的东西都是从别人那里来的。"丞相高欢写信敕令高澄说："司马子如尚书令是我的老朋友，你应当宽宥他。"高澄于是放出司马子如，这年的八月削减了他的官爵。这年的九月，太师、咸阳王元坦被罢免太师之职，以王爵归回府第，元羡等人都被罢免官职，其余处死或罢黜的很多。高澄在权贵面前极力称赞崔暹，并且告诫他们要听从崔暹。丞相高欢写信给邺城的权贵说："崔暹掌管御史台，咸阳王元坦、尚书令司马子如都是我布衣时的老友，论尊贵和亲昵，谁也不超过这两人，但他们同时获罪，我都不能救，你们要谨慎啊！"

高欢还慰劳崔暹在反腐惩贪方面的成绩，《资治通鉴·梁纪十五》载，大同十一年（公元545年）三月，东魏丞相高欢入朝到邺城，百官在紫陌迎候。高欢握着崔暹的手，慰劳他说："从前朝廷难道没有执法的官员吗？但是没有谁肯弹劾，中尉你尽心报效国家，不避豪强，于是使远近肃清。冲锋陷阵，大有人在；而当官正派的人，我今天才开始见到。你的富贵是你自取的，高欢父子无以相报。"于是赐崔暹良马。崔暹拜谢，马吓得跑起来，高欢亲自拦住，并将马辔交给崔暹。

孝静帝在华林园设宴，让高欢选择公道正直的官员向他劝酒，高欢降阶跪下说："只有崔暹一人可劝，同时请将臣射箭所得的赏赐之物千段绢帛赐给他。"高澄在退朝后对崔暹说："我对你都畏惧和羡慕，何况其他人！"

由于高欢、高澄父子在吏治监察方面较有作为，所以当时东魏国力十分强大，特别是邙山一战，大败西魏。可惜的是，孝静帝是个傀儡，高欢掌权时尚能尊重他，等高欢死后，高澄掌权，便不尊重孝静帝，甚至称其"狗脚朕"，让崔季舒打孝静帝几拳。高澄在密议受禅时，被厨师杀死，其弟高洋废孝静帝为中山王，东魏就此灭亡。

（六）北周文帝时期的吏治监察

北周文帝即北周太祖宇文泰，他在西魏时掌权，因为北周实由他开创，所以后来追谥为北周文帝。《资治通鉴·梁纪二十二》载，太平元年（公元556年），北周文帝宇文泰去世。

早在公元534年，北魏孝武帝元修不堪高欢掌权，逃到关中，宇文泰率军迎接。第二年，宇文泰便杀了北魏孝武帝，而立元宝炬为帝（西魏文帝），是为西魏的开始，军政权力由丞相宇文泰实际掌握。宇文泰在吏治监察方面也作出了很大努力，主要事迹如下：

一是严惩贪官，大义灭亲。《资治通鉴·梁纪十三·大同元年》载，西魏秦州刺史王超世是丞相宇文泰的内兄，骄横自大而且贪污财物，宇文泰奏请对王超世以法论处，西魏文帝下诏赐王超世自杀。

二是裁减多余官员，规定治民之官必须精通六条诏书及计账。《资治通鉴·梁纪十四》载，大同七年（公元541年），西魏丞相宇文泰想变革当时的政治，推行强国富民之法，大行台度支尚书兼司农卿苏绰尽自己的才智和能力，支持宇文泰改革，裁减多余官员，设置两个令长，并且实行屯田制度以供军国之用。又起草六条诏书，这年的九月上奏西魏文帝同意后施行：第一是清心，第二是敦教化，第三是尽地利，第四是擢贤良，第五是恤狱讼，第六是均赋役。宇文泰极为看重，曾经专门将它作为座右铭，又命令各部门学习读诵，规定州牧、太守、县令（县长）

等不精通六条诏书及计账，就不得担任治民之官。

三是褒奖厚赐廉洁奉公的官员。《资治通鉴·梁纪十四》载，大同九年（公元543年），西魏的各州郡长官共同拜见丞相宇文泰，宇文泰命令河北太守裴侠单独站立，称赞裴侠清廉、谨慎、奉公，排天下第一，并厚赏。

四是提拔政绩卓著官员，任用有能力的官员。《资治通鉴·梁纪十六》载，太清元年（公元547年），西魏岐州久经战乱，刺史郑穆初到任时，有三千户人家，郑穆抚慰百姓，让他们安居乐业，数年之间，岐州人口就有四万多户，他在考绩中列为各州第一，西魏丞相宇文泰提拔郑穆担任京兆尹。

《资治通鉴·梁纪二十一》还载，承圣三年（公元554年），由于乐炽、黄国等作乱，开府仪同三司田弘、贺若敦讨伐，没有取得胜利。太师宇文泰命令车骑大将军李迁哲与贺若敦共同讨伐，平定叛乱。李迁哲攻到了巴州，巴州刺史牟安民投降，巴州、濮州的百姓都归附西魏。蛮族酋长向五子王攻陷白帝城，李迁哲打败向五子王。宇文泰任命李迁哲为信州刺史，镇守白帝城，李迁哲多次打败叛变的蛮族，各部蛮族慑服，送粮食进贡，派子弟为人质。从此信州境内安定，百姓休养生息，军队粮食储备丰富。

五是仿照《周礼》建立百官制度。《资治通鉴·梁纪二十二》载，太平元年（公元556年）正月，西魏初次建立六官制度，以宇文泰为太师、大冢宰，柱国李弼为太傅、大司徒，赵贵为太保、大宗伯，独孤信为大司马，于谨为大司寇，侯莫陈崇为大司空。其余百官都仿照《周礼》。

由于宇文泰在吏治监察方面作出了很多努力，所以西魏在他执政期间，不断由弱变强，疆域不断扩大。西魏文帝元宝炬于公元551年去世后，长子元钦即位，不久被废，宇文泰又立元廓为帝，并改名为拓跋廓，是为西魏恭帝。公元556年，北周文帝宇文泰去世，世子宇文觉承袭父位，由宇文泰的侄子宇文护辅政。第二年，宇文护就逼迫西魏恭帝禅位给宇文觉，西魏灭亡。

（七）北周武帝时期的吏治监察

北周虽然是宇文泰之子宇文觉所建，而实由宇文泰之侄宇文护扶持而建立的，大权都掌握在宇文护手中。宇文护先后废了北周孝闵帝宇文觉、毒死北周明帝宇文毓，北周明帝在去世前公开宣布立其弟宇文邕为帝。宇文邕即北周武帝，他为人深沉，韬光养晦，在弟弟的帮助下铲除权臣宇文护。因此，北周在宇文护死之前，都是不停地内斗，在吏治监察方面难有作为。

北周武帝在除掉宇文护之后，才腾出精力来处理国政，最后灭了北齐。但是，《资治通鉴》记载北周武帝在吏治监察方面的事迹不多。但是有很重要的一条，就是北周武帝非常重视选拔贤才为官。《资治通鉴·陈纪七》载，太建九年（公元577年）三月，北周武帝下诏："山东各州的总管，各推荐通晓经学、善于治政的人两名，如果是奇才异术、卓尔不群的，则不受人数限制。"

北周武帝去世后，太子宇文赟即位，即臭名昭著的天元皇帝，天元皇帝荒淫好色，不重视吏治监察，朝中大权最后被杨坚所夺。等他去世后，北周静帝即位没多久就被杨坚逼迫禅让，北周灭亡。

五、隋唐雄武之君时期的吏治监察

隋唐时期是中国历史上极为重要的时期，这一历史时期产生了隋文帝、唐太宗、武则天、唐玄宗、唐宪宗、唐武宗等雄主，"开皇之治""贞观之治""开元盛世"更是为后世称道，在第一篇已经讲述。这里面重点讲述武则天、唐宪宗、唐武宗时期的吏治监察。

（一）武则天时期的吏治监察

唐高宗去世，唐中宗即位，尊天后武则天为皇太后，但政事全部取决于武则天。后来武则天又废唐中宗为庐陵王，立豫王李旦为帝，自己临朝称制，行使皇帝的权力。公元690年，武则天更是改国号为周，一直到公元705年。司马光在《资治通鉴》中纪年是从"则天皇后光宅元年"（公元684年）至"则天皇后长安四年"（公元704年），也就是说武则天当皇帝共20来年。

通过一件事可以看出武则天虽然是女人，但有雄武之君的性格特质，《资治通鉴·唐纪二十二》载，久视元年（公元 700 年）正月，天官侍郎、同平章事吉顼与武懿宗在太后面前争功，吉顼长得魁梧且善于口辩，武懿宗长得矮小且驼背，吉顼看着武懿宗，声音非常大，太后很不高兴。他日，吉顼奏事，正要引证古今，太后发怒说："卿所说的，朕已听够了，不要多说！太宗皇帝时有匹马名叫师子骢，长得肥壮，没有人能驯服它。朕当时是宫女侍奉一旁，对太宗皇帝说：'妾能制服它，然而必须有三样东西：一是铁鞭，二是铁棍，三是匕首。用铁鞭击打它，如果不服，就用铁棍敲它的头，还是不服，就用匕首割断它的喉咙。'太宗皇帝以朕的志气为豪壮。今天卿难道值得玷污朕的匕首吗？"吉顼恐惧得流汗，拜伏地上求生，太后才没有杀他。武氏亲贵怨恨他依附太子，共同检举他弟弟假冒官员之事，因此太后将吉顼贬为安固县的县尉。

根据《资治通鉴》的记载，武则天在吏治监察方面有哪些事迹呢？

一是改革年号官制等，加强监察机构。《资治通鉴·唐纪十九》载，光宅元年（公元 684 年）九月，武则天大赦天下，更改年号，又改尚书省为文昌台，左、右仆射为左、右相，六部为天、地、春、夏、秋、冬六官；门下省为鸾台，中书省为凤阁，门下省的长官侍中为纳言，中书省的长官中书令为内史；将御史台为左肃政台，增设右肃政台。从以上可知，御史台作为监察机构，得到了加强，分为左右肃政台。

二是允许官员和百姓自荐。《资治通鉴·唐纪十九》载，垂拱元年（公元 685 年），太后武则天下制：朝廷内外九品以上官员以及百姓，都可以自荐以求得被朝廷任用。

三是提拔重用地方循吏。《资治通鉴·唐纪十九》载，则天皇后垂拱二年（公元 686 年），狄仁杰担任宁州刺史，右台监察御史郭翰巡察陇右地区，所到之处多有揭发弹劾。郭翰进入宁州境内，父老歌颂狄仁杰刺史美德的人充满了道路。郭翰向朝廷报告情况推荐狄仁杰。朝廷征召狄仁杰担任冬官侍郎。

四是颁布九条训令。《资治通鉴·唐纪二十》载，永昌元年（公元 689 年）正月初三，太后武则天到明堂接受朝贺，第二天在明堂颁布政令，并颁布九条训令以训百官（这九条训令的内容不见史书记载）。

五是首创殿试制度以选拔官员。《资治通鉴·唐纪二十》载，天授元年（公元690年）二月，太后武则天亲自在洛城殿策问贡士（古代指的是诸侯向天子推荐的士，像汉代郡国的孝廉就属于贡士，唐朝指的是州县考中科举的士）。贡士参加殿试就是从这时候开始的。

六是对存抚使、宰相推荐的人才加以提拔擢用。唐朝的存抚使，也即巡察使、宣抚使，是巡视巡察地方的官员。《资治通鉴·唐纪二十一》载，长寿元年（公元692年）一月，太后武则天引见存抚使推荐的人才，"无问贤愚，悉加擢用"，才能高的试任凤阁舍人、给事中，次一点的试用员外郎、侍御史、补阙、拾遗、校书郎。试官制度从此开始。时人因此说："补阙才能一般的可以用车载，拾遗才能平平的可以用斗量，用耙子才能推拢的侍御史，像碗模子一样脱出的校书郎。"有个被荐举的名叫沈全交的人补续说："浆糊心的存抚使，眯了眼的圣神皇。"被御史纪先知抓住，弹劾他诽谤朝政，请求在朝堂之上施以杖刑，然后交给司法机关，太后笑着说："只要使你们自己称职，何必顾虑他人所说的话呢？应当免除其罪。"纪先知大为惭愧。

武则天还对宰相推荐的人才加以任用，且不受他事牵连。《资治通鉴·唐纪二十三》载，长安四年（公元704年），武则天命宰相各自举荐能够担任员外郎的人，韦嗣立推荐广武县令岑羲，说："只遗憾他的伯父岑长倩连累了他。"武则天说："只要有才，这有什么连累的！"于是任命岑羲为天官员外郎（即吏部员外郎）。从此，那些因为亲属犯罪受牵连的人开始得到提拔任用。

七是选取中央的优秀官员担任刺史县令。《资治通鉴·唐纪二十三》载，长安四年（公元704年），武则天曾经与宰相谈论刺史、县令的选任。这年三月，李峤、唐休璟等上奏："臣等发现朝廷官员议论，远近世俗的人情，没有不重视中央官员而轻视地方官员，每当任命州县官时，都再三表白申诉不愿意。近年来所派遣的任命为地方官的，多是受到贬职的人，这种风气实际是来源于此。希望陛下从中央的台、阁、寺、监等部门精心挑选优秀贤良的官员，派遣他们主持大州事务，共同成就政绩。臣等请求停止我们的近侍之职，率先任命我们为地方官。"武则天命令写上愿意出任地方官员的名字，进行抽签，得到韦嗣立及御史大夫杨再思等二十人。武则天颁下制书让他们各自以现任官员担任检校刺史，韦嗣立被任命为汴州刺史。后来政绩可以称道的，只有常州刺史薛谦光、徐州刺史司马锽而已。

八是加强对各道、州县的巡视巡察。《资治通鉴·唐纪二十》载，天授元年（公元690年）九月，太后武则天命令史务滋等十人巡视各道。《资治通鉴·唐纪二十三》载，长安三年（公元703年），武则天分别命令使者以六条标准巡察州县。

《新唐书·百官志三·御史台》载，唐朝六条标准："其一，察官人善恶；其二，察户口流散，籍账隐没，赋役不均；其三，察农桑不勤，仓库减耗；其四，察妖猾盗贼，不事生业，为私蠹害；其五，察德行孝悌，茂才异等，藏器晦迹，应时用者；其六，察黠吏豪宗兼并纵暴，贫弱冤苦不能自申者。"包含了巡察吏治、户口和财政、农业生产、治安、人才、司法等各方面。

另外，根据《新唐书·百官志三》记载，武则天还曾以四十八条巡察州县官吏。武则天文明元年，将御史台改为肃政台。光宅元年（公元684年），分左右肃政台。左肃政台负责纠察中央百司的官员，监察军旅；右肃政台负责纠察州县官员，省视风俗。不久，武则天又让左肃政台兼纠察州县。这两台每年派出使者八人，春天巡视风俗，秋天巡视廉洁，以四十八条巡察州县。这四十八条就是《风俗廉察四十八条》。

九是严格管束州县长官。武则天对州县的长官还制定了一条规矩。《资治通鉴·唐纪二十二》载，圣历二年（公元699年）八月，太后武则天规定："州县长吏，非奉有敕旨，毋得擅立碑。"即是说，州县长官，没有皇帝的敕令和旨意，不得擅自立碑。

十是严惩贪官污吏。《资治通鉴·唐纪二十》载，天授元年（公元690年）十月，担任检校内史（内史即中书令，宰相之职。检校的官职虽然不是正式任职，但有权行使该职，相当于现在的代理）宗秦客因贪赃获罪，降职为遵化县尉，他的弟弟宗楚客也因非法贪赃被流放岭外。九年之后，宗楚客和其弟弟又犯贪赃罪被贬。《资治通鉴·唐纪二十二》载，圣历二年（公元699年），文昌左丞宗楚客与弟弟司农卿宗晋卿，因为贪污受贿超过一万多缗钱，以及府第住宅奢侈过度，宗楚客被贬为播州司马，宗晋卿被流放峰州。太平公主观看他们的府第之后，感叹地说："见到他们所住的地方，我辈都白活了。"

《资治通鉴·唐纪二十三》载，长安四年（公元704年）七月，司礼少卿张同休、汴州刺史张昌期、尚方少监张昌仪都因为贪赃罪而被关在监狱，武则天命令左右台共同审讯。张同休、张昌期、张昌仪三人都是武则天男宠张昌宗、张易之的亲兄弟，因贪赃而被惩处。可见，当时对贪污的惩罚还是非常严厉的。

此外，还有一些大臣因为贪污或职务侵占而被严惩的。《资治通鉴·唐纪二十一》载，延载元年（公元694年）九月，殿中丞来俊臣因为贪赃被贬为同州参军。《资治通鉴·唐纪二十三》载，长安元年（公元701年）三月，凤阁侍郎、同平章事张锡因主持选拔官员而泄露宫中语、非法获取财物达数万，按照法令规定应当斩首，临到行刑之时又免除死罪，流放循州。长安四年（公元704年），凤阁侍郎、同凤阁鸾台三品苏味道请求回乡归葬父亲，武则天颁下制书让当地州县负责供给安葬之事，苏味道趁机侵占毁坏百姓的坟墓田地，役使百姓过度，监察御史萧至忠弹劾他，武则天将苏味道降职为坊州刺史。

在惩治贪官污吏的同时，武则天还注意任用清正的官员刹住贪赃枉法歪风。《资治通鉴·唐纪二十三》载，长安元年（公元701年），天官侍郎（即吏部侍郎）崔玄暐，性格耿介正直，不曾向权贵请托，当时执政掌权的人厌恶他，将他改任为文昌左丞（即尚书左丞）。过了一个多月，武则天对崔玄暐说："自卿改任尚书左丞以来，听说你原来的下属设斋庆贺，看来他们是想大干奸邪贪赃之事，如今让卿恢复原任职务。"于是重新任命崔玄暐为天官侍郎，赏赐他彩织品七十段。

虽然武则天在吏治监察方面有不少作为，但是也存在为后世所诟病的地方，比如她用了很多不学儒家经典的亲戚担任国子学的领导，导致了严重后果。《资治通鉴·唐纪二十二·圣历二年》载，太后自称制以来，多用武氏诸王及驸马都尉担任成均祭酒，博士、助教也多不是儒士，又因为在南郊圜丘祭天，在明堂祭祀，拜洛河神，封嵩山，都任用弘文馆的国子学的学生为斋郎，他们因此得以选为官员，由此学生不再研习学业，"二十年间，学校殆废"。当时凤阁舍人韦嗣立上书认为当时的风气轻视儒学，先王之道都废弃不讲，应当命令王公以下子弟都入国学学习，不以其他途径获取官职。但是武则天没有听从。

又如她用了些酷吏，害死了不少贤能的官员。周兴、丘神勣、王弘义、来俊臣专门以杀人谋求升官，使许多无辜的人惨遭冤死，狄仁杰、魏元忠等贤能的人也都差点被害死。

再如用张昌宗、张易之兄弟败坏了吏治，《资治通鉴·唐纪二十二》载，久视元年（公元700年），张易之、张昌宗以豪华奢侈相攀比，他们的弟弟张昌仪担任洛阳令，私下请托办事没有不被答应的。有一次早朝，有位姓薛的候选官员用五十两黄金和要求任职的文书拦住他的马而贿赂他，张昌仪接受了黄金，到了朝堂，将文书交给天官侍郎张锡。几天后，张锡遗失了文书，便问张昌仪，张昌仪骂道："不懂事的人！我也不记得，只要姓薛的就给他官做。"张锡恐惧，退朝后在官员铨选的簿上，找到姓薛的六十多人，全部注授官职。

武则天在吏治监察上虽然有诟病，但她仍不失为一位雄武之君，而且后世称她"政启开元，治宏贞观"，对她上承"贞观之治"、下启"开元盛世"的功绩给予了很高评价。为什么她能取得这样的功绩？

《资治通鉴·唐纪二十一·长寿元年》载："太后虽滥以禄位收天下人心，然不称职者，寻亦黜之，或加刑诛。挟刑赏之柄以驾御天下，政由己出，明察善断，故当时英贤亦竞为之用。"也就是说，武则天虽然滥用官位收天下人心，然而对于不称职的人，很快也会罢黜，或者加以刑罚诛杀。她掌握刑罚和赏罚二柄以驾御天下有才之士，政令由自己出，明察善断，因此当时的英贤也竞相为她所用。

这段话揭示了她在吏治监察方面的特点，同时也提示了她能够用天下英贤（如狄仁杰、娄师德、姚崇、张柬之等），这也是她作为雄武之君比较成功的主要原因。另外，清朝史学家赵翼《二十二史札记》中也称赞武则天"知人善任，权不下移，不可谓非女中英主也"。

（二）唐宪宗时期的吏治监察

唐宪宗是唐朝有名的雄武之君，他在位时平定了藩镇叛乱，改变了安史之乱以来藩镇割据的局面，实现了国家统一，促进了社会稳定与经济发展，开创了"元和中兴"，被欧阳修《新唐书》评价是唐代最有作为的"三宗"（唐太宗、唐玄宗、唐宪宗）之一。

那么，唐宪宗在位时采取了哪些吏治监察举措呢？根据《资治通鉴》记载，主要有以下方面：

一是派遣官员巡视地方官吏好坏及百姓疾苦。《资治通鉴·唐纪五十二》载，永贞元年（公元 805 年，此时唐宪宗刚即位，尚未改元），唐宪宗派遣度支、盐铁转运副使潘孟阳，前往江淮地区宣慰安抚，巡视租赋、专卖税收（如盐铁茶等）的利弊，趁此机会也巡察官吏好坏和百姓疾苦。

二是任用贤才为宰相。唐宪宗在位期间，将军国枢机大事悉心委任宰相，当时有不少的贤才辅佐，如杜黄裳、李吉甫、裴垍、李藩、权德舆、裴度、崔群等都是出色的人才，尤其是杜黄裳、李绛、裴度为"元和中兴"立下功劳最多。

《资治通鉴·唐纪五十三》载，元和元年（公元 806 年），唐宪宗采纳杜黄裳的建议，开始用兵征讨藩镇（因杜黄裳的推荐，任用高崇文为统帅，讨平了刘辟），并且使朝廷的权威遍及河南、河北一带。

《资治通鉴·唐纪五十四》载，元和八年（公元 813 年），唐宪宗采纳宰相李绛的建议，对魏博节度使采取安抚政策，田兴受将士拥护被朝廷任命为节度使，并赐名田弘正。

《资治通鉴·唐纪五十六》载，元和十二年（公元 817 年），唐宪宗任命宰相裴度担任统帅平定淮西叛乱，裴度与名将李愬打败淮西节度使吴元济。

而李吉甫、裴垍主管用人时选拔官员得当公正。《资治通鉴·唐纪五十三》载，元和二年（公元 807 年），唐宪宗任命翰林学士李吉甫为中书侍郎、同平章事（宰相）。李吉甫感动得流泪，对中书舍人裴垍说："我李吉甫流落江、淮，超过十五年，突然蒙受皇帝如此恩德，我想到报答皇帝恩德，惟有进贤，而朝廷后来入仕的官员，我很少接触认识，你有识别人才的本领，愿全部为我说出来。"于是，裴垍取笔写了三十多人的名单。数月之间，李吉甫将这些人全部选拔任用起来，时人称道李吉甫用人得当。

元和三年（公元 808 年），唐宪宗任命户部侍郎裴垍为中书侍郎、同平章事（宰相）。裴垍的才器格局端正，时人不敢以私事求见他。曾经有一位老朋友从远方来拜访他，裴垍资助他很优厚，从容而没有拘束地款待他，这位朋友乘机请求担任京兆判司的职务，裴垍说："您不适合担任这个官职，不敢因为故旧的私情伤害朝廷的至公。他日如果有瞎眼的宰相怜悯您，不妨得到这个官职，但是我是必定不给的。"

三是不重用或贬谪有贪腐问题的官员。《资治通鉴·唐纪五十三》载，元和二年（公元 807 年），门下侍郎、同平章事杜黄裳，虽然有经世济民的大才，但是在个人廉洁上不够检点，因此不能久在相位。不久，唐宪宗任命杜黄裳挂同平章事头衔，担任河中、晋、绛、慈、隰等地的节度使。

《资治通鉴·唐纪五十四》载，元和四年（公元 809 年）七月，御史中丞李夷简弹劾京兆尹杨凭，说他之前担任江西观察使时贪污且奢侈，唐宪宗将杨凭贬为临贺县的县尉。唐宪宗还命令抄没杨凭的全部资产，李绛进谏说："按照过去的制度，不是谋反大逆之罪不抄家。"唐宪宗才停止。

四是大量精简官吏。《资治通鉴·唐纪五十四》载，元和六年（公元 811 年）六月，宰相李吉甫上奏说："自秦朝到隋朝，共有十三个朝代，设置官员的数量之多，没有比得上我们唐朝的。天宝年间以后，中原地区驻扎军队，现在可以计算的有八十多万，其余商贾、僧人、道士等不从事耕种田地的人占十分之五六，这是经常以十分之三的劳筋苦骨之人侍奉十分之七的待衣坐食的人。

如今，朝廷内外的官员需要用税钱给付俸禄的不少于一万人，天下共有一千三百多个县，有的以一个县的地方设置为州，一个乡的人口而编制成县的很多，请求敕令有关部门详细审察州县的废置。吏员可以减省的就减省、州县可以合并的就合并、入仕的途径可以减少的就减少。

另外，国家旧的制度规定，根据官员的品级来制定俸禄，官居一品的每月俸禄三十缗钱，职田的禄米不过千斛。国家遭受艰难以来，增加设置使者的员额，给予丰厚的俸禄钱，大历年间中期，有权势的大臣每月俸禄达到九千缗钱，各州无论大小，刺史每月的俸禄为一千缗钱。常衮担任宰相时，开始限制约束，李泌又根据职位忙闲与繁重情况，随着事情而增加，当时称赞很是通达成功，从道理上来看难以削减。然而还有名义存在而实际职事废弃的，有的员额没有而俸禄仍然存在（即现在所说的'吃空饷'），职位忙闲与繁重之间，俸禄的厚薄顿时就显出不同了。请陛下敕令有关部门详细考察俸禄、杂项供给，量定后上报。"

唐宪宗于是命令给事中段平仲、中书舍人韦贯之、兵部侍郎许孟容、户部侍郎李绛一同详细考定。这年九月，吏部上奏说，根据敕令批准，精简朝廷内外官员计八百零八人，各部门九品以外的吏员一千七百六十九人。

五是要求宰相珍惜官位，不要偏私。《资治通鉴·唐纪五十五》载，元和七年（公元812年），唐宪宗在延英殿对宰相们说："卿辈应当替朕珍惜官位，不要偏私亲戚故旧。"李吉甫、权德舆都说不敢。李绛说："崔祐甫（唐德宗时的宰相）说过：'不是亲戚、不是故旧，就不熟悉其才。'对自己熟悉的人尚且不授予官职，对不了解的人又怎么敢授予官职呢？只问他的才能器识与官职是否相称。如果回避亲戚故旧，使本朝欠缺人才济济的局面，这也是偷安的臣子，并不是大公之道！如果所用的人不当，则朝廷自有刑罚，有谁敢逃得掉呢！"唐宪宗说："诚如卿言。"

应当说，"元和中兴"主要是政治上的良好局面，经济上并未出现繁荣景象。自唐代宗以来，唐朝国势衰落，藩镇割据严重，一些地方的节度使自成一方诸侯，骄横跋扈的有三十多个州，这些节度使自己任免官吏，不向朝廷缴纳贡赋。中央对地方无力控制，只好姑息。但唐宪宗即位之后逐渐改变了这种状况。而唐宪宗之所以能取得"元和中兴"这样的成就，除了与他睿智英明果断等个人特质有关，也与当时采取的吏治监察举措有莫大关系。

唐代苏鹗的笔记《杜阳杂编·卷中》评价说，唐宪宗宽仁大度，不随便表现喜怒，到便殿与宰相大臣谈及政事时，无不严肃端正容貌，因此进善人、出恶人、百姓安泰、刑法清明，而天下风化。这里面的"进善人、出恶人"就说明当时吏治监察情况很好。

（三）唐武宗时期的吏治监察

唐武宗李炎（本名李瀍）是唐文宗的弟弟，他任用李德裕为宰相，打击了藩镇，击败了回鹘，使唐朝一度振兴。也有人称之为"会昌中兴"。"会昌"是唐武宗的年号。

唐武宗在位时，颇能任用贤能，比如重用刑部侍郎兼御史中丞李回，使河北的幽州、成德、魏博三个藩镇服从朝廷；任命秘书监卢弘宣为义武节度使，使得易定境内安定。

唐武宗时对州县的冗余官员进行了精简。《资治通鉴·唐纪六十三》载，会昌四年（公元844年），宰相李德裕认为州县的僚佐官员太多，上奏唐武宗命令吏部郎中柳仲郢裁减。这年的六月，柳仲郢（柳公绰的儿子）奏报减少州县冗余官员一千二百一十四人。

唐武宗对贪赃的官员也是严惩不贷。《资治通鉴·唐纪六十四》载，会昌五年（公元845年），淮南节度使李绅按察江都县令吴湘盗用官府程粮钱，强娶所部百姓颜悦的女儿，估量他的资产衣装是贪赃的，论罪应当处死。当时议论多说吴湘冤枉，谏官请求重新审理，唐武宗下诏派遣监察御史崔元藻、李稠重新审理，两人经过复查报告说："吴湘盗用官府程粮钱确是事实，颜悦本来是衢州人，曾经担任过青州牙推，妻子也是士族，与上次审定的事实有不同。"李德裕不赞同两人审的结果，于是这年的二月，唐武宗贬崔元藻为端州司户、李稠为汀州司户，不再重新审理，也不交付司法部门详细审断，即按照李绅所奏，将吴湘处死。这说明，虽然吴湘其他方面可能与事实有出入，但盗用官府程粮钱①，犯贪赃罪，是事实，所以，吴湘被处死了，这反映了唐武宗对贪赃的

---

① 唐代官吏因公差远行，由官府计其路程给粮，因粮食不便携带，折算成钱，称为程粮钱。

官员处以重刑。

六、五代雄武之君时期的吏治监察

五代是指后梁（公元907年至923年）、后唐（公元923年至936年）、后晋（公元936年至947年）、后汉（公元947年至950年）、后周（公元951年至960年），只有短短50来年。但五代时期还包括当时的割据政权，即前蜀、后蜀、南吴、南唐、吴越、闽、楚、南汉、南平、北汉十国。

司马光在《资治通鉴》中记载了五代十国时期的吏治监察事迹，但相比那些较长的、统一的朝代要少。

五代时期能称为雄武之君的，后唐庄宗和周世宗是公认的，后周太祖也是。

（一）后唐庄宗时期的吏治监察

后唐庄宗李存勖前期重用贤能之士，如周德威、郭崇韬，灭了后梁、前蜀；同时也好用伶人、宦官，最后导致自身灭亡。他为晋王时在吏治监察上很有作为，为国家富强提供了有力支撑。

《资治通鉴·后梁纪一》载，开平二年（公元908年），晋王李存勖回到晋阳，休整军队，实施赏赐，以周德威为振武节度使、同平章事，"命州县举贤才，黜贪残，宽租赋，抚孤穷，伸冤滥，禁奸盗，境内大治"。就是说，命令州县选拔举荐贤才，罢黜贪婪残暴的官吏，减轻田租赋税，抚恤孤寡和贫穷的百姓，昭雪冤案，严禁奸盗，境内出现了大治的局面。"举贤才，黜贪残"便是当时的吏治监察。

（二）后周太祖时期的吏治监察

后周太祖郭威起自军功，当了皇帝后对贪官严惩不贷，即使是自己的旧吏也依法处死。《资治通鉴·后周纪二》载，广顺三年（公元953年），后周太祖的旧吏、莱州刺史叶仁鲁，因为贪赃绢帛一万五千匹、钱一千缗，被赐死。后周太祖派遣中使（一般由宦官担任）赐给叶仁鲁酒食说："你自己触犯国法，我也没有办法，但必当照顾你的母亲。"叶仁鲁感动地流泪。

（三）后周世宗时期的吏治监察

后周世宗柴荣被司马光誉为五代最好的皇帝，称之为"仁明""英武"之君。

后周世宗即位之初，任用赵匡胤、王朴等贤能，黜退冯道这样的官场不倒翁。司马光在《资治通鉴·后周纪二》中记载了欧阳修对冯道的评论。欧阳修说："我读冯道《长乐老叙》，看他的自述不讲礼义廉耻反以为荣，他可以称得上是毫无廉耻的人。"司马光认为"正女不从二夫，忠臣不事二君"，因此像冯道这样大节已亏。冯道为相，历五朝、八姓，更换面孔，没有羞愧，大节如此，即使有小善，不值得称道。但司马光认为，这不光是冯道的过错，当时的君主对冯道既不诛杀又不废弃，还用为宰相。所以当时的君主也有责任。而周世宗时，冯道便被弃而不用。所以，司马光对后周世宗非常称赞。

后周世宗还特别注意宰相的人选。《资治通鉴·后周纪五》载，显德六年（公元959年），后周世宗想任用枢密使魏仁浦为宰相，议论的人认为魏仁浦不是科第出身，不可为宰相。后周世宗说："自古以来帝王任用有文武才略的人为辅佐，难道都是科第出身吗？"不久，后周世宗任命魏仁浦为中书侍郎、同平章事（宰相），枢密使一职仍然照旧。魏仁浦虽位处权要，但谦虚谨慎。后周世宗性格严厉急躁，左右近侍有违反旨意的，魏仁浦大多将罪过归于自己以拯救他们，因此而得保全活命的十之七八。因此他虽然起自刀笔吏，官至宰相，但当时的人不认为是耻辱。

后周世宗曾经问兵部尚书张昭，大臣中谁可以为相。张昭推荐李涛。后周世宗愕然地说："李涛为人轻薄没有大臣风度，朕问宰相人选而卿首先荐举李涛，这是为什么？"张昭回答说："陛下所责难的是小节，臣所推荐的是大节。从前后晋高祖之世，张彦泽暴虐乱杀无辜，李涛累次上疏请诛杀张彦泽，认为不杀张彦泽必定为国之大患。后汉隐帝之世，李涛也上疏请解先帝（指后周太祖郭威）兵权。大凡国家安危未出现端倪而能预见，这才是宰相之器，臣因此而推荐他。"后周世宗说:"卿所说很对而且非常公正,然而像李涛这样的人,终不可在中书省担任宰相。"李涛喜欢诙谐,不修边幅,与弟弟李瀚都以文学著名,虽然很友爱,但多谑笑放浪,没有长幼规矩,周世宗因此看轻他。

后周世宗因为翰林学士、单父人王著是自己从前幕府的旧僚,屡次想用他为宰相,但因为王著嗜好喝酒、行为不检点而作罢。

从上可知,后周世宗之所以任用魏仁浦为宰相,主要原因在于:一是魏仁浦有文武才略,二是魏仁浦谦虚谨慎,三是魏仁浦能够罪己救人。而不用李涛为宰相,主要原因在于李涛喜欢开玩笑而且没有规矩;终究没任用王著为宰相,主要原因在于王著嗜好喝酒且行为不检点。

后周世宗还注意从制度上完善选拔官员制度。《资治通鉴·后周纪三》载,显德二年(公元955年)正月,后周世宗开始命令翰林学士、中书和门下两省官员举荐县令、录事参军。在授官之日,记下举荐者的姓名,如果被举荐的县令、录事参军有贪污受贿等败坏官位的行为,一并连坐。这就是说,举荐者要与被举荐者承担连带责任。这样就保证了举荐者不敢随意推荐,而且不敢搞小圈子、乱推荐自己的人,只能推荐贤能的人。

《资治通鉴·后周纪四》还载,显德四年(公元957年)十月,后周世宗下令设立"贤良方正直言极谏""经学优深可为师法""详闲吏理达于教化"等科目选拔官员。这说明,后周世宗注意从多个方面聚集人才,拓宽官员的选拔范围。

第四篇

《资治通鉴》
所载守文之君时期的
吏治监察

所谓守文，出自《春秋公羊传·文公九年》中的"继文王之体，守文王之法度"，原本是指遵守周文王的法度，后来意思变为守先帝法度（遵守开国皇帝等先帝的法度）。唐朝史学家司马贞在《史记·外戚世家》中"自古受命帝王及继体守文之君"索隐说："守文犹守法也，谓非受命创制之君，但守先帝法度为之主耳。"意思是，守文即是守法度，守文之君因为不是创业君主，所以守先帝法度。

同时，中兴之君多因为积弊已久而起来振兴改图，而衰亡之君多不遵守先帝法度，所以，一般来说，如果不是创业之君、中兴之君、衰亡之君，可称为守文之君。这类君主的谥号往往有"文"字。

在守文之君中，做得好的，也能出现治世，如汉文帝、汉景帝时的"文景之治"；南朝宋文帝时的"元嘉之治"；北魏孝文帝时的"孝文中兴"。另外，还有做得一般的或好坏参之的，比如汉惠帝、汉顺帝、晋元帝、陈文帝、唐高宗等。

现根据时间顺序，对《资治通鉴》所载的这些守文之君时期的吏治监察进行讲述。

一、两汉守文之君时期的吏治监察

两汉之时，守文之君有不少，比如西汉的汉惠帝、汉文帝、汉景帝，东汉的汉明帝、汉章帝、汉殇帝、汉安帝（前期）、汉顺帝、汉冲帝、汉质帝等，汉文帝、汉景帝及汉明帝、汉章帝时期的吏治监察在第一篇已讲过，这里重点讲述汉惠帝（含吕后称制）、汉殇帝、汉安帝（前期）、汉顺帝、汉冲帝、汉质帝时期的吏治监察。

（一）汉惠帝、吕后称制时期的吏治监察

汉惠帝刘盈是汉高祖刘邦的儿子，吕后是汉惠帝的母亲。汉高祖去世后，汉惠帝即位，汉惠帝去世后，吕后临朝称制。虽然汉惠帝、吕后并不是史家所称颂的贤君，但母子俩继汉高祖之后还是发挥了重要作用，而且在吏治上也迈出了重要的步伐。

汉惠帝在位期间，在吏治上有两件事情值得赞赏：

第一件是任用贤才曹参为相国。《资治通鉴·汉纪四》载，汉惠帝二年（公元前193年），相国萧何病重，汉惠帝前往探望问他："您百年之后，谁可以接替您？"萧何说："最了解臣下的还是皇上。"汉惠帝又问："曹参怎么样？"萧何叩头说："皇上已找到人选，臣死也没有什么遗憾了。"于是汉惠帝便任命曹参为相国。曹参做相国三年，百姓唱歌称颂说："萧何为法，较若画一。曹参代之，守而勿失；载其清净，民以宁壹。"意思是，萧何制法，整齐划一；曹参接替，守而不失；做事清净，百姓安心。

第二件是崇尚孝悌及努力耕田的人，《资治通鉴·汉纪四》载，汉惠帝四年（公元前191年），汉惠帝下令"举民孝、弟、力田者，复其身"。即下令推荐民间孝顺父母、和睦兄长、努力耕作的人，免除他们的赋役。后来的从孝廉中选拔官员（汉武帝时推行的孝廉制度）就起源于此。

吕太后临朝称制期间，罢免了王陵的右丞相之职，而将左丞相陈平改任右丞相、周勃仍为太尉。但她在吏治上根据自己的私情用人，并且用吕氏外戚为王。

《资治通鉴·汉纪五》载，汉高后元年（公元前187年），吕太后任命辟阳侯审食其为左丞相，不负责左丞相的政事，让他负责管理宫廷，就如同郎中令一样。审食其因此得到吕太后宠幸，公卿大臣都要通过审食其而决断政事。吕太后怨恨赵尧当初为汉高祖谋划保全赵王刘如意，于是罗织罪名罢免他御史大夫的官职。上党郡的郡守任敖曾经担任沛县的狱吏，对太后有恩德，吕太后就任命任敖为御史大夫。

吕太后追尊她的父亲临泗侯吕公为宣王，兄长周吕令武侯吕泽为悼武王，想

逐渐分封诸吕外戚为王；不久，又立悼武王吕泽的长子、郦侯吕台为吕王。汉高后六年（公元前182年）十一月，因吕王吕嘉骄恣，而立吕肃王吕台的弟弟吕产为吕王。汉高后七年（公元前181年）二月，吕太后改封梁王刘恢为赵王，改封吕王吕产为梁王。不久，吕太后还封侄子吕禄为赵王。汉高后八年（公元前180年）十月，吕太后立吕肃王儿子东平侯吕通为燕王。这一年，吕太后去世，诸吕作乱，被太尉周勃、丞相陈平、朱虚侯刘章等平定。

虽然吕太后时期，诸吕擅权用事，但只是在朝廷内部，而对百姓仍实行休养生息政策。所以，大史学家司马迁评价还是很高的。《史记·吕太后本纪》讲："孝惠皇帝、高后之时，黎民得离战国之苦，君臣俱欲休息乎无为，故惠帝垂拱，高后女主称制，政不出房户，天下晏然。刑罚罕用，罪人是希。民务稼穑，衣食滋殖。"就是说，孝惠皇帝和吕后当政的时候，百姓们刚刚脱离战争之苦，君臣上下都想休养生息，清静无为。所以孝惠皇帝垂衣拱手，吕太后以女人之身主持天下，决断大事不用出房门，天下太平无事。刑罚也很少使用，犯罪的人也非常少。百姓努力从事稼穑，衣食不断滋长富足。

根据《资治通鉴》记载，汉惠帝、吕后称制时期，在吏治上还有两项制度足以扬名后世。

《资治通鉴·汉纪八·景帝后三年》载："孝惠、高后时，为天下初定，复弛商贾之律；然市井之子孙，亦不得仕宦为吏。量吏禄，度官用，以赋于民。"

这段话讲了两层意思：一层是说，汉惠帝、吕后称制时，因为天下刚刚平定，又放松了对商人的管制，然而那些市井商人的子孙，仍然被禁止进入仕途，不得成为官吏。另一层是说，朝廷计算官吏的俸禄和官府的费用，根据这个总额而向百姓收取赋税。

这说明，当时选官是有禁令的，即市井商人的子孙是不可以做官。并且当时做官是有俸禄的，是从百姓那里收取赋税来供养的。

应当说，这两条是有积极意义的，为什么这样说呢？

第一条，市井商人的子孙不可以做官，这实质上是蕴含了古代一条极其重要的法则，即"当官的不许发财，发财的不许当官"。当官的不许发财，这个道理易懂。发财的不许当官,这会导致资本与权贵结合,形成官僚资本、利益集团,百姓将会活得更加艰难。这条禁令在后世沿用,比如唐朝规定:"凡官人身及同居大功以上亲,自执工商;家专其业,皆不得入仕(《唐六典》)。"也就是说,从事工商业的人不得入仕。

第二条,实行俸禄制,也是极其重要的,如果官吏没有俸禄,或者俸禄没有定额,由于官吏也要养家糊口,还有各项开支,就必然会盘剥百姓。而实行俸禄制、定额制,有一个好处就是官吏不必为自己的生计担心,同时明确官吏的俸禄定额,估量征收百姓的赋税,不至于盘剥百姓,这对百姓来说是很好的,同时实行俸禄制有利于查实官吏的财产,为监察官吏提供了便利。

(二)汉殇帝、汉安帝(前期)时期的吏治监察

汉和帝去世后,其子刘隆即位,是为汉殇帝,当时出生才一百多天,在位也仅一年,这期间主要是邓绥(这时已成为邓太后)主持朝政,她非常重视吏治监察,而且取得很好的成效。主要举措有以下几项:

第一,勉励忠良官吏。《资治通鉴·汉纪四十·元兴元年》载,洛阳令、广汉人王涣,为政公平正直,能以明察发觉暗藏的奸邪之事,他虽然外面看起来是行威猛之政,实际上内怀仁慈之心。凡是他所决断的事情,人们没有不心悦诚服的,京城的人认为是有神灵相助。

元兴元年(公元 105 年),王涣在任上去世,百姓都在道路上,没有不哀叹流泪的。王涣的灵柩向西运回故乡,途中经过弘农,当地百姓都在路旁设置案几。官吏询问原因,百姓都说:"我们平常运送米到洛阳,受到官吏和士兵的劫夺,通常都要损失一半。自从王君(王涣)到任,我们就不再受到侵害,因此前来报恩。"洛阳的百姓为他立祠,作诗歌颂他。每当祭祀时,就奏乐唱这些歌。

邓太后听说后下诏:"夫忠良之吏,国家之所以为治也,求之甚勤,得之至寡,今以涣子石为郎中,为劝劳勤。"意思是说,忠良的官吏,是国家得到治理的原因。朝廷殷切寻求这样的官吏,得到的却非常少啊,如今任命王涣的儿子王石为郎中,以勉励那些劳苦而勤奋的官吏。

第二，加强对郡国官吏及邓氏外戚的监察。《资治通鉴·汉纪四十一》载，延平元年（公元106年）七月，邓太后敕令司隶校尉、州部刺史说："近来有的郡国发生水灾，妨害了秋天的庄稼，朝廷深为忧虑惊惶，而郡国想获得丰收的虚假名誉，掩盖灾情，夸大垦田面积；不揣测流亡的人数，却竞相冒增户口数；隐瞒盗贼危害之情，使奸恶之人得不到惩处；用人不按照次序，选举官员失度，贪婪苛刻残忍，祸害延及平民。刺史却低头不问、假装耳塞听不见，徇私情、与下面朋比为奸，不畏惧上天、不羞愧于人。不可让他们倚仗朝廷的宽贷之恩，自今以后，将弹纠惩罚。俸禄为二千石的官吏要各自核实百姓灾害情况，免除百姓的田租。"

不久，邓太后又下诏告诫司隶校尉、河南尹、南阳太守说："每每观看前代，外戚及其宾客使奉公守法的官吏浊乱，给百姓带来祸患痛苦，这个过失在于执法懈怠，没有立即施行惩罚。如今车骑将军邓骘等虽然怀着恭敬忠顺之心，但宗族家门广大，姻戚不少，宾客也有奸猾的，朝廷禁令和法令多有冒犯，应当对邓氏家族公开进行检束，不要相互袒护。"自此以后，邓氏亲属有犯罪的，都不予以宽贷。

第三，选用精通儒家经典的博士官员。古代的博士和现代的博士不同，它指的是一种职官，当然能担任博士官员的，学问也要求广博。《资治通鉴·汉纪四十一》载，延平元年（公元106年），尚书郎、南阳人樊准因为儒家学风衰微，上书说："臣听说作为君主的不可以不学习。光武帝受天命中兴，东征西伐，顾不上休息，还讲儒家经典，讨论圣人之道。汉明帝处理万机政务，没有不用心的，能留意儒家经艺，每当乡射礼结束，就正襟危坐，自己讲解儒家经典，儒生都一起听，四方都欢欣鼓舞。并且多征召名儒，安置在朝廷，每当宴会时则和他们一起讨论疑难之处，共同探讨政治教化之道，期门、羽林的武士，都能精通《孝经》，这是教化出自君主，流布到蛮荒之地，因此每当称盛世时，都说到永平年代（汉明帝的年号）。如今学者更加少，远方尤其少，博士们靠着席子都不讲，儒生都竞相讨论浮华的言辞，忘记了忠诚的品德，只是熟悉谄媚阿谀的言辞。臣愚以为应当下达诏书，诏告天下，广泛访求隐居的学者，宠爱进用儒雅之士，以等待将来圣上长大后为他讲习经书。"邓太后深以为是，接受他的意见，下诏说：公卿及中二千石官员各自举荐隐士、大儒，务必选择那些品行高洁的，以劝勉后进，从中精选可当博士的官员，必定可得其人。

汉殇帝去世后，邓太后与其兄邓骘、邓悝等定策迎立清河王刘庆之子刘祜为帝，是为汉安帝。汉安帝前期（公元107年至公元120年）仍旧是邓太后临朝主政。这一段时期吏治还是不错的，任用了贤士杨震、李郃、虞诩等人，加上邓太后本人能够忧勤，虽然当时天下灾旱严重，四夷外侵，盗贼内起，但邓太后"每闻民饥，或达旦不寐，躬自减彻以救灾厄，故天下复平，岁还丰穰"。（《资治通鉴·汉纪四十二·建光元年》）

《资治通鉴·汉纪四十一》载，永初四年（公元110年）正月，邓太后因灾害下诏削减朝廷百官及州郡县官吏的俸禄，按照等级各有差别。永初六年（公元112年）又下诏上自中二千石官员、下自黄绶等职级较低的小吏，恢复原来的俸禄。

在此之前的永初三年（公元109年），三公①因为国家用度不足，上奏请求下令允许官吏和百姓根据缴纳钱谷的多少，可以授予关内侯、虎贲、羽林郎、五官、大夫、官府吏员、缇骑、营士等官爵。但《资治通鉴》未记载邓太后是否同意三公的这个上奏。

邓太后执政虽然总体来说不错，但也有不足。比如袁安的儿子袁敞是极其清廉正直的官员，担任三公，然而因为不肯迎合邓氏，就因小事而被处罪。《资治通鉴·汉纪四十二》载，元初四年（公元117年），司空袁敞，为人清廉刚劲，不阿附权贵，不合邓氏的旨意，尚书郎张俊有一封私信给袁敞的儿子袁俊，袁敞因此被指控有罪，免除官职，袁敞就自杀了。

（三）汉顺帝时期的吏治监察

汉顺帝刘保是东汉第七位皇帝，是汉安帝之子、清河王刘庆之孙、汉章帝之曾孙，起先被立为太子，后来被汉安帝的乳母王圣及宦官江京、樊丰等陷害，被废为济阴王，汉安帝于延光四年（公元125年）去世后，阎太后与自己的兄弟阎显，

---

① 此处三公是指太尉、司徒、司空。

以及宦官江京、樊丰等人立汉章帝之孙、济北惠王之子、北乡侯刘懿为帝，不料这年的十月刘懿去世。宦官孙程等人拥立济阴王刘保为帝，这即是汉顺帝。

汉顺帝在位时，重视选拔贤才，采纳他们的意见，比如虞诩、左雄、黄琼、李固。但他也任用宦官并且优待宦官，这就造成了吏治有好有坏。特别是到了后期，吏治监察更是迅速滑落，走向衰败。

起先，他用虞诩、左雄，在吏治监察方面有较大的作为。《资治通鉴·汉纪四十三》载，永建元年（公元 126 年），司隶校尉虞诩到任数月，就弹劾当时的三公如太傅冯石、太尉刘熹阿附权贵，冯石、刘熹被免职。三公也上奏弹劾虞诩，说虞诩违反常法，官吏和百姓深受其害。虞诩上书说："法令是风俗的堤防，刑罚是治民的衔辔。如今州一级委任郡一级，郡一级委任县一级，层层更相推诿，百姓怨恨、穷苦无告。而且当今的风气以苟且偷容为贤能，以尽忠职守为愚蠢。臣所查获的案件，贪赃之罪不是一件两件，盘根错节。三公因恐怕被臣所弹劾，于是诬陷臣罪，臣将跟从史鱼而死，向皇上尸谏[①]！"汉顺帝看了后，并不降罪虞诩。

中常侍张防卖弄权势，请托受贿，虞诩数次请求将其法办，但都被搁置，于是虞诩不胜愤慨，自投廷尉（即最高司法审判机关），上奏说："从前汉安帝任用樊丰，搅乱嫡统，几乎灭亡社稷。如今张防又玩弄皇帝的威权，国家之祸将重新到来。臣不忍与张防同朝，自己押送自己到廷尉，不要让臣重蹈杨震之路！"奏书呈上后，张防在汉顺帝面前哭诉，虞诩被罚做苦工，张防想害死他，致使他两天之内被拷打四次。狱吏劝虞诩自杀，虞诩说："我宁愿伏刑死于市，以让远近之人知道。如果没有声响就自杀，那么是非谁能辨别呢？"浮阳侯孙程、祝阿侯张贤相继面见汉顺帝，孙程说："陛下开始与臣等起事时，常常痛恨奸臣，知道他们会倾覆国家。而今即位也这样吗，如何责怪先帝呢！司隶校尉虞诩为陛下尽忠，而被拘押监狱；中常侍张防贪赃之罪非常确凿，反而构陷忠良。如今天象显示客星守在羽林，占卜显示宫中有奸臣，应当急收张防到监狱。"当时张防站在汉顺

[①] 史鱼，是春秋卫国大夫，临死时嘱咐家人将他的尸体放在窗外，以此劝戒卫灵公进贤去佞即进用蘧伯玉、去除弥子瑕，这也即是"尸谏"，孔子称他"直哉史鱼"。

帝身后，孙程叱责张防说："奸臣张防，为何不下殿！"张防不得已，快步走到东厢。汉顺帝又问各位尚书，尚书贾朗向来与张防交好，辩说虞诩有罪，汉顺帝心中犹疑，对孙程说："你且出去，我再考虑一下！"于是虞诩的儿子和门生一百多人，举着幡旗等候中常侍高梵的车子，向高梵叩头流血，申诉虞诩冤枉的情形。高梵入宫向汉顺帝进言，张防被流放边远地区，尚书贾朗等六人或处死或贬黜，当日赦免释放虞诩。孙程复又上书陈述虞诩有大功，言辞很是激烈，汉顺帝感悟，重新任命虞诩为议郎，几天后又升虞诩为尚书仆射。

虞诩还上书汉顺帝举荐议郎左雄，说："臣见到如今公卿以下官吏，大多属于拱手作揖而沉默不言的老好人，以树立恩惠为贤能，以尽忠职守为愚蠢，甚至相互告诫：'白璧不可为，容容多后福。'臣见议郎左雄，有'王臣蹇蹇'的节操（注：王臣蹇蹇，出自《易经·蹇卦》，表示臣子为了解救君主的困境而不考虑自身的安危，也指为君主国家而忠直谏诤之意），应当擢升为喉舌之官，必定会有匡正辅弼的益处。"因此，汉顺帝任命左雄为尚书。

后来，左雄为汉顺帝一朝的吏治作出了突出贡献。《资治通鉴·汉纪四十三》载，阳嘉元年（公元132年），已升为尚书令的左雄上书请求对孝廉制度进行改革。改革之后，州牧和郡守深怀畏惧战栗之心，没有谁敢轻易推荐，直到永嘉年间（汉顺帝之子汉冲帝年号），察举推选非常清明公平，多能得到贤才。

汉顺帝还经常征召、策问贤士。《资治通鉴·汉纪四十三》记载，这些贤士有黄琼、李固、郎顗、马融、张衡、法真等。《资治通鉴·汉纪四十四》载，永和三年（公元138年），汉顺帝还命令大将军、三公举荐"刚毅、武猛、谋谟（有谋略）"可以担任将帅的贤才，每人各举荐二人，特进、九卿、校尉每人各举荐一人。

由于汉顺帝能够任用贤才，所以汉顺帝一朝涌现了不少循吏、能吏，根据《资治通鉴·汉纪四十四》的记载，这些循吏、能吏有武陵太守李进、九真郡太守祝良、交趾州刺史张乔、荆州刺史及泰山郡太守李固、广陵郡太守张纲、洛阳令任峻、冀州刺史苏章、胶东国相吴祐。

汉顺帝还能够对亲近之人犯罪加以惩处，并不一味姑息。比如汉顺帝起先对自己的乳母宋娥极好，不顾左雄等人的上书反对，封为山阳君。但后来宋娥有罪还是被汉顺帝贬斥。《资治通鉴·汉纪四十四》载，永和二年（公元137年）五月，山阳君宋娥因勾结奸佞、诬陷他人，被汉顺帝下令收其印绶，遣送回乡。另外，黄龙、杨佗、孟叔、李建、张贤等九侯，因与宋娥相互贿赂，谋求高官、增加封邑，都被遣返回自己的封地，并减少他们租税收入的四分之一。

汉顺帝在吏治方面最为人诟病的是任用宦官、外戚。《资治通鉴·汉纪四十四》载，阳嘉四年（公元135年）二月，汉顺帝首次听任宦官让养子继承爵位。起初，汉顺帝之所以恢复帝位，靠的是宦官之力，所以宦官得到汉顺帝的宠爱和信任，得以参与朝廷政事。御史张纲上书说："臣私下探究汉文帝、汉明帝，他们的德行教化最为盛大，但他们的中官常侍（指宦官）不过两人，对于亲近宠幸的人赏赐也不过数斤黄金，珍惜经费重视百姓，因此当时家给人足。而近年来，没有功劳的小人（指宦官）也有官爵，这不是爱惜人民的重器（指官爵）、顺承天道的做法。"奏书呈上后，汉顺帝没有理睬。从上可知，当时汉顺帝是极为厚待宦官的。但更致命的是，汉顺帝重用外戚梁冀给后来东汉王朝造成了极大的伤害。

此外，根据后来皇甫规的对策可知，汉顺帝时的吏治是前期不错，后期较差。《资治通鉴·汉纪四十四》载，建康元年（公元144年）九月，梁太后下诏举荐"贤良方正之士"，并进行策问。皇甫规在对策中说："汉顺帝即位之初，勤于王政，用纪纲治理四方，几乎使天下获得安宁。后来遭受奸伪小人包围，威权旁落到亲近的外戚宦官之手。他们收受贿赂，卖官鬻爵，宾客交错往来，天下乱象纷纷，官吏和百姓都穷困殆尽，财库空虚至极。"虽然皇甫规之说或许有夸大的成分，但基本上的事实还是有的。

（四）汉冲帝、质帝时期的吏治监察

汉冲帝刘炳是汉顺帝的儿子，即位时年仅两岁，在位也不到两年，主要是梁太后临朝主政。梁太后对贤臣能够信任重用。《资治通鉴·汉纪四十四》载，建康元年（公元144年）八月，汉顺帝在玉堂前殿驾崩，太子刘炳即皇帝位，尊皇

后梁氏为皇太后。皇太后临朝主管朝政，任命太尉赵峻为太傅、大司农李固为太尉，主管尚书事务。永嘉元年（公元145年），梁太后将政事交给三公宰辅处理，李固所提出的意见，梁太后多听从。作恶的宦官一律被斥退和遣送，天下人都盼望治平，然而梁太后的哥哥梁冀深为痛恨。起初，汉顺帝时所任命的官吏多不按照次序，等李固主管用事时，上奏免职的有一百多人。这些被免职的官吏，共同匿名诬告李固。梁冀面见梁太后，请求将奏章之事查办，但梁太后不听。

另外，梁太后还注重从"贤良方正之士"中选拔官员和广求将帅之才。《资治通鉴·汉纪四十四》载，建康元年（公元144年）九月，因为京城及太原郡、雁门郡发生地震，皇太后下诏举荐"贤良方正之士"，并亲自策问。永嘉元年（公元145年），梁太后因为徐州、扬州的盗贼很多，广求将帅之才，三公推荐涿县县令、北海人滕抚文武全才，于是梁太后下诏任命滕抚为九江都尉，滕抚大破盗贼。

但是，武将腐败是当时吏治败坏的重要方面。《资治通鉴·汉纪四十四·永嘉元年》载，由于西羌叛乱多年，朝廷的战争费用支出八十多亿。各位将领多盗取军饷，中饱私囊，都用珍宝贿赂左右，导致上下放纵，不顾虑军事，"士卒不得其死者，白骨相望于野"。

汉质帝刘缵是汉章帝玄孙、千乘王刘伉的曾孙，在汉冲帝病逝后由梁氏扶持即位，时年八岁。他即位只短暂一年，也是由梁太后临朝主政。汉质帝"少而聪慧"，因不满梁冀而说了一句"此跋扈将军也"，而被梁冀毒杀。

汉质帝时期，有一件事值得称赞，这就是从太学生中选拔考试成绩优秀者为官吏，使得当时经学大盛，太学生极多。《资治通鉴·汉纪四十五》载，本初元年（公元146年）四月，朝廷命令各郡国推举"明经"（即通晓经书）之士到太学读书，自大将军以下的官员都派遣儿子到太学接受教育学习，期满后进行考试，根据成绩高下授予不同的官职；又命令俸禄为千石、六百石的官员及大将军、太尉、司徒、司空等四府的掾属、三署的郎、四姓外戚小侯中能通晓经学的人，各自遵守师承家法，其中考试成绩高第的，登记在册，按照次序进行封赏。自此以后，各地到太学游学的人大为增多，太学生达到三万多。

二、魏晋守文之君时期的吏治监察

魏晋时期，守文之君有不少，魏文帝、晋元帝两位帝王虽然是开国君主，却是在父辈或子侄辈的基业上建立起来的，所以也算是守文之君。另外，在与晋朝相同时期的十六国中也有一些守文之君。这里讲述他们在位时的吏治监察。

（一）魏文帝时期的吏治监察

曹魏的实际开创者曹操所处只能算是东汉时期，曹操的儿子曹丕逼迫汉献帝禅让，自己称帝，即魏文帝，这才真正算是曹魏开始。魏文帝曹丕在吏治监察方面还是有一番作为的，有三件事可以体现：

第一件事，褒奖刺史贾逵，勉励天下效法。《资治通鉴·魏纪一》载，黄初元年（公元220年），曹丕任命丞相祭酒贾逵为豫州刺史。这个时候，天下刚刚安定，刺史多不能真正掌管所属各郡的事务。贾逵说："州刺史本来是以六条诏书监察俸禄为二千石的地方高级官员（指太守）及其以下官吏的，所以考察他们的事迹都可以说是严格得非常威武，有督察之才，而不说他们安静、宽仁，没有和乐平易之德。如今郡的长官轻慢法令，使得盗贼公开横行，刺史知道也不监察，这如何使天下走上正轨呢？"贾逵对那些失职渎职、放纵不法的二千石以下官吏，都上奏朝廷罢免。贾逵对外整修军旅，对内治理民事，开垦水田，疏通运输粮食的水渠，官吏百姓都称扬他。曹丕说："贾逵是真刺史啊！"同时布告天下，要以豫州为榜样，赐封贾逵关内侯。

第二件事，从儒生和小吏中选拔官员。《资治通鉴·魏纪一》载，黄初三年（公元222年），魏文帝下诏说："如今的上计和孝廉，就像古代的贡士（即向中央推荐的人才），如果限定年龄然后选用，那么吕尚（即姜太公，八十才遇周文王）、姬晋（即周灵王太子，十几岁时就博学多识）就不会显扬于当时。现在命令各郡国推荐人才，不要拘泥于年老或年幼。儒生通晓经术的、小吏能通达文法的，到了朝廷都进行试用。有关部门要纠察那些弄虚作假的人。"

第三件事，建立防辅制度以监察诸侯王。《资治通鉴·魏纪一·黄初三年》载，这个时候，诸侯王都只是有封国的空名而没有实权，王国各有老兵百来人用来守卫，而且他们与朝廷相隔千里之外，不得到京城朝见皇帝，为了监察诸侯王，魏文帝又专门设置了"防辅监国"之官。

（二）晋元帝时期的吏治监察

在晋愍帝被前汉国主刘聪杀害后，司马睿（司马懿曾孙、琅琊王司马觐之子）先是称晋王，改元建武，后又称帝（改元太兴），即历史上的晋元帝。从晋元帝开始（公元317年）一直到晋恭帝被废（公元420年），就是东晋时期，而司马睿则成为东晋的开国皇帝。早在晋怀帝时，司马睿在王导的建议下前往江东，得到了江东大族的支持。晋愍帝时，封司马睿为丞相、都督中外军事。所以，后来司马睿得以顺利即位。

司马睿采取了哪些吏治监察举措呢？主要有以下方面：

一是依据缴纳谷物多少来考核地方官吏的政绩。《资治通鉴·晋纪十二》载，建武元年（公元317年），晋王司马睿命令考核督促农业生产，俸禄为二千石的地方高级官员以及所属县令长官都以缴纳谷物数量的多少来考核评定政绩。

二是大幅加封官吏百姓。《资治通鉴·晋纪十二》载，太兴元年（公元318年），司马睿即帝位。当时司马睿想提升投帖建议自己称帝的官吏的爵位一等，把投帖建议自己称帝的百姓都提升为官吏，总共二十多万人。散骑常侍熊远建议晋元帝不能只封左右亲近之人，而应当依照汉朝的做法普遍赐封天下臣民，这样不仅使得恩泽普施，而且也省去核实的烦劳。但晋元帝不听。

三是巡察郡国。《资治通鉴·晋纪十二》载，太兴元年（公元318年）四月，晋元帝加封王敦为江州牧、王导为骠骑大将军、开府仪同三司。王导派遣八部从事巡察扬州所属郡国，回来后同时召见。各位从事各自报告俸禄为二千石的地方长官的政治得失。

当时的吏治还存在一些情况，《资治通鉴·晋纪十二》载，太兴元年（公元318年）十一月，晋元帝下诏让群臣公卿等各自陈述政治得失。御史中丞熊远上书讲了三个过失。其中第三个过失是关于吏治的。当时的吏治情况是"选官用人，不料实德，惟在白望，不求才干，惟事请托；当官者以治事为俗吏，奉法为苛刻，尽礼为谄谀，从容为高妙，放荡为达士，骄蹇为简雅"，意思是，选官用人，不是考量实际的德行，而是看虚的声望；不求才干，而是看关系请托。当官的将治理事务看作是俗吏所为，将奉公守法看作是苛刻，将尽守礼节看作是谄谀，将悠闲舒缓看作是高妙，将放荡不羁看作是通达，将骄慢看作是简雅。熊远还指出："古代选拔官员，考核他们所上奏的言论，如今光禄大夫不举行考试，很是违背古制。而且举用贤良都是出自世族，刑法不能适用到权贵，因此有才能的人不能救济时务，奸佞之人不能被惩罚。如果不改，想拯救乱世，难啊！"

为什么熊远说这样的话呢？《资治通鉴·晋纪十二·太兴元年》载，起初，晋元帝因为正值离乱，想抚慰取悦人心，州郡举荐的秀才、孝廉，到了京城不必考试，普遍都任官吏。尚书陈頵上书说应当渐渐遵循旧制、考试经策。晋元帝采纳了，但是下诏说："考试不合格的，所推荐的刺史、太守罢免官职。"于是秀才、孝廉都不敢到京城，即使有到京城来的，也都称病，以至近三年没有应试的。晋元帝想特例授已到的孝廉官职。尚书郎孔坦上奏议此事说："附近郡的孝廉害怕连累长官，都不敢前来应试；偏远郡的孝廉希望免试，冒昧前来赴任。如果特例授予官职，那么严谨修身、遵守法度的人将失去机会，侥幸冒险的人得到官职，败坏风气、伤害教化。不如一切都罢归，延期考试，使他们得以就学，那么法令就均平而有信用了。"于是，晋元帝采纳，听凭孝廉考试推迟七年才举行。

虽然晋元帝是东晋的开国皇帝，但司马光对他评价不高，《资治通鉴·晋纪十四》载，永昌元年（公元322年），晋元帝司马睿因为忧愁愤懑而得病去世。司马光评价说："帝恭俭有余而明断不足，故大业未复而祸乱内兴。"即晋元帝恭俭有余而明断不足，因此大业未能恢复，而祸乱（指王敦反叛）却在内部发生。

（三）十六国守文君主时期的吏治监察

在十六国中，一些守文之君在位时，或自己亲自抓吏治监察，或由辅政大臣抓吏治监察，因此能够使得当时国家得到治理。

1. 前燕君主慕容暐（前期）的吏治监察

《资治通鉴·晋纪二十三》载，晋穆帝升平四年（公元360年），前燕君主慕容暐即位，时年十一岁，以太原王慕容恪为太宰，总揽朝政；上庸王慕容评为太傅，阳骛为太保，慕舆根为太师，参与辅佐朝政。

前燕太宰慕容恪虽然总揽大任，然而严格遵守朝廷之礼法，每当处理政事时必定与司徒慕容评商议，未曾独断专行。他能"虚心待士，谘询善道，量才授任，人不逾位"（即虚心对待士人，向他们咨询治国良策，根据他们的才能授以官职，使他们各守其职）。官属、朝臣如果有过失，他也不公开情形，只是根据情况进行调整职位，不使他们失去原来的等级，只以此表示谪贬，当时的人以受到调整职位大为愧责，没有人敢违犯。有的出现小的过失，也都自相责备说："你又想让宰公慕容恪调整你的官位吗？"东晋朝廷开始听说前燕国主慕容俊去世的消息后，都以为中原可以图谋。桓温说："慕容恪尚在，忧患正大呢！"

这表明，慕容恪主政之时，前燕的吏治非常好，而且是以德化人。所以，东晋权臣桓温觉得不可图谋，而且是东晋的忧患。

2. 后秦君主姚兴时期的吏治监察

《资治通鉴·晋纪三十一》载，隆安元年（公元397年），后秦君主姚兴勤于政事，采纳善言，京兆人杜瑾等都因为议论政事而得到显著提拔，天水人姜龛等因为儒学而受到尊礼，给事黄门侍郎古成诜等因为文章好而参与朝廷机密。古成诜为人刚介雅正，以维护道德风尚为己任。

《资治通鉴·晋纪三十三》载，晋安帝隆安三年（公元399年），后秦君主姚兴因为灾异屡次出现，降号称王，并下诏让公卿、将帅、守宰各降一等。下令大赦，改年号为弘始。

姚兴慰问孤苦贫困的百姓，选拔贤士俊杰，简省法令，清正检察狱讼之事。太守、县令如果有政绩的给予奖赏，贪婪残暴的就诛杀，于是国内远近都肃然有序。

3. 北燕国主冯跋时期的吏治监察

《资治通鉴·晋纪三十八》载,晋安帝义熙七年(公元411年),北燕国主冯跋"勤于政事,劝课农桑,省徭役,薄赋敛;每遣守宰,必亲引见,问为政之要,以观其能。燕人悦之"。意思是,冯跋勤于政事,劝勉百姓从事耕田和蚕桑之业,减少徭役和赋税,每次派遣太守、县令等地方长官任职,必定亲自接见,询问他们为政之要,以观察他们的能力。北燕百姓十分喜悦。

三、南北朝守文之君时期的吏治监察

南北朝时,有名的守文之君是南朝的宋文帝刘义隆及北朝的北魏孝文帝元宏,这两人在位时都开创了治世,一个是"元嘉之治",一个是"孝文中兴"。他们在位时,在吏治监察方面都有一番作为。另外,南朝的陈文帝、陈宣帝也算是守文之君,而北朝的北齐文宣帝虽然是北齐的开创者,但只是在其父兄(高欢、高澄)的基业上守成而已。这里也讲述他们在位时的吏治监察事迹。

(一)宋文帝时期的吏治监察

根据《资治通鉴》的记载,宋文帝采取了以下吏治监察举措:

一是重用五位贤士担任关键官职。《资治通鉴·宋纪二》载,元嘉三年(公元426年)六月,宋文帝任命右卫将军王华为中护军,仍旧兼任侍中。王华认为,司徒王弘是宋文帝的辅政大臣,侍中王昙首是宋文帝所亲近信任的人,地位与自己相当,因此自认为能力不能完全施展,每每叹息说:"宰相如果有多人,天下如何能治理呢?"这个时候,宰相没有固定的,只要与皇帝一起议论政事、委任机要之事的,都是宰相,因此王华才说这样的话。当时也有担任侍中而不是宰相的,然而尚书令、仆射、中书监、中书令、侍中、侍郎、给事中等都是当时的关键重要官职。

王华与刘湛、王昙首、殷景仁都担任侍中,他们的风度和能力、干练,都冠冕一时。宋文帝曾经与这四人合殿宴饮,很是高兴。宴席结束后,宋文帝目送他们良久,感叹说:"这四位贤者,是一时俊杰,同时作为我的喉唇,恐怕后世难以有这样的人啊!"黄门侍郎谢弘微与王华等四人都被宋文帝所重用,当时号称五臣。谢弘微,是谢琰的侄孙。他端正严谨,时机适当才说话,在婢女仆人面前不乱说笑,因此不论尊卑大小,大家像神明一样敬重他。他的堂叔谢混特别重视他,常常说:"谢弘微这个人,和别人不同时不会伤害他人,和别人相同时不伤害正道,我对他没什么可以挑剔的啊!"

二是派人巡视各州郡县并亲自听取诉讼。《资治通鉴·宋纪二》载,元嘉三年(公元426年),宋文帝派遣散骑常侍袁渝等十六人分别巡视各州郡县,"观察吏政,访求民隐"(即考察官吏政绩,访求民间隐士),又让郡县上报各自政治得失。同时,宋文帝还亲自到延贤堂(延揽贤士的地方)听取诉讼,每年三次。

三是对贪赃的雍州刺史免官削爵。《资治通鉴·宋纪四》载,元嘉八年(公元431年),宋文帝任命雍州刺史张邵代替刘湛为抚军长史、南蛮校尉。不久,张邵因在雍州任上营私舞弊,积蓄财产,贪财的钱款超过二百四十五万,由廷尉关押审讯,按照法律应当处死。左卫将军谢述上奏说,张邵是先朝宋武帝的旧功臣,应当宽免。宋文帝采纳了谢述的建议,但亲自手诏免除张邵的官职,削除他的爵位和封邑。

《资治通鉴·宋纪五·元嘉十五年》还评价说,宋文帝(刘义隆)性格仁厚恭俭,勤于为政,遵循法度而不苛刻,宽容待人而不松弛。"百官皆久于其职,守宰以六期为断;吏不苟免,民有所系"(即朝廷百官都能久居职位,郡县长官也以六年为任期,官吏不随意免除,百姓有所依托)。在位的三十年,四境之内太平无事,人口增加很多,赋税和徭役只每年收取常制,百姓早出耕作、晚归休息而安居乐业,乡村里都能听到讲课声和读书声,士人都重视操守,乡间也以轻薄为耻,江左的风俗在这个时代最为美好,后来谈到政治的,都称赞"元嘉"时期。这即是"元嘉之治"。

从这段话可以看出,当时的吏治情况是百官久居职位,郡县长官以六年为任期,官吏不随意免除,所以百姓能够安居乐业。可见,司马光在评价"元嘉之治"时是与吏治联系在一起的。

（二）陈文帝、陈宣帝时期的吏治监察

陈朝的开创者是陈霸先，即陈武帝。陈霸先出身寒门，英勇善谋，因此军事上多打胜仗，他治国崇尚宽简，自身节俭朴素，但在位仅三年就去世了，他的侄子陈蒨即位，也即陈文帝，陈文帝在位七年（公元566年）就去世了，其子陈伯宗即位，但两年后被陈文帝的弟弟安成王陈顼废为临海王，陈顼称帝，即是陈宣帝。陈宣帝在位时间在陈朝数位帝王中最长，于太建十四年（公元582年）去世，太子陈叔宝即位，即有名的陈后主。

在陈朝的帝王中，陈武帝在位时间不长，又面临外敌压力，因此在吏治监察上并无太多建树。陈文帝和陈宣帝在位时，监察方面还略有一二可观。

比如《资治通鉴·陈纪三》载，陈文帝天嘉六年（公元565年）四月，陈文帝任命安成王陈顼为司空。陈顼因为是陈文帝的弟弟，而势倾朝野。当时直兵鲍僧睿，倚仗陈顼的势力而横行不法，御史中丞徐陵上奏弹劾，跟随御史台的官员引导经过奏章几案而入，陈文帝见徐陵穿着严整，也因此而严肃起来，正襟危坐，徐陵手执奏版读弹劾陈顼的奏章，当时陈顼在殿上侍立在陈文帝旁边，抬头看陈文帝，惊慌得流汗失色，徐陵派遣殿中御史引导陈顼下殿。陈文帝因此而免去陈顼的侍中、中书监的官职，朝廷为之肃然。

再如《资治通鉴·陈纪七》载，太建九年（公元577年），陈宣帝听说北周灭了齐国，想和北周争夺徐州、兖州，下诏让南兖州刺史、司空吴明彻督军讨伐，吴明彻打败并包围了北周徐州总管梁士彦的军队。陈宣帝认为黄河以南可以平定，中书通事舍人蔡景历进谏说："军队老迈将领骄傲，不宜过于远攻。"陈宣帝发怒，认为沮丧士气，将他派出任豫章内史。蔡景历还没有出发，就有弹劾蔡景历的奏章，说蔡景历在中书省有贪赃行为、声名很坏，因此被免官，取消爵位和封地。

（三）北魏孝文帝时期的吏治监察

北魏孝文帝是少数民族中极为杰出的皇帝，他的人品、胸怀、文采、雄才及功业都为后世所称赞。

"孝文中兴"虽然主要是北魏孝文帝开创的，但是也离不开两个人的功劳，一个是北魏孝文帝的祖母冯太后（即北魏文明太后），另一个是北魏孝文帝的父亲北魏献文帝。这两个人中，冯太后亲自抚养北魏孝文帝，后来北魏孝文帝即位时才五岁，在北魏献文帝被冯太后毒死后也是冯太后辅政。而北魏献文帝则为北魏孝文帝创造了良好的吏治监察环境。

我们先简要介绍北魏献文帝时的吏治监察。《资治通鉴·宋纪十四》载，泰始三年（公元467年），北魏献文帝（也称北魏显祖）拓跋弘的李夫人生下儿子拓跋宏（即后来的北魏孝文帝）。冯太后亲自抚养拓跋宏，不久就还政给北魏献文帝。北魏献文帝开始亲自处理国事，勤于治国，赏罚严明，选拔清廉有节操的人，罢黜贪污的人，于是北魏的州牧、太守开始有因为廉洁而闻名的人。

《资治通鉴·宋纪十五》载，元徽元年（公元473年），北魏下诏命令太守、县令要鼓励农事，同一地区之内，贫富要相助，家里有两头牛的，要借给没有牛的一头。如果不遵守诏令，全家人终身不得入仕做官。这一年，北魏下诏："县令能够使一县没有抢劫偷盗案件的，可以同时管理两个县，并得到两份俸禄。能够让两个县没有上述罪行的，可以同时管理三个县，三年以后晋升为郡守。食禄二千石的官员能够治理两郡直到三郡的，也照上述方法晋升，三年后升任为刺史。"这个措施对吏治极为有效。以上实际上都是北魏献文帝所为，因为此时北魏孝文帝才七岁。

司马光还在《资治通鉴·宋纪十五·元徽二年》中评价说，北魏献文帝勤于治国，赏罚严明，慎择州牧、太守，进用廉洁之士，罢退贪婪之人。

根据《资治通鉴·宋纪十六》载，元徽四年（公元476年），北魏冯太后行为不正，因情夫李奕被北魏献文帝处死而深怨她的嫡子北魏献文帝（北魏献文帝并非冯太后亲生儿子，是北魏文成帝与李氏的儿子，因北魏旧制规定，其子被立为太子，生母皆赐死，以防外戚专权，所以李氏被赐死），秘密下鸩毒，这年的六月北魏献文帝去世。

也就是从这个时候开始，冯太后临朝听政。起先冯太后很专政，事无大小均由她决定，但随着北魏孝文帝慢慢长大，冯太后逐渐放手并于公元490年去世。

北魏孝文帝完全亲政后，就实施了改革，尤其是迁都洛阳，并大力推行汉化改革，但9年后（公元499年），北魏孝文帝就去世了，年仅三十三岁。司马光在《资治通鉴·齐纪八·永元元年》中评论说，北魏孝文帝"亲任贤能，从善如流，精勤庶务，朝夕不倦"。北魏孝文帝时吏治清明，官吏不敢为非，国家强大，百姓安居乐业，这与他抓吏治监察有莫大关系。

1. 北魏孝文帝采取的吏治举措

根据《资治通鉴》的记载，北魏孝文帝在位时采取的吏治举措主要有以下方面：

一是限制工匠、商人、皂隶出身的人担任高官。《资治通鉴·宋纪十六》载，升明元年（公元477年）八月，北魏孝文帝下诏说："工匠、商人、皂隶（在官府当差的人），各有身份，而有关部门放纵，使他们进入仕途。自今以后，若家庭户口中有当工匠的，本人的最高任职只能当到各部的丞，如果有建立功勋的，不在此限。"

二是罢除候官一千多名。《资治通鉴·齐纪一》载，永明元年（公元483年），北魏孝文帝下诏说："设置的候官（负责侦察官员）有一千多名，他们对有重罪的官员收取贿赂，就不将其列入上报之列，而对官员所犯的轻罪吹毛求疵地检举，应当将他们全部罢除。"北魏重新设置谨慎正直的候官，只让他们防卫巡逻，捉拿喧闹斗殴的人。从此，官吏百姓才得以安业。

三是喜欢任用贤能的人为高官。《资治通鉴·齐纪六·建武二年》载，北魏孝文帝"好贤乐善，情如饥渴"，对与他交往接近的人，常常寄以布衣的情意，如李冲、李彪、高闾、王肃、郭祚、宋弁、刘芳、崔光、邢峦等人，都因为文雅而被亲近，并职位贵显，掌权用事。

比如《资治通鉴·齐纪四》载，永明十一年（公元493年）十月，北魏孝文帝前往邺城。王肃在邺城晋见孝文帝，向他陈述讨伐南齐的策略。孝文帝和他谈着谈着，"不觉促席移晷"，即不知不觉地把自己的座位往前移，时间过去了很久。从那以后，孝文帝对王肃的器重和待遇一天比一天隆厚，无论是亲信故旧、还是重臣，都无法离间他们之间的关系。孝文帝有时就让左右侍从退下，单独和王肃谈话，谈到半夜，仍不停止，他自认为和王肃相见太晚了。不久，任命王肃为辅国将军、大将军长史。这时，孝文帝正打算推广使用礼仪和雅乐，将鲜卑人传统的风俗习惯，改变成和汉人的一样，大凡关于威严仪容的制度，大多由王肃来确定。就是这个王肃，后来还被孝文帝任命为尚书令，作为托孤辅政的六位大臣之一。

四是要求各州中正举荐人才并授予官职。当时北魏推行九品中正制，要求各州举荐人才为官。《资治通鉴·齐纪六》载，建武三年（公元496年），北魏孝文帝下诏说："各州的中正各自举荐乡里为百姓众望所归的人，年龄五十以上、家境向来贫寒的，授予县令、县长之职。"

五是加强对地方长官和官吏的考核。《资治通鉴·齐纪三》载，永明九年（公元491年），北魏制定官员品级制度，并对各州郡的长官进行了考核。《资治通鉴·齐纪六》载，建武二年（公元495年），北魏孝文帝下诏："各州要精细地考核所属官吏，根据好坏分为三等，上报朝廷。"

六是规定对官员三年考核一次，立即施行提拔和罢免。《资治通鉴·齐纪五》载，建武元年（公元494年），北魏孝文帝下诏说："三年考核一次官员政绩，三次考核后根据情况进行提拔或罢免。这对于可以罢免的官员来说当然不认为太迟，但对于可以提拔的官员来说却是被拖延了。朕如今三年考核一次，立即施行提拔和罢免，想要让那些愚笨的不要妨碍贤者的进取，使才能高的不要处在下位。分别命令负责考核的部门，将接受考核的官员分为优劣三等，其中上下二等再分为三等。六品以下官员，由尚书重新审查；五品以上的，朕将亲自与公卿评论其善恶，上上等次的提拔，下下等次的罢免，中等的维持本任。"

七是亲自对京官按考核结果进行升降任免。《资治通鉴·齐纪五》载，建武元年（公元494年），北魏录尚书事广陵王拓跋羽上奏说："朝廷诏令规定：每年年终，各州镇要列出属官的政绩情况，经过朝廷再次考核后进行罢免或提拔。自太和（北魏孝文帝年号）十五年京官全部经考核分为三等后，如今已满三年。臣请求按照考核州镇属官的办法来考核京官，以评定京官的政绩排行。"北魏孝文帝说："考核政绩事情重大，应当由朕来决定，不可轻易从事，且等到秋天。"

北魏孝文帝北巡期间，让任城王拓跋澄考核京城百官。自公侯以下，有官职的以万数，拓跋澄评定他们的德行优劣和才能高低，分为三等，没有人有怨言。

北魏孝文帝回京城后亲自到朝廷公堂之上，对百官进行罢黜和提拔，他对各位尚书说："尚书，是关键枢要职位，并非只是总揽政务，处理文书而已。朕的为政得失，尽在于此。卿等担任这个官职，已有一段时间，未曾向朕提出可行或不可行的建议，没有进用一个贤才、屏退一个不肖者，这是罪过中的最大地方。"又对录尚书事、广陵王拓跋羽说："你作为朕的弟弟，担任机要的职位，没有勤政恪守的声誉，却有结党的情形，如今罢黜你的录尚书、廷尉的官职，只担任特进、太子太保。"又对尚书令陆睿说："拓跋羽到尚书省之初，很是有好的名声，近来颇为懈怠，正是因为你不能以道义劝导，虽然你没有大的责任，也应当有小的惩罚，如今罚你减去一期的俸禄。"又对左仆射拓跋赞说："拓跋羽受罢黜，你应当处死刑，但只以过错归于一人，不再重复追责。如今解除你的少师之职，削除你的一期俸禄。"又对左丞公孙良、右丞乞伏义受说："你们的罪过也应当处死，让你们以布衣身份在本职上工作，官服俸禄等全部削夺。如果三年内有政绩，就官复原职，没有政绩就永远回家种地。"又对尚书、任城王拓跋澄说："叔叔神志骄傲，可解除少保之职。"又对长兼尚书于果说："你不勤于职事，数次以疾病辞官，可以解除长兼之职，减去一期的俸禄。"其余如代理尚书尉羽、卢渊等人，都因为不称职，或被解任，或被免官，或减去俸禄，都当面指责过失而立即实行。

八是奖赏有政绩的州长官（刺史）。《资治通鉴·齐纪五》载，建武元年（公元494年），北魏郢州刺史韦珍，在州内有政绩和声誉，北魏孝文帝赏赐他骏马、谷物、布帛。韦珍召集境内孤独贫困的百姓，将北魏孝文帝赏赐之物全部散给他们，对他们说："天子因为我能安抚你们，所以赏赐谷物、布帛，我如何敢独自享有呢？"

《资治通鉴·齐纪六》载，建武二年（公元495年），北魏孝文帝到邺城，屡次到相州刺史高闾的馆第，称赞他治理的效果，赏赐很丰厚。

九是告诫官员如何作一州之长。《资治通鉴·齐纪六》载，建武二年（公元495年），由于相州刺史高闾数次请回自己的故乡本土幽州，北魏孝文帝下诏说，高闾请求衣锦还乡，有损谦德，降其封号为平北将军，但高闾是朝廷的老成之人，应当遂他的心愿，调任他为幽州刺史。同时，北魏孝文帝又任命高阳王拓跋雍为相州刺史，并告诫他说："作一州之长既容易也很难。'其身正，不令而行'，所以就容易；'其身不正，虽令不从'，所以就很难。"

十是明确官员"举荐者有赏，不言者有罪"。《资治通鉴·齐纪六》载，建武二年（公元 495 年），北魏孝文帝对群臣说："国家从来有一事值得感叹：臣下没有肯公开谈论政事得失的。大凡君主患在不能纳谏，而人臣患在不能尽忠。自今以后，朕推荐一人，如果有不可以的，卿等直言这个人的不当之处；如果有才能的贤士而朕不能发现的，卿等也应当推荐。像这样，朕将会对举荐人才得当的人奖赏，对知而不言的人罚罪，卿等应当知道这些。"

2. 北魏孝文帝采取的监察举措

根据《资治通鉴》的记载，北魏孝文帝主要采取了以下监察举措：

一是严厉惩处贪婪残暴不法的官员。《资治通鉴·齐纪一》载，建元元年（公元 479 年），北魏秦州刺史尉洛侯、雍州刺史宜都王拓跋目辰、长安镇将陈提等人都因为贪婪残暴不法而获罪，尉洛侯、拓跋目辰被处死，陈提被流放到边远地区。

永明元年（公元 483 年），北魏秦州刺史于洛侯，性情残暴，用刑杀人时必定会砍断手腕，拔掉舌头，肢解四肢，全州的人都惊骇，秦州的百姓王元寿等人都起来反抗，有关部门弹劾于洛侯，北魏孝文帝派遣使者到秦州，在于洛侯经常用刑杀人的地方向官吏百姓宣告朝廷诏令，然后将于洛侯斩杀。

二是大力反腐惩贪，贿赂几乎绝迹。《资治通鉴·齐纪二》载，永明二年（公元 484 年），北魏孝文帝下诏实行官吏俸禄制，规定每户增缴三匹绢帛，二斛九斗谷米，作为官员俸禄，再增收二匹户调以外的绢帛，同时规定俸禄制度实行以后，受贿一匹布帛的都处死。这年的九月，北魏孝文帝下诏从十月开始实行俸禄，每个季度发放一次。而之前的法律规定，枉法收受十匹布帛，受贿二十匹布帛的，处以死刑，从这以后，受贿一匹布帛、枉法收受无论多少，都处以死刑。而且朝廷仍然分别派出使者，到各地纠察巡视太守、县令中贪污等不法行为。秦、益二州刺史李洪之因为是外戚而贵显，为官贪婪残暴。

实行俸禄制度后，李洪之第一个因为贪赃而被揭发出来。北魏孝文帝下令锁住李洪之押赴平城；然后集合文武百官，亲自历数他的罪状。因为他是朝廷大臣，听任他在家自杀。其余太守、县令因为贪赃而被处死的有四十多人。那些接受过贿赂的人，无不恐慌，当时"赇赂殆绝"（行贿受贿之事几乎绝迹）。

在反腐惩贪上，即使对皇亲国戚也不宽贷。《资治通鉴·齐纪二》载，永明七年（公元489年），北魏怀朔镇将、汝阴灵王拓跋天赐和长安镇都大将、雍州刺史、南安惠王拓跋桢，都犯了贪赃之罪，应当处死。当时冯太后和北魏孝文帝到皇信堂，召见王公，冯太后说："卿等认为是应当保存亲情、毁弃法令，还是应当大义灭亲、彰明法令呢？"众位王公都说："这两位王爷，都是景穆皇帝的儿子，应当怜悯宽恕。"太后没有回答。北魏孝文帝于是下诏说："两位王爷所犯之罪难以宽恕，但是太皇太后（即冯太后）追思魏高宗之恩德，且南安王侍奉母亲孝敬恭谨，朝廷内外闻名。因此特别免除二人死罪，但是削夺官职和爵位，禁锢终身。"①

三是对贪官进行羞辱，使众官员知道廉耻。《资治通鉴·齐纪三·永明九年》载，起初，冯太后宠爱信任宦官苻承祖，苻承祖官至侍中、知都曹事，冯太后曾赐给他免死之诏。冯太后去世后，苻承祖因犯贪赃罪应当处死，北魏孝文帝宽免他，但将他削去职务，禁锢自己家里，还赐了一个"悖义将军"的称号，封"佞浊子"，苻承祖一个多月后就去世了。这里面，悖义就是违背道义，佞浊就是奸佞、贪浊。

《资治通鉴·齐纪三·永明十年》还载，北魏南阳公郑羲与李冲结成姻亲，李冲推荐他担任中书令。后来郑羲担任西兖州刺史，在州内任职时贪赃，冯太后为北魏孝文帝纳娶郑羲的女儿为嫔妃，又征召回朝廷担任秘书监。等到郑羲去世时，

---

① 景穆皇帝即拓跋晃，是北魏太武帝拓跋焘的太子，因忧虑而先于太武帝去世，追谥为景穆太子，后来拓跋晃长子拓跋濬即位，是为北魏文成帝，即魏高宗，追谥其父为景穆皇帝，而北魏文成帝即是冯太后的丈夫、北魏献文帝的父亲、北魏孝文帝的祖父。

尚书奏请追谥他为"宣"。北魏孝文帝下诏说:"盖上棺材定谥号,是为了激扬清浊。从前晋武帝时何曾虽然孝顺,但优良的史官却称他为'缪丑';贾充有功劳,但正直之士称他为'荒公'。郑羲虽然在文学有长处,但为政不清廉,尚书为什么违背公理、违犯国家典制呢?根据《谥法》:'博闻多见,称之为文;不勤成名,称之为灵。'可以追赠他为秘书监,加谥号为文灵。"虽然郑羲是北魏孝文帝嫔妃的父亲,但北魏孝文帝却公正地评价他,就是为了让众官员知道为政不廉即使是皇帝姻亲,即使其他方面很优秀,照样难逃不好的名声。

由于北魏孝文帝时的吏治监察举措,不仅确保了当时吏治清明,也确保了北魏孝文帝改革的顺利进行,同时因为他"好贤乐善,情如饥渴(思贤若渴)",在众多贤能的官员辅佐下,创造了"孝文中兴"的局面,《资治通鉴·齐纪六·建武二年》称,李冲、李彪、高闾、王肃等人辅佐北魏孝文帝制礼作乐,郁然可观,"有太平之风焉"。

而且,孝文帝在位时,北魏是最强盛的,包括武力上,在他去世的前一年,还打败南朝齐大将崔慧景、萧衍(即后来的梁武帝)的军队,去世前的十几天还在马圈之战中大胜南朝大将陈显达率领的齐军,齐军损失十之八九。

(四)北齐文宣帝时期的吏治监察

北齐是高欢次子高洋所建,高洋即北齐文宣帝。北齐文宣帝在位期间,在吏治监察方面取得一定的成效,其主要事迹有两个方面:

一是提拔选官得当的辛术为吏部尚书。《资治通鉴·梁纪二十》载,承圣元年(公元552年),北齐文宣帝擢升辛术为吏部尚书。自东魏迁都邺城以后,吏部负责官员选拔的人,知名的有数人,互有优点缺点:齐世宗年少有为,志高气朗,缺点在于粗率疏漏;袁叔德深沉谨慎厚道,缺点在于琐细;杨愔才华风流,有辩论才,缺点在于选拔官员时喜欢浮华。只有辛术性格贞正清明,选拔官员必定看才学器识,循名责实,新人、旧人都提拔,即使管理仓库的人有才器也必定提拔,富贵门阀子弟也不遗漏,考察他前后所选拔的官员,最为公平得当。

另一是合并州郡,精简官员。《资治通鉴·梁纪二十二》载,太平元年(公元556年），北齐文宣帝下诏："东魏末年豪杰们纠合乡里的武装，乘着有利形势请托，各自建立州郡，将大的州郡分开、将小的州郡合并，弄得公家和私人都浪费财力，人口比过去减少，而太守、县令却比从前倍增，而且边远地区向往朝廷教化，过去有很多是虚报，一百户的乡邑，就建立一个州；三户人家，建立一个郡，如果循名责实，这些州郡怎么可以存在呢？"从这以后合并撤销了三个州、一百五十三郡（相应地减少了很多的官员）。

北齐文宣帝这两项措施确保了吏治清明，而且官员数量精简高效，所以在位的前几年国家实力强大，击败契丹、山胡等，扩展疆土；但后来就沉湎于酒色，骄奢淫逸，幸赖有宰相杨愔，才不至于亡。

四、隋唐守文之君时期的吏治监察

隋朝的开国之君隋文帝开创了"开皇之治"，隋炀帝是亡国之君。我们分别在第一篇、第二篇已讲述过。唐朝的开国之君虽然是唐高祖李渊，但是天下大部分是唐太宗打下来的，所以唐太宗既是创业之君，也是守文之君，在位时开创了"贞观之治"，为后世所传唱，我们在第一篇已讲述过。自唐高宗之后，除了武则天建立周朝、唐玄宗前期平定韦氏和太平公主之乱并开创"开元盛世"、唐宪宗平定藩镇之乱具有雄武之君气概外（这三人之时的吏治监察已在第一篇、第三篇讲述），像唐中宗是典型的衰亡之君，唐睿宗是典型的守文之君，其他如唐肃宗、唐代宗虽然是平定"安史之乱"的帝王，但两人都属于性格懦弱之主，偏于守文的气质，唐德宗早期能除弊政，但后期猜忌大臣、姑息藩镇，虽然未能使国家振兴，但也能用正直有才能之臣，故未走向衰亡。唐顺宗只是昙花一现，在位仅一年，就让位给唐宪宗，虽有"永贞革新"，却也留下了一些吏治隐患。自唐宪宗之后，经历了唐穆宗、唐敬宗、唐文宗、唐武宗、唐宣宗、唐懿宗、唐僖宗、唐昭宗、唐哀宗，除唐武宗、唐宣宗外，其他皆是衰亡之君，当然唐昭宗、唐哀宗即位时已经很难挽回危局。现分别讲述唐高宗、唐睿宗、唐肃宗、唐代宗、唐德宗、唐顺宗在位时期的吏治监察。

（一）唐高宗时期的吏治监察

根据《资治通鉴》，唐高宗在位时的吏治监察好的方面如下：

一是询问朝集使政治得失。《资治通鉴·唐纪十五》载，永徽元年（公元650年）正月，唐高宗召见各州朝集使（各州派遣使者如刺史、别驾等到京城朝集，参与地方官吏考课、京城朝会等，因此称为朝集使）说："朕刚刚即位，政事如果有不便于百姓的，请全部陈述，没有讲透彻的再次上书奏明。"从这以后，每天带十名刺史入阁，询问百姓疾苦及政治得失。当时，长孙无忌和褚遂良同心辅政，唐高宗也尊礼二人，谦恭地听取意见，因此永徽年间的政治，"百姓阜安，有贞观之遗风"。

二是支持御史弹劾公卿及宠幸之臣。《资治通鉴·唐纪十五》载，永徽元年（公元650年）十月，监察御史韦思谦弹劾中书令（唐朝宰相之职）褚遂良压低价格买中书省翻译人员的田地。大理少卿张睿册认为是根据估价购买、没有罪。韦思谦上奏说："设置估价，是预备国家征收时所必需的，臣下之间的交易，怎能以估价来定！张睿册利用文辞来舞弊，附和臣下、欺骗皇上，罪行当诛。"当天，将褚遂良贬职为同州刺史，张睿册贬职为循州刺史。

《资治通鉴·唐纪十八》载，调露元年（公元679年）正月，司农卿韦弘机营建宿羽、高山、上阳等宫殿，规模壮丽。上阳宫临洛水，建的长廊一里长。宫殿落成后，唐高宗迁居那里。侍御史狄仁杰弹劾韦弘机引导皇帝奢侈安逸，韦弘机因此而被免官。左司郎中王本立倚仗皇帝的恩宠滥用权力，朝廷百官都畏惧他，狄仁杰弹劾他奸恶，请求交给司法部门查办，唐高宗特意赦免，狄仁杰说："国家即使缺乏英才，难道是缺少王本立这种人吗？陛下为何爱惜罪人，以损害王法。一定要赦免王本立，那么就将臣弃于无人之境，作为将来忠贞之臣的鉴戒！"王本立最终被治罪，从此朝廷肃然。

三是将骄奢扰民的金州刺史李元婴考绩列为下等。《资治通鉴·唐纪十五》载，永徽二年（公元651年），金州刺史、滕王李元婴（唐高祖李渊之子）骄奢纵逸，在唐太宗丧期，打猎游玩没有节度，数次夜开城门，惊扰百姓，有时引弹弓弹人，有时将人埋在雪中以调笑。唐高宗写信责备他，并说："取得舒适快乐的方法很多，也应当多节制，像晋灵公那样荒唐的君主，何足效法呢！朕因为您是至亲，不忍心用法度惩罚您，如今将您的考绩定为下等之上（九等：上上、上中、上下、中上、中中、中下、下上、下中、下下），以便让您心里惭愧。"李元婴与蒋王李恽（唐太宗李世民之子）都喜欢聚敛钱财，唐高宗曾经赏赐诸王每人各五百段绢帛，独独不给李元婴、李恽，唐高宗敕令说："滕王叔叔、蒋王哥哥自己能够经营，钱财多，不需要赏赐，送两车麻绳给您两位作为穿钱的绳子。"李元婴、李恽二王大为惭愧。

四是派官员前往地方巡视。《资治通鉴·唐纪十七》载，龙朔三年（公元663年）八月，唐高宗因为辽东地区连年用兵，百姓因徭役和赋税而困苦，且士兵战死、溺死的很多，于是下诏免除三十六州造船的任务，并派遣司元太常伯窦德玄等分别到十道（这里的"道"，是行政区域名称，唐朝时的"道"相当于现在的省），询问百姓疾苦，考察升降官吏。《资治通鉴·唐纪十八》还载，仪凤元年（公元676年）十二月，唐高宗任命来恒为河南道大使，薛元超为河北道大使，尚书左丞崔知悌、国子司业郑祖玄为江南道大使，分别前往各道巡视。

五是依法严惩贪官污吏。《资治通鉴·唐纪十七》载，麟德元年（公元664年），魏州刺史、郇公李孝协因为贪赃，被赐死。司宗卿、陇西王李博义上奏说，李孝协的父亲李叔良死于国事，李孝协没有兄弟，恐怕会绝了后代。唐高宗说："法律是一样的，不能因亲疏而有不同，如果残害百姓，即使是皇太子也不能赦免，李孝协有一个儿子，何必忧虑无人奉祀呢！"李孝协最终在自己家里自杀。

六是官员选拔的明经科策试《老子》，增加京官八品以上的俸禄。《资治通鉴·唐纪十八》载，上元元年（公元674年），天后武则天上书唐高宗，认为："国家圣业出自玄元皇帝（即老子李耳），请皇帝命令王公以下都要精习《老子》，每年的明经科策试要加试《老子》，像《孝经》《论语》一样。"又请求京官八品以上的官员，应当酌量增加俸禄，还有其他之事共十二条。唐高宗下诏表扬了武则天，并全部采纳了她的意见。

七是制定铨选官员的办法。《资治通鉴·唐纪十七》载，总章二年（公元669

年），当时天下承平已久，参加铨选等待授予官职的人越来越多。这一年，司列少常伯裴行俭与员外郎张仁祎设置有姓名资历的长榜，在上面规定了铨选授予官职的办法。同时又规定州县官员升降和官员资历高低。此后成为固定制度，没有谁能改变它。

在此之前，刘祥道也提出过改革建议，但是没有成功。《资治通鉴·唐纪十六》载，显庆二年（公元657年），唐高宗任命吏部侍郎刘祥道为黄门侍郎，仍然掌管吏部选官之事。刘祥道认为："如今选官部门录取士人过滥，每年进入九品的人数，超过了一千四百人，各类士人进入九品，都没有经过铨选。最近朝廷内外的文武官一品至九品的总计有一万三千四百六十五人，大约过三十年，这一万三千多人才大概用完。如果每年甄别入九品的五百人，足够补充所需要的官员之数，希望能够有所改革。"不久，杜正伦也说入流的人太多，唐高宗于是命令杜正伦与刘祥道详细商议，但是大臣们害怕改革，事情于是被搁置。

八是派遣清正官员和御史选拔地方都督府官员。《资治通鉴·唐纪十八》载，仪凤元年（公元676年）八月，唐高宗下诏："桂（广西）、广（广东）、交（越南北部）、黔（贵州）等都督府，近来任命当地的人为官，选择官员不够精当，从现在起每四年派遣五品以上清正官员充任使者，仍然命令御史一同前往选用官员。"当时人们称之为"南选"。

另外，唐高宗还规定了族姓和服饰品级标准。《资治通鉴·唐纪十六》载，显庆四年（公元659年）六月，唐高宗下诏改《氏族志》为《姓氏录》。起初，唐太宗命令高士廉等人修撰《氏族志》，据此升降取舍姓氏，当时人称公允得当。到此时，许敬宗等人认为《氏族志》没有收录武姓，奏请修改，唐高宗于是命礼部郎中孔志约等人将皇后的家族列为第一等，其他族姓全部按照在唐朝做官的品级高下为准，共分九等。从此，士兵因为军功提升到五品，进入士人之列，时人称为"勋格"。

《资治通鉴·唐纪十八》载，上元元年（公元674年）八月，唐高宗敕令："文武官员三品以上穿紫色衣服，佩戴金玉带；四品穿深红色衣服，佩戴金带；五品穿浅红色衣服，佩戴金带；六品穿深绿色衣服，佩戴银带；七品穿浅绿色衣服，佩戴银带；八品穿深青色衣服，佩戴黄铜带；九品穿浅青色衣服，佩戴黄铜带；平民百姓穿黄色衣服，佩戴铜铁带。没有平民百姓身份的其他人员，不准穿黄色衣服。"

唐高宗时期吏治监察方面还有一些做得不够的地方，比如唐高宗时，李义府就卖官。《资治通鉴·唐纪十七》载，龙朔三年（公元663年），唐朝任命李义府为右相，仍然主持选拔官员之事。当时，右相、河间郡公李义府负责选拔官吏，倚仗皇后武则天之势，专门以卖官为能事，铨选官员没有次第，怨声载道，唐高宗也多有听闻，曾经从容地对李义府说："你的儿子及女婿很不谨慎，做了不少非法之事，我还为你遮掩，你应当告诫他。"李义府勃然变色，说："谁告诉陛下的？"唐高宗说："只是我这样说，何必问我追索从哪里得来的呢？"李义府很不引为自己的过错，缓步离开。唐高宗因此不高兴。从这可以看出，李义府不仅卖官，而且气焰嚣张（后来被唐高宗治罪，不久流放，三年后死去）。

唐高宗时期，在吏治监察方面还有一些事迹值得留意：

一是关于推荐贤才为官员之事。《资治通鉴·唐纪十七》载，乾封二年（公元667年），唐高宗屡次责备左右侍臣不推荐贤才为官员，没有人敢回答。司列少常伯李安期（史学家李百药之子）回答说："天下不曾没有贤才，也不是群臣敢于埋没贤才。近来公卿有推荐贤才的，被进谗言的人指责是朋党，埋没的贤才没有得到进用，而在位的人先已获罪，因此大家都杜口不言。陛下果真推诚对待臣下，那么有谁不愿意推举所知道的贤才呢？这个问题在于陛下，而不是在于群臣。"唐高宗深以为然。

二是关于考核官员之事。《资治通鉴·唐纪十七》载，总章二年（公元669年）二月，唐高宗任命雍州长史卢承庆为司刑太常伯。卢承庆常常考核朝廷内外官员，有一位官员负责督运，途中遭遇大风而损失了粮米，卢承庆考核说："监运损失粮米，考绩为中下。"这位官员神色自如，没有说话就退出。卢承庆看重他的雅量，改评为："途中遭遇大风不是人力所能控制的，考核为中中。"这位官员既没有面露喜色，也没有惭愧的言辞，卢承庆又改为："宠辱不惊，考绩为中上。"

三是关于北门学士之事。《资治通鉴·唐纪十八》载，上元二年（公元675年），天后武则天多招揽文学之士，如著作郎元万顷、左史刘祎之等，派他们撰写《列女传》《臣轨》《百僚新戒》《乐书》，共一千多卷。朝廷的奏议及各部门的表疏，时常秘密地让他们参与决议，以此来分割宰相的权力，时人称他们为北门学士。

（二）唐睿宗时期的吏治监察

唐睿宗李旦是唐高宗和武则天所生的第四个儿子、唐中宗李显的亲弟弟。他在光宅元年（公元684年）时被武则天立为皇帝，但实际权力在武则天手中。天授元年（公元690年），武则天称帝，李旦被降为皇嗣。圣历元年（公元698年），李旦请求将皇嗣之位让给哥哥李显，于是武则天立李显为太子。李显即位后，曾经想立李旦为皇太弟，但被其拒绝。后来，唐中宗驾崩，韦皇后立温王李重茂为帝，即唐殇帝（也称唐少帝）。在唐殇帝刚即位时，当时有一个吏治监察方面的举措。《资治通鉴·唐纪二十五》载，景云元年（公元710年），朝廷命令纪处讷持节巡视关内道、岑羲巡视河南道、张嘉福巡视河北道。

当时，韦皇后想夺位，李旦与妹妹太平公主成为主要障碍，李旦的儿子李隆基发动兵变，杀死韦皇后、安乐公主等，当时唐殇帝李重茂迫于形势，将皇位让给李旦，李旦开始推辞，后来接受了帝位，这即是唐睿宗。

唐睿宗在位时的吏治监察事迹主要有以下：

一是免除斜封官职务。《资治通鉴·唐纪二十六》载，景云元年（公元710年）八月，姚元之、宋璟及御史大夫毕构上奏唐睿宗说："先朝所任命的斜封官应当全部停止废黜。"唐睿宗采纳了他们的意见。于是，共罢免斜封官数千人。

但是唐睿宗罢免斜封官并不彻底。《资治通鉴·唐纪二十六》载，景云二年（公元711年），殿中侍御史崔莅、太子中允薛昭素对唐睿宗说："斜封官都是先帝所任命的，命令已公布，姚元之等人建议后，一下子就全部削夺，这是彰显先帝之过，且为陛下招来怨恨。如今众口沸腾，遍于天下，恐怕会引来非常的变故。"太平公主也劝说唐睿宗不要全部废除斜封官，唐睿宗认为有道理，于是颁发制命："那些因为斜封别敕任命而先前被停任的官员，可以量材叙用。"

唐睿宗又将中书舍人、参知机务刘幽求罢为户部尚书，任命太子少保韦安石为侍中。韦安石与李日知代替姚元之、宋璟主持朝政，从此纲纪紊乱，又恢复唐中宗景龙年间的样子。前右卫率府铠曹参军柳泽上书说："斜封官都是因为唐中宗身边的仆妾所推荐，难道是出自唐中宗的本意吗？陛下将他们一概罢黜，天下没有不称赞英明的。如今一下子又全部收录叙用，善恶不定，为何陛下的政令如此前后不一呢？议论的人都称太平公主让胡僧慧范拉拢这些人，诳骗误惑陛下。臣担心积小成大，为祸不小啊！"但是唐睿宗不听。

二是任命宋璟为吏部尚书、姚元之为兵部尚书，文武官员选拔公正。《资治通鉴·唐纪二十六·景云元年》载，根据唐朝的旧制，三品以上的官员任命是由皇帝亲自册书授职，五品以上的官员任命是由皇帝颁布制书授职，六品以下官员由皇帝颁布敕书授职，都是委托尚书省拟定后上奏。文官属吏部，武官属兵部，尚书称之为"中铨"，侍郎称之为"东西铨"。唐中宗在位的末期，身边受宠幸的人掌权用事，选拔官员混乱，没有纲纪。到了这时，唐睿宗任命宋璟为吏部尚书，李乂、卢从愿为侍郎，都不畏强权，请托求官的道路禁绝，当时一万多名候选官员，能留下来经过三铨的不超过二千名，人人都对宋璟等公正选拔而心服。唐睿宗任命姚元之为兵部尚书，陆象先、卢怀慎为侍郎，武官的选拔也得到治理。

三是支持侍御史弹劾官员。《资治通鉴·唐纪二十六》载，景云元年（公元710年），侍御史倪若水，上奏弹劾国子祭酒祝钦明、司业郭山恽扰乱常规、擅自改变，迎合唐中宗旨意而使唐中宗有亏德行。唐睿宗于是将祝钦明降职为饶州刺史，将郭山恽降职为括州长史。侍御史杨孚（隋文帝侄孙），弹劾纠察不避权贵，权贵诋毁他，唐睿宗说："老鹰搏击狡兔时，必须赶紧救助，不然反而会被狡兔咬伤。御史弹劾奸佞也是这样，如果没有君主保护他，那么也会被奸佞所吞噬。"

但是唐睿宗的支持也是有限度的，《资治通鉴·唐纪二十六》载，景云二年（公元711年），胡僧慧范倚仗太平公主的势力，逼迫夺取百姓的财产，御史大夫薛谦光与殿中侍御史慕容珣上奏弹劾，太平公主在唐睿宗面前诉说，于是唐睿宗就将薛谦光出任为岐州刺史。

四是派遣使者巡察十道。《资治通鉴·唐纪二十六》载，景云二年（公元711年），唐睿宗派遣使者巡察十道。议论的人认为山南道所管辖的地方辽阔，于是将其分为东西两道；又从陇右分出河西道。这年的六月，唐睿宗又将天下分设为汴、齐、兖、魏、冀、并、蒲、郿、泾、秦、益、绵、遂、荆、岐、通、梁、襄、扬、安、闽、越、洪、潭共二十四个都督，各自纠察所部刺史以下州县官员的善恶，只有洛州及京畿各州不隶属都督府。太子右庶子李景伯等上奏说："都督掌握生杀之权，权势太重，如果用了不胜任的人，为害不小。如今御史俸禄职位都不高但是有清望，陛下派他们定期巡察，奸佞之徒自然不敢为恶。"后来最终罢除所设的都督，只设置十道按察使而已。但是仅隔两年，唐玄宗即位后，又进行了改革。《资治通鉴·唐纪二十六》载，开元元年（公元713年），唐玄宗下诏恢复右御史台（在前一年右御史台被唐睿宗下诏撤销），负责对各州的督察，罢除各道的按察使。

（三）唐肃宗时期的吏治监察

唐肃宗李亨是唐玄宗的儿子，在安禄山叛乱期间，唐玄宗逃往蜀中避乱，当时身为太子的唐肃宗在灵武即位。唐肃宗身担平叛的重任，当时为了奖赏立功将士，在吏治上不免有些混乱。《资治通鉴·唐纪三十五》载，至德二载（公元757年），这个时候朝廷府库没有蓄积，朝廷专门以官爵奖赏功劳，各位将领出征时，都给予空名的委任状，上自开府、特进、列卿、大将军，下至中郎、郎将，听任临事时可填写名字。后来又听任用信牒授人官爵，甚至有的异姓被封为王的。各路军队只以职务大小相互统辖，不再计较官爵高低。等到清渠战败后，又以官爵来召集散兵。因此，官爵轻而财货重，甚至一通大将军委任状，才能换取一醉。凡是应募而参军的人，都穿着金紫衣服，甚至有朝士的僮仆穿着金紫衣服，口称自己是大官，而实际上却干着低贱仆役的活。当时"名器之滥，至是而极焉"（官爵之滥，至此达到极点）。

后来，唐军在回纥的帮助下收复了长安，唐肃宗在吏治监察方面也采取了一些措施。比如对受贿官员严惩。《资治通鉴·唐纪三十七》载，上元元年（公元760年）二月，被贬为忠州长史的第五琦已在赴任的途中，有人告发第五琦收受他人黄金二百两，唐肃宗派遣御史刘期光追究查办。第五琦说："第五琦备位宰相，二百两黄金不可放在手里拿着，如果有证据，请按法律定罪。"但刘期光却上奏说第五琦已经服罪。第五琦因此被除名，长期流放夷州。虽然第五琦很冤，但反映了当时对受贿官员惩处比较严厉。这年的五月,一位名叫马上言的宦官收受贿赂,替人向兵部侍郎、同中书门下三品吕諲求官,吕諲就将此人补选为官。这事被发觉后,马上言受刑杖而死,吕諲被罢为太子宾客。

值得一提的是,唐肃宗还将人才选拔荐举作为政绩考核内容。《资治通鉴·唐纪三十八》载,上元二年(公元761年)九月,唐肃宗下制书明确,自今以后每当任命五品以上的清望之官及郎官、御史、刺史,命令他们都推举一人替代自己,然后考察他们所荐举的人,以定考绩优劣。

(四)唐代宗时期的吏治监察

唐代宗李豫是唐肃宗之子,原名李俶,曾任天下兵马大元帅,在平定"安史之乱"中起了重要作用。他在位十六年,吏治监察方面举措不多,即使当时有好的建议也未能推行。《资治通鉴·唐纪三十九》载,广德元年(公元763年)七月,礼部侍郎杨绾上奏新的科举条目:秀才科,考试方式是问经义二十条、对策五道。对于国子监推荐的人才,命令博士向国子祭酒(国子监的长官)推荐,国子祭酒考试通过后送呈尚书省,就如同科举制度中的乡贡法一样。对于明法科,委托刑部进行考试。但是,当时有人认为明经科、进士科,推行已久,不可立即改革。这件事虽然没有推行,但有识者认为是正确的。(《资治通鉴·唐纪六十》载,太和七年(公元833年)七月,唐文宗担心近世的文士不精通经学,李德裕请求依照杨绾的议论,在科举考试时,进士科只考策论、议论,不考诗赋。这年的八月,唐文宗下制:进士科停考诗赋。)

唐代宗当时还受制于宰相元载十来年,以致元载等败坏吏治。《资治通鉴·唐纪四十》载,大历元年(公元766年),唐代宗任命陇右行军司马陈少游为桂管观察使。陈少游,是博州人,为官强干聪敏,但是喜好贿赂,善于结交权贵,由此而得以升官。他得到桂管观察使一职后,厌恶桂州路途遥远且多瘴疠。当时宦官董秀负责朝廷枢密机要事务,陈少游请求每年献给董秀五万缗钱,又向元载的儿子元仲武行贿。于是董秀和元载两人内外引荐,几天后唐代宗就改任陈少游为宣歙观察使。

《资治通鉴·唐纪四十一》载，大历十二年（公元 777 年），中书侍郎、同平章事元载专横霸道，黄门侍郎、同平章事王缙依附他，二人都非常贪婪。元载的妻子王氏及儿子伯和、仲武，王缙的弟弟妹妹及出入王门的尼姑都争相收受贿赂。元载、王缙又将政事委托给官吏们处理，求取功名的士人，如果不结交他们的子弟及主书卓英倩等人，就不能进入仕途而显达。唐代宗包容二人多年，但元载、王缙不改。

这一年，唐代宗想诛杀他们，担心左右之人泄密，独与左金吾大将军吴凑谋划。吴凑，是唐代宗的舅舅。恰逢有人告发元载、王缙图谋不轨，于是唐代宗到延英殿，命令吴凑将元载、王缙在政事堂逮捕，又逮捕元仲武及卓英倩等关押狱中。唐代宗命令吏部尚书刘晏与御史大夫李涵等共同审讯，元载、王缙都伏罪。当天，唐代宗先在宫中将左卫将军、知内侍省事董秀杖杀，并赐元载在万年县自尽。元载请求快死，主管官员于是脱下臭袜子塞进其嘴里将他杀掉。王缙起初也被赐自尽，刘晏对李涵等人说，王缙是从犯要报皇上处理，李涵等听从。于是唐代宗贬王缙为栝州刺史。元载的妻子王氏，是王忠嗣之女，与儿子元伯和、元仲武、元季能等都被诛杀。有关部门没收元载的家产，仅胡椒就达到八百石，其他财物也与此相称。

当元载等被诛杀后，唐代宗才得以施展一点作为。《资治通鉴·唐纪四十一·大历十二年》载，起初元载因为进入仕途的人多乐于当京官，厌恶他们会逼近自己，于是制订俸禄制度时，任地方官的俸禄多而任京官的俸禄少，京官常常不能自给，常常从地方官那里乞求借贷。元载被除后，新任宰相杨绾、常衮上奏说京官的俸禄太少。于是唐代宗下诏增加京官的俸禄，每年约十五万六千多缗钱。这年的五月，唐代宗下诏，除都团练使外，全部取消各州的团练守捉使，又命令各使如果不是军事要急，不得擅自召见刺史及停止其职务。又规定各州的军队都有一定数额，那些招募的由官府给家人粮食、给春冬季衣服的，称之为"官健"；选择当地人服兵役，春夏二季就从事农业、秋冬二季就聚集训练、供给衣服粮食和酱菜的，称之为"团结"。自从有战事以来，州县官员的俸禄供给不一，加上元载、王缙徇私，刺史每月的俸禄多的千缗、少的只有数十缗，从这以后，开始规定节度使以下至主簿、县尉的俸禄，减多补少，上下有序，法令制度初步确立。

（五）唐德宗、唐顺宗时期的吏治监察

唐德宗李适是唐代宗长子，在广德二年（公元764年）被立为太子，大历十四年（公元779年）即位，当时颇有励精图治之象，然而后来猜疑大臣，重用奸佞卢杞，而且信任宦官，使一度在其父唐代宗时遭到打击的宦官势力抬头，从此愈演愈烈，甚至宦官能把持皇帝的废立，加之姑息藩镇、喜好敛财，所以朝政日坏。贞元二十一年（公元805年），唐德宗去世。唐德宗在位期间，吏治监察好的方面如下：

一是派使者巡视天下。《资治通鉴·唐纪四十二》载，建中元年（公元780年）二月，唐德宗命令黜陟使十一人分道巡视天下。

本来这是非常好的措施，但是这其中有一位名叫洪经纶的巡视不当。《资治通鉴·唐纪四十二》载，先前，魏博节度使田悦侍奉朝廷还恭顺，河北黜陟使洪经纶不晓时务，听说田悦军队有七万人，便发兵符裁减四万人，命令他们解甲归田。田悦假装从命，按兵符减员。不久，田悦召集应当减员的士兵，激怒他们说："你们久在军中，都有父母、妻子、儿女，如今一旦被黜陟使裁减，你们将以什么来养活自己呢！"众人都大哭。田悦于是拿出家财赏赐给他们，使他们各自回到军中。由此军士都感谢田悦恩德而对朝廷怨恨。

二是惩罚贪赃官员。《资治通鉴·唐纪四十二》载，建中元年（公元780年）三月，翰林学士、左散骑常侍张涉（唐德宗当太子时的侍读）收受前湖南观察使辛京杲贿赂的黄金被发觉，唐德宗很生气，想依法惩治，因宰相李忠臣求情，而将张涉罢免还乡。

在唐代宗大历年间之前，因为税赋、收支、俸禄都没有一定的法度，地方长官得以专权，更加上元载、王缙掌管朝政，贿赂公行，天下不监察贪官大概二十年。只有江西观察使路嗣恭监察虔州刺史源敷翰，判处流刑。唐德宗因为宣歙观察使薛邕是温文尔雅的老臣，征召他为左丞；薛邕离开宣州时，盗窃隐没官府财

物以巨万计，殿中侍御史揭发了他。建中元年（公元780年）十月，唐德宗将薛邕贬为连山县尉。自此，州县开始畏惧朝廷法典，不敢放纵。

三是发挥朝集使及御史的作用。《资治通鉴·唐纪四十二》载，建中元年（公元780年）十一月，唐德宗初次命令除待制官外，再推荐出朝集使二人，询问他们时政得失以及边远百姓疾苦。《资治通鉴·唐纪五十二·贞元十九年》载，建中初年，唐德宗敕令京城各使以及府县关押的囚犯，在每季度终结时，委托御史"巡按"（即巡视按察），有冤枉滥多者要上报朝廷知道。

唐德宗之时吏治监察不好的方面也有一些：

比如宰相窦参及其族子窦申受贿卖官。《资治通鉴·唐纪五十·贞元八年》载，窦参阴险狡诈而且刚愎自用，倚仗权势而贪财，每次升迁或任命官员时，他多与族子、给事中（唐朝门下省重要职位，负责封驳诏书）窦申商议。窦申招揽权力收受贿赂，时人称他为"喜鹊"。唐德宗也听说了，对窦参说："窦申必定会连累卿，应当将他调出朝廷以平息议论。"窦参再三担保，窦申也不改。左金吾大将军、虢王李则之，是李巨儿子，与窦申关系要好，左谏议大夫、知制诰吴通玄与陆贽不和，窦申担心陆贽得到进用，暗中与吴通玄、李则之编造诽谤陆贽的书信以倾轧陆贽，唐德宗都察知这些事情。贞元八年（公元792年）四月，唐德宗贬李则之为昭州司马，吴通玄为泉州司马，窦申为道州司马，不久又赐死吴通玄。接着又贬中书侍郎、同平章事窦参为郴州别驾，再贬窦申为锦州司户。以尚书左丞赵憬、兵部侍郎陆贽并为中书侍郎、同平章事（宰相）。

又如任用小人，造成跑官和请托的多。《资治通鉴·唐纪五十一》载，贞元十二年（公元796年），唐德宗自从陆贽贬官后，尤其不信任宰相，自御史、刺史、县令以上官员都是亲自选用，中书省只是行文而已。然而唐德宗深居宫中，所信任的人是裴延龄、李齐运、户部郎中王绍、司农卿李实、翰林学士韦执谊及韦渠牟，他们都权倾宰相，到他们家趋附跑官的挤满了。王绍谨慎缜密，李实狡猾阴险搜刮民财，韦执谊以文章与唐德宗唱和、年纪二十来岁就由右拾遗征召进了翰林院，韦渠牟相貌神态浮躁，尤其被唐德宗所亲近，唐德宗每次与宰相执政说话不会超过三刻时间，而韦渠牟奏事长达六刻，与唐德宗的说笑声往往从外边就能听到，他推荐的人都破格得到擢升，这些人都庸俗鄙陋。

在上述唐德宗所亲近的小人中，李实还常常受人请托而举荐他人为官。《资治通鉴·唐纪五十二》载，贞元十九年（公元803年）三月，唐德宗任命司农卿李实兼任京兆尹。李实为政暴戾，但唐德宗却宠信他。李实恃宠而骄，受人请托而引荐他人为官，而且是破格授予官职。李实还诬陷、谮害官员，都能让这些官员遭斥逐，士大夫畏惧得不敢正眼看他。

再如任用敛财之官。《资治通鉴·唐纪五十二》载，贞元十八年（公元802年），浙东观察使裴肃因为进奉贡物而得以提升，判官齐总代替他任浙东观察使，齐总通过剥削百姓向唐德宗求媚，而且还超过裴肃。这年的三月，唐德宗下诏擢升齐总担任衢州刺史。

唐德宗去世后，长子李诵即位，是为唐顺宗，史书称唐顺宗"居储位二十年，天下阴受其赐"（《旧唐书》），也就是说当太子时达二十多年，做了很多好事，天下人暗中受到他的赐祐。可惜他在位时间太短，只有一年，登基时就带病，左右之人操弄权力，但他能够将权力交给太子李纯（唐宪宗），从而延长唐朝的社稷，可以称之为贤主。

司马光在《资治通鉴》中记载了当时左右之人（主要是王伾、王叔文"二王"）操弄权力败坏吏治的事迹。《资治通鉴·唐纪五十二》载，永贞元年（公元805年）正月，唐顺宗任命殿中丞王伾担任左散骑常侍，依然像从前一样充任翰林待诏，任命苏州司功王叔文担任起居舍人、翰林学士。

王伾长相丑陋，吴地口音，唐顺宗宠幸亲近他，而王叔文颇能以承担大事而自许，稍微懂得文义，喜欢议论朝中之事，唐顺宗因此而稍稍敬重他，不像王伾那样出入内宫通行无阻。王叔文入翰林院，而王伾入柿林院，与李忠言、牛昭容商量事情。大抵说来，王叔文依附王伾，王伾依附李忠言，李忠言依附牛昭容，他们相勾结。每次遇到事情就首先下达翰林院，让王叔文判断是否可行，然后向中书省宣布，韦执谊承命执行。他们在宫廷之外的党羽如韩泰、柳宗元等负责探听外面之事。他们谋划商议一唱一和，互相推重，称是伊尹、周公、管仲、诸葛亮，自鸣得意，以为天下无人可比。他们对朝廷官员的晋升和罢退都很随意，不受法度程序的约束，士大夫畏惧他们，"道路以目"。平素与他们交往的，相继得到提拔，有时一天授予数人的官职。他们的党羽中有人说："某人可以担任某官。"不过一两天，某人就会得到这个官职。由此，王叔文及其党羽十多家，昼夜车马往来，门庭若市。等候拜见王叔文、王伾的客人，有的甚至住在他们街坊中的饼店、酒垆，饼店、酒家收取每人千钱才肯收留。王伾尤其猥琐，专门以收受贿赂为能事，制作了一个大柜子用来贮藏金帛，夫妇俩还在上面睡觉。

五、五代守文之君时期的吏治监察

五代时期，朝代更替太快，往往一个朝代经历两三代就换了新的朝代，所以守文之君不多，除了后唐时经历的君主多一些，有四代，其他大多短暂，二代而亡的有后梁、后晋、后汉，三代而亡的有后周。这样算起来，守文之君就只有后唐明宗、后周世宗，但后周世宗性格更偏向英武雄略，且他在位时征伐北汉、南唐，武功突出，已在第三篇讲述。在十国中，也是如此，很多也是二三代就灭亡的，当时有吴越国还存续较长时间，像第二代君主钱传瓘还是不错的守文之君。所以，这里重点讲述后唐明宗与吴越国主钱传瓘时期的吏治监察。

后唐明宗李嗣源是五代时不多见的好皇帝，他即位后吏治不错，注重任用贤能。《资治通鉴·后唐纪四》载，天成元年（公元926年）五月，后唐明宗任命太子宾客郑珏、工部尚书任圜一起担任中书侍郎、同平章事（宰相），任圜仍然管理三司。任圜忧公如家，"简拔贤俊，杜绝侥幸"（即选拔贤俊之士为官员，杜绝各种侥幸包括请托等走捷径而为官的途径），一年之间，府库充实，军民皆足，朝纲粗立。任圜常常以天下为己任。但是到了后唐明宗后期，官员也越来越多。《资治通鉴·后唐纪四·天成元年》载，到了长兴（后唐明宗的后一个年号）以后，所授予的官员逐渐增多，乃至于军中的士兵和使、州、镇、戍中的官府小吏，都得到了银印青绶这种高级官员的凭证，级别到了宪台（即御史台），每年赐给的任职凭证数以万计。

吴越国主钱传瓘在吏治上也有很好的举措。《资治通鉴·后唐纪六》载，长兴三年（公元 932 年），吴越武肃王钱镠病重，众人推举其子镇海节度使钱传瓘继其位。钱传瓘继承王位以后，"置择能院，掌选举殿最"。这里面提到了设置"择能院"（其意是要选择贤能的官员），"择能院"专门负责掌管选拔、考核官员。这一点特别值得留意。

第五篇

《资治通鉴》
所载的吏治
监察制度

除了人之外，制度也是影响一国吏治监察的关键因素。司马光在《资治通鉴》中记载了一些吏治监察制度，其中有些制度沿用长达几百年，甚至上千年。我们将这些制度分两大部分，一部分是吏治方面的制度，另一部分是监察方面的制度。

一、吏治方面的制度

这里面讲的吏治制度主要涉及选拔、任用、考核官吏等方面的制度。根据司马光在《资治通鉴》中的记载，主要有以下制度。

1. 策问制度

策问制度始于汉文帝，指的是皇帝亲自拟出关于政事、经义的问题，由被推举的贤良方正、直言极谏之士对答，也是一种考试制度。《资治通鉴·汉纪七》载，汉文帝前十五年（公元前165年）九月，汉文帝"诏诸侯王、公卿、郡守举贤良、能直言极谏者，上亲策之。太子家令晁错对策高第，擢为中大夫"。意思是，汉文帝诏令诸侯王、公卿、郡守举荐贤良、能直言极谏的人，由皇帝亲自策问考试。在这次考试中，太子家令晁错的对策为高等，汉文帝提升他为中大夫。

在汉武帝之时，策问制度成为他选拔官员的常用方式。《资治通鉴·汉纪九》载，建元元年（公元前140年）十月，汉武帝以古今治道为题亲自策问大臣举荐的品德贤良操行方正、直言极谏之士，当时参加应对的有一百多人。广川人董仲舒参加了对策（即"天人三策"），汉武帝很称赞他的对策，任命董仲舒为江都国的国相。会稽人庄助也参加了贤良对策，汉武帝提拔他为中大夫。元光元年（公元前134年）五月，汉武帝下诏察举贤良、文学，并亲自策问。《资治通鉴·汉纪十》载，元光五年（公元前130年），汉武帝征召吏民中通晓当世政务、精习古代圣王治国之术者到朝廷，并亲自策问。当时，公孙弘参加了对策，汉武帝非常赏识他，亲自擢拔公孙弘为第一，任命他为博士。

汉昭帝时也继续推行策问制度，汉昭帝就曾对当时的贤良文学魏相策问。《资治通鉴·汉纪十五》载，元凤元年（公元前80年）十月，汉昭帝封杜延年为建平侯，燕仓为宜城侯，前任丞相征事任宫为弋阳侯（因其捕获上官桀），丞相少史王山寿为商利侯（因其将上官安引入丞相府而抓获）。过了一段时间，文学、济阴人魏相在回答汉昭帝的策问时，提出要在天下人面前公开奖赏韩义的儿子，因为在此之前燕王刘旦无道，而韩义挺身而出劝谏，被燕王所杀。于是，汉昭帝擢升韩义之子韩延寿为谏大夫。

在汉代，即使在走向衰败之时，也还沿用策问制度。比如《资治通鉴·汉纪二十二》载，建始四年（公元前29年）夏，汉成帝将前些时候被推荐的直言之士全部召集到白虎殿，亲自策问，让他们对策。

《资治通鉴·汉纪四十三》载，阳嘉元年（公元132年）五月，因为京师洛阳发生地震，汉顺帝下诏给公卿等，让他们各自直言朝政的过错，并各自向朝廷举荐敦厚质朴之士一人。六月，洛阳的宣德亭发生地裂，长八十五丈，汉顺帝召集公卿所推荐的敦厚质朴之士，让他们对策，并特别询问当世的弊端及应当如何为政。当时，有不少人参加，汉顺帝看了众人的对策，以李固为第一。

《资治通鉴·汉纪四十四》载，阳嘉三年（公元134年）五月，因为春夏连续大旱，汉顺帝大赦天下，汉顺帝还亲自到德阳殿东厢祈请上天下雨，因为尚书周举才学优深，特加策问。

《资治通鉴·汉纪四十四》载，建康元年（公元144年）九月，梁太后下诏举荐"贤良方正之士"，并进行策问。

策问制度虽然在魏晋南北朝时不太沿用，但是在隋唐五代时（尽管当时有科举制度，但皇帝并不亲自策试）又有皇帝重视。比如武则天于永昌元年（公元

689年），举行了一次贤良方正科策问考试，在一千多名对策者中，张柬之名列第一，被授予监察御史。这个记载在《旧唐书·卷四十一·张柬之列传》，《资治通鉴》未记载，《资治通鉴·唐纪二十》记载的是天授元年（公元690年）二月，"太后策贡士于洛城殿。贡士殿试自此始"。即武则天亲自在洛城殿策试各地入京应举的人，入京应举的人参加殿试是从这时候开始的。

又如《资治通鉴·唐纪五十三》载，元和三年（公元808年）四月，唐宪宗策试贤良方正、直言极谏者，伊阙县尉牛僧孺、陆浑县尉皇甫湜、前进士李宗闵都指出陈述当时的政治得失，无所回避。吏部侍郎杨於陵、吏部员外郎韦贯之为主考策对的官员，韦贯之将牛僧孺等列为优等，唐宪宗也非常嘉许他们，下诏让中书省从优安排官职。

五代时，后周世宗也曾亲自策问治道。《资治通鉴·后周纪三》载，显德二年（公元955年），周世宗对宰相说："朕每每思考致治之方，没有得到其中的要领，因此寝食不忘。又从后唐、后晋以来，吴地、蜀地、幽州、并州都阻断了教化，没有能够统一，应该命令左右近臣撰写《为君难为臣不易论》和《开边策》各一篇，朕将览看。"也就是说，周世宗考虑致天下太平之方略，于是亲自策问左右近臣，题目就是"为君难为臣不易论""开边策"。比部（即刑部）郎中王朴进献对策，周世宗对王朴的对策欣然接纳，很看重他的胆气识见，不久便提拔王朴为左谏议大夫、知开封府事。

到了宋代，策问制度就演变成了科举中的殿试制度，宋太祖赵匡胤开宝六年（公元973年）后殿试成为常制。

策问制度有两个好处：一是可求得治国良策，二是可选拔真正的人才为官。一代伟人毛泽东在《中国共产党在民族战争中的地位》一文中指出，领导者的责任，归结起来，主要是出主意、用干部两件事。如何出主意？就要集中大家的智慧。如何用干部？就是要用真正的人才。可见，策问制度和毛泽东所说相通，刚好能做到这两点。

2. 孝廉制度

孝廉制度是汉代选拔具有孝道、廉洁的人担任官员的一种制度，是汉代察举制最重要的一科，得人非常多。所以将它单独列出来讲述。

孝廉制度由汉武帝开创。《资治通鉴·汉纪九》载，元光元年（公元前134年）十一月，汉武帝首次令天下郡国各自察举孝廉一人。

时隔六年后汉武帝再次下诏大力推行。《资治通鉴·汉纪十》载，元朔元年（公元前128年）十一月，汉武帝再次下诏说："朕殷切嘱告官吏，兴廉举孝，希望能养成风气，继承美好的圣人事业。孔子说过'十室之邑，必有忠信；三人并行，厥有我师'。如今有的郡不向朝廷举荐一人，这是教化不能贯彻下去，而积累善行的君子被阻隔不得上闻。况且，进贤受上赏，蔽贤蒙显戮，这是古代的治理之道。应该议定二千石官员不举荐人才的罪名！"有关官吏上奏说："凡是不举荐孝子的，不奉诏令的，应当按'不敬'的罪名论处；凡是不察举廉吏的，是不胜任职务，应当免官。"汉武帝批准了这个奏请。

到了东汉时，孝廉制度继续推行，并进行了一些改革。汉和帝时，规定以人数来推举孝廉。《资治通鉴·汉纪四十》载，永元十三年（公元101年）十一月，汉和帝下诏说："幽州、并州、凉州的户口少，而边境差役很多，奉公守法的良吏升迁之路狭窄。安抚外族夷狄，要以人为本。现在命令边远地区人口十万以上的郡，每年推举孝廉一人；人口不满十万的郡，每两年推举孝廉一人；人口五万以下的郡，每三年推举孝廉一人。"

汉顺帝时的尚书令左雄、黄琼分别对孝廉制度进行了改革，使之更加完善。《资治通鉴·汉纪四十三》载，阳嘉元年（公元132年），已升为尚书令的左雄上书说："孔子说'四十不惑'，《礼记》称四十岁才做官。请从现在开始，孝廉如果年龄不满四十的，郡国不得察举，都先到三公府报到，儒生考试所学的经书，文吏考试起草奏书，将他们所写的副本送到皇宫的端门，由尚书检查虚实，以观察他们是否有杰出的才能，这样用以树立良好的风俗。有不遵守上述规定的，依法定罪。如果有'茂材异行'（即特殊的才能和品行），自当可以不拘年龄。"汉顺帝采纳了他的意见。

当时胡广、郭虔、史敞上书还反驳左雄说："大凡选拔举荐，都是根据才能，不拘泥某种定制。像陈平六出奇策，不是出自经学；子产在郑国、晏子在东阿治理的政绩，不一定出自奏书；甘罗、子奇受到重用时，年龄离四十岁入仕还差得远呢；终军、贾谊名声显扬，也刚刚在弱冠之年。"但汉顺帝没有听从。

于是汉顺帝初次下令："郡国推荐孝廉，限年龄四十岁以上；儒生必须精通经书的章句，文吏必须能起草奏书，才能得以应选。如果有特殊的才能和品行，像颜渊（孔子最喜欢的弟子，品德学问都好）、子奇（春秋齐国人，年十八治理阿县，阿县大化）一样，就不拘泥于年龄。"

过了一段时间，广陵郡所荐举的孝廉徐淑，年龄未满四十，尚书郎诘难他，他回答说："皇帝诏书说：'有像颜回、子奇一样的特殊才行，可以不拘年龄。'因此本郡让臣来应选。"尚书郎不能说服他。左雄诘问他说："颜回能做到闻一知十（听说一件事能知道十件事），孝廉闻一能知道几呢？"徐淑无以回答，于是被罢遣回家，郡太守也因此被免官。

然而左雄公平、正直、精明，能够审清核实真伪，决意推行。不久，胡广出任济阴太守，他与一些郡守十多人都因为荐人不当或被罢免或被贬黜。在各郡国推举的孝廉中，只有汝南人陈蕃、颍川人李膺、下邳人陈球等三十多人得以任命为郎中。"自是牧、守畏栗，莫敢轻举。迄于永嘉，察选清平，多得其人"。也就是说，从这以后，州牧和郡守深怀畏惧战栗之心，没有谁敢轻易推荐，直到永嘉年间（汉顺帝之子汉冲帝年号），察举推选非常清明公平，多能得到贤才。

《资治通鉴·汉纪四十四》还载，汉安二年（公元143年），尚书令黄琼认为，以前左雄所上奏的关于孝廉的选拔官吏制度，只专门用于"儒学""文吏"两个科目，对于选拔官吏的内容还有所遗漏，于是上奏汉顺帝请求增加"孝悌""能从政"两科，共四科。汉顺帝采纳了。

3. 察举制度

汉代的察举制不仅仅是孝廉这一科目，像前面所提到的汉文帝时的"贤良方正"也是非常重要的一科，它常与"直言极谏"连在一起，往往在出现天象和灾祸时，皇帝认为是自己有过失，因此就请中央的公卿和地方的长官推荐，然后进行策试，选拔出官员。

除了前面所讲的孝廉、贤良方正科目之外，根据《资治通鉴》的记载，汉代的察举制度还大略有以下几科：

一是"贤良文学"科。贤良当然指的是品行好，文学指的是精通经学，而不是现代所讲的文学。有时贤良和文学连在一起，有时又分开。《资治通鉴·汉纪九》载，元光元年（公元前134年）五月，汉武帝下诏察举贤良文学。

《资治通鉴·汉纪九·建元三年》还提到，汉武帝自刚即位开始，就"招选天下文学才智之士"，待以重用之位。因此，四方之士多向汉武帝上书议论政事得失，自我推荐的达到千数，汉武帝从中选拔杰出者予以宠幸任用。像庄助、吴人朱买臣、赵人吾丘寿王、蜀人司马相如、平原人东方朔、吴人枚皋、济南人终军等，都在汉武帝左右辅助，汉武帝每每命令他们与朝廷大臣用义理文辞相互辩论，大臣数次无法对答。其中东方朔经常利用时机直言进谏，对朝政有所补益。

《汉书·东方朔传》也提到，汉武帝初即位，"征天下举方正贤良文学材力之士，待以不次之位，四方士多上书言得失，自衒鬻者以千数"。即征召天下推荐方正、贤良、文学等有才能的士人，以破格授予职位任用他们，四方士人纷纷上书议论国家政事的得失，炫耀卖弄自己才能的人数以千计。

汉昭帝即位后也专门下诏举贤良文学。这个在《资治通鉴》中未见记载，但是在《资治通鉴·汉纪十五·始元六年》提到汉昭帝"诏有司问郡国所举贤良文学，民所疾苦、教化之要"，即下诏让有关部门向郡国所推荐的贤良文学，询问百姓的疾苦及教化的要领。

汉昭帝的这个诏书在《汉书·昭帝纪》中记载得很清楚，也就是在始元五年（公元前82年），汉昭帝下诏说："朕以微眇之身而继皇帝之位，战战栗栗，夙兴夜寐，修习古代帝王治理天下之道，诵读《保傅传》，对《孝经》《论语》《尚书》尚未透彻明了，现在命令三辅、太常各自举荐贤良二人，郡国文学高第各一人。"

二是"茂才异等"科。《资治通鉴·汉纪十三》载，元封五年（公元前106年），汉武帝因为朝中的文武名臣快没有了，于是颁布诏书说："盖有非常之功，必待非常之人，故马或奔踶而致千里，士或有负俗之累而立功名。夫泛驾之马，跅弛之士，亦在御之而已。其令州郡察吏民有茂材异等可为将相及使绝国者。"这个诏书即是"求茂才异等诏"，说的是要建立不寻常的功业，必须有不寻常的人。有的马奔跳着踢人，却能日行千里；有的士人被世俗讥笑议论，却能屡建功勋。这些力大性悍的烈马和不拘小节的壮士，也只在如何驾驭使用罢了。为此，各州县地方官要推荐下属和百姓中的优秀杰出人才，选拔那些能够担任将相和出使异国他邦的人。

这里面，"茂才"，即西汉时所称的"秀才"，东汉史学家班固作《汉书》时，为避光武帝刘秀之讳改称"茂才"，这个"茂才"，在西汉属特举科目，后来东汉光武帝时改为岁举常科，又常称作"茂才异等"。"茂才"是指优秀的人才，"异等"是指才能出类拔萃的人。"茂才"的选拔是针对有特殊才能和有非常之功的低级官吏，而"孝廉"选拔的对象多是布衣平民。两者起点不一样，被举为茂才的初次可授予县令，而被举为孝廉的初次授予多是低级的郎官。

三是"四行"科。《资治通鉴·汉纪二十》载，永光元年（公元前43年）二月，汉元帝下诏让丞相、御史大夫举荐"质朴、敦厚、逊让、有行"者，光禄寺从这些人中选取成绩好的任命为郎从之官。

"质朴、敦厚、逊让、有行"就是"四行"科的要求。为什么要有这四种品行呢？早在汉武帝时就将郎中令改为光禄勋，负责掌管宫廷宿卫及侍从，这个职责非常重要，是保护皇帝人身安全的。选择以上四种品行的人才能让皇帝放心。

四是明经科。明经，就是通晓经学，当然这个经学指的是儒家的经学。《资治通鉴·汉纪十一》载，元朔五年（公元前124年）六月，汉武帝采纳丞相公孙弘等建议，从五经博士的弟子中选拔官员以及从通晓一种经学以上的吏员中选拔官员。

《资治通鉴》还在多处记载了关于明经科之事。比如《资治通鉴·汉纪二十》载，初元元年（公元前48年），汉元帝刚刚即位，向来听说琅邪人王吉、贡禹都是"明经洁行"之士（即通晓经学、品行高洁），派遣使者征召，王吉在途中病逝，贡禹到了后，汉元帝任命他为谏大夫。

魏晋时期尽管实行了九品中正制，但是魏明帝仍然重视精通经学之士，而且明确要求地方长官必须精通儒家的一种经典。

《资治通鉴·魏纪三》载，太和四年（公元230年），当时尚书琅邪人诸葛诞、中书郎南阳人邓飏等结成朋党，相互题名表扬，以散骑常侍夏侯玄等四人为"四聪"，诸葛诞等八人为"八达"。行司徒事（行使司徒职事）董昭上书魏明帝说："大凡拥有天下的君主，无不尊崇敦朴忠信之士，痛恨虚伪不真之人，因为虚伪不真之人毁坏教化、扰乱治理、伤风败俗。"并指出："当今青少年不再以学问为本，专门以结交朋友为业；国士不以孝悌清修为首，而以趋炎附势、能够营利为先。他们结为群党，互相恭维。"

魏明帝认为董昭说得好，并下诏说："世上的朴质和浮华，随着教化而改变。兵乱以来，儒家经学都废绝了，年青的后生进取之道不由儒家的典谟（指《尚书》的两种文体，代指儒家经典）。难道是训导不当使将要提拔进用的人不以品德彰显吗？从现在起，郎吏必须学通儒家的一种经典，才能任地方长官，博士要经过课试，选择那些成绩优秀的马上任用，那些浮华、不务正道的人都罢退！"于是免去诸葛诞、邓飏的官职。

在魏明帝之后的前秦君主苻坚对官员也要求必须精通儒家的经学。《资治通鉴·晋纪二十五》载，晋简文帝咸安二年（公元372年），苻坚下诏说："关东之民学通一经、才成一艺者，在所以礼送之。在官百石以上，学不通一经、才不成一艺者，罢遣还民。"意思是，关东的百姓有学问能够精通一经、才有一艺的，所在州县应以礼节送到官府。享受百石以上俸禄的官员，学问不能精通一经、才无一艺的，罢官为民。

一直到唐代，在科举制度中仍然有明经科，它和进士科一起构成唐代选拔官员的最主要科目。

五是其他科。比如《资治通鉴·汉纪四十四》载，永和三年（公元138年），汉顺帝命令大将军、三公各举荐"刚毅、武猛、谋谟任将帅者"（即刚毅、武猛、有谋略能担任将帅之人）二人，特进、九卿、校尉各推荐一人。另外还有孝弟力田科、明法科、明阴阳灾异科等。

4. 征辟制度

征辟是汉代选拔官员的又一种制度。所谓征，是指皇帝征召品行高洁、学识深厚的名士或隐士为官，这些名士或隐士的身份都是布衣百姓；所谓辟，是指公府（三公的府衙）、州郡官府选任僚属。

关于征召。早在汉高祖之时，就下"求贤诏"（见《汉书·高帝纪下》），要求各郡国遇有德才之人，必须亲自去劝说，为他驾车，送到相国府，登记履历、相貌、年龄；有贤才却没有上报的，被发觉了要免职。

在《资治通鉴》中最早记载的征召发生于汉武帝时。《资治通鉴·汉纪九》载，建元元年（公元前140年），汉武帝一向看重儒家学术，而窦婴、田蚡都喜好儒术，他们推荐代地人赵绾担任御史大夫、兰陵人王臧担任郎中令。赵绾奏请兴建明堂以接受诸侯王的朝见，并且向汉武帝推荐了他的老师申公。这一年的秋天，汉武帝派遣使者带上璧玉、用驾四匹马的安车前往迎接申公入朝，后来任命申公为太中大夫。这就是征召。

司马光在《资治通鉴》中对东汉时的征召记载尤其多。比如：

《资治通鉴·汉纪三十三》载，建武五年（公元29年），光武帝刘秀下诏征召处士太原人周党、会稽人严光等到京师洛阳。

《资治通鉴·汉纪四十二》载，延光二年（公元123年），因为陈忠举荐汝南人周燮、南阳人冯良"学行深纯，隐居不仕，名重于世"，汉安帝以玄纁（黑色和浅红色的绢帛）和羔币礼请征聘他们做官。

《资治通鉴·汉纪四十三》载，起初南阳人樊英，年少时就学问好、品行好，名闻海内，他隐居在壶山的南面，州郡官府前后多次礼请他做官，他没有答应。朝廷公卿举荐他为"贤良、方正、有道"之士，他也不去。汉安帝于是赐策书征召他，他还是不去。永建二年（公元127年），汉顺帝又用策书和玄纁，以礼征召樊英，樊英以重病为由坚决推辞。后来，樊英不得已，来到京都洛阳，但还是称病，汉顺帝对他极为尊重，为他设立讲坛，命令公车引路，尚书奉引，赏赐几杖，待以师傅之礼，询问朝政得失，任命他为五官中郎将。几个月之后，樊英又称病重，汉顺帝下诏任命他为光禄大夫，准他归家，命令所在官府送谷，每年四季送牛肉和酒。樊英请求辞去职位，但汉顺帝不予批准。

当时，汉顺帝还征召广汉人杨厚、江夏人黄琼。杨厚到后，预言汉朝在立国三百五十年间有灾厄，要引为警戒，被任命为议郎。黄琼到后，也被任命为议郎，不久升迁为尚书仆射。黄琼过去跟随父亲黄香在尚书台，熟悉惯例，等到自己任职，熟悉尚书各曹的事务，在朝堂之上议论国家大事，没有能驳倒他的，他数次上书言事，汉安帝颇采用他的建议。

《资治通鉴·汉纪四十三》载，阳嘉元年（公元132年），汉顺帝听说北海国人郎𫖮精通阴阳之学。阳嘉二年（公元133年）正月，汉顺帝下诏用公车征召郎𫖮，询问天象灾异之事。郎𫖮上书提出，"三公职位十分重要，现在在位的三公，竞相请托谋求高位，享受厚禄，没有忧天下之心。这样如何使国家兴致升平呢？现在选用州牧、郡守，委托三公负责，既然州郡属吏不良，就归咎于州牧、郡守，那么州牧、郡守有过错，为何不归责于推荐他们的三公呢？而陛下对他们却更加优待，这样自下而上就会更加怠慢政事"。郎𫖮还提出了停止百姓修缮徭役、选拔良臣辅佐、厉行节约、挑选宫女放出听其婚嫁、预先告知州郡严防西羌进犯、立秋后审理案件、大幅删改法令等七条建议。二月，郎𫖮再次上书荐举黄琼、李固，认为应当提拔重用。汉顺帝任命郎𫖮为郎中，郎𫖮称病而不就职。

《资治通鉴·汉纪四十四》载，永和二年（公元137年）十月，汉顺帝巡行长安。扶风人田弱向汉顺帝推荐同郡人法真，称法真博通儒家内外之学，隐居不仕，应当就地任命他显贵之职，汉顺帝想请到他，前后四次征召，而法真终不肯屈。

《资治通鉴·汉纪四十六》载，延熹二年（公元159年），尚书令陈蕃上书推荐五位处士（即品行高洁的隐士）：豫章人徐稚、彭城人姜肱、汝南人袁闳、京兆人韦著、颍川人李昙。汉桓帝都以安车、玄𬘘等完备的礼节征召他们，但他们都没有到。汉桓帝又征召安阳人魏桓，魏桓隐身不出。

关于辟除（辟召、辟用）。《资治通鉴·汉纪四十一》载，永初三年（公元109年），司徒鲁恭被罢免。鲁恭两次在三公之位，由他辟用优秀的人后来升任九卿、郡守的有数十人。永初四年（公元110年），邓骘在大将军之位，颇能推选贤士，"辟弘农杨震、巴郡陈禅等置之幕府"，受到天下人的称赞。

《资治通鉴·汉纪四十五》载，建和三年（公元149年），陈寔出身寒微，担任颍川郡西门亭长。同郡的钟皓以为人笃厚而著称，前后九次被公府辟用，年龄和辈分远在陈寔之先，但将陈寔引为好友。钟皓担任郡功曹，后被辟用到司徒府。

《资治通鉴·汉纪四十六》载，延熹二年（公元159年），汉桓帝任命大司农黄琼为太尉（汉代三公），光禄大夫祝恬为司徒（汉代三公），大鸿胪盛允为司空（汉代三公）。黄琼辟用汝南人范滂。

《资治通鉴·汉纪四十七》载，延熹九年（公元166年），汉桓帝任命越骑校尉窦武为城门校尉。窦武在位，多辟用名士。

从上述可知，征辟制可以将那些品行高洁、学问深厚、不愿入仕的名士或隐士加入到官员中来，确实可以扩大选拔人才的范围，而且也是求贤之举。它与察举制一起成为汉代选官的重要标志。

此外，汉代除了上述征辟制、察举制外，还有一项常用的选官制度，就是"任子令"。也就是说，高级官员（指俸禄为二千石的官员）如果任职满三年，可以任命其子弟一人为郎官，不参加德选（指贤良方正和孝廉等科目）。像汉代的张安世就是因为"任子令"而入仕，其父亲张汤是当时的高级官员（御史大夫）。这个"任子令"在汉哀帝时废除了。《资治通鉴·汉纪二十五》载，绥和二年（公元前7年），此时汉哀帝刚刚即位，他下诏废除了"任子令"。

5. 九品中正制

九品中正制是魏晋南北朝时的选官制度，是汉代察举制至隋唐科举制之间的选官制度，存续三百多年。所谓九品就是将人才（官员的候选）分为九等，上上、上中、上下、中上、中中、中下、下上、下中、下下。所谓中正，指的是州郡负责评价人才的官员，这种官员必须中道公正，这样才能准确评价人才，所以称之为中正。中正评价人才主要看家世、道德、才能三个方面，中正评价人才的等次先上交三公中的司徒府审核，然后送吏部作为授予官职的根据。这即是九品中正制。九品中正制与察举制的一大区别就是，将察举之权由之前的公卿、地方长官改为中央任命的专门官员（中正）负责。

《资治通鉴·魏纪一》载，魏文帝黄初元年（公元220年），曹操去世，曹丕即位为魏王。曹丕开始设置散骑常侍、侍郎各四人，宫中的宦官任官不得超过各署令，并将这一规定写在金策上，存放在宗庙的石室中。当时，正在选拔侍中、常侍等官员，曹丕左右的旧人就暗示主持选官的人，想自己担任，不从他处选调。司马孚说："现在新王刚刚登位，应当进用天下的英贤，如何就凭借在魏王身边的这种际遇，自己相互荐举呢！如果所选拔的官员不能胜任其职，得到了也不值得尊贵。"于是，曹丕便从他处进行选拔。

尚书陈群认为，汉朝的选官之法并没有把人才都选用出来，于是设立九品官人的制度。这种制度，就是在州郡都设置中正的职位，让中正来确定应该选用哪些人；中正由各州郡的贤德之人、能够识鉴人才之人担任，由他们来鉴别人才高下，分出高低不同的品级。

应当说，这个制度的初衷是好的，有利于从天下州郡选举人才。可是，这个制度后来在运行中却走样了。《资治通鉴·晋纪三·太康五年》载，当初，陈群因为吏部不能够审查核实天下的士人，因此令郡国各自设置中正，州设置大中正，中正之官都选取担任朝廷官职的本地人、富有德行和才能的人充任。他们按照铨选的等级分为九品。如果言行修为显著就可以被提升，道义亏缺的就被黜降，吏部就凭借这个来补充朝廷的百官。这个制度实行的时间久了，有的中正并不合格，于是奸蔽的风气就滋长起来。

《资治通鉴·晋纪三》载，太康五年（公元284年），刘毅上书论述九品中正制的"八损"，即损害政治的有八个方面：一是造成了"上品无寒门，下品无士族"；二是重视中正的职位却轻视担任中正的人选；三是现在的做法使得才德优劣调换了位置；四是没有对中正的奖惩办法，还禁止人们不得控告中正，造成了中正为所欲为，任意横行，无所忌惮；五是中正没有做到同时听取士人的赞誉之词和败坏之言；六是现在有显著成绩的官员处于很低的等级，而没有政绩的官员反而获得很高的铨叙，压抑了有功劳的人而崇尚虚名，助长了浮华而废除了实绩的考核；七是不问其才能是否适宜就让他登第为九品，以品级来选取人，有的人的才能与品级并不相符；八是不彰明九品中恶劣的人的罪过，不讲明所推举的人的好处，各自放任自己的爱憎，培植自己的亲信。

所以，刘毅提出应当罢免中正，废除九品。太尉、汝南王司马亮，司空卫瓘也上疏请求废除九品中正制，晋武帝虽然对这些建议很赞成，然而最终也没改。

从九品中正制来看，最大的危害是第一个："上品无寒门，下品无士族。"这样就造成了门阀士族政治，导致阶层固化。

到了隋唐开始改革九品中正制，但并不彻底，唐初时还部分恢复了九品中正制。《资治通鉴·唐纪六》载，武德七年（公元624年）正月，唐朝按照北周、北齐的旧制，每州设置大中正一人，负责了解州内人物、品评家族等第，由本州门望高的人担任，但没有品级俸禄。也就是说，部分恢复了魏晋时的九品中正制以选拔官员。

唐太宗时大兴科举，至此九品中正制退出舞台，此时"寒门出公卿"又重新出现（此前，汉代也可以"寒门出公卿"）。

6. 科举制度

科举制度的创立，是中国历史上极为重要的大事。可以说是中国影响世界的"第五大发明"，因为世界许多国家的文官制度就是从这里起源的。

科举制度是隋朝始创，开皇七年（公元587年），隋文帝下令废除九品中正制。开皇十八年（公元598年），隋文帝诏令"以志行修谨、清平干济二科举人"，标志着设科举开始。大业三年（公元607年），隋炀帝诏令正式开设科举，明确设立"十科"（孝悌有闻、德行敦厚、节义可称、操履清洁、强毅正直、执宪不挠、学业优敏、文才秀美、才堪将略、膂力骁壮）等选举科目，其中"文才秀美"科就是进士科。但是整个隋代，开科考试举行得很少，在唐朝时科举才大兴。

关于科举制度，司马光在《资治通鉴》并没有过多记载，有记载的主要是：

《资治通鉴·陈纪十》载，陈长城公祯明元年（公元587年）正月，"隋制诸州岁贡士三人"。这里面的陈长城公就是陈后主，隋灭陈后将陈后主封为长城公。司马光在《资治通鉴》中的纪年是以南朝为正统的，直到隋统一全国后才用隋文帝年号。"隋制诸州岁贡士三人"，说的是隋朝从制度上规定各州每年向朝廷推举三名贡士。所谓贡士，在周代是指诸侯向天子举荐的士，《礼记·射义》中讲："诸侯岁献，贡士于天子。"在汉代，郡国举荐的孝廉类似于贡士。这些贡士还必须通过一定的程序（比如考试），才能成为正式的官员。所以，隋文帝此举是科举制度的萌芽。

《资治通鉴·唐纪十一·贞观十四年》载，当时，唐太宗大量征召天下名儒为学官，多次去国子监，让他们讲论经学，学生中能通晓一大经（指《礼记》《春秋左氏传》）以上的都可以补官。又增加学生宿舍一千二百间，增加学生员额二千二百六十人，连屯营飞骑也派出博士，传授经学，这些人中有能通晓经学的，"听得贡举"（听其参加科举考试）。

《资治通鉴·唐纪十四》载，贞观二十一年（公元647年）五月，唐太宗到翠微宫，冀州进士张昌龄进献《翠微宫颂》，唐太宗喜爱他的文章，命他供奉通事舍人职事。起初，张昌龄与进士王公治都善于写文章，名震京师，考功员外郎王师旦"知贡举"，没有录取他，举朝都不知道原因。等到王师旦上奏中第的名单，唐太宗奇怪没有这两人的名字，于是责问王师旦，王师旦回答说："这两人虽有华美文辞，然而其人轻薄，终究不能成就才器。如果将他们录取高第，恐怕后来的人效法，有伤陛下的雅道。"唐太宗认为他说得对。从这一段记载来看，唐太宗之时已实行了科举考试，而且是由吏部考功司员外郎主持科举考试。

到了唐玄宗时期，科举考试进行了改革，主要是主持科举的由吏部转为礼部，主考官也由员外郎变为侍郎。《资治通鉴·唐纪三十·开元二十四年》载，按照旧制，考功员外郎主管科举考试，当时有位名叫李权的进士，侮辱考功员外郎李昂，议论的人说员外郎职位卑微，不能服众。于是在这一年（公元736年）三月，唐玄宗下敕令，自今以后，委任礼部侍郎主管科举考试。所以，科举考试由礼部负责，是从唐玄宗开元二十四年开始的。

科举制度最大的优点就是公平，彻底打破了按门第选拔官员的制度，使得阶层可以流动，真正体现了权利公平、机会公平、规则公平，无疑是极为先进的选官制度，后来宋、辽、金、元、明、清都一直沿用，直到光绪年间才废除，存在1300多年。

但是在唐朝，科举中第并不意味着就可以做官，只是有了做官的资格，比如像当时考中了进士，并不可以立即授官（到了宋朝，考中进士才可以立即授官），还要经过吏部的考试。

《资治通鉴·唐纪十七·总章二年》载，唐朝的铨选（选拔官员）之法，是根据中第者的"身、言、书、判"，计算资历、衡量绩劳而拟授官职。首先在吏部集中考试，观察他的书法、判词的好坏，考试后入选的再看他的相貌身材、言辞口才。"身、言、书、判"都通过后，才拟定官职，并且询问本人意见。官职拟定后就公开唱名，召集众人而宣告。然后将公布后本人同意的列为甲类，先报告尚书仆射，再由尚书仆射报门下省，由门下省给事中唱读，门下侍郎（门下省副长官）察核，侍中（门下省正长官）审定，如果有不当的驳回。侍中审定通过后，就报告给皇帝，再由吏部按照皇帝旨意授官，并发给官符凭证，称为"告身"。兵部武官的选拔也是这样，考试内容是骑马射箭、举重、背米。如果有人被规定所限未能参加铨选，但是能够参加三篇文章考试的（称为"宏词"），参加三条判文考试的（称为"拔萃"），考上的可以破格授予官职。其中，黔中、岭南、闽中等地的州县官，不由吏部选拔，委托都督选择当地人补授官职。

7. 试用制度

所谓试用，就是在正式任命之前的一段时间观察是否能够胜任。这项制度现代经常用到，尤其是对于非民选官员。早在中国上古时就有试用，尧帝在考察接班人舜的时候，就试用了他八年。

在西汉时，试用制度已经通行，一般试用期为一年。《资治通鉴·汉纪十七》载，地节三年（公元前67年），因为京城下了大雨雹，大行丞、东海人萧望之向汉宣帝上书说，这场雹灾是有大臣把持朝政、一姓（指霍光）专权所导致的。汉宣帝向来听说萧望之的名声，任命他担任谒者（负责传达皇帝旨意的官员）。当时汉宣帝广泛延揽贤才俊杰，百姓多上书提出有利国家、合于时宜的建议，汉宣帝就将百姓的上书交给萧望之，对于才能高的，就请丞相、御史试用，次一点的就交给俸禄为中二千石的官员试用，满一年后将情况上奏，才能低下的报皇帝知道后罢退。萧望之所提出的处理和上奏的意见，汉宣帝都会批准。

有时皇帝为了让某个人担任更高的官职，而考察他的能力时，也会试用。比如《资治通鉴·汉纪十七》载，元康二年（公元前64年），汉宣帝认为萧望之通晓经学、为人持重，议论事情很有道理，才能可以担任宰相，想试用他处理政事的能力，又任命他担任左冯翊。萧望之本来从少府出来到三辅任职，以为是贬降，担心皇帝有不合意的地方，于是称病，想辞职。汉宣帝知道后，派遣侍中、成都侯金安上传达皇帝的旨意说："之所以这样任用是为了考察你治理百姓的能力，你之前担任平原太守时间短，因此再让你在三辅试用，并非有听到什么你的议论。"萧望之立即前往处理政事。

有时皇帝为了试行某个法令制度，也会因此试用官员去推行。比如《资治通鉴·汉纪二十一》载，建昭二年（公元前37年），汉元帝命令京房推荐他的弟子中知道考功法和考察官吏的，想试用他们。京房上奏说："中郎任良、姚平，想担任刺史，试用考功法；臣愿意留在朝廷，转达奏事，以防止情况堵塞。"石显、五鹿充宗都痛恨京房，想让他远离汉元帝，于是向汉元帝建议应当试用京房为郡太守。汉元帝于是任命京房为魏郡太守，让他以考功法治理本郡。

此外，也有试用（暂时代理）时间很短，因为政绩突出，就正式任命的。《资治通鉴·汉纪二十二》载，建始四年（公元前29年），南山一带盗贼数百人作乱，危害官吏百姓，汉成帝下诏发兵千人前去捕盗，一年多不能擒获。有人劝大将军王凤说："盗贼数百人在天子脚下作乱，而不能追捕，难以向四夷显示中原之威，只有选拔贤能的京兆尹才可以。"于是王凤推荐前任高陵县令王尊，征召为谏大夫，代理京辅都尉，试用（代行）京兆尹的职权。一个月间，王尊就将盗贼肃清，而后汉成帝正式任命他为京兆尹。

8. 考绩制度

所谓考绩，也叫考课，就是对官吏任职情况进行考核，以此来确定是升迁、还是留用或罢黜。在考绩中最好的称为"最"，最差的称为"殿"。

考绩制度最早可溯源到上古时期。《尚书·舜典》载，尧帝说："格！汝舜。询事考言，乃言厎可绩，三载，汝陟帝位。"意思是，尧帝对舜帝的言、事进行了考察，认为舜帝的话可以施行，并且取得了实绩，已历三年了，可以让舜帝登上帝位。从这里可以看出，尧帝时就有了考绩，但此时并未普及。

考绩真正普及并形成制度是在舜帝之时。《尚书·舜典》载，舜帝在任命禹、稷、契等官员后，推行了"三载考绩，三考"的制度，即是三年考察一次政绩，并进行三次考察，历九年；然后"黜陟幽明"，即根据三考的情况实行赏罚，对懒惰而不肖、政绩不明显者要予以罢黜；对勤政而贤能、政绩明显者要予以升迁。由于推行了考绩制度，所以"庶绩咸熙"，即众官员的政绩都很明显，取得了成效，很多工作都兴办起来了。

司马光在《资治通鉴》中对考绩也记载了一些事迹：

《资治通鉴·汉纪二十一》载，建昭二年（公元前37年），东郡人京房向梁人焦延寿学习《易经》。焦延寿常说："得我道而亡身的人，是京房。"焦延寿的学说长于占卜灾异变乱，分六十卦，用日期轮值占事，以风雨寒温为证，占验准确。京房学了之后，运用尤其精到，被地方举荐为孝廉后，又被朝廷任命为郎吏，他上书多次谈及灾异，很是灵验。汉元帝很喜欢他，数次召见，向他询问。京房回答说："古代帝王根据功劳任用贤能，则万事取得成就，祥瑞显现；衰乱末世根据毁誉任用官员，因此功业废坏而导致灾异。应当命令考核百官各自的功绩，这样灾异可停止。"汉元帝下诏让京房负责此事，京房于是拟定了"考功课吏法"。汉元帝命令公卿朝臣与京房举行会议讨论，公卿朝臣都说京房制定的"考功课吏法"烦琐杂碎，又让上下相互监察，不可施行，但汉元帝倾向于京房。当时各部刺史到京师奏事，汉元帝召见他们，命令京房讲述"考功课吏法"，刺史们也认为不可行，只有御史大夫郑弘、光禄大夫周堪开始时不赞同，后来又转为称善。但最终因京房被石显等害死，"考功课吏法"未得以推行。

《资治通鉴·魏纪五》载，景初元年（公元237年），魏明帝深深痛恨那些浮华不实的士人，下诏吏部尚书卢毓说："选拔推荐人才时，不要根据名声，名声就像画地作饼，不可以吃。"卢毓回答说："名声不足以得到奇异之人，但可以得到平常之士。平常之士畏惧教化、仰慕善行，然后才会有名声，不应当痛恨。愚臣既不能够识别奇异之人，主事的人根据名声按照常规任命官职，只有从以后来检验了。古代以上奏陈事来考察他的思想言论，以实际工作来考察他的功劳绩业，如今考绩之法已废除，而凭借毁誉取决晋升或罢免，因此真伪混杂、虚实蒙混。"

魏明帝接受了他的建议，下诏让散骑常侍刘邵作考课法，刘邵制定《都官考课法》七十二条，又作《说略》一篇，魏明帝下诏让百官讨论。当时，黄门侍郎杜恕认为，根据实际工作来考察功劳，三年考察一次政绩，这确实是帝王最好的制度，并认为经过察举而任职的官员，应当让他们具体制定州郡官吏的考课之法，至于公卿及内职大臣也应当根据其任职进行考课。但司隶校尉崔林、司空掾（司空的属官）傅嘏都不赞成。最终因讨论久而不决，考课法没有实行。

《资治通鉴·晋纪一》载，泰始四年（公元268年），晋武帝下诏让河南尹杜预对官吏的升降进行考核。杜预认为三国魏考核官吏的办法过于细密，不如申明唐尧时期的考绩制度，使之简明而易于遵循，并提出连续六年进行考核并以此来决定升降。但是，晋武帝最终也没有推行。

《资治通鉴·唐纪十七·总章二年》载，凡是在任官员，每年考核一次，六品以下经过四次考核为任期期满。这是唐朝的考绩制度。

南北朝时北魏孝文帝对考绩制度进行的改革很值得留意，虽然《资治通鉴》中没有记载，却非常可借鉴。据《魏书·高祖纪》载，北魏孝文帝在延兴二年（472年）下诏说："《尚书》上说：'三年考察一次政绩，考察三次后罢黜昏庸的官员，提升贤明的官员。'一段时期以来，官员因为功劳而提升，没干多久就有人接替，州郡长官没有体恤百姓之心，竞相搜刮聚敛民财，送旧迎新，接连不断，这不是安定民心、兴隆治道的做法。自现在起，州郡长官温仁清俭、克己奉公的，可以久任，积年有政绩，官升一级。若有贪残无道、侵犯剥削百姓的，即使任官不久，必定加以贬黜、惩罚。把这些在命令中写清楚，永远作为奉行的法则。"

历史上在推行考绩制度方面成效显著的，比如明朝的张居正"考成法"。"考成法"来源于哪里呢？张居正取《尚书·舜典》中的"询事考言"和《尚书·益稷》中的"屡省乃成"，即是考成。"考成法"的实施，扭转了光说不干、玩忽职守、不作为的风气，淘汰了一批冗官。

9. 上计制度

上计制度，从某种意义上来说也属于考绩制度的一种。所谓上计，就是地方在年终时向中央汇报一年的户口、垦田、赋税等数目以及治安、狱讼等情况，每年郡国会派上计吏到朝廷呈上境内户口、赋税、盗贼、狱讼等情况的计簿文书，由朝廷来考核政绩。上计制度在战国时已实行，秦汉时期通用。司马光在《资治通鉴》中记载了很多汉代关于上计的事迹：

《资治通鉴·汉纪十》载，元光五年（公元前130年），这一年，汉武帝征召官吏百姓中通晓当世时务、熟习古代圣王治国之术的人，命令他们与郡国的上计吏一起到朝廷。

《资治通鉴·汉纪十四》载，太始四年（公元前93年）三月，汉武帝巡游到泰山，在明堂祭祀汉高祖，并以汉高祖配祀上帝，并在明堂接受各郡国上计。

《资治通鉴·汉纪三十六》载，永平元年（公元58年）正月，汉明帝率领公卿及以下大臣朝拜原陵（光武帝陵），如同元旦朝会的仪式一样。汉明帝在拜光武帝的神主后，退下坐在东厢，侍卫官都在光武帝神主之后，太官献上膳食，太常演奏舞乐。然后，各郡国呈递计簿文书的官吏依次上前，在供奉光武帝神主的大堂上奏报本郡国的粮食价格及百姓疾苦之事。从此之后，这项仪式成为常例。

《资治通鉴·汉纪四十四》载，永和六年（公元141年），武都太守赵冲追击巩唐羌人，斩首四百多人，投降两千多人。汉顺帝下诏让赵冲督率河西四郡的军队，负责节度。这时，安定郡的上计掾皇甫规上书分析了当时马贤军队失败、羌人反叛的原因，并请求让自己带兵和赵冲一起平叛，但汉顺帝没有采纳。这里面的"上计掾"即郡里面负责上计的官吏。

10. 年资制度

所谓年资制度，就是不管是否有德才，专门以年资的深浅为标准的选官制度。也说是现在所说的看资历、论资排辈。

司马光在《资治通鉴》中记载了北魏和唐朝都曾经实行过年资制度，导致有德才之士被沉下僚的情况。

《资治通鉴·梁纪五》载，梁武帝天监十八年（公元519年），当时北魏官员职位少、而应选的人很多，北魏吏部尚书李韶没有推行铨选，遭到怨恨。北魏孝明帝于是任命殿中尚书崔亮为吏部尚书。崔亮奏请制定选拔官员的标准（"停年格"），"不问士之贤愚，专以停解月日为断，沈滞者皆称其能"，即不管候选之士的贤愚，专门以停解年月日久的先任职，因此那些长期停滞的人都称他有能力。

崔亮的外甥、司空谘议刘景安写信给崔亮说："商、周之时从乡间中举荐官员（贡士），两汉由州郡举荐人才，魏、晋之时遵循汉代旧制，又设置中正，虽然做不到尽善尽美，但是选拔官员中十有六七也是应选的。如今朝廷选拔人才，只求他们写出有文采的文章，而不取其理；考察孝廉只论章句，而不看他们是否有治理之道，设立的中正不考察候选者的才能品行、只看他的姓氏门第，选取有才之士的途径不广、淘汰的方法不够精细。舅舅被嘱托负责铨选官员，应当改革那些不当的制度，为什么反而以停年格来限制呢？那么天下士子谁愿意再注重自己的名声和品行呢？"

崔亮回信说："您所说的有深刻道理。我前不久所作的'停年格'，是有原因的。古今不同，时宜也不一样。从前春秋郑国的子产铸刑书以救时弊，叔向以不是先王的正法而讥笑他，这与你用古代的礼法来责难当前的制度有什么不同呢？"

洛阳令、代地人薛琡上书说："百姓的性命，系于地官长官手中，如果选拔官员只按照年资，而不按能力来简择，像飞行中的大雁一样按顺序、又像穿在一起的鱼一样按先后，那么吏部只需要一名官吏就足够了，数着人头而用人，怎么能称为铨衡呢？"薛琡上书递上后，没有得到答复。后来薛琡因此而请求拜见北魏孝明帝，再次上奏说"请求陛下命令王公贵臣举荐贤能以充任郡县长官"，北魏孝明帝下诏让公卿商议此事，但是事情却停止了。

其后，甄琛等人继崔亮担任吏部尚书，由于论资排辈很方便，就继续推行，"魏之选举失人，自亮始也"（北魏选拔官员不得人，是从崔亮开始的）。

唐朝时也出现了类似崔亮"停年格"的年资制度，称之为"循资格"。《资治通鉴·唐纪二十九》载，开元十八年（公元730年）正月，唐玄宗任命裴光庭为侍中。四月，唐玄宗让裴光庭兼任吏部尚书。在此之前，吏部拟注官职，只看这个人是否贤能，有的人会不按顺序破格提拔，有的人资历虽老却处在下位，有的人科举中第后二十多年不能为官。另外，州县选拔官员，也不设等级，有的从大州大县调入小州小县，有的在近处后来到远处为官，都没有定制。到了裴光庭担任吏部尚书时，他开始奏请推行"循资格"，官吏在任职期满后免官经过铨选若干次而集中于吏部，官职高的需要铨选的次数少，官职低的需要铨选的次数多，不问是否贤能，铨选次数满了就拟注官职。官员晋级按规定的年限，不得逾越，如果不是受到处分，都有升无降。那些平庸愚笨、沉滞不得升迁的人都非常高兴，称"循资格"为"圣书"，而才俊之士无不怨恨哀叹。宋璟争辩说不可以这样，但没能改变。

开元二十一年（公元733年）三月，侍中裴光庭去世，太常博士孙琬在议定他的谥号时上奏说："裴光庭选用官员循资格，丧失劝勉奖励之道，请将他的谥号定为'克'。"裴光庭的儿子裴稹申诉，唐玄宗赐谥号忠献。这说明当时"循资格"已招致官员不满。

唐玄宗虽然采取新的选官方法，但是"循资格"仍旧沿用。《资治通鉴·唐纪二十九》载，开元二十一年（公元733年）六月，唐玄宗下制说："从今以后选人必须依据才能、学业、德行，委托吏部随时提拔任用；九品以外官员的进用不再经过门下省审核。"虽然有这个规定，但有关部门认为"循资格"很方便，仍然推行。当时，自太师、太傅、太保以下的官员（九品以上）共有一万七千六百八十六员，自佐史以上的胥吏（九品之外）共有五万七千四百一十六员，而入仕的途径很多，不可胜数。

从年资制度来看，这种选拔官员的方法是不对的。论资排辈会导致官员队伍混日子过，认为只要熬到年头就可以有机会。危害最严重的是，使那些德才兼备的人得不到任用和升迁。

11. 退休制度

所谓退休，在古代称之为致仕。《礼记·曲礼上》上讲："大夫七十而致事。"这里面的致事即致仕，就是说，大夫七十岁退休。但是，在事实上，汉代以前很多官员尤其是高级官员都是干到去世,即使是汉代前期也是如此。像萧何、曹参、陈平等丞相都是到去世。汉武帝时的丞相要么在任上去世,要么因为犯罪被杀。直到汉宣帝时,像丞相这样的高级官员才有退休,并真正形成制度。

《资治通鉴·汉纪十七》载,地节三年(公元前 67 年)五月,丞相韦贤以年老多病而请求退休,汉宣帝赐给他黄金百斤、安车、驷马,允许他罢归回家。"丞相致仕自贤始",即是说丞相退休自韦贤开始。

12. 清议

清议并不是制度,但是在当时对选拔官员起了重要作用。所谓清议,指的是公正的议论,也就是社会舆论。在东汉时,清议制度存在时间不长,但是在历史上起了很大影响,明朝时的东林党也是类似这样。

汉桓帝时,宦官当权、吏治腐败严重,就是选举、征辟制度这样的常态选拔官员途径也被操控,当时的太学生无路可入仕途,于是就有了清议。

《资治通鉴·汉纪四十七·延熹七年》载,起初,黄允与晋文经倚仗自己的才能智慧,声名传播远近,朝廷官府征辟他们做官,他们不肯屈就,俩人托言在京师治病,不与宾客交往,当时公卿、大夫都派遣门生早晚探问疾病,郎吏杂坐在他俩的门前,都不能得见。三公辟召僚属,都向他俩询问意见,根据他俩的评价人物的好坏而决定是否任用。

后来符融对李膺说起这件事,并提到担心这俩人的小道术破坏大义,徒有虚名而违背实际。俩人自此名论渐次衰败,宾客门徒逐渐减少,俩人也惭愧逃离,此后都因有罪而被废弃。虽然这俩人后来被废弃,但在当时也算是有了清议的萌芽。

清议真正起重要作用的是在其后两年。《资治通鉴·汉纪四十七》载,延熹九年(公元 166 年),当时太学生有三万多人,郭泰及颍川人贾彪是他们的为首者,他俩与李膺、陈蕃、王畅竞相褒扬推重。太学生中间流传说:"天下模楷,李元礼(即李膺,字元礼);不畏强御,陈仲举(即陈蕃,字仲举);天下俊秀,王叔茂(即王畅,字叔茂)。"于是朝廷内外都受这种风气影响,竞相以评论人物为风尚,"自公卿以下,莫不畏其贬议,屣履到门",即是说自公卿以下大臣,无不畏惧受到很低的评价，都争相登门与他们结交。

可以说，清议起了激浊扬清的作用，对当时的选官起了另一种抗衡的作用。

13. 翰林

翰林，在明清时代是宰相的来源，被称为是"储相"，当时流传的说法是"非进士不入翰林""非翰林不入内阁"，也就是说如果不是进士就进入不了翰林，如果不是翰林就进入不了内阁。

翰林是什么时候设置的呢？是唐玄宗时期。《资治通鉴·唐纪三十三·天宝十三载》载，唐朝初年，皇帝的诏敕都是由中书省、门下省中有文采的官员起草。唐高宗乾封年间以后，开始召集文学之士元万顷、范履冰等起草各种文告，他们常常在北门值班，时人称之为"北门学士"。唐中宗之时，由上官昭容负责起草皇帝的诏敕。唐玄宗即位后，开始设置翰林院，因其机密而靠近宫廷，唐玄宗延揽文章之士，像僧、道以及精通书、画、琴、棋、数、术的人也都召集进去，称他们为"翰林待诏"。

翰林受到重视则是在唐肃宗时期及之后。《资治通鉴·唐纪四十六》载，兴元元年（公元784年），陆贽在翰林院任翰林，受到唐德宗的亲近信任。在艰难之时，虽然有宰相，但无论大小之事，唐德宗必定与陆贽谋划，因此当时人们称陆贽为"内相"。

唐宪宗时极为重视翰林，并设置翰林承旨负责统领翰林学士，这时候名臣宰相如李绛等都出自翰林。《资治通鉴·唐纪五十四》还载，元和五年（公元810年），这个时候，唐宪宗每有军国大事，必定与各位翰林学士谋划商议。唐宪宗曾经有一个多月没有召见翰林学士，李绛等进言说："臣等饱食不言，却不进谏，为个人身家性命着想就可以了，但对陛下来说却没有什么好处。陛下应当询问访求国家治理之道，开通言路，采纳直言，这才是天下的大幸，这难道是臣等之幸吗？"唐宪宗立即就下令第二天来便殿商议军国大事、进行奏对，就像从前一样。

唐宣宗也看重翰林学士，他最喜欢的令狐绹当了十来年宰相，就是由翰林学士转任的。《资治通鉴·唐纪六十四》载，大中二年（公元848年），唐宣宗任命知制诰令狐绹为翰林学士。《资治通鉴·唐纪六十五》载，大中四年（公元850年）十月，唐宣宗任命翰林学士承旨、兵部侍郎令狐绹同平章事（宰相）。《资治通鉴·唐纪六十五·大中八年》还载"上重翰林学士"，也说明唐宣宗很重视翰林学士。

关于翰林，根据《旧唐书·职官志二》所载，唐玄宗时的宰相张说、张九龄都是出自"翰林待诏"。翰林学士设置六人，其中选择一位年龄较大、德高望重的学士担任翰林承旨，即独承密旨之意。唐肃宗之后，天下用兵，军国事务多，深谋密诏都是出自翰林学士，尤其是择用名士来担任，一旦选上翰林学士，在文士中引以为荣。唐德宗好文，尤其难选。自唐德宗贞元年间之后，担任翰林学士、翰林承旨的，多能位至宰相。

从《资治通鉴》与《旧唐书》可知，翰林制度是十分重要的储才制度，是选拔官员和储备高级官员（宰相）的一项重要制度。

二、监察方面的制度

这里面所讲的监察制度，主要是指《资治通鉴》中记载的秦汉以来监督官吏行为的御史制度、巡视制度、刺史制度、司直、司隶校尉、回避制度、防辅制度、典签制度等。

1. 御史制度

所谓御，指皇帝；所谓史，指记录。也就是说，御史，是在皇帝身边作记录的官员。所以说，御史最早为史官。后来，秦代赋予御史大夫新的职责就是监察百官，将其地位上升到仅次于丞相，并且与丞相一起考课百官。虽然秦朝最早设置御史大夫，但《资治通鉴》并没有提到，只是提到了"郡监"与"御史"。

《资治通鉴·秦纪二》载，秦始皇二十六年（公元前221年），秦始皇下令将天下分为三十六郡，"郡置守、尉、监"。就是说，在郡里设置了郡守、郡尉、郡监。这里面的郡监，就相当于郡里的御史，负责监察郡的官吏。

《资治通鉴·秦纪二》载,秦始皇三十五年(公元前212年),因为侯生、卢生相与讥讽议论秦始皇,逃亡而去。秦始皇知道后大怒,"使御史悉案问诸生"(派遣御史逮捕并审讯儒生),最后在咸阳活埋了四百六十多人(即"坑儒")。

《资治通鉴·秦纪二》载,秦始皇三十六年(公元前211年),当时有陨石落在东郡,有人在陨石上刻字说:"始皇帝死而土地分。"秦始皇派遣御史逐个查问当地人,但无人承认。于是秦始皇下令将居住在陨石旁边的人全部诛杀,焚烧那块陨石。

《资治通鉴·秦纪三》载,秦二世二年(公元前208年),李斯被下狱后,赵高派遣他的门客十多人冒充御史、谒者、侍中,轮流审讯李斯。

以上说明,秦朝御史有监察官员和审讯查问官员、百姓的权力。

汉朝兴起后,沿袭秦朝制度,依然设置御史大夫,如《资治通鉴·汉纪一》载,汉高祖元年(公元前206年),刘邦任用内史、沛人周苛为御史大夫。《资治通鉴·汉纪二》载,汉高祖四年(公元前203年),刘邦任命中尉周昌为御史大夫,周昌是周苛的堂弟。东汉时光武帝刘秀设置御史台,长官不再是御史大夫,而是御史中丞,下设治书侍御史、侍御史。

两汉在御史称谓上除了传统的御史外,还有符玺御史、御史丞、侍御史、治书侍御史等。

比如符玺御史(负责掌管符节、印玺)。《资治通鉴·汉纪四》载,汉高祖十年(公元前197年),当时定陶人戚姬有宠于汉高祖,生儿子赵王刘如意,汉高祖认为太子刘盈(吕后所生)仁弱,称刘如意像自己,虽然封刘如意为赵王,但没有将他派到封国去,而是长年留在长安。汉高祖到关东,戚姬常常跟从,日夜啼泣,想让汉高祖立她的儿子赵王为太子。吕后年长,常常留守长安,因此与汉高祖更加疏远。汉高祖想废掉太子刘盈而立赵王,大臣都反对,但没有谁能说服汉高祖。御史大夫周昌在朝廷上强争,汉高祖问他想说什么,周昌口吃,又盛怒地说:"臣口不能言,然而臣期期知道不可以,陛下想废掉太子,臣期期不奉诏!"汉高祖看到他这个样子欣然而笑。吕后在东厢侧耳倾听,事情过后,见到周昌,向他跪谢说:"没有您,太子几乎被废。"此时赵王年刚十岁,汉高祖担心自己死后不得保全，符玺御史赵尧建议为赵王配置一个显贵而强力，而且让吕后、太子、群臣都向来敬惮的国相。汉高祖问："谁可以呢？"赵尧说："御史大夫周昌就是这样的人。"汉高祖于是任命周昌担任赵王的国相，而任命赵尧代替周昌为御史大夫。

又如侍御史（负责监察百官）。《资治通鉴·汉纪八·汉景帝前三年》载，晁错向来与吴王刘濞的国相袁盎关系不好，晁错所就座的地方，袁盎就会避开；袁盎所就座的地方，晁错也避开。两人都不曾同堂说过话。等到晁错担任御史大夫，派官吏审查袁盎接受吴王财物之事，并确定袁盎之罪，汉景帝下诏赦免袁盎，将他贬为庶人。吴、楚叛乱后，晁错对御史丞、侍御史说："袁盎收受吴王很多钱财，专门为吴王掩饰，说他不会谋反，现在吴王果然谋反，我想奏请惩办袁盎，他应当知道吴王的计谋。"御史丞、侍御史说："如果在吴王谋反前，惩办袁盎的罪，会停止叛乱密谋；现在叛军已向西进兵，惩办袁盎有什么好处呢！况且袁盎也不会有密谋。"

《资治通鉴·汉纪十五》载，元凤三年（公元前78年），燕王刘旦、盖长公主等人谋反作乱时，桑弘羊之子桑迁逃亡，经过桑弘羊以前的属吏侯史吴那里。后来桑迁被捕获处死，恰逢大赦，侯史吴自首关押在监狱。廷尉王平、少府徐仁负责审理，都认为"桑迁受其父谋反而连坐，侯史吴窝藏他，并非是窝藏谋反者，而是窝藏连坐者"，于是按大赦令免除侯史吴的罪。后来侍御史查办此案，认为"桑迁精通经学，知道其父谋反而不谏争，与谋反并无不同。侯史吴原为俸禄三百石的官吏，窝藏桑迁，不同于一般百姓窝藏连坐者，侯史吴不可以赦免"。侍御史奏请朝廷重新治侯史吴的罪名，并弹劾廷尉、少府开脱谋反者。

《资治通鉴·汉纪十六》载，元平元年（公元前74年），侍御史严延年上奏弹劾说："大将军霍光擅自废立皇帝，没有人臣的礼节，大逆不道。"奏章虽然悄声无息，然而朝廷官员都对严延年肃然敬惮。

《资治通鉴·汉纪五十》载，光和五年（公元182年），此时是汉灵帝在位，桓典担任侍御史，宦官畏惧他。桓典常常乘骢马，京师因此说："且行且止，避开骑骢马的御史！"

再如治书侍御史（起初负责审理疑难的刑事案件，后来成为御史中丞的副手，负责监察较高职位官员、奉命出使、收捕有罪官员等）。《资治通鉴·汉纪五十五》载，建安四年（公元199年），曹操派遣治书侍御史、河东人卫觊镇抚关中。

后来魏文帝、魏明帝时，也还沿用治书侍御史。《资治通鉴·魏纪二》载，黄初七年（公元226年），吴王孙权听说魏文帝去世，在这年的八月亲自率军攻打江夏郡，太守文聘坚守。朝廷商议发兵前往援救，魏明帝说："孙权熟悉水战，之所以敢下船在陆地上进攻，是希望乘我军没有准备。如今与文聘相拒，进攻必须比防守的多一倍力量才行，孙权终究不敢久留。"起先，朝廷派遣治书侍御史荀禹慰劳边防，荀禹到江夏，发动所经过的各县兵士及跟从自己的步兵骑兵一千人，围山放火，吴王率军遁走。

另外，在汉武帝时，还有直指使者、绣衣御史，这两个是同一种官职、不同称呼，都是受皇帝指派，抓捕盗贼和负责监察官吏，他们有调动军队和诛杀地方官员的权力。《资治通鉴·汉纪十三》载，天汉二年（公元前99年），当时，暴胜之为直指使者，诛杀俸禄为二千石以下的官员尤其多，威震州郡。他来到勃海郡，听说郡里的隽不疑是个贤才，请他来相见。隽不疑容貌尊严，衣冠华伟，暴胜之听说他来后，起身相迎，进入客厅坐定，隽不疑说："我生活在偏僻的海边，早已听说暴公子，如今有幸蒙公子接见。大凡为官吏，过于刚强则容易折断，过于柔弱则容易废坏，应当行使威严，同时施之以恩，然后才能立功扬名，永远保持上天所赐俸禄。"暴胜之深深接受他的告诫，回京城后上表推荐隽不疑，汉武帝就征召隽不疑担任青州刺史。济南人王贺也曾担任绣衣御史，负责驱捕魏郡的盗贼，他放过很多人，因此以不称职被罢免。王贺叹道："我听说，救活一千人，子孙就有封爵，我救活的人有一万多，后世会有人兴起吧！"

根据《资治通鉴》的记载，汉朝的御史除了监察百官外，还行使以下权力：

一是参与论功行赏。《资治通鉴·汉纪三》载，汉高祖六年（公元前201年），汉高祖已封赏了功劳很大的臣子二十多人，其他的人日夜争功，一时没有给予封赏，汉高祖在洛阳南宫看见各位将领坐在沙中谈论，便问他们说什么，留侯张良说他们在说谋反的话。汉高祖说："天下刚刚安定，因何谋反呢？"张良说：

"陛下起自平民百姓，依靠他们取得天下，如今陛下成了天子，而所封赏的都是亲朋故旧，所诛杀的都是生平仇怨，如今军吏们计算功劳，认为天下不够给他们封赏，他们担心陛下不能全部给予封赏，又恐怕被陛下猜疑平生的过失而遭到诛杀，因此相聚谋反。"汉高祖于是忧愁地说："如今应当如何办呢？"张良说："陛下平生所憎恨、群臣所共知的人是谁呢？"汉高祖说："雍齿与我有旧恨，曾经数次侮辱我，我想杀他，因为他功劳多，所以不忍心。"张良说："如今应当赶忙先封雍齿，则群臣就会人人坚定自己会得到封赏的信心，就不会谋反了。"于是，汉高祖置办酒宴，封雍齿为什方侯，而且"急趋丞相、御史定功行封"（即急忙督促丞相、御史论定功劳行使封赏），群臣结束酒宴后，都高兴地说："雍齿尚且封侯，我辈就不用担心啦！"从上面可以看出，御史有一个职责就是和丞相一起论功行赏。

二是负责纠察朝廷礼仪。《资治通鉴·汉纪三》载，汉高祖七年（公元前200年）十月，长乐宫建成，诸侯群臣都来朝贺，仪式是天亮之时举行，谒者主持典礼，按照次序将人员引入殿门，排列在东西方向。侍卫官员侍卫在宫廷两边，都执兵器，竖立旗帜。于是皇帝乘坐辇车出房，谒者引导诸侯王以下至俸禄为六百石的官吏依次朝拜，没有不震恐肃敬的。到典礼仪式完毕，又置备正式酒宴。群臣陪侍坐在殿上，都伏下身子低着头，按照尊卑次序起身给汉高祖敬酒。敬酒九次后，谒者宣告"结束酒宴"。御史负责纠察不遵守礼仪的人，如果有不遵守礼仪的人就将其引出去。因此，从朝贺到酒宴结束，没有出现敢喧哗、失礼的人。于是汉高祖说："我今天才知道当皇帝的尊贵啊！"从这里面可知，在整个典礼中，除了谒者引导外，更重要的是御史纠察，确保了官员人人都遵守礼仪。这个御史官职，在唐朝称为殿中侍御史，专门负责纠察朝廷礼仪。

三是负责考核地方官吏政绩和核查计簿真伪。《资治通鉴·汉纪十七》载，地节四年（公元前66年），汉宣帝命令各郡国每年上报本地因受笞刑或病饿而死的囚犯的情况，包括所属的县、姓名、爵位和所居住的里巷呈报朝廷，由丞相、御史对地方官员考课，然后奏报皇帝。《资治通鉴·汉纪十九》载，黄龙元年（公元前49年），汉宣帝下诏让御史查证各地向朝廷上报的簿册的真伪。

魏晋之时，御史的威慑力也是非常大的。比如后赵君主石虎在位时，吏治虽然不好（如《资治通鉴·晋纪十七·咸康元年》载，石虎封太子石邃的保姆刘芝为宜城君，她干预朝政，接受贿赂，求仕升官的人大多出入其门），但是他善于任用御史官员。《资治通鉴·晋纪十八》载，晋成帝咸康五年（公元339年），石虎担心贵戚们豪放恣肆，于是提拔殿中御史李巨为御史中丞，特别加以亲近信任，朝廷内外肃然。石虎说："朕听说良臣就像猛虎一样，在旷野中行走而豺狼躲避，真是如此啊！"

到了隋唐之时，在中央设立了御史台，长官又恢复为御史大夫。不同的是，隋朝御史大夫的副手是治书侍御史，属官有侍御史、殿内侍御史、监察御史等，另外还设置了司隶台（负责监察州县，司隶台的长官为司隶大夫）和谒者台（负责持节察按）。唐朝御史大夫的副手是御史中丞，御史台辖有台院、殿院和察院三院，分别由侍御史（负责监察朝廷百官）、殿中侍御史（负责纠察朝廷礼仪）和监察御史（负责监察地方）任职。

唐朝的御史制度与汉朝相比，在弹劾上还有些不同，主要体现在：

一是弹劾仪式隆重。《资治通鉴·唐纪二十七·开元五年》载，贞观年间，"御史弹百官，服豸冠，对仗读弹文；故大臣不得专君而小臣不得为谗慝"。即是说，御史弹劾百官时，必须穿戴獬豸冠，对着皇帝的仪仗读弹劾的奏文，因此大臣难以控制和蒙蔽君主，而小臣也难以进谗言、行奸恶。

二是允许风闻弹事。《资治通鉴·唐纪二十七·开元五年》载，武则天之时，以刑法控制臣下，"谏官、御史得以风闻言事，自御史大夫至监察得互相弹奏，率以险相倾覆"。即是说，谏官和御史仅凭传闻就可以言事或弹劾，上自御史大夫，下至监察御史可以相互弹劾，使得臣下大多以险恶手段相互倾轧陷害。到了宋璟为宰相时，唐玄宗又恢复了贞观旧制。

2. 巡视制度

巡视制度可以追溯到上古舜帝时期，这是舜帝摄政后确立的一项重要治国制度。《尚书·舜典》载，舜帝摄政之初，四岳等诸侯来朝结束后，便举行巡守之礼。

这年二月，舜帝先往东方巡视。五月，舜帝又往南方巡视。八月，又巡视西方诸侯。十一月，又巡视北方。巡视结束后，回归京师，亲到艺祖之庙，用一只牛祭祀，并以禀告巡视之事。以后，每五年巡视一次，四方诸侯朝见时都要汇报所行政事，并考察他们的功绩，以车马衣物作为表彰。

自汉武帝时开始，巡视制度就成了非常重要的监察制度。《资治通鉴》记载了汉武帝、汉昭帝、汉顺帝、晋元帝、前秦君主苻坚、北魏道武帝拓跋珪、唐太宗、唐高宗、唐睿宗、唐德宗等帝王派人巡视地方的事迹。这里简要介绍汉顺帝时的巡视。其他帝王的巡视在本书中均有介绍。

《资治通鉴·汉纪四十四》载，汉安元年（公元142年）八月，汉顺帝派遣侍中杜乔、周举，代理光禄大夫周栩、冯羡、栾巴、张纲、郭遵、刘班八位使者，分别到各州郡巡视，表彰贤良和忠勤的地方官吏，对于贪污有罪的人，如果是刺史、郡太守就将他们的罪行用驿马上报，如果是墨绶（县令、县长之类）以下的官吏，就直接收捕。

杜乔等接受命令后到各州郡，独有张纲将车轮埋在洛阳城的都亭，说："豺狼当路，安问狐狸！"于是弹劾上奏说："大将军梁冀、河南尹梁不疑，因为是外戚而蒙恩，居阿衡（商代官名，也指伊尹）之任，而大肆贪污，放纵恣意而没有尽头，谨列举他无君主之心十五件事，这都是臣子所切齿痛恨的。"奏章递上后，京师震悚。当时梁皇后正受宠幸，梁氏亲戚布满朝廷，汉顺帝虽然知道张纲直言，但不能采纳。杜乔到了兖州后，上表奏泰山太守李固"政为天下第一"，汉顺帝征召李固担任将作大匠（即秦代的少府，汉景帝时改名，主要负责宫殿等工程的营建）。八位使者所弹劾上奏的，多是梁冀及宦官的亲戚党羽，因此弹劾被搁置。侍御史种皓很是痛恨，再次要求进行审理，廷尉吴雄、将作大匠李固也上书说："八位使者所纠察的地方官吏，应当迅速进行杀伐决断。"汉顺帝才将八位使者的奏章，交给有关官员，惩办这些有罪的地方官吏。

值得留意的是，在《资治通鉴》中还记载了一个名叫"清诏使"的职位，专门负责巡视（巡察）。《资治通鉴·汉纪四十六·延熹二年》载，范滂少时就磨砺清正的节操，州里的人们都很佩服。他"尝为清诏使，案察冀州"（曾经担任清诏使，负责巡察冀州），范滂登上车、揽辔绳，"慨然有澄清天下之志"。当时贪污受贿的郡守、县令，听说他来都望风解下印绶而离职。他所弹劾上奏的，没有不可以停止众人所议论的。

应当说，巡视是一把利剑，可以纠正一些地方官员为非作歹，为百姓造福。在历史上，元成宗时巡视的成效明显。《元史·成宗本纪》载，大德七年，七道奉使宣抚共罢黜贪官一万八千四百七十三人，审冤狱五千一百七十六件。这也说明当时地方官吏极为腐败。

明朝时，巡视非常普遍，中央设立都察院，分设十三道巡视全国，并将巡视作为对地方官监督和考核的重要途径，经常派御史出巡各地。这些御史虽然职位低，但权力大，对地方官员能起到震慑作用。

3. 刺史制度

所谓刺，是指探听刺核，即监察；所谓史，即御史。可见，刺史源于监察御史一职。刺史制度是汉武帝时创立的。

《资治通鉴·汉纪十三》载，元封五年（公元前106年），汉武帝在全国十三个州全都设置刺史。

唐朝颜师古注《汉书·百官公卿表上》中"武帝元封五年初置部刺史，掌奉诏条察州，秩六百石，员十三人"时讲："汉官典职仪云刺史班宣，周行郡国，省察治状，黜陟能否，断治冤狱，以六条问事，非条所问，即不省。一条，强宗豪右田宅逾制，以强凌弱，以众暴寡。二条，二千石不奉诏书遵承典制，倍公向私，旁诏守利，侵渔百姓，聚敛为奸。三条，二千石不恤疑狱，风厉杀人，怒则任刑，喜则淫赏，烦扰刻暴，剥截黎元，为百姓所疾，山崩石裂，祆祥讹言。四条，二千石选署不平，苟阿所爱，蔽贤宠顽。五条，二千石子弟恃怙荣势，请托所监。六条，二千石违公下比，阿附豪强，通行货赂，割损正令也。"

从这段可知，汉武帝时，刺史职责是奉皇帝之诏监察各州，俸禄为六百石，共有十三人。主要任务是遍行郡国（当时汉朝实行郡县制和分封制并轨），视察地方治理情况，升迁贤能、罢黜不肖，平反冤狱，以"六条问事"，不在这六条之中的不视察。这"六条问事"的内容是什么呢？

第一条：监察地方豪强的田宅有否僭越规定，有否以强欺弱，以众虐寡；

第二条：监察俸禄为二千石的郡守、国相有否不奉皇帝之诏、不遵守典制，以私废公，利用诏书取得私利，侵犯和鱼肉百姓，暴敛奸恶；

第三条：监察郡守、国相有否不顾虑疑案冤狱的审理，妄为滥杀，有否赏罚凭个人喜怒，怒则用刑、喜则滥赏，烦扰苛刻，暴虐剥削百姓，为百姓所痛恨，有否因山崩地裂等编造祥瑞，以讹传讹；

第四条：监察郡守、国相有否在举荐人才、辟任小吏方面不公平，袒护自己所喜欢的，有否遮蔽贤才、宠信顽民；

第五条：监察郡守、国相子弟有否倚仗权势，请托而取得私利；

第六条：监察郡守、国相有否违背公益而与下属勾结一起，有否依附豪强，收受贿赂，损害中央政令。

这六条中，一条是监察地方豪强的，一条是监察郡守、国相子弟的，其余四条都是直接监察郡守、国相的，如果将监察郡守、国相子弟的也算入是监察郡守、国相，那就五条都是监察地方"主官"的（国相是中央派遣到诸侯国的行政长官）。这"六条问事"被明末清初大思想家顾炎武称为"千古不变之良法"。(《日知录·卷九·部刺史》)

但刺史制度不是一帆风顺的，经历了一些变化才稳定。

《资治通鉴·汉纪二十四》载，绥和元年（公元前8年），丞相翟方进、大司空何武上奏说："《春秋》之义，是用尊贵治理卑贱，不是以卑贱来控制尊贵。刺史是相当于下大夫的职位，而监察俸禄为二千石的高官，轻重不相适宜。臣请求罢除刺史职位，另设州牧，以与古制相应。"这年的十二月，汉成帝下诏罢除刺史，改设州牧，俸禄为二千石。

《资治通鉴·汉纪二十六》载，建平二年（公元前5年），丞相朱博上奏说："汉朝旧例，设置各部刺史，官位虽卑但奖赏丰厚，因此能劝勉刺史乐于进取以立功。前些年罢除了刺史，改为州牧，是俸禄为二千石的高级官员，官位仅次于九卿，九卿有出缺，就由州牧中排名前面的递补，他们中的中材就苟且自守，监察的功效就会减退,奸臣不轨的行为难以禁止。臣请求罢除州牧,像从前一样设置刺史。"汉哀帝采纳了他的建议。

后来王莽称帝,刺史又被罢除,改为州牧,直到光武帝时再次恢复。《资治通鉴·汉纪三十五》载,建武十八年(公元 42 年),这一年光武帝撤销州牧,设置刺史。

东汉之时,刺史一职发挥了极大作用,即使在政治昏暗时期,也能震慑贪官污吏。《资治通鉴·汉纪四十五》载,永兴元年(公元 153 年)七月,郡国发生蝗灾或水灾,百姓饥饿贫穷数十万户,冀州尤其厉害。汉桓帝下诏任命侍御史朱穆为冀州刺史,冀州所属的县令、县长听说朱穆渡过黄河,解除印绶自行去职的有四十多人。朱穆到任后,向朝廷上奏弹劾各郡的贪官污吏,有的自杀,有的死在狱中。

汉灵帝时,刺史一职又改为州牧。《资治通鉴·汉纪五十一》载,汉灵帝中平五年(公元 188 年)三月,太常刘焉看到汉朝王室多难,向汉灵帝建议:"眼前四方都发生叛乱,原因在于刺史的权威太轻,不能禁制,而且所用多不得其人,导致叛乱,应当改设州牧,选择那些有清望之名的重臣担任。"刘焉内心想求得担任交趾牧。侍中董扶私下对刘焉说:"京师将乱,益州之地将有天子气。"刘焉于是求担任益州牧。恰缝益州刺史郤俭重赋敛财,烦扰百姓,臭名远扬,而耿鄙、张懿都被盗贼所杀,朝廷于是采纳刘焉的建议,选拔九卿、尚书担任州牧,各以本来的官秩出任。汉灵帝任命刘焉担任益州牧,太仆黄琬担任豫州牧,宗正刘虞担任幽州牧。各州长官的权力责任之重,是从这里开始的。

隋唐之时,仍旧推行刺史制度。隋朝的刺史虽然在《资治通鉴》多有反映,像隋文帝时有名的刺史如岷州刺史辛公义、岐州刺史梁彦光、相州刺史樊叔略、西宁州刺史梁毗、汴州刺史令狐熙的事迹都有记载,但此时的刺史不是汉代时的监察之官,而是州长官,类似州牧。

隋朝真正意义上的刺史是在隋炀帝时设置的。据《隋书·百官志下》载,隋炀帝时设立司隶台,有刺史十四人,负责巡察京畿之外的州县。刺史每年二月出巡,十月回到朝廷。刺史也是以六条察事:"一察品官以上理政能不;二察官人贪残害政;三察豪强奸猾,侵害下人,及田宅逾制,官司不能禁者;四察水旱蝗灾,不以实言,枉征赋役,及无灾妄蠲免者;五察部内盗贼,不能穷逐,隐而不申者;六察德行孝悌,茂才异行,隐而不贡者。"

这六条之中,第一是监察品级以上的官员有否理政的能力;第二是监察官员有否贪婪残暴危害政事的行为;第三是监察豪强奸猾有否侵害百姓、有否田宅僭越规定等行为;第四是监察官员有否不据实上报水旱蝗灾的行为,有否妄自征收赋税和征发徭役的行为,有否没有灾害而妄自免除赋税的行为;第五是监察对所辖区域的盗贼,有否不能捕尽或者隐匿不报的行为;第六是监察有否对于德行好、有孝悌贤行、能力突出的贤才隐藏而不向朝廷举荐。

隋朝的六条,与汉朝的"六条问事"相比较,除了监察豪强奸猾有否侵害百姓、有否田宅僭越规定这条相同外,其他也多有不同,汉朝刺史监察的对象是郡守、国相及子弟,而隋朝刺史监察的对象是州县有品级的官员。同时,隋朝的六条还监察官员的能力,并将有否遮蔽和举荐贤才作为监察的内容,其他监察内容则更为细化。

到了唐朝,刺史也恢复像州牧一样。唐玄宗之时,恢复刺史部分的功能,由刺史兼任采访使,负责监察州县。《资治通鉴·唐纪二十九》载,开元二十一年(公元733年),唐玄宗下令将天下分为十五道(相当于现在省的建置),各自设置采访使,"以六条检察非法",两畿采访使由御史中丞兼任,其余都选择贤明的刺史兼任。

根据《新唐书·百官志三·御史台》载,唐朝的"六条检察"是:"其一,察官人善恶;其二,察户口流散,籍账隐没,赋役不均;其三,察农桑不勤,仓库减耗;其四,察妖猾盗贼,不事生业,为私蠹害;其五,察德行孝悌,茂才异等,藏器晦迹,应时用者;其六,察黠吏豪宗兼并纵暴,贫弱冤苦不能自申者。"

这"六条检察"说的是,第一看所任用之人的善恶;第二看百姓是否流散、籍册账本是否隐没、征收的赋税和征发的徭役是否不均平;第三看劝百姓耕田种桑是否勤勉、粮仓府库是否减耗;第四看是否有妖言狡猾之徒和盗贼,不从事正当职业,成为社会的蠹虫之害;第五看是否有德行好、有孝悌贤行、能力突出的贤才隐藏起来待时而用的；第六看是否有狡黠官吏和豪强兼并田地、放纵暴虐的，贫穷弱势、冤屈受苦而不能伸张的。

唐朝的"六条检察"与汉朝、隋朝的又有不同。与汉朝相比，唐朝刺史巡察的范围更广，包括吏治、户口、财政、经济、治安、人才、司法等各方面。与隋朝相比，唐朝刺史巡察多了吏治、经济等方面的内容。

从历史上看，刺史制度与巡视制度都发挥了重要作用，它与巡视制度的区别在于巡视是临时委派的任务，刺史是在驻地常态性监察。

4. 司直

司直一职是汉武帝时设置，是丞相的副手，称为丞相司直，俸禄为二千石，主要职责是辅助丞相纠察不法官吏（和御史职责差不多）。到了汉哀帝时将丞相改为大司徒，所以司直又称为（大）司徒司直。

关于司直，《资治通鉴》中有多处记载。

《资治通鉴·汉纪十四》载，征和二年（公元前91年），太子兵败（指太子刘据因为巫蛊事件而被迫用兵，汉武帝发兵攻打），向南逃奔到覆盎城门，司直田仁负责守城门，认为太子与汉武帝是父子之亲，不想逼迫过急，因此太子得以出奔逃走。丞相刘屈氂想斩杀田仁，御史大夫暴胜之对丞相说："司直是俸禄为二千石的官吏，应当先奏请皇帝，为何擅自斩杀呢？"因此，丞相刘屈氂释放了田仁。汉武帝得知后大怒，派官吏责问御史大夫说："司直放纵谋反者，丞相斩杀是依据法令，大夫为何擅自阻止呢？"暴胜之惶恐，自杀。汉武帝下诏派遣宗正刘长、执金吾刘敢收卫皇后印玺绶带，卫皇后自杀。田仁也被腰斩。

《资治通鉴·汉纪十九》载，五凤二年（公元前56年），丞相丙吉年老，汉宣帝非常尊重他。御史大夫萧望之常常轻视丙吉，汉宣帝因此不高兴。丞相司直上奏弹劾萧望之对丞相礼节傲慢无礼，又派遣官吏给自家买卖东西，被派遣的官吏私下用钱共十万三千，请逮捕萧望之关押监狱治罪。这年秋天的八月，汉宣帝下诏贬萧望之为太子太傅，任命太子太傅黄霸为御史大夫。《资治通鉴·汉纪二十四》还载，元延元年（公元前12年）十二月，汉成帝任命王商为大将军，十多天后王商去世，他的弟弟红阳侯王立按照次序应当辅政。起先王立的门客因为南郡太守李尚侵占开垦的草田数百顷，上书将这些田卖给国家，多收取田价一亿万以上，丞相司直孙宝检举此事，汉成帝因此废黜王立，而任用王立的弟弟、光禄勋、曲阳侯王根，并任命他为大司马、骠骑将军。

《资治通鉴·汉纪三十二·建武元年》载，起初，更始帝刘玄任命琅邪人伏湛担任平原太守，当时天下兵起，唯独伏湛安然不动，安抚百姓。伏湛的属吏门下督为他谋划起兵，伏湛收捕处斩门下督，于是官吏和百姓信任向往他，平原境内依靠伏湛得以保全。光武帝刘秀即位后，征召伏湛担任尚书，让他负责匡定旧有的典章制度，又因为大司徒邓禹率军西征，因此光武帝任命伏湛为司直，行使大司徒职务。光武帝每次出征讨伐，常常留伏湛镇守。《资治通鉴·汉纪三十三》载，建武三年（公元27年）三月，光武帝任命司直伏湛为大司徒。

从御史大夫暴胜之口中可知，司直是朝廷高级官员；从汉宣帝、汉成帝之时的丞相司直事迹可知，司直有弹劾官员包括高级官员不法行为的权力；从光武帝重视司直这个职位可知，司直可代理大司徒（丞相），甚至直接可提拔为大司徒。可见，司直是一个非常重要的监察职位。

5. 司隶校尉

司隶校尉一职是汉武帝时所设置，俸禄为二千石，排位比丞相司直低一点，起初主要职责是"捕巫蛊，督大奸猾"，手下有一千二百人，可以纠察皇太子、三公以下百官以及京城附近的郡国官员，后来权力又收回，负责督察三辅（京兆尹、左冯翊、右扶风）、三河（河东、河南、河内）、弘农地区，但这三个地区仍在京师范围内，所以仍旧可以纠察弹劾百官。西晋傅咸说："司隶校尉，旧号'卧虎'。"可见它在监察百官中极具威势。

《资治通鉴》最早记载司隶校尉这一职是在汉宣帝时。《资治通鉴·汉纪十八》载，神爵二年（公元前60年），司隶校尉、魏郡人盖宽饶，刚直公正清廉，数次触犯汉宣帝的旨意。当时汉宣帝正注重用刑法，任用宦官担任中书省官吏，盖宽饶上奏说："如今圣贤之道逐渐衰微，儒家经术推行不了，将那些宦官作为周公、召公一样的辅佐，将刑法律例作为《诗经》《尚书》。"又引用《易传》说："五帝将天下作为公有，三王将天下作为家有。家有的传给子孙，公有的传给圣贤。"汉宣帝看后认为盖宽饶抱怨诽谤，将他的奏书交给中二千石官员处理。当时执金吾议论认为盖宽饶大逆不道。谏大夫郑昌悲伤盖宽饶忠直忧国，因为议论国事不当而被文吏所诋毁挫伤，上书为盖宽饶讼冤说："司隶校尉盖宽饶，居不求安，食不求饱，进有忧国之心，退有死节之义，上无陛下亲戚许、史两家保护，下无陛下近侍金、张两家的重托，他的职责在于司察，直道而行，所以仇人多而朋友少。上书陈述国事，有关部门弹劾他处以死刑。臣幸得跟随各大夫之后，身为谏官，不敢不说。"但汉宣帝不听。这年九月，将盖宽饶交付狱吏，盖宽饶引佩刀自刎于北门宫殿之下，众人没有不悲怜的。

从西汉的历史来看，司隶校尉一职不太好干，多是得罪官员的活，而且很容易被贬黜，做得好是应该的，做得不好就会受到惩罚。《资治通鉴》便记载了这样的事迹。

《资治通鉴·汉纪十九》载，永光元年（公元前43年），司隶校尉、琅邪人诸葛丰开始以特立独行、刚直不阿闻名于朝，数次侵犯贵戚，在位官员多讲他的短处。后来诸葛丰因事而被贬为城门校尉。

《资治通鉴·汉纪二十二》载，建始元年（公元前32年），当时奸佞石显已调任长信中太仆，俸禄为中二千石，石显既然已失去了靠山（指已去世的汉元帝），离开了权力中枢，于是丞相、御史上奏列举石显过去的罪恶，石显及其党羽牢梁、陈顺都被罢免官职，石显与妻子儿女放归家乡所在地的郡，忧愁愤懑，不吃饭，在途中死去。那些因交结石显而为官的都被废黜，少府五鹿充宗贬为玄菟太守，御史中丞伊嘉贬为雁门都尉。司隶校尉、涿郡人王尊上奏弹劾："丞相匡衡、御史大夫王谭，明知石显等专权擅势，大作威福，成为天下祸患，不及时奏报，反而阿谀曲从，附下罔上，心怀奸恶而误国，没有大臣辅政之义，都是大逆不道。"于是匡衡惭愧恐惧，免冠谢罪，缴还丞相、侯爵的印绶。汉成帝因为自己刚刚即位，不愿重伤大臣，于是贬王尊为高陵县令，然而群臣多认为王尊说得对。

《资治通鉴·汉纪二十三》载，鸿嘉三年（公元前18年），当时王氏五侯争相崇尚奢侈，成都侯王商曾经生病，想避暑，就从汉成帝那里借得明光宫居住，后来他让人凿穿长安城，引来沣水，注入他家宅第的大水池以便可以让船只行驶，并在船上立羽盖、张挂周帷，命令人唱越歌。汉成帝到王商宅第，看见穿城引水，心里含恨隐忍，没有说出来。后来又微服私访经过曲阳侯宅第，见园中修筑土山、渐台，模仿白虎殿，于是汉成帝大怒，以此责备车骑将军王音。王商、王根兄弟想自行脸上刺字、割鼻子以向太后谢罪。汉成帝知道后大怒，于是派遣尚书责问司隶校尉、京兆尹，说他明知成都侯王商等奢侈僭越不轨，藏匿奸猾之徒，都阿附纵容，不上奏弹劾，以法治罪。

到了东汉时，司隶校尉一职成为炙手可热的职位，光武帝时让司隶校尉与御史中丞、尚书令在朝会时一起"三独坐"（三人有专席独坐），东汉后期司隶校尉甚至成为政治中枢的重要角色，比明朝的锦衣卫、清朝的步军统领还要厉害。《资治通鉴》记载了东汉时司隶校尉的监察事迹。

《资治通鉴·汉纪三十四》载，建武十一年（公元35年），赵王刘良跟从光武帝刘秀为来歙送丧回来，进入夏城门，与中郎将张邯争夺道路，叱责张邯旋转车头，又责备守门的门侯，让他向前走数十步。司隶校尉鲍永上奏弹劾说："刘良无藩臣的礼节，大不敬。"刘良是尊贵显要的皇亲，而鲍永弹劾他，朝廷肃然。鲍永辟用扶风人鲍恢为都官从事，鲍恢也刚直，不避强权。光武帝常常说："皇亲贵戚权且敛手以避开二鲍。"

《资治通鉴·汉纪四十六》载，延熹二年（公元159年）的八月，汉桓帝派遣尚书令尹勋持节统率丞、郎以下官吏，手执兵器，守卫朝廷办公的地方，将所有代表皇帝和朝廷的符节收集送入内宫。又派遣具瑗率宫廷武士一千多人，与司隶校尉张彪共同围住梁冀府第。可见，汉桓帝在除权臣梁冀时，借助了司隶校尉的力量。

《资治通鉴·汉纪四十七》载，延熹八年（公元165年），李膺重新被汉桓帝任命为司隶校尉。当时小黄门张让的弟弟张朔担任野王县的县令，贪残无道，由于畏惧李膺的威严，逃回京师，藏匿在张让家的合柱中。李膺知道这个情况后，率官吏和士兵破开合柱抓住张朔，将他交付给洛阳监狱，讯问供词完毕就诛杀了。

张让向汉桓帝诉冤，汉桓帝召来李膺，责问他为什么不先奏请就加以诛杀。李膺回答说："从前孔子担任鲁国司寇时，七天就诛杀少正卯。如今臣到任已有十天了，害怕拖延时间，没想到竟然因为速度太快而获罪，我深知自己罪责，死在眼前，特地请求留我在职位上再待五天，一定抓住元凶，到那时臣请受鼎镬之刑，以完成臣开始的愿望。"汉桓帝没有再说，回头对张让说："这是你弟弟之罪，司隶校尉有什么错呢？"于是命李膺退出。自此以后，所有宦官黄门、常侍都小心谨慎，连休假日也不敢出宫。汉桓帝感到奇怪问他们原因，这些宦官一起叩头哭泣说："我们畏惧司隶校尉李膺。"当时朝廷政治日渐混乱，纲纪颓坏，而唯独李膺维持风纪，声名越来越高，凡是读书人被其接纳的，称之为"登龙门"。

《资治通鉴·汉纪四十九》载，光和二年（公元 179 年），宦官王甫、曹节等奸佞弄权，插手朝廷内外，太尉段颎阿谀附和他们。曹节、王甫的父兄及子弟们担任九卿、校尉、州牧、郡守、县令、县长等重要职位，布满天下各地，所在之处都贪婪暴虐。王甫养子王吉担任沛国的国相，尤其残酷，大凡杀人，都将人碎尸放在囚车上，公开罪状，展示给所属各县，夏天腐烂，就用绳子连着尸骨，走完一郡才停止，见到的人惊骇恐惧。他担任五年的国相，总计杀人一万多。尚书令阳球常常拍着大腿发愤说："如果我阳球能够作司隶大夫，怎能容这群宦官？"不久，阳球果然调任司隶校尉。

王甫让门生在京兆境内侵占官府财物七千多万，京兆尹杨彪（杨赐之子、杨秉之孙、杨震之曾孙）检举了这件事，呈送给司隶校尉。当时王甫在家中休假，太尉段颎正因日食天象而弹劾自己。阳球到宫廷谢恩，趁机向汉灵帝奏报王甫、段颎等人罪恶，没几天将王甫、段颎及王甫的养子、永乐少府王萌、沛国的国相王吉全部抓捕送到洛阳监狱。阳球亲自审讯王甫等人，将五种酷刑全部用上。王萌之前担任过司隶校尉，于是对阳球说："我们父子既然应当伏诛，但我们前后都担任过司隶校尉，请您念及同官之义，稍稍让老父少受点刑。"阳球说："你罪恶数不胜数，死了也不能磨灭你的罪恶，还想论什么先后同官之义？"王萌于是骂道："你之前侍奉我父子像奴仆一样，奴仆敢反主人吗？今天趁别人厄运而落井下石，你会到这一天的。"阳球让人用土块塞住王萌之口，鞭棍齐下，王甫、王萌父子都死于杖下，段颎也自杀。阳球于是将王甫的僵尸碎块放在夏城门示众，张贴布告说："这是贼臣王甫。"并且将王甫的财产全部没收，妻子儿女全部流放到比景。

阳球既然诛杀了王甫，想按照次序弹劾曹节等人，于是告诉中都官从事说："暂且先将权贵大奸除去，再商议除去其余的。公卿中的豪强，像袁氏儿辈，你们自行去办就可以，何必一定要我司隶校尉动手呢？"权贵们听说后，没有不谨慎畏惧的。曹节等都不敢休假出宫。

恰逢汉顺帝的虞贵人去世举行葬礼，百官送葬回城，曹节见到王甫的碎尸在道路上，慨然流泪说："我们可以自相残杀，怎么能让狗来舔我们的血？"他对其他各位常侍说："今天权且都一起入宫，不要回家。"曹节直接来到后宫，向汉灵帝禀报说："阳球过去是一个残酷暴虐的官吏，之前司徒、司空、太尉三府奏请免除他的官职，因为他在九江郡太守任上的一点功劳，重新任用他。犯过罪的人，喜欢妄为，不应当让他担任司隶校尉，听从他毒害暴虐。"汉灵帝便调任阳球为卫尉。

当时阳球拜见皇陵，曹节敕令尚书令召来阳球，宣布他的任职，不得停留一刻。阳球被紧急召见，于是求见汉灵帝说："臣没有清高的品行，蒙陛下让我担鹰犬之任，不久前虽然诛杀王甫、段颎，他们不过是狐狸小丑，不值得宣示天下，愿陛下让臣再担任司隶校尉一个月，一定要让那些像豺狼鸱枭一样的奸佞各服其罪。"说完叩头流血，但是宦官在殿上呵斥说："卫尉，你敢不奉诏吗？"再三呵斥，阳球只得接受任命。于是，曹节等人权势重新又大起来。这年的十月，因曹节奏报汉灵帝说，阳球与永乐少府陈球、尚书刘纳等人书信往来谋议不轨，汉灵帝将阳球等人下狱并处死。

到了晋朝，司隶校尉一职依然有很大的震慑作用。《资治通鉴·晋纪四》载，元康四年（公元294年），司隶校尉傅咸去世。傅咸性格刚强简约，风格峻整，刚刚担任司隶校尉时，就上奏说："当前盛行用财货贿赂官员，这应当深深禁绝。"当时朝政宽大松弛，权贵豪强放纵恣肆，傅咸奏请免除河南尹司马澹等人官职，"京师肃然"。

南北朝时，已无司隶校尉一职，但当时的中尉职权相当于司隶校尉。《资治通鉴·梁纪七》载，梁武帝大通元年（公元527年），北魏中尉郦道元，向来有严肃威猛之名，司州牧、汝南王元悦宠幸的亲信丘念，操弄权力，放纵恣肆，郦道元将丘念收捕关押到监狱，元悦向胡太后求情，胡太后想赦免丘念，但郦道元杀了丘念，并以丘念的罪行弹劾元悦。

到了隋朝，隋炀帝时设立司隶台，长官称为司隶大夫，不久又废，从此司隶校尉正式退出历史舞台。

6. 回避制度

根据现代公务员制度的规定，回避制度包括任职回避、地域回避、公务回避。

任职回避是指公务员不得担任与其有亲情关系直接关联的职务。这种亲情关系指的是夫妻关系、直系血亲（祖父母和外祖父母、父母、子女、孙子女）、三代以内的旁系血亲（如叔伯舅姑姨与侄甥、表兄弟姐妹、堂兄弟姐妹）、近姻亲（如配偶的父母和兄弟姐妹及儿女配偶的父母）等关系。有这种亲情关系在任职上就有一些限制，比如两人不能是直接上下级关系，也不能在其中一位担任领导职务的部门从事监察、审计、人事、财务等工作。

地域回避是指公务员不得在本人成长地担任正职领导职务及重要部门（如组织部门、公安部门）的正职。

公务回避是指公务员在办理与其有亲情关系的公务活动时，如考录、考核、考察、调任、职务任免、奖惩、监察、审计、仲裁、案件审理、项目资金审批等，须进行回避。

司马光在《资治通鉴》中记载了汉代的回避制度，当时称之为"三互法"。

《资治通鉴·汉纪四十九·熹平四年》载，起初，朝廷讨论因为州郡之间相互结党，人与人之间相互比附，于是以制度规定：有婚姻关系的不得交互为官以及两州人士不得互相担任监察管理对方的长官（可称之为"两互法"）。到这个时候就再有"三互法"（大致是，甲郡人担任乙郡刺史，乙郡人担任丙郡刺史，那么丙郡人就要对甲乙丙三郡都回避，均不能担任这三郡的刺史），禁忌更加繁密，导致选用艰难，幽、冀二州的刺史久久空缺没有补充人选。

熹平四年（公元175年），蔡邕上书汉灵帝说："臣见幽州、冀州故土，是生产铠甲、马匹的地方，近年来因为战争和饥荒，两州物力和财力都渐渐消耗殆尽。如今两州刺史职位空缺很长时间，官吏和百姓都在盼望，而三公举荐的人选，长期定不了。臣奇怪而问其原因，他们说是为了避免不违犯'三互法'。其他十一州都有禁止任职。另外，这两州之士有的因受年资的限制，狐疑不定，迟滞久留，所以两州刺史一直悬空，万里萧条，没有人去管理。臣认为三互法的禁忌，是轻微的禁令。现在只要申明朝廷的威权和国家的法令，即使是两州的人士互换担任刺史，尚且畏惧不敢营私，何况有'三互法'的禁令，有什么嫌疑呢？过去韩安国起自于囚徒，朱买臣出身于幽贱，都因为才能而胜任，还被派回自己的故乡为官，难道还顾虑要遵循'三互法'，受这种不是根本的制度牵缚吗？臣愿陛下对上效法先帝，撤销最近的'三互法'，对于各州刺史凡是才能可用的，应当及时调换，不要拘于资历、'三互法'的限制。"但是朝廷没有采纳他的意见。

司马光对这件事还专门有评论，他指出："春秋时晋国的叔向说：'国家将要灭亡，必定制度繁多。'圣明帝王的政治，是谨慎选拔忠贤而任用，无论是朝廷的、还是地方的臣子，有功就奖赏、有罪就诛罚，无所偏私，法令制度不繁杂而天下大治。之所以能这样，是因为抓住了治国之本。等到国家衰败之时，不能选择合适的人担任百官，而且禁令更加多，防范也越来越密，导致有功的人因为条文规定得不到奖赏，作奸的人巧妙地钻法律空子而免除诛罚，上下都劳苦烦扰而天下大乱。之所以会这样，是因为治国舍本逐末。汉灵帝之时，刺史、郡守像豺狼老虎一样贪婪，暴虐百姓，而朝廷还守着'三互法'的禁令。以今天来看，难道不可笑和值得深以为戒吗？"

就回避制度原本的出发点来看，有利于防止裙带关系、防止形成利益小团体、防止徇私舞弊等。但是如果过于烦琐，耽误官员任用，影响的是一方百姓，反而成了弊端。所以，司马光认为防范严密的"三互法"是舍本逐末的做法。

7. 防辅制度

所谓防辅，就是防范辅助之意，这项制度也是一种监察制度，是魏文帝曹丕时创立的。

《资治通鉴·魏纪一》载，黄初三年（公元222年）四月，魏文帝曹丕立鄄城侯曹植为鄄城王。当时诸侯王都只有封地的空名而无其实，各王国有老兵一百多人作为守卫，与京城隔绝千里，不允许到京城朝见，并且朝廷还设置防辅监察官员以监视诸侯王。因此诸侯王虽有王侯之号却相当于普通百姓，他们想做布衣百姓都不能。

这个时候法令严峻，诸侯王的过错和恶行天天能听得到，独有北海王曹衮谨慎好学，不曾有过错。负责文学和防辅监察的官员相互说："我们受诏监察诸侯王的行动，他们有过失应当上奏朝廷，有善行也应当让朝廷知道。"于是共同上表称善北海王曹衮。北海王曹衮听说后，大为惊惧，责成负责文学的官员说："修身自律，这是作为常人的本分行为。而你们却上报朝廷知道，这是给我增加负累。如果有善行，何必担心不被朝廷知道，而各位如此急迫，并非对我有帮助。"

从上可知，曹魏时期，防辅制度是为了监察诸侯王、禁锢宗室的，但最后曹魏因为宗室削弱，而被司马氏篡权夺位。

8. 典签制度

所谓典，就是掌管之意；所谓签，就是指签批文件。典签就是负责掌管签批文件的。因为文件涉及机要，当时南朝时期往往选拔那些出身寒门之士来处理，所以称之为"寒门掌机要"。而派到地方的典签，也是这类性质。但是，南朝宋、齐时设立典签制度主要是用来监察诸侯王、州郡刺史的，所以它也是一种监察制度。

《资治通鉴》最早记载典签一职是在南朝宋文帝时。《资治通鉴·宋纪八》载，元嘉二十八年（公元451年），针对商议如何应对北魏国主所说的"等麦子熟了，再来侵犯"一事，江夏王刘义恭想收割麦子，让百姓转移到城堡，镇军录事参军王孝孙发表意见说不用这么做，当时在座的都沉默不语，没人说话，长史张畅说："王孝孙的话有道理。"镇军府典签董元嗣侍立在武陵王刘骏之侧，也说王孝孙的意见不可改变。别驾王子夏说："王孝孙所论不错。"长史张畅对刘骏说："下官想让王孝孙弹劾王子夏。"刘骏问原因，张畅说："割麦移民，可谓是大事，一方安危都在于此。王子夏为一州长官没有发言，等到听董元嗣一说，就欢笑酬答，这种阿谀左右的人，如何能替您做事呢？"王子夏、董元嗣都大为惭愧。

从以上可以看出，即使是别驾（州官的"二把手"，因其地位高，出巡时不与刺史同车，而是别乘一车，因为称为别驾）这样的州长官，也阿谀典签，得先揣摩典签的意见。

司马光明确指出典签制度是在《资治通鉴·宋纪十·孝建三年》。这里面讲，按照过去制度惯例，地方州府内部议论政事，参加人员要在纸上直接叙述所论之事的观点和建议，送给典签，由典签负责主办。刘宋之世各位皇子担任一方长官时大多年幼，当时皇帝都派遣自己的亲近左右之人担任典签之职，典签的权力比别的官职稍稍要重要些。到了宋孝武帝时，即使是年长的皇子到了地方藩国或者出身平民的官员镇守地方，典签仍然负责"出纳教命，执其枢要"，刺史不得独自行使职责权力。《资治通鉴·宋纪十》还载，孝建三年（公元456年），宋孝武帝任命广州刺史宗悫为豫州刺史。等到宗悫担任豫州刺史时，临安人吴喜担任典签一职。宗悫推行一些刑罚政令，吴喜每次多有违背执行，宗悫大怒说："宗悫年将六十，为国尽力效命，到现在才得到豫州这么一个斗大的地方，我不能再与典签共同处理政事了！"吴喜叩头流血，宗悫的怒气才平息。

宋孝武帝时，有几位典签更是权倾朝野。《资治通鉴·宋纪十·大明二年》载，起初宋孝武帝在江州时，山阴人戴法兴、戴明宝、蔡闲担任典签，等到宋孝武帝即位，将他们都任命为南台侍御史兼中书通事舍人（通事舍人在东晋时负责呈递奏章、传达诏命，刘宋时称为中书通事舍人，负责政务的处理）。大明二年（公元458年），三位典签都因为最初参与起兵的密谋，而被宋孝武帝赐给县级男爵。这时蔡闲去世，追赐这一爵位。当时，宋孝武帝亲自处理朝政，不信任大臣，而心腹耳目不能不委任。戴法兴颇知古今，向来受到宋孝武帝的亲近厚待。鲁郡人巢尚之出身寒门，涉猎文史，受到宋孝武帝赏识，也被任命为中书通事舍人。凡是官员选拔、授官、诛杀、奖赏等大事，宋孝武帝都与戴法兴、巢尚之商量，宫廷内外杂事多委托戴明宝办理。三人"权重当时",而戴法兴、戴明宝大收贿赂财物,凡是他们所举荐的官员,没有不通过的,天下趋势之人都争相去他们家,家门外都成了闹市,他们的家产都积累到千金。

典签一职在南朝齐高帝、齐武帝时仍旧重权在握,甚至称为"签帅"。到了齐明帝萧鸾(齐高帝萧道成之侄、齐武帝萧赜之弟)时才逐渐变轻。《资治通鉴》记载了事情的经过。

《资治通鉴·齐纪五》载,建武元年(公元494年),萧鸾担任太傅、领大将军、扬州牧、都督中外诸军事、封宣城王,谋划想当皇帝,因此多引朝廷名士参与筹划。

他虽然独自专权,但人心并不服他。于是他连续杀桂阳王萧铄、衡阳王萧钧、江夏王萧锋、建安王萧子真、巴陵王萧子伦。(萧铄、萧钧、萧锋都是齐高帝萧道成儿子,萧子真、萧子伦都是萧赜儿子)

萧鸾派遣典签柯令孙杀建安王萧子真,萧子真逃到床下,柯令孙用手将萧子真拉出来,萧子真叩头乞求为奴仆,柯令孙没有答应,杀死萧子真。

萧鸾又派遣中书舍人茹法亮杀巴陵王萧子伦,萧子伦性情英勇果断,当时任南兰陵太守,镇守琅邪城,城中有守兵。萧鸾担心他不肯就死,就问典签华伯茂,华伯茂说:"您如果派兵收拾他,恐怕不能立即办到,如果委托给我办,一人之力就可以。"于是华伯茂就亲手拿着毒酒逼着萧子伦喝,萧子伦整理好衣服帽子,出来接受诏书,对茹法亮说:"先前齐高帝灭刘宋大杀刘氏宗室,今天的情况正是天数所定,该有此报。您是我家旧人(茹法亮侍奉过齐高帝、齐武帝),如今充任使者领衔,应当也是身不由己,这酒不是平常劝酒时喝的酒。"于是仰饮而死,时年十六。茹法亮及左右都感动得流下眼泪。

起初,诸侯王从朝廷出任地方州部长官,都配置典签,诸侯王主帅一方之事,都全部委托给他。典签时常到朝廷奏事,一年数次往返,有时皇帝会与他谈话,询问州部之事,刺史的好坏都在于他所说,因此自刺史以下官员无不恭敬地侍奉他,唯恐考虑不周。于是,典签的权力威行州部,干了太多奸邪得利的事。武陵王萧晔担任江州刺史时,性情刚烈正直,典签赵渥之对人说:"我现在到京城去,将他这个刺史换掉。"等到他见了齐武帝,对萧晔大加诋毁,萧晔于是被免职回到京城。

南海王萧子罕戍守琅邪，想暂时去东堂游玩一下，典签姜秀不答应。萧子罕回到京城时哭泣着对母亲说："儿子想移五步都不能，与囚犯有什么不同呢？"邵陵王萧子贞曾经求吃熊掌，厨师说典签不在，不敢给。

永明年间中期，巴东王萧子响杀刘寅等人，齐武帝知道后，对群臣说："萧子响想谋反啊！"戴僧静大声说："诸侯王都应当谋反，难道只有巴东王吗？"齐武帝问他原因，戴僧静回答说："这些诸侯王都没有罪，而就像被囚禁一样，他们要取一截藕、一杯水，都要请示签帅（典签）；签帅（典签）不在，就竟然一天忍着口渴。各州只听说有签帅（典签），没听说有刺史，如何不反？"

竟陵王萧子良曾经问众人："士大夫出于什么想法都带礼物拜访签帅（典签）！"参军范云说："拜访长史以下官员都没有好处，拜访签帅立即有双倍的好处。为什么不拜访呢？"萧子良听后，有惭愧之色。

等到宣城王萧鸾诛杀各位诸侯王，都命令典签去杀，竟然没有一个诸侯王能抗拒的。孔珪听说后，流着眼泪说："齐朝的衡阳王、江夏王最有意辅佐皇帝，然而仍被杀害，如果不设立签帅（典签），应当不至于此。"宣城王萧鸾也深知典签制度的弊端，于是发布诏令说："自今以后，各州如果有急事，应当秘密上奏朝廷知道，不再派遣典签入京城汇报。"从此，典签一职的作用就轻了。

司马光在《资治通鉴·齐纪五》中还引用了南朝史学家萧子显（齐武帝萧道成的孙子，著有《南齐书》）的评论，来说明典签制度的弊端。

萧子显评论说："帝王之子，生长在富贵之中，年幼时离开后宫，就担任一州之长，为了防止他们骄傲奢逸，制定了一些经常用的典制。因此，皇帝从自己的心腹中挑选人前去辅佐，或者挑选自己的左右旧人，任命为各诸侯王的签帅（典签），饮食起居都动辄告诉典签，各诸侯王的职位虽重，但行动却没有自由。他们由于威权不在自己身上，恩惠未能施于下面，一旦朝廷有艰难，盼望他们来扶危，怎么可以呢？这是南朝刘宋时设置的典签制度，萧齐沿袭而弊病尤其多。"

典签制度虽然作为一种监察制度对抑制当时的高官显贵起了重要作用，但是由于防范过严，导致了很多弊病，所以后来职权渐削，直到废除。

第六篇

《资治通鉴》
所载关于吏治监察的
言论

关于吏治监察的言论，自上古时代就有，像"四书五经"就记载了不少，尤其是《尚书》作为政书更是如此。

这些吏治监察的言论，体现了古人如何抓好吏治监察的思想。司马光在《资治通鉴》中也记载了不少关于吏治监察的言论，这些言论有的还具有很强的实操性对如何抓好吏治监察具有参考价值。

现根据时间顺序，对《资治通鉴》所载的这些吏治监察的言论进行讲述。

一、两汉时期关于吏治监察的言论

两汉时期关于吏治监察有很多言论，这些言论极其重要，富含很多思想，可以说中国的吏治监察大的原则基本上在两汉时就已明确了。像董仲舒、荀悦、韦彪、左雄等都有卓有建树的言论。

1. 董仲舒论"郡县长官不贤能会导致百姓困苦""任官不要看资历""举用德才兼备的贤良""食禄者不得与民争利"

《资治通鉴·汉纪九》载，建元元年（公元前140年）十月，汉武帝下诏推举贤良方正、直言极谏之士，并以古今治道为题亲自策问，当时参加策对的有一百多人。

董仲舒在这次策问中提出了著名的"天人三策"，其中谈到了吏治问题，主要有以下几个观点：

一是阴阳错乱、百姓贫困的原因在于郡县长官不贤能。董仲舒指出，现在的郡守、县令，是百姓的老师和统帅，是派他们去承导君主恩泽和宣扬教化的，他们如果不贤良，则君主的仁德得不到宣扬，恩泽就流不到下面。现在官吏既没有对下面教化，或者不承导君主的法令，暴虐百姓，与坏人朋比为奸，致使百姓穷苦孤弱，含冤的人流离失所，很不符合陛下的心意，这都是郡守县令不贤明导致的。

二是任官要看是否称职，而不是看资历，这样才能建功立业。董仲舒指出，如今的郡守、县令大多出于郎中、中郎及俸禄为二千石高官的子弟，选任郎吏，又以富裕有钱财为条件，未必贤明。且古代所谓功劳，是以任官是否称职作为等次的，不是以资历的积累。因此小才之人，即使资历很久，还是不离于小官；贤才之人，即使任职不久，但不妨碍他能为辅佐君主大臣。因此有职守的官吏，都竭尽全力贡献自己的智慧，专心做好本职以便能够建功立业。

三是吏治的弊病在于以资历用人，应当让官员举贤良并以此进行赏罚，注重官员的德行和才能。董仲舒指出，如今郎吏资历久了就可以贵显，积累时间长了就可以升官，因此廉洁的和无耻的就混乱了，贤能的和不肖的就混淆了，未能得到真正的贤才。臣愚蠢地认为让各位诸侯、郡守、俸禄二千石的官员各选择吏民中的贤者，每年向朝廷荐举两人，让他们在皇宫中值班守卫，而且还可以用来考察大臣是否贤能。假如所荐举的人贤能就给予奖赏，所荐举的人不好就予以惩罚。如果这样做，诸侯、俸禄二千石的官员都会尽心求贤，天下之士就可得到而授之以官加以使用了。遍得天下的贤人，则三王的盛世也就容易做到，而尧舜的声名也可赶得上了。一定不要以做官时间的长短来考核功绩，要以实际考察贤能为上，要量才而授官，以德行定职位，这样廉洁和无耻就可以不同路了，贤能和不肖就可以不同对待了。

四是利益在官民之间分布均衡，食禄者不得与民争利（也即"当官即不许发财"）。董仲舒指出，上天对万物的赐予是有所区分的，赐予利齿的就不再给长角，赐予翅膀的就只给两只脚，这就是接受了大的就不能再取小的。古时候领取俸禄的，就不靠体力种田吃饭，也不能从事工商末业。这也是接受了大的就不能再取小的，如此才是与上天意志一致。如果接受了大的又去取小的，天都不能这样满足，何况人呢？这正是百姓困苦不足的原因啊！那些身受君主宠爱而处高位的人，家中饱暖而享有厚禄,而且倚仗富贵的资本,在下面与民争利,百姓怎么能安居乐业呢?

汉武帝很赞赏董仲舒的对策,任命他做江都国的国相。

2. 公孙弘论"因能任官""进用有德有功者""赏贤罚奸"

《资治通鉴·汉纪十》载,元光五年(公元前130年),汉武帝征召吏民中通晓当世政务、精习古代圣王治国之术者到朝廷,并亲自策问。公孙弘在对策中对比了古代圣王和末世亡国之君的做法:"我听说上古尧舜之时,不贵官爵和奖赏而百姓劝善,不重刑罚而百姓不犯法,因为君主亲自作出了公正的表率,而且对百姓讲信用;末世有官爵和奖赏而百姓不劝善,有严刑重罚而奸邪不能禁止,因为那时的君主不正,而且对百姓不讲信用。如果用厚赏和重刑,不足以劝勉行善、禁止邪恶,那么就一定要靠讲信用。"并提出了"治国八本":

一是"因能任官,则分职治",即根据人的才能委任官职,则各自的职守就能得到完成;

二是"去无用之言,则事情得",即去除无用的空言,则事情就能做好;

三是"不作无用之器,则赋敛省",即不制作无用的器物(指的是奢侈品),则百姓的赋税就能减少;

四是"不夺民时,不妨民力,则百姓富",即不在农忙时征发徭役,不妨碍民力,则百姓就能富裕;

五是"有德者进,无德者退,则朝廷尊",即进用有德者,斥退无德者,则朝廷就会被尊重;

六是"有功者上,无功者下,则群臣逡",即让有功劳的人上、无功劳的人下,则群臣就会退让;

七是"罚当罪,则奸邪止",即处罚那些犯罪的,则能制止犯罪;

八是"赏当贤,则臣下劝",即奖赏那些贤能的,则臣下就会得到劝勉。

这"八本"中,有四项(第一、五、六、八项)都是直接讲吏治的。当时,汉武帝非常赏识他的对策,亲自擢拔公孙弘为第一,任命他为博士。

3. 王吉论"公开求贤、废除任子令"

《资治通鉴·汉纪十八》载,神爵元年(公元前 61 年),谏大夫王吉上书汉宣帝说:"舜帝、商汤不任用三公、九卿的后代而分别任用皋陶、伊尹,不仁的人自然就远离了。如今使庸俗官吏的子弟因为靠父兄的关系得以任官,大多骄横,不通古今,无益于百姓,应当公开选拔、访求贤才,废除任子令。陛下外戚之家及故旧好友,可以赏赐丰厚财物,不宜让他们居以重要官位。"汉宣帝认为王吉所说的很迂阔,王吉于是称病辞职。

所谓"任子令",是指汉代俸禄为二千石及以上的高级官员可以保荐子弟当官。这个"任子令"到了汉哀帝时废除。《资治通鉴·汉纪二十五》载,绥和二年(公元前 7 年),此时汉哀帝刚刚即位,他下诏废除了"任子令"。

4. 张敞论"举荐官员务得其人""考核政绩必须综核名实"

《资治通鉴·汉纪十九》载,五凤三年(公元前 55 年)二月,汉宣帝任命黄霸为丞相。黄霸的才能善于治理百姓,到了担任丞相后,功绩与声名比作郡守时有所损失。

当时,京兆尹张敞家里的雀飞到丞相府,黄霸以为是神雀,与人商议想上奏汉宣帝。张敞弹劾黄霸说:"臣私下里看到丞相请求与俸禄为中二千石的大臣及博士等一同,向来京城报告年度工作的郡国上计长史、守丞询问为民兴利除害、推行教化情况,让他们逐条回答。有的回答说,农民互让田界,男女不走同路,道不拾遗,以及推举孝子、贞妇的,考核时列为一等,先上殿;有的虽然列举出来却不知人数的,考核时列为二等;列举不出这些情况,排在后面,向丞相叩头谢罪,丞相口里虽然不说,但心里想他们也能列出来。郡国上计长史、守丞回答时,臣张敞家刚好有雀飞到丞相府屋顶上并停下来,丞相及以下见到的有数百人。那些从边地来的官吏多认识这种雀,问他们,都假装不知。丞相与人商议计划上奏说:'臣问郡国上计长史、守丞各地的政治教化情况,上天派下神雀以回报陛下。'后来得知雀是从臣张敞家来的,才停止。郡国的官吏都暗中笑丞相虽然仁厚而有智略,却轻信奇闻怪事。

臣张敞并非敢于诋毁丞相，确实是恐怕群臣没有谁肯报告此事，而郡国长史、守丞畏惧丞相指责，回去后废弃法令、各自行使私人所教，这样会使原本淳朴的风气变得浇薄，人人行为伪装，有名无实，甚至动摇懈怠而做妖邪之事。假如让京师率先谦让田地、男女不走同路、道不拾遗，而实际上对区分廉洁贪婪、贞节淫乱的行为并没有益处，反而因为虚伪的政绩列为天下第一，这当然是不可以的。我们汉朝承接秦朝之弊进行变革，制定法律敕令，目的是劝勉善行、禁止奸恶。

因此应当命令显贵大臣明确饬令各郡国长史、守丞，回去转告俸禄为二千石的郡守、国相，在推荐三老、孝弟、力田、孝廉、廉吏时一定要选人得当，处理郡国政事都要按照朝廷法令为依据，不得擅自增加修改，如果敢有靠欺诈虚伪来钓取名誉的，必定先受到诛杀，以明确显示朝廷的好恶。"

汉宣帝很高兴地采纳了张敞的建议。

5. 荀悦论"为政者须远佞人、用八核察人"

《资治通鉴·汉纪二十一》载，建昭二年（公元前37年），石显内心自知擅权，把持朝政权柄，担心汉元帝一旦信任左右耳目而疏远自己，就时常向汉元帝表示忠诚，取得信任以验证。石显曾经出使到诸官府征集资源，他先向汉元帝说："恐怕回宫太晚，宫门关闭，请让我说奉诏让吏员开门！"汉元帝答应了。一天，石显故意到夜里回宫，宣称奉诏开宫门而入。后来，果然有人上书控告"石显专擅皇命，假传圣旨开宫门"。汉元帝听说后，还笑着把奏章给石显看。石显趁机流泪说："陛下过于私爱小臣，委任我办事，群下无不嫉妒，想要陷害臣的人，类似这种事情不止一次，只有圣明的君主才知道。愚臣出身微贱，真的不能以我一人承受起天下的怨恨，臣愿意辞去中枢机要之职，只负责后宫的扫除，这样才死无所恨。唯求陛下哀怜，以此保全存活小臣。"汉元帝认为石显说得对而哀怜他，数次慰劳他，又厚加赏赐，这样的赏赐及石显所受的贿赂共达一亿钱（即三官五铢钱）。

起初，石显听说众人多义愤填膺，都说是他逼死前将军萧望之，担心招来天下的学士抨击。由于谏大夫贡禹深明经义，有节操名望，石显便派人向贡禹致意，深心结交，并推荐给汉元帝，使贡禹擢升九卿，对他以礼相待。于是舆论也有人称道石显的，认为他没有妒恨谮害萧望之。石显的谋略变诈，善于为自己解免，取得皇帝的信任，用的都是此类手法。

对于石显奸诈的行为，司马光紧接着引用荀悦的一段话进行了评论。

荀悦评论说：奸佞之臣迷惑君主也太厉害了，因此孔子说"远佞人"。对于奸佞之臣，不但不任用，而且还要远离，与他隔绝，把源头堵塞住，且警戒到极致。孔子说："政治的意思，就是端正。"（"政者，正也"）大凡治国之道的根本，在于端正自己。平直真实，是端正的主要方面。因此，品德必须核实是真实的，然后才授予其官职；能力必须核实是真实的，然后才交给其事情；功劳必须核实是真实的，然后给予其赏赐；罪行必须核实是真实的，然后才施以刑罚；品行必须核实是真实的，然后使其尊贵；言论必须核实是真实的，然后才能信任；物品必须核实是真实的，然后才能使用；事情必须核实是真实的，然后才能做好。因此各种端正积聚在上面，那么下面万事就是真实的。先王治国之道，就是如此而已！

荀悦的这段评论主要讲了"为政者须远佞人"和"用八核察人"（"德必核其真，然后授其位；能必核其真，然后授其事；功必核其真，然后授其赏；罪必核其真，然后授其刑；行必核其真，然后贵之；言必核其真，然后信之；物必核其真，然后用之；事必核其真，然后修之"）两个方面。

6. 王嘉论"为政者应当择贤为官、不求全责备""储备有才能的官员"

《资治通鉴·汉纪二十六》载，建平三年（公元前4年）四月，汉哀帝任命王嘉担任丞相。

王嘉因为当时的政治苛急，郡太守、诸侯国的国相变动频繁，于是上书说："臣听说圣王之所以成功在于得到合适的人才，孔子说：'人才难得，难道不是这样吗？'（'材难，不其然与！'）因此，'选立诸侯的继承人，是因为像其祖先那样贤能。'（'继世立诸侯，象贤也'）即使不能完全像其祖先那样贤能，天子也可以为他选择良臣、贤卿来辅佐。居守在这样的诸侯国，世代受到尊重，然后众多士民都归附，因此教化得以推行而治世的功业得以建立。如今的郡太守职权重于古代的诸侯，过去得选贤才担任郡太守，然而贤才难得，提拔可以胜任的，

第六篇　《资治通鉴》所载关于吏治监察的言论　　241

有的甚至起于囚徒。

"从前魏尚因犯罪而被关押，汉文帝被冯唐的话所感动，派遣使者持节赦免他的罪，任命他为云中太守，匈奴很是忌惮。汉武帝从囚徒中提拔韩安国，任命他为梁国内史，使得刘氏骨肉得以保全。张敞担任京兆尹时，犯了罪当免职，狡猾的属吏知道后故意冒犯他，张敞将他逮捕并杀死，死者家属喊冤，使者重新再审后请求逮捕张敞，汉宣帝搁置，不久又免除张敞之职，张敞逃亡十多天后，汉宣帝征召张敞，任命他为冀州刺史，最终获得重用。前代帝王并非偏私这三人，而是看重他们的才干有益于国家。

"汉文帝时，官吏担任职务长期不变动，有的传给子孙，仓氏、库氏就是管理仓库的官吏的后代。那些俸禄为二千石的郡守、国相也安于官位，乐于其职，然后上下相互期待勉励，没有谁有苟且之心。

"后来稍稍有变化，公卿以下官员相互督促，要求紧急，又数次更改政事，司隶校尉、州部刺史检举弹劾苛刻，揭发别人的阴私，有的官吏在位数月就被罢退，送旧迎新，交错行走在道路上，中等才能的人苟且以求保全自身，下等才能的人怀着危惧顾惜自己，一切为自己营私的人多。

"俸禄为二千石的郡守、国相越来越被轻视，官吏百姓都轻慢他们，有的抓住他们细微的过错，扩大成罪，向司隶校尉、刺史报告，或上书朝廷控告。众百姓知道郡守、国相容易被倾危，有小小的失意就有背叛之心。前山阳亡命之徒苏令等纵横郡国，官吏武士面临危难，没有谁肯以死尽节的，这是因为郡守、国相的威权向来就被夺走了。汉成帝感到后悔，下诏书说，对俸禄为二千石的郡守、国相不加以故意放纵之罪名，派遣使者赏赐他们黄金，以慰问厚待他们。这确实因为国家有急难，需要郡守、国相办事，只有郡守、国相受到尊重而难以被倾危，才能治理属下。

"汉宣帝爱护那些善于治民的官吏，有弹劾他们的奏章就留在宫中，逢到赦免时就一切解决了。按照旧的惯例：尚书很少将弹劾郡守国相的奏章交给有关部门查办，为的是担心烦扰百姓。弹劾奏章中一定有'敢告之'字样才交给有关部门查办。恳请陛下留神于选择贤能的人担任郡守、国相，记住他们的善处、忘掉他们的过失，容忍臣子，不要求全责备。

"郡守国相、州部刺史、三辅县令中有才干胜任本职的官员，从人情来看不可能没有差错，应当宽容忽略，使任职尽力的人有所劝勉。这是当前的急务，也是国家的利益所在。之前苏令造反，朝廷想派遣大夫前往驱逐，当时见大夫中没有可以派遣的人选，才征召令尹逢，任命他为谏大夫，让他前去。如今各大夫中有才能的人很少，应当预先储备培养可造就的人才，这样才能使他们赴难时不惜一死而报国。临事仓促才去寻求人才，这不是彰显朝廷有人才了。"

王嘉的这个上书明确提出了"为政者应当择贤为官、不求全责备""储备有才能的官员"等几个观点。王嘉还举荐儒者公孙光、满昌及能吏萧咸、薛修，他们都是之前有声誉的郡守国相的官员，汉哀帝采纳王嘉的建议，任用了他们。

7. 第五伦论"任官不可用苛刻的俗吏"

《资治通鉴·汉纪三十八》载，建初二年（公元77年），第五伦上书说："光武帝承继王莽之后的局面，为政很是严厉威猛，后代沿袭，于是成为风气。郡国所举荐的人，大多是只会办事的庸俗之吏，绝少有宽大博学的人选以适应朝廷的要求。陈留县的县令刘豫、冠军县的县令驷协，都是因为天姿刻薄，务求严苛，官吏百姓都忧愁怨恨，没有不痛恨的。而今的议论反而认为他们很能干，这有违天意、有失经义，不只应当将刘豫、驷协处罪，而且也应当谴责那些举荐他俩的人。

一定要进用仁义贤能的官员处理政事，不过数人，那么风气就会转好。臣曾经读史书，知道秦朝因为残酷苛急而亡国，又亲眼见到王莽也是因为严苛的法令而自取灭亡，因此勤恳上书，实源于此。又听说诸王、公主、贵戚，骄奢超过礼制的规定，京师尚且这样，如何成为边远的示范呢？因此说：'其身不正，虽令不行。'以身教，别人才听从；以言教，别人就会争讼。"

汉章帝很赞赏他的意见。第五伦虽然天性峭直，然而常常痛恨庸俗官吏的苛刻，他的议论总是以宽厚为依据。

8. 宗均论文法吏、廉吏的缺点

《资治通鉴·汉纪三十七》载，永平七年（公元64年），汉明帝提拔东海国相宗均担任尚书令。

宗均对人说："国家喜欢任用文法吏和廉吏，认为他们能禁止奸恶。然而文法吏习惯欺骗蒙蔽，而廉吏的清廉只在一己之清，对解决百姓流亡、盗贼为害等问题没有帮助。我宗均想叩头力争，虽然一时不可改变，但日久皇上将自受其苦，到那时我就可以进言了！"宗均还未来得及进言，恰逢转任司隶校尉。后来汉明帝知道了他所说的话，认为他说得好。

宗均这段话只能说有一定道理，但未必全对。文法吏对于执法公平，保障社会公平正义具有极其重要的作用。而廉吏对于社会风气、对于休养百姓具有无比重要的作用。虽然他们可能不一定能解决百姓流亡、盗贼为害等问题，但不能认为国家任用这两种官吏不好。解决百姓流亡、盗贼为害等问题，像德吏、能吏、威吏就可以很好地胜任。如果宗均说国家不能只任用文法吏和廉吏，还要任用德吏、能吏、威吏，这就可以。

9. 韦彪论"求忠臣必于孝子之门""郡守贤能很关键"

《资治通鉴·汉纪三十八》载，元和元年（公元84年），上书奏事的人多次说："郡国推荐的人才，大多不按功劳的次序，因此官吏越来越不守职，非常松懈，而且办事也粗疏，责任过失在于州郡。"汉章帝于是下诏让公卿大臣们商议讨论。

大鸿胪（汉代九卿之一，负责礼宾）韦彪上书议论说："大凡国家以选择贤人为要务，贤人以孝行为首，因此'求忠臣必于孝子之门'。人的才能和品行很少有能兼备的，因此孟公绰做晋国赵、魏两家的家臣很优异，却不足以担任滕、薛两国的大夫。因为忠孝的人，本心接近仁厚；而网罗罪名、陷害人的吏员，本心虚假、刻薄。

选择贤士应当以才能、品行为先，不可以只凭功劳和经历。而问题的关键在于选拔俸禄为二千石的郡守。郡守贤能，则选拔推荐可得到人才。"

10. 左雄论"地方长官有政绩的不得随意调动""亲民之吏要任用清白而有能力的儒生"

《资治通鉴·汉纪四十三》载,阳嘉元年(公元132年),尚书令左雄上书说:"从前汉宣帝认为官吏数次职务变动,则下面百姓不能安居乐业;长久任职,则百姓才服从教化。对于为政有治绩的,就以诏书勉励,增加官秩、赐给黄金,如果公卿有缺,则按次序任用他们。因此官吏称职、百姓安业,汉代的良吏在这个时候最盛。

如今一个县的县令(县长)调整更换频繁,各人都怀着私心,不考虑长久。杀害无辜被称为威风,聚敛钱财被称为贤能,而将能够约束自己、安定百姓的视为低劣懦弱,将能够奉守法度、遵循道理的视为没有治理才干。睚眦之恨,就将人处以髡钳之刑;一时的喜怒,就酿成杀人之祸。对待百姓就像仇敌一样,收取赋税就像豺狼老虎一样。监察官员前后相连,与他们同样,见到错误而不检举、听到奸恶而不明察。仅在驿站观察政情,责成地方官吏一个月就要做出政绩;称赞他们的善政,但与他们的品德不相称;评定功绩,但与事实不相符……

臣愚以为郡太守和诸侯国的国相、县令(县长),如果仁慈惠及百姓有明显成效的,可以就地提高官秩级别,不要调离;不是因为父母去世,不得离职。如果不遵从法律、禁令、不听从王命的,就将他禁锢终身。即使恰逢天下大赦,也不得让他再做官。如果被弹劾,逃亡而不接受法律惩处的,就将其家人流放边远的郡,以惩罚警戒之后的奸恶官员。

对于在乡里直接和百姓打交道的官吏,都用那些家世清白、能胜任从政的儒生,宽免他的算赋,增加他的官秩俸禄;任职满一年后,县府、州郡才能征辟举荐。如果这样,地方官吏作威作福的路就可以堵塞,虚伪的端倪就可以断绝,送旧迎新的劳役可以减少,聚敛赋税的源头可以停止,循吏就能得以完成教化,各地百姓都能安宁。"

汉顺帝为左雄的话所感动,重新申明官吏不可无故离职,又下诏让有关部门考察官吏治绩的真伪,详细制定可以施行的细则,但宦官认为对他们不利,最终不能推行。

11. 段恭论"伤毁忠良是天地之大禁""国以贤治，君以忠安"

《资治通鉴·汉纪四十三》载，阳嘉元年（公元132年），太尉庞参在三公中声名最为忠诚正直，数次被皇帝左右的人所谮毁。恰逢庞参所举用的人与汉顺帝的旨意相违背，司隶校尉就顺风而弹劾他。当时，朝廷召集各地举荐的茂才、孝廉，庞参因为被弹劾，于是称病不参加。

广汉人、上计掾段恭乘着参会时，上书说："我见道路的行人、农夫、织妇都说：'太尉庞参竭忠尽节，只因为他奉行直道而不违背自己的心，孤立在那些奸臣之间，使自己处于被中伤的境地。'

大凡以谗言伤害诋毁忠诚正直之人，这是天地的大禁、人臣的至诚！从前白起被赐死，诸侯举杯互相庆贺；姬友（即季友，姬姓鲁桓公小儿子，曾除掉危害国家的庆父和叔牙）来归附，鲁国人喜庆他来拯救危难。

国以贤治，君以忠安（国家因为有贤人才能得到治理，君主因为有忠臣才能安全）。如今天下人都为陛下有这样的忠贤之臣而欣然，愿陛下对其宠任以安定社稷。"

段恭的奏章递上去后，汉顺帝看后下诏派遣小黄门前去探视庞参的疾病。

12. 周举论"慎择官员，去除贪污，远离佞邪"及如何辨别忠贞与佞邪

《资治通鉴·汉纪四十四》载，阳嘉三年（公元134年）五月，汉顺帝下诏，因为春夏连续大旱，大赦天下。汉顺帝亲自露天坐在德阳殿东边祈请上天降雨。

汉顺帝因为尚书周举才学优深，特加策问。周举回答说："臣听说阴阳闭隔，就二气不通。陛下废除汉文帝、光武帝节俭的法度，而放纵秦朝灭亡的奢侈欲望，使宫廷内积聚了怨女，而朝廷外有旷夫（已到婚龄而找不到妻子的男子）。自从发生枯旱以来，整整经历了一年，没有听说陛下改过的效果，只是徒劳陛下暴露在风尘之外，这实在没有益处。

陛下只求表面功夫，不寻求实际问题所在，这就好比缘木求鱼一样。应当诚

心地革除弊政，推崇治道，改变惑乱，放出后宫未曾召幸的宫女，废除御膳房奢侈花费。《易传》说：'以善感动上天。'请陛下留意明察！"

汉顺帝又召周举当面询问政治得失，周举以"应当慎重选用官员，去除贪污、远离佞邪"来回答。汉顺帝问："贪污、佞邪的官员有谁？"周举回答说："臣从下面的州郡提拔到负责掌管机要的尚书，不足以辨别群臣。然而公卿大臣数次有直言的，是忠贞之臣；阿谀奉承、苟且偷安，是佞邪之臣。"

这年的十一月，汉顺帝将司徒刘崎、司空孔扶罢免，这是采纳了周举之言。隔几天，任命大司农黄尚担任司徒，光禄勋河东王卓担任司空。

13. 皇甫规论"力求猛将，不如清平；勤明孙、吴，未若奉法"

《资治通鉴·汉纪四十六》载，延熹四年（公元161年），泰山郡太守皇甫规上书说："如今奸猾的盗贼已经被剿灭，泰山郡大致平定，又听说各羌人部落一齐都反叛。臣生长在邠山、岐山一带，年龄五十九了。过去曾担任过郡里的官吏，又经历过羌人两次叛乱，臣曾预先筹划此事，不幸而言中。臣向来有痼疾，恐怕年龄已大，不能报答陛下大恩，愿请求陛下给臣一个有官阶而无职事的闲官，备用单车一辆，作为朝廷的使者，慰劳三辅之地，宣扬国家的威望和恩泽，以自己所熟悉地形、兵势来辅佐各军队。

臣处于困窘、居于孤危之中，静坐观察郡里太守已数十年，从鸟鼠山到泰山，弊病都是同样的。与其着力访求猛将，不如寻求清正公平的太守；与其勤奋精通孙、吴兵法，不如郡太守奉公守法。"

汉桓帝看后，下诏任命皇甫规担任中郎将，持皇帝符节监督关西的军队讨伐零吾等羌人。十一月，皇甫规击败羌人，斩首八百级。先零等各羌人部落仰慕皇甫规的威势和信用，相互规劝，投降的有十多万人。

14. 张敞论德吏与威吏的区别

《资治通鉴·汉纪四十七》载，延熹八年（公元165年）七月，汉桓帝提拔太中大夫陈蕃担任太尉。陈蕃让位于太常胡广、议郎王畅、弛刑徒李膺，汉桓帝不同意。

王畅是王龚之子,曾经担任过南阳太守,他痛恨那些贵戚豪族,上任伊始,就实行威猛之政,大姓人家犯法,他就派遣官吏摧毁他们家的房屋、砍伐他们家的树,填平水井、夷平炉灶。

功曹张敞(不是西汉的京兆尹张敞)向他上书进谏说:"文翁、召父、卓茂等人,都是以温和宽厚为政,流闻后世。摧毁房屋、砍伐树木,实在是严厉酷烈,即使想惩治奸恶,也难以长远。南阳郡为旧都,又属于京城洛阳千里之内,皇帝祖先的园庙在章陵,三位皇后都出生于南阳的新野,自光武帝中兴以来,功臣将相,世代昌隆。我认为,恳切地用刑,不如推行恩德;勤奋地寻求奸恶,不如礼贤下士。舜帝举用皋陶,不仁的人就自然远离,教化人在于德,而不在于用刑。"王畅深深采纳他的建议,改为崇尚宽政,于是教化大行。

根据《资治通鉴》的记载,王畅担任南阳太守的开始做法与其父亲王龚不大相同。《资治通鉴·汉纪四十二》载,汉安帝延光元年(公元 122 年),汝南太守、山阳人王龚,为政崇尚宽厚平和,好才爱士。他辟用袁阆为功曹,引进本郡人黄宪、陈蕃等。黄宪不肯被辟用,陈蕃则就任官职。袁阆不修那些异行而闻名当时,陈蕃性情清高,王龚都对他们以礼相待,"由是群士莫不归心"(由此众位士人没有不归心向往的)。所以,其父亲王龚倒是像张敞所说的以温和宽厚为政,且礼贤下士。

张敞的谏言道出了德吏与威吏的区别,德吏是那些以宽厚为政、以教化为方法且礼贤下士的官员,威吏才是采取猛烈方法迫使豪强百姓震慑而不敢犯法的官员。

15. 蔡邕论"选官不以书画辞赋""不选虚伪奸诈之人为官"

《资治通鉴·汉纪四十九》载,熹平六年(公元 177 年),京城有数十名市井小民一起相聚宣陵(汉桓帝陵园),自称是"宣陵孝子",汉灵帝下诏将他们都任命为太子舍人。

起初，汉灵帝爱好文学，自己创作《皇羲篇》五十章，选拔太学中能创作文学辞赋的学生一起到鸿都门下等待汉灵帝的制令。后来，汉灵帝对那些善于写尺牍及擅长写鸟篆的人，都加以征召引见，达到数十人。侍中祭酒乐松、贾护多引荐一些没有品行、趋炎附势之徒杂在其间，喜欢说些乡间里的小事，汉灵帝很是喜悦，超常提拔他们。

汉灵帝很久没有亲临宗庙祭祀祖先、到郊外祭祀天地。恰逢汉灵帝下诏让群臣各自陈述施政要领，蔡邕密封上书说："到郊外迎接天地之节气、到宗庙祭祀祖先、到辟雍行拜老礼，都是帝王之大业，祖宗所遵奉之事。而有关部门数次以藩国疏远的丧事，或者宫内生产小孩以及吏卒患病或死亡等，就停止举行这些典仪，而忘记了礼敬天地、祖宗、教化的大事，任由那些禁忌之书和小事拘泥，亏损大典之礼。自今后，斋戒制度应当像过去一样，以平息上天震怒时的风雨雷霆、灾害妖异之变。

同时，古代任用官员，必定派遣诸侯每年向朝廷举荐，汉武帝之世，郡国举荐孝廉，又有贤良、文学的选拔，于是名臣辈出，文武功业都兴盛。汉朝得人，不过这几个途径而已。书画辞赋，属于小才，对于匡正国家、治理政事，则不能显示其能。陛下即位之初，先行涉猎儒家经术，在处理朝政的闲暇，观看文学篇章，聊以消遣以代替赌博下棋，这并非能作为教化风俗和选取官员的标准。

然而太学的学生竞相逐利，写作的人鼎沸，其中才能高的很能引用经书的训诫之言进行讽喻，低下的就通篇是对偶俗话，好像优伶的戏文，有的还剽窃他人的文章。臣每次在盛化门接受诏书时，看到他们按不同等次录用，其中等次不够的也跟在后面得到任命和提拔。已得到恩典的，难以重新收回更改，只让他们领取俸禄，从道义来讲，这已是宽宏了，不可再让他们担任亲民之官并到州郡任职。

从前汉宣帝在石渠阁聚集诸儒，汉章帝在白虎观召集经学博士，对经书释义进行讨论定断，这是美好而重大的事。周文王、武王的圣王大道，应该遵从去做。如果只是小的才能、小的善行，虽然有可观的地方，但是正如孔子认为的那样从长远看就不行了，君子应当追求远大的志向。

另外，前阵子陛下将'宣陵孝子'一律任命为太子舍人。臣听说汉文帝规定，服丧只需三十六天，即使继承帝位的君主是父子至亲关系，以及受先帝重恩的公卿等文武大臣，都要委屈自己情绪、遵从制度规定，不敢逾越。如今虚伪小人，原本不是骨肉之亲，既没有受先帝之恩，又没有受俸禄和入仕，他们的恻隐之心，从道义上没有根据。甚至会导致奸诈之人混入其中，窦太后（汉桓帝皇后）的灵柩抬上车时，东郡有位与他人妻子通奸的人就逃亡混进孝子行列中，本县追捕，这人才服罪。像这些虚伪、杂有奸恶的人，难以多说。而且太子的属官，应当搜求选拔有美德的人，怎能选那些在坟墓旁的凶丑之人呢？这是不吉祥的，没有比之更大了，应当遣送他们回归乡里，以明辨他们是奸诈虚伪小人。"

从上可知，蔡邕明确提出了"选官不以书画辞赋""不选虚伪奸诈之人为官"的观点。蔡邕所论并没有完全得到汉灵帝采纳。《资治通鉴·汉纪四十九》载，蔡邕的奏章呈上后，汉灵帝亲自前往北郊祭祀以迎接天地四时节气，并且到辟雍行拜老礼。又下诏将那些被任命为太子舍人的"宣陵孝子"改为县丞、县尉。

二、魏晋南北朝时的吏治监察言论

吏治监察经过两汉的运行，已经有了很多实践基础。到了魏晋南北朝时，就有很多关于实操性的言论。像杜恕、荀勖、申绍、徐邈、裴子野等的言论都非常精彩。

1. 杜恕论"不以细小过失而不任用官员""进贤去不肖""通过与官员讨论政事识别贤能"

《资治通鉴·魏纪四》载，太和六年（公元232年），尚书郎廉昭因为才能而得到魏明帝的宠幸，他喜欢搜选群臣小的过失以向魏明帝求媚。

黄门侍郎杜恕（杜畿的儿子）上书说："臣看见廉昭上奏说左丞曹有罪罚应当禀报，但曹不依据诏书有罪，应深入追究责问。又说：'其他应当连坐的人另行上奏。'尚书令陈矫上奏说不敢逃脱处罚，也不敢陈述理由，心情恳切凄恻。臣私下哀悯为朝廷惋惜！古代帝王之所以能长久统治百姓，没有一个不是远得百姓高兴欢喜、近得群臣竭智尽力的。如今陛下忧劳于政事，有时亲自在烛光下处理，但很多事情并不能很好地解决，刑罚禁令日渐松弛。探究原因，不仅仅是臣子不尽忠，也是其君主不能任用他们。

百里奚在虞国愚钝而在秦国显露智慧，豫让在中行氏那里从容度日而在智伯那里显示了节操。这些是古人的明证。如果陛下认为今世没有良才，朝廷缺乏贤佐，难道可以追望稷、契（两人均是舜帝时的大贤臣，一为周朝祖先，一为商朝祖先）的踪迹，坐等来世的俊杰吗？如今所谓的贤者，都是那些拥有大官而享有厚禄的人，然而他们侍奉陛下的忠节还没有树立，奉公之心也不专一，是因为陛下对他们委任不责不专，而且世俗多忌讳。

臣认为忠臣不一定是亲信，亲信不一定忠诚。如今有被疏远的人批评人而陛下认为他们是有所私憎，他们赞誉人而陛下认为他们是有所私亲，左右有的趁机顺着陛下的心意说话，于是使被疏远的人不敢批评人或赞誉人，以至于政事得失也都避嫌。陛下应当思考如何使朝臣心胸广阔，激励有道之节，使他们自行向古人看齐，垂名历史，现在反而让像廉昭这样的人扰乱其间，臣担心大臣将会容身保位，坐观得失，成为后世之戒。

从前周公告诫鲁侯（周公之子伯禽）说：'不要让大臣抱怨不任用他们。'这是说，不贤能则不可担任大臣，既然担任了大臣就不可不用。《尚书》列举舜帝之功，称赞他除去四凶，不说有罪的人不问大小一律去除。如今朝臣不自认为自己不贤能，而认为陛下不任用；不自认为自己不聪智，而认为陛下没有询问。陛下何不遵照周公所说的用大臣、舜帝去奸恶的做法，使侍中、尚书坐则在帷幄中侍奉，行则跟从御辇对答陛下诏问，各自陈述所知，那么群臣的品行都可以得知，从而可以进用忠诚能干者，罢退愚暗低劣者，那么谁还敢模棱两可而不尽心尽力呢？

凭借陛下的圣明，亲自与群臣讨论政事，使群臣人人得以竭尽智慧和才干，那么是贤能还是愚笨，在于陛下任用是否适当。以这样来治理政事，何事不能治理？以这样来建功立业，有何功业不能成？每当有军国大事，陛下诏书常说：'谁能当此重任，为朕分忧呢？朕只能自忧啊！'近来诏书又说：'忧公忘私的人必定不这样，但先公后私的人就可以自己办到。'臣伏读明诏，才知道陛下思考很深，然而也奇怪陛下不治理根本而忧虑枝节。人的贤能与否，实有本来所想，即使是臣也认为朝臣不能完全尽职。

圣明的君主用人，使贤能的人不敢留有余力，而不贤能的人不得处于不能胜任的职位。举荐不贤能的人未必有罪过，但满朝共同容忍不贤能的人就很奇怪了。陛下知道有人不尽力而为他的职任忧虑，知道他不贤能而教他治理政事，难道只是君劳而臣逸吗？即使是圣贤同时在世，终究不能认为这样是治理国家。

陛下又担心台阁的禁令不严密，人事请托不能绝断，制定了迎客出入的制度，让凶恶的官吏守在官府门前，这实在是没有得到治政之本。从前汉安帝时，少府窦嘉辟用廷尉郭躬的无罪侄子，仍然见到有人检举上奏，弹劾不断。近来，司隶校尉孔羡辟用大将军的狂悖弟弟，而有关部门沉默不言，望风迎合，甚至于接受嘱托，这是不以实情选拔人才。窦嘉有皇亲国戚的宠幸，郭躬不是社稷重臣，仍然如此。用今天的情况和古代相比，陛下自己没有行使必须的惩罚而杜绝结党营私的源头。

出入禁地的制度与让凶恶的官吏守门，不是治世的方法。假使臣的话稍微蒙受陛下采纳，何必担心奸佞不消灭，而养像廉昭这样的人！纠举奸佞，是忠臣之事，然而世人憎恨小人来做，这是因为小人会不顾道德情理而苟合以求提拔。如果陛下不再明察事情的始终，必定认为违背众议是奉公，密探过失是尽节，哪里真有大才而不能做这样的事呢？实在是顾全道德情理而不这样做。假使天下人都背道而趋利，那么这正是作为君主最为担心的弊病。陛下将何以快乐起来呢？"

2. 卫臻论"时势不同，选拔官员标准也应不同"

《资治通鉴·魏纪五·景初元年》载，起初，尚书右仆射卫臻主持选拔官员，中护军蒋济给卫臻写信说："汉高祖遇见逃犯（指韩信，从项羽那里逃来）将其提拔为上将；周武王提拔渔夫（指姜太公，曾经在渭水垂钓）担任太师。布衣百姓（如公孙弘）乃至奴仆（如卫青），可以登上王公之位，何必守成规，非要考试后才能任用？"

卫臻说："不然。您想将牧野大战同于周成王、周康王时代，将汉王斩蛇起义同于汉文帝、汉景帝时代吗，喜好不经的举动，开拔擢奇才的先河，将会使天下混乱。"

卫臻在这里明确提出了时势不同则选拔官员标准也不同。也即是说，在天下大争时代，可以超常提拔；但是在天下和平时代，则需要有一定的标准。

3. 卢毓论"有才而不为善不宜做官"

《资治通鉴·魏纪五·景初元年》载，卢毓谈论人才及选拔官员之事，都是优先考虑德性品行而后再考虑才干。

黄门郎李丰曾经问卢毓，卢毓说："才能是用来行善的，因此大才能成就大善、小才能成就小善。如今只称有才而不能行善，这样的才能不宜为官。"李丰佩服他所说的话。

这里面，卢毓所说的观点很有道理，如果有才能而不做善事，那是不宜做官的。因为，有才能的人不做善事的话，他的破坏力比能力平常的人更大，对国家和百姓极为有害。特别是大才而做坏事，绝对会败国致乱。同时，自古以来，设官为民，这是天经地义的。就像一句俗话所说："当官不为民做主，不如回家卖红薯。"

4. 杜预论如何考课

《资治通鉴·晋纪一》载，泰始四年（公元268年）正月，晋武帝下诏命河南尹杜预对官员升降制定考核法令。

杜预上奏说："古代升降官员，筹划于心，不拘泥于法令。到了末世不能考虑长远而专门求精密细微，心存猜疑而相信自己耳目，或者对自己耳目也猜疑而相信书简，书简愈来愈繁杂，而为官之方也越来越虚伪。三国魏时的考课方法，也即西汉京房传下来的，其文辞条令可以说是很精密，然而失之于苛刻细碎，违背了考课的本意，因此历代不能通行。不如申明尧帝时期的旧制，取其大要而舍其细碎，去除精密而从其简明，这样容易遵从。

要想弄透事理，在于人自身，抛开人而任用法律，就会以文辞法令伤害事理。

不如委任给显贵官员，各自考核所统领的官吏，每年对他们进行考核，评定等次，议论他们的优劣。这样连续六年，主管者汇集六年的情况，审查六年的评议，六年都是优秀的进行破格提拔，六年都是劣等的废弃罢免。优多劣少的则平级任职，劣多优少的降职。这之间如果有对答不均衡，品评有难易，主管人应当衡量轻重，稍微加以调节，不必要求全部合乎法令。其中有对优劣品评有徇私情的，不符合公论的，应当交给监察部门弹劾。如果让上下都公然相互容忍过失，就会使公正的评论大为衰败，即使有考课的法令，也是没有益处的。"事情最终没有得到推行。

从杜预上奏可知，杜预认为考课的法令要简明扼要，不能过于苛刻细碎。同时他还提出了具体的操作办法，即以每年一次考核，六年为一次总考核，进行升降罢免或平级任职。他还特别强调，品评（对官员的评价）如果不公正，有考课法令也没有用。这说明，他极为重视公正的品评。

5. 傅咸论"精简官员"、荀勖论"省官不如省事、省事不如清心"

《资治通鉴·晋纪二》载，咸宁五年（公元279年），晋武帝下诏问朝臣当前的政治得失，司徒左长史傅咸（傅玄之子）上书，认为："目前官府公家和百姓私人都不够富裕，这是由于设置的官吏太多的原因。过去都督有四个，现在加上监军一起超过了十个。从大禹划分九州开始，如今的刺史是之前的一倍，而户口只是相当于汉朝的十分之一，设置的郡县更多。虚设的军帅府，动辄有数百人值班守卫，没有必要；五个等级的诸侯（公、侯、伯、子、男），也都设置官署。所有官吏的粮食供给，都出自百姓，这就是穷困匮乏的原因。当今之急，在于精简官员、减少徭役，从上至下专心务农。"

当时又议论精简州、郡、县一半的官吏以从事农业，中书监荀勖认为："减少官员不如减少事务，减少事务不如清心少欲（'省官不如省事，省事不如清心'）。从前萧何、曹参辅助汉朝，清静无为，百姓因此安宁，这就是所谓的'清心'。抑制虚浮的言论、精简公文的案卷、省略细碎繁苛的事务、宽宥小的过失，对于好变革而求利的，必定进行诛罚，这就是所谓的'省事'。将九卿的官署并入尚书省，将御史台交付三公之府，这就是所谓的'省官'。如果只是作出大的规定，天下的官吏都裁减一半,恐怕众多文武官员、郡国的各种职事,难易不同,不可以'一刀切'施行。如果处理政事旷缺,都需要重新恢复,有的甚至因激发更多繁杂之事,这不可不慎重。"

应当说,傅咸和荀勖所论都有道理,一方面确实要精简官员,另一方面也确实要精简政事。这两方面的工作都需要做,不精简官员,政府财政和百姓赋税太重;不精简政事,官员又忙不过来,就会陷入"精简—膨胀—精简"的循环。而且,还要留意荀勖所说的后面一句话:"省事不如清心。"这也是道家治国的大方略。只有统治者清心寡欲,才不会产生那么多事,没有太多事自然也不用太多官员,同时也减少了对百姓的折腾,这样百姓才能富裕,百姓富裕则国家财税就充实了。

6. 杨褒论"设官以网罗天下英豪"

《资治通鉴·晋纪八》载,晋怀帝永嘉二年(公元308年),成汉尚书令杨褒去世。杨褒喜欢直言,成汉国主李雄刚刚占据蜀地时,用度不足,各位将领中有因为进献金银而得到官职的,杨褒进谏说:"陛下设置官职和爵位,应当网罗天下英豪,为什么用官职来换取金钱呢?"

杨褒所论极有道理,观看历史中的英明帝王无不是用高官厚禄网罗天下英豪而成就事业的,比如汉高祖刘邦拜韩信为大将,而用官职来换取金钱必定会导致衰亡,像东汉的桓帝、灵帝卖官鬻爵,所以东汉政权沦落。

7. 申绍论"太守县令是实现治世的根本"

《资治通鉴·晋纪二十四》载,晋海西公太和四年(公元369年),燕国的太后可足浑氏干扰国政,太傅慕容评贪得无厌,财货贿赂流入上层,官员不按才能选拔,群下怨恨愤怒。尚书左丞申绍上疏,认为:"守宰者,致治之本。"即太守县宰是实现天下大治的根本。

他指出,如今的郡县地方长官,大都任非其人。有几个原因:一是有的郡县长官出自武臣,这些人出于行伍,多数是粗人;二是有的是贵戚,这些人生长在优裕的环境中(不知民间疾苦),既非乡里选举,也不曾有过朝廷任职的经历;三是郡县长官的升降任免没有法则，贪婪懒惰的没有遭受刑罚的惩处，清廉勤勉的没有获得奖赏的激励。这三个原因导致郡县长官都不能得到合适的人选，所以造成了严重的后果。什么后果呢？百姓穷困凋弊，坏人盗贼充斥，纲纪废、法度乱，没有谁能被监督震慑。再加上官吏又多，超过前世，公私纷多，百姓不胜烦扰。

这个后果又导致另外一个后果，就是：大燕国这么大的人口户数，相当于东晋、前秦两国之和，武器战马的精良强劲，天下没有谁能比，然而近来却屡战屡败。

这其中深层次的根本原因是什么呢？都是由于州县长官征调赋税不公平，侵吞鱼肉百姓没有休止，所以没有人肯舍生拼命去战斗。而朝廷后宫的嫔妃却有四千多人，侍僮、小厮、差役等还不包括在内，一天的费用就值万金。官吏百姓也效仿这种风气，竞相奢靡浪费。

如何改变现状呢？申绍指出，朝廷宜精心选择州县长官，精简冗员冗职，抚恤士兵家属，使公私双方都遂心满意，节制浮华奢靡，珍惜费用支出，奖赏必定要与功劳相符，惩罚必定要与罪行相当。如此则东晋的桓温、前秦的王猛都可以斩杀，东晋、前秦都可攻取，岂止是保境安民而已呢！可惜的是，申绍的上疏没有得到重视，回音全无。后来，大燕国被前秦所灭。

8. 高泰论"治本在得人，得人在审举，审举在核真"

《资治通鉴·晋纪二十五》载，咸安二年（公元 372 年），阳平公苻融因为擅自建造学舍而被有关部门弹劾，他派遣主簿李纂前往长安陈述理由，李纂忧惧，在途中去世。苻融问申绍谁可以完成这个任务，申绍说："原燕国的尚书郎高泰善于辨别是非且有胆有智，可以派去。"在此之前，前秦丞相王猛多次辟用高泰，但高泰都不去。到这时，苻融对高泰说："君子救人之急，您不得再推辞了！"高泰于是从命。

高泰到了长安后，王猛见到他，笑着说："高泰到今天才来，为什么这样迟呢？"高泰说："罪人来接受刑罚，何必问迟早呢？"王猛说："这是怎么说？"高泰说："从前鲁僖公在泮宫建立学宫而被颂扬，齐宣王因为稷下学宫而名垂后世，如今阳平公开建学官，向齐、鲁两国看齐，没有听到褒美之声，反而还烦请有关部门弹劾，明公您辅政，如此惩罚和劝勉，下面的官吏如何能逃避罪罚呢？"王猛说："是我的过错。"事情于是得到解决。王猛于是感叹道："高泰岂是阳平公可以当作属吏的人呢？"于是向前秦君主苻坚报告。

前秦君主苻坚召见高泰，很喜欢他，问高泰什么是治国之本，高泰回答说："治国之本在于得到人才，得到人才在于审慎选拔，审慎选拔在于核察是否真实，未有任官得到合适的人才而国家不能得到治理的（'治本在得人，得人在审举，审举在核真，未有官得其人而国家不治者也'）。"前秦君主苻坚说："这话可以说是言简意赅、道理博大啊！"

9. 徐邈论"欲为左右耳目，无非小人""以良吏负责政事，公方之人负责监察"

《资治通鉴·晋纪二十九》载，晋孝武帝太元十四年（公元389年），范宁在豫章任上时，派遣十五名官吏到所辖十五个城，采访当地的风俗及政治情况，遇到官吏休假回来，就询问百姓对地方长官治理得失的评价。

徐邈给范宁写信说："您审理官司，决断公明允当，众多政事没有积压，那么官吏会慎对他应负的责任，而且人们心里也不会迷惑，难道还一定要到城邑中到访，听那些伪饰的虚名吗？不只没有益处，实际为蚕食百姓提供了机会，难道有善人君子对于不是他的事，而多讲些长短的话？自古以来，想当左右耳目的，无非小人，他们都是先借小忠而成就他们的大不忠，先借小信用而成就他们的大不信，于是使谗言谄媚并进，使善恶倒置，能不值得警戒吗？您负责选拔属官，必定要得到经国之士来统摄各个部门，各个部门也必须得到良吏来负责政事，又选择公道方正之人作为监察官，那么官吏的清廉昏浊与否，在办事中就清楚明了。您只要平心处事，何须用耳目呢？从前东汉的明德马后（汉明帝的皇后马氏）未曾与左右谈论政事，可以说是有远识卓见，何况大丈夫不能免除要用左右耳目吗？"

这里面，徐邈提出"欲为左右耳目，无非小人"。这个观点很有见地，往往喜欢打小报告的都不是善类，所以执政者（领导者）用人一定要注意这一点。但也要分清，负责监察的汇报某人的情况则是本职工作，那不是打小报告。至于"以良吏负责政事，公方之人负责监察"，则是按照人才的分类来做合适的事。

10. 周朗论"设官当与职事相称，任官当与职位相称"

《资治通鉴·宋纪九》载，元嘉三十年（公元453年）七月，因为有日食，宋孝武帝下诏求直言。

中军录事参军周朗上书说："朝廷设立官职，应当让官职与职事相称，任职官员应当和官职相称。如果王侯的才识不能胜任职务，不应当强行让他们入仕。况且皇帝的儿子没有做官，谁人又认为他们低贱呢？只应当详审宾客朋友，选择正人君子，何必非要为他设置长史、参军、别驾从事等属官，然后才算是显贵呢？"周朗的奏章呈上后，不合宋孝武帝的旨意，因此周朗自行辞职。

周朗所说的这个观点，与现代组织人事管理的"因事择人、人岗相适"原则是一致的，这样才可以使官员更好地胜任本职。

11. 裴子野论"选拔官员要经过多种审查才可得其人"

《资治通鉴·宋纪十》载，大明二年（公元458年）六月，宋孝武帝不想将权力交给臣下，将吏部尚书分设二人，任命都官尚书谢庄、度支尚书顾觊之分别担任吏部尚书，又撤销了五兵尚书。

起初，晋朝时期，散骑常侍的职位被天下人看重，与侍中没有不同。后来该职工作闲散，人选渐渐变轻。宋孝武帝想提高它的地位，于是用当时的名士临海太守孔觊、司徒长史王彧担任。侍中蔡兴宗对人说："吏部地位重要，散骑常侍工作闲淡，如果改动的仅仅是名称而不给予实际的权力，即使想让轻的重起来，但人心怎么可以变过来呢？"不久，散骑常侍的地位降低，而吏部的尊贵与之前没有什么不同。

对于这件事，司马光在《资治通鉴》中引用了裴子野的话进行评论。

裴子野的评论说："选用官员是非常难的，先王也早已说过，这已经很久了。按照周朝的礼制，从学校开始就注重培养，然后在州里评选，告诉各个州郡的六事，再由六事呈报给朝廷。在汉朝时，州郡搜集有才能、有功劳的人，由五府选任他们为属吏，三公考察他们工作得失，由尚书将考察结果上奏天子。一个人才要经过多种考察才能成为官员，因此任官才能得到真才，很少有败坏事情的。魏、晋时代变革了这个情况，选任官员失误很多。

有的人相貌忠厚而实际内心阴险，就像万丈沟壑一样难以捉摸，即是听其言、观其行，仍然害怕不能全面了解，何况如今成千上万的官员，只靠一面印象，就决定他们的位置；那么多官员的任用，由一个部门（指吏部）专断，从此投机钻营之风盛行，不能抑止。为了能升官满足自己的欲望，就加以谄媚、渎职，不再有谦虚廉耻之风和谨慎厚道的操行，官员奸邪必定国家败坏，不可加以约束。假使龙（舜帝时的大臣）作纳言，舜帝居于南面主持朝政，而想治理得到太平盛世，恐怕未必做得到，更何况后世那些任用官员的人呢？宋孝武帝虽然将吏部一分为二，不能返回像周朝、汉朝那样的做法，朝三暮四地改名称，真是更加庸愚啊！"

12 高祐论"地方长官选派得当可以止盗""王者不私人以官"

《资治通鉴·齐纪二》载，永明五年（公元487年），北魏孝文帝问高祐说："如何才能止息盗贼？"高祐回答说："以前宋均以德治政，猛虎渡河离去；卓茂推行教化，蝗虫不入境内。何况盗贼也是人，如果太守县令人选得当，治理教化有方，止息盗贼容易啊！"

高祐又上书说："如今选拔官员，不是看他治理地方的优劣，而是专门看任期长短、年资深浅，这不是人尽其才。应当停止这种浅薄的办法，放弃那些腐朽的资历，唯才是举，这样官吏才方正严肃。另外功勋老臣，虽然年资可以承认，如果才能不能安抚百姓，可加以爵位赏赐，不应当委任他们担任地方长官，这即所谓王者可以凭私情给人以财，但不能凭私情授人以官（'王者可私人以财，不私人以官者'）。"北魏孝文帝认为他说得对。

13. 孔稚论"选拔精通法律的国子生为官促进公平断狱"

《资治通鉴·齐纪三·永明九年》载，齐武帝十分留意法令，下诏让狱官详细考订张斐、杜预所注的《律》（两人所作的注不相同，导致狱吏得以为奸）。永明七年，尚书删定郎王植将张斐、杜预两家所作的注集中订正，上报齐武帝。齐武帝下诏让公卿、八座参与讨论考订，由竟陵王萧子良总负责，众人所议不相同、意见不统一的，由齐武帝下制裁决。永明九年（公元491年），《律》书修正完成。

廷尉孔稚上书认为："《律》文虽然已定，但是如果适用不公平，那么法律也不过白白放在那里，冤魂仍然结于狱中。我私下寻求古代名流，他们多有了解法律。如今的士子，没有肯学习法律的。即使有学习法律的，也被世人议论所轻视，恐怕此书将永远沦于那些低级吏员手中。现在如果设置《律》文助教，按照《五经》的惯例，国子生有读法律的，在策试中成绩优等的，就可加以任用，用以补充朝廷内外官员，这样大概能对士人及在职的吏员有所劝勉。"齐武帝下诏采纳孔稚的建议，但事情最终没有推行。

应当说，孔稚的观点还是不错的。因为断狱必须依照法律，而当时的官员多是学习儒家经典，对法律不大精通，所以狱吏得以为奸。如果官员都懂得法律，那么狱吏不仅不能干坏事，而且断案公平，使百姓无冤屈。

14. 辛雄论如何选拔郡守县令

《资治通鉴·梁纪七》载，普通七年（公元526年），北魏的盗贼日益滋盛，征讨不停，国家费用都耗竭了，预先征收了六年的租调，仍然不够，于是罢除给予百官的酒肉，又向进入市场的人每人收税一钱，以至于到旅店居住都要交税，百姓嗟叹埋怨。

吏部郎中辛雄上书认为："汉族与夷族百姓相聚一起作乱，难道还有别的怨恨吗？正是因为郡守县令选用不当，百姓不堪其命。应当乘此时对百姓早加慰问安抚，只是郡守县令的选拔向来不被重视，因此显贵和俊才不肯担任。应当改革这个弊端，分郡县为三等的清官，选补的方法是从才能和门望两个方面都具备的人中选择优秀的，如果两个方面不能同时具备，则以才能为先、后看门第，不得拘泥于资历。三年升降一次，有称职的，可以补授京城的名官；如果没有担任郡守县令的，则不得在朝廷内任职。如果这样，官员就人人自勉，那么百姓的冤枉委屈可以昭雪，强盗暴力行为自然就停止了。"但这一建议没有被采纳。

这里面，辛雄提出了如何选拔郡守县令的具体操作办法，而且提出了"不历郡县，则不得为内官"的观点，后来唐玄宗规定"凡官，不历州县不拟台省"（出自《新唐书·选举志下》，即凡是任官，如果没有州县经历的，不能任中央的台省之官），这与辛雄的观点是一样的。

15. 乐逊论"郡守县令任期不能太短""选拔官员要与众人共商"

《资治通鉴·陈纪一》载，永定三年（公元559年）六月，北周因为一直下雨，北周明帝下诏让群臣密封上书进谏。左光禄大夫乐逊上书提到四件事。其中有两件事涉及吏治：

一件事是认为："近年来郡守县令任期太短，上面又责令他们出政绩，于是他们就专门推行威猛之政，如今关东的百姓沦陷于水火之中，如果不实行宽和之政，让优仁之政传遍境外，如何使那些劳苦的百姓来投奔这块乐土呢？"

另一件事是认为："选拔官员补授或拟升迁的，应当与众人共商后决定。如今州郡选拔官员，仍然要召集乡里人征求意见，何况中央对官员的铨选衡量，是关系天下的大事，不听取社会上的议论和官员在民间的声望来决定，这并非机密之事，为何需要保密呢？应当让众人心里明白，然后向皇帝呈奏。"

乐逊这个观点讲了北周的时弊，也是有道理的。前一个观点早有论及，后一个观点说明选拔官员不需要那么秘密进行，还是要与众人共商，听取舆论，公之于众，这样才能选得准。

16. 杨尚希论"精简冗官防止'十羊九牧'"

《资治通鉴·陈纪九》载，长城公至德元年（公元583年），隋朝河南道行台兵部尚书杨尚希上奏说："臣见到当今的郡县，比古代多了很多倍。有的地方方圆不到百里，几个县同时设置；有的户口数不满一千，却由两个郡管辖。这使得郡县官吏众多，所用的资费也日渐增多，差役吏卒更是成倍增加，租调收入却每年递减。民少官多，好比'十羊九牧'（看管十只羊有九个牧人）。如今需要保留重要官职、去除闲散官职，把小的郡县合并为大的郡县，这样国家不用多耗费粮食布帛（官员俸禄），选拔官员也容易得到贤良之士。"苏威也请求废除郡，隋文帝采纳了他们的建议，将各郡全部改为州。

杨尚希所论的"十羊九牧"常常被引用说明冗官之多。事实上，冗官多，坏处太大，像北宋不就是因为"三冗"（冗官、冗兵、冗费）而加速灭亡了吗？

三、隋唐五代时期的吏治监察言论

隋唐时出现一大变局，就是采取科举制度选拔官员。所以隋唐时的吏治监察言论和两汉、魏晋、南北朝时有些不同。五代时政权更替频繁，因此这方面的言论在《资治通鉴》中记载得相对较少。

1. 刘炫论"老吏抱案死""省事才能省官"

《资治通鉴·隋纪四》载，隋炀帝大业三年（公元607年）四月，吏部尚书牛弘等制定新的法律，共十八篇，称为《大业律》；开始颁布施行。百姓对严苛的法律已经厌烦很久了，喜欢宽政，后来朝廷征以的徭役繁多，民不堪命，有关部门临时胁迫百姓服役，不再按律令执行。

当时旅骑尉刘炫参与修订律令，牛弘曾经从容问刘炫："《周礼》记载的是士人多而吏员少，如今吏员比以前多百倍，减少了就无法做事，这是什么原因呢？"刘炫说："古人委任吏员责成他们办事要有成效，年终岁末考核成绩并排名先后，文案不需要重新校订，文辞不需要繁杂周密，吏员的任务是掌握要领纲目而已。如今对于文案簿册，经常考虑重新审理，如果文辞考究得不严密，就不远万里追查证据、翻百年的旧案。因此谚语说：'老吏抱案死。'事情繁多是为政的弊病，这就是吏员多的原因。"

牛弘又问："北魏、北齐之时，吏员办事从容，如今则不得安宁，这是什么原因呢？"刘炫说："以前州里只设置长史、司马，郡里设置太守、郡丞，县里设置县令而已。其余的属吏由长官自己辟用，受到诏命后赴任，每个州的吏员不过数十人。如今则不然，大小官员，全部由吏部掌管，细小的事情都属于考核范围。

所以'省官不如省事',政事如果不减少而想办事从容,怎么能可以呢?"牛弘认为刘炫说得对,但不能采纳。

2. 刘晓论"取士以德行为先、文艺①为末"

《资治通鉴·唐纪十八》载,上元元年(公元674年),有一位名叫刘晓的人,上书唐高宗论选拔官员,他认为:"如今吏部以考察为公平,以书、判为得人,殊不知要考察他们的德行与才能。何况有假借别人的书法和判词的。另外,礼部取士(实行科举),专门以文章定等次,因此天下的士人,都舍弃德行而趋于文艺,有的人早晨考上了甲等进士而晚上就犯刑法,这样即使每天能诵万言书,与治理之道何关呢?能在七步写成文章的人,未必能够教化人,何况将心思耗在花草树木之间、将笔墨耗费在烟霞之际,这种情况成了风俗,这难道不是大谬吗?大凡人们羡慕名声,就像水向下流一样,上有所好,下必甚焉。陛下如果取士以德行为先,以文艺为末,那么众多的士人就会修养德行,四方也会闻风而动!"

刘晓所论提出录用官员一定要以德行为先,这是通行的道理。而文艺还不能算是与治道相关的才能,因此不能将此作为录用官员的依据,当时的科举考试中的进士科多以文赋为主,而不是考经学及关于治道的时务策,所以,刘晓提出了这个观点。后来唐代宗时的杨绾、唐文宗时的李德裕也对进士科考试提出了改革的建议,即考策论、议论,不考诗赋。因为,文艺确实不可治国。

3. 魏玄同论"铨选官员不可专委吏部"

《资治通鉴·唐纪十九·永淳元年》载,起先,魏玄同担任吏部侍郎,他向唐高宗上书论铨选的弊端。

他认为:"作为君主治理国家,应当委任臣子而责成他成就功业,所委任的人合适,那么被任用的人自然精干。因此周穆王任命伯冏为太仆正时说:'慎重选择你的属官。'这是让各部门各自寻求比自己小的属吏,而天子任命大的官员。

---

① 此处文艺是指诗赋等文学创作。

等到了汉朝，选拔官员都从州县开始辟用，由太傅、太尉、司徒、司空、大将军五府辟召，然后再推荐到朝廷，自魏、晋以来，才开始专门委任吏部。以天下之大、士人之众，而委托数人之手，用刀笔（代指公文）来衡量才干，根据簿书来观察品行，假使公平如权衡，明澈如水镜，仍然有考察不到的，何况所委托的人不得当而有愚昧和徇私的弊端呢？希望大致依照周朝、汉朝的规定以救魏、晋的失误。"奏章呈上，没有被唐高宗采纳。

魏玄同的这个观点与前面裴子野所论有些相似，也就是说选拔任用官员不可专门由吏部一个部门掌控，要像周朝、汉朝那样经过多道程序才行，尤其是入口关更需要这样。

4. 陈子昂论慎择巡察使、刺史县令、宰相

《资治通鉴·唐纪十九》载，垂拱元年（公元685年），麟台正字陈子昂上书武则天，他认为："朝廷派遣使者巡察四方，不可任用不合适的人，以及刺史、县令不可不择。近年来百姓疲于征战，不可不安抚。"

大致内容是："巡察使如果不选择合适的人，则官员升降就不公正严明，刑罚就不适当，结为朋党的人得到进用，忠贞正直的人就会遭斥退，只是白白让百姓修饰道路，迎来送往，无益于事。谚语说：'想要知道这个人，观察他所使用的人。'因此不可不慎重。"

又说："宰相是陛下的心腹，刺史、县令是陛下的手足，从来没有过无腹心手足而能独自治理天下的！"

陈子昂主要讲了慎择巡察使、刺史县令、宰相的观点。关于慎择巡察使，的确很重要。唐朝的巡察使以六条检察州郡官员，内容包括吏治、户口、财政、经济、治安、人才、司法等各方面，如果派出的巡察使人品不好，被收买或徇私；如果派出的巡察使能力不强，不能发现问题，那么就起不到巡察的效果。关于慎择宰相、刺史县令，自然不必说，宰相是辅佐皇帝的最重要官职，对中央大政方针都有决定权或建议权；而刺史县令是亲民之官，关系天下安危，自然要慎择。

5. 薛谦光论如何选拔文武官吏

《资治通鉴·唐纪二十一》载，长寿元年（公元692年）正月，补阙薛谦光上书武则天，认为："选拔官员的办法，应当使国家得到真有实才的人。而且取用、舍弃什么样的人，关系到风俗教化。如今选拔官员，都可以自荐，于是崇尚奔竞之风，自吹的人而无惭愧之色。至于文官的才能本来应当是治理国家的，却只令试策诗文；本来武官的选拔是要求能制敌的，却只是考弯弓射箭。

从前汉武帝见到司马相如写的赋（《子虚赋》等），恨不能与他同个时代，等到发现他是当代人，将他任命为朝廷之官，最终只担任了汉文帝的陵园令，原因是知道他不能胜任公卿的职位。吴起将要出战，左右的人呈递给他剑，吴起说：'身为大将，是提战鼓、挥战桴，临阵决断疑难问题，使用一把剑，不是为将的职事。'如此看来，只有虚文（指当时的诗文）怎能辅佐时政，善于射箭怎能克敌制胜？

选拔官员的关键在于：文官要观察他的品行、才能，武官要观察他的勇气、将略，考核他们当官时任职的好坏，对举荐他们的人实行赏罚。"

这里面，薛谦光一方面批评了当时选拔官员的弊病，很难得到真才实学的人，并从历史上的汉武帝、吴起等人的故事论证；另一方面指出了如何选拔文武官吏，即文官看德才，武官看勇略，并考核实际任职情况，对举荐者进行赏罚。这无疑是非常正确的。

6. 刘知几论裁汰官员、"刺史必须任满三年"

《资治通鉴·唐纪二十一》载，天册万岁元年（公元695年）正月，获嘉县主簿刘知几上书武则天陈述四件事。其中有三件事涉及吏治。

关于第一件事，他说："天下九品以上的官吏，每年逢朝廷赦令，必定赐给官阶勋级，以至于朝野宴会、公私聚会时，穿红色衣服（指五品以上）的官员多于穿青色衣服的，手拿象板奏事的多于手拿木笏的。这些荣耀都不是因为德行而获得的、官位也很少是因为才能而提拔的，使得人们分不清什么是善恶美丑。臣愿自今以后，稍稍停止以私恩赏赐官阶和勋级，使为善的官员更加忠勤，使无才的官员都知道勉励。"

关于第二件事，他说："自陛下临朝称帝以来，取士太广，六品以下有具体职事或者清要之官，就像泥土芥一样不值钱，可比沙砾那么多，如果不加以裁减淘汰，恐怕玷污君主教化。"

关于第三件事，他说："如今的州郡官员调整太快，倏来忽往，像蓬草、浮萍一样流转，他们怀着苟且的打算，哪有心思放在循良之政上？愿自今以后，刺史不任三年以上者不可调动，仍然要明察功过，尤其要甄别赏罚。"

奏章呈上后，武则天很是赞赏。

这三件事都是针对当时的时弊，也确实反映了官员膨胀及调整过快的普遍情况。一般来说，一朝皇帝执政，主要靠封官来获得支持，慢慢地就会出现官员队伍膨胀和调整过快。改变这种现状，就只能靠裁减部分官员，同时对那些不宜变动过快的官员任期加以固定。这也即是刘知几对当时吏治的建议。

7. 萧至忠论"官职不可私赏"

《资治通鉴·唐纪二十五》载，景龙二年（公元708年）二月，黄门侍郎萧至忠上书唐中宗，他认为："那些受到陛下恩幸的人只可以给予金帛让他富裕，让他吃得好，绝不可以奖赏官职，将公器作为私用。如今有职位的官吏数量已经很多，无职位的冗员又是其一倍多，而求官的人没有满足，逐年累月增加，陛下赐给近戚无法计算的财物，近戚又有无止境的请求，他们卖官利于自己，贪赃枉法以徇私情。中央各官署充满了身穿朱紫衣服的高官，这些人玩忽职守不干正事，仗势公开违背法令，徒然在官府任职，却无益于时政。"唐中宗虽然赞赏他所说的，但最终不能采纳。

这里面，萧至忠就提出了"官职不可私赏"的观点，这是因为官职是公器，虽然是朝廷任命，实则由百姓供养，代表国家和百姓执行权力，因此不能用来私赏。

8. 韦嗣立论租赋落入私门与滥授官员的危害及"台省清望官应从刺史县令中优先选用"

《资治通鉴·唐纪二十五》载，景龙三年（公元709年），当时政出多门，滥授官位，以至于宰相、御史和员外官总数大增，官厅都无处可坐，被当时人称为

"三无坐处"。

韦嗣立上书指出："当前，有食邑封地的王侯数量太多，臣昨天问户部，说是有六十多万的成丁向他们交纳租赋，每一个成丁交纳绢布两匹，这样就有一百二十多万匹。不久前，臣在太府任职，每年入国库的庸绢，多的时候不过一百万匹，少的时候只有六七十万匹，与有食邑封地的王侯相比太少了。大凡只有佐命之功的元勋，才可以分封。唐朝开国初年，功臣食封邑的不过二三十家，如今以恩泽食封邑的超过一百多家。国家的租赋，大半落入私门中，私门有余，只会增加奢侈。而公家不足，就会导致忧危，这怎么是治理国家的方法呢？而且封户交纳租赋，是由各王公自行征收，那些前去征收的奴仆仗势欺压州县官吏，额外勒索，并转而将收的租赋进行贸易，烦扰驱使百姓，百姓不胜其苦。不如将王公的租赋统一由官府征收，再让他们从中央的府库（即左藏）中领取，这样可以不烦扰百姓。

另外，陛下任命的员外官数目是空缺的数倍，使得各部门属吏被敬奉长官所困扰，府库、仓储积累的粮食财物也都被俸禄所耗竭。而且，近几年来朝廷任命州县刺史、县令时，未能慎重选择，往往将犯有过失或者声望不高的京官派遣去作刺史，吏部在选任地方官时，也大多是将衰老、笔头不行的补授为县令。以此来治理百姓，怎么能指望天下太平呢？愿自今以后陛下在任用三省（即中书、门下、尚书三省）、两台（武则天时将御史台分为左右肃政台，即两台）及五品以上的清望之官时，都先从刺史、县令中选用，那么天下就可以得到治理了。"但是唐中宗不听。

韦嗣立所论切中时弊，尤其是"台省清望官应从刺史县令中优先选用"的观点，有利于勉励刺史、县令。

9. 刘迺论"考察官员不宜过于简单"

《资治通鉴·唐纪三十二》载，天宝十二载（公元753年），中书舍人宋昱主持科举考试选拔官员，前进士刘迺认为科举选拔的方法并不完善，上书于宋昱。

刘迺认为："大禹、后稷、皋陶三位圣贤同时在舜帝一朝为官，他们还说要采用九德方法以修身，用九年的时间考察实绩。近世以来，主管选拔的官员，只是从一篇判文中考察他的言辞，从一个作揖间考察他的礼仪，为什么古今选拔官员的快慢悬殊如此之大？假使周公、孔子今天处在被铨选的朝堂之上，考他们的文章言辞华美，则比不过南朝的徐陵和庾信，观察他们的口才，又不如汉文帝时的啬夫，哪有机会谈论圣贤的事业呢！"

当时，唐朝铨选是根据中了进士的"身、言、书、判"而授官，有一定的科学性，但是并不完善，所以刘迺认为过于简单。

10. 李泌论"以官赏功有两害"

《资治通鉴·唐纪三十五》载，至德二载（公元757年），唐肃宗对李泌说："如今郭子仪、李光弼已担任宰相，如果他们收回两京（即长安、洛阳），平定四海，那么朕将无官可以赏他们，这将怎么办？"

李泌回答说："古代任用官员是任给贤能的人，授予爵位是授给有功勋的人。汉、魏以来，虽然是设立郡县治理百姓，然而对于有功勋的人赐以封邑土地，可以传给子孙，到了北周、隋朝都是这样。唐朝初年，在没有取得关东之前，所封的爵位都是虚设挂名，享受食邑的实际上只给缯布而已。贞观中期，唐太宗想恢复古制，因为大臣议论不同而停止。由此，奖赏功勋者多用官职。

大凡以官赏功有两个害处：如果所任用的人没有才能就会荒废政事，如果所任用的人权势很重就难以控制。因此功臣位居大官的，都不为子孙长远考虑，而乘一时的权力以谋取利益，无所不为。假使安禄山有百里的封国，那么也会珍惜以传给子孙，就不反叛了。为今之计，等天下平定后，不如分土封爵以赏功臣，即使是大国，不过方圆二三百里，与如今的小郡差不多，这难以控制吗？这对人臣来说是万世之利。"唐肃宗说："您说得好。"

这里面，李泌回顾了古代的官爵是分开的，官员是给贤能的人，爵位是给有功的人。这在以往的治国中是有很长实践的。李泌指出的以分土封爵来解决赏功的问题，暂且不论对与不对，但他提出的"不可以官赏功"是非常有道理的。

11. 沈既济论如何选用官员

《资治通鉴·唐纪四十二》载，大历十四年（公元 779 年），协律郎沈既济就有关选拔官员问题上书，他认为："选拔官员的方法就看三个方面：一是德行，二是才能，三是功劳。如今主持选拔官员事务的吏部对此全不涉及，考试的方法都在书判、簿历、言辞、俯仰而已。行事安稳、慢慢说话，并非德行；写文章辞藻华丽，并非才能；累积资历和考课结果，并非功劳。以此来求取天下之士，当然不能全部延揽。

如今任官的人并不是本地人在本地任职，不可根据本地的评议为依据。识鉴一个人不是一个部门能明察了的，所以不可以专门交给吏部。臣谨慎地详细研究古今，认为五品以上官员及各部门长官，应当命令宰臣提出意见，吏部、兵部参加评议。六品以下或僚佐属吏，允许州、府辟用，如果州牧、太守、将帅有选拔不公正的，则让吏部、兵部纠察而检举他们，对偏私和假冒的处之以罪。如果州牧、太守、将帅不慎重选拔的，小则加以谴责罢黜，大则按刑典治罪。责成百官授以选拔的职任，谁敢不尽心勉励！如果能这样，那么贤者不用奖励而自然得到晋升，不肖者不用抑退而自然遭到斥退，得到众多有才能的人为官则没有不得到治理的。

如今铨选的办法是都由吏部来选择人才，在州郡试用。如果才能与职位不相称，办事紊乱不胜任职事，那么就责难刺史，刺史就说，这人是吏部任命的，我不敢废黜。责难侍郎，侍郎就说，这人是通过书判、资历、考课而授官的，我不敢保证他到州郡能胜任。责难令史，令史就说，探察官员是按照资历和升降而实行的，我不知其他。官员不胜任，使百姓出现了疲弊，谁承担责任呢？如果是州牧、太守自己选用的，他的罪责往哪里逃？假如州郡长官滥用官员，只要换一个刺史就可以改变了。如果吏部滥用官员，即使更换侍郎也没有用处。大概候选授官的人太多，不可能知道那么清楚，这是制度导致的，并非主管部门过错。

如今各道节度使、都团练使、观察使、租庸使等，可以自行择用判官、副将以下的官吏，纵然其间或有私情，但是大体来说，十有七成还是可以的。这个自行辟用官吏的方法，已经试用于今，但还没有遍及州县。其中利害的道理，已经很明显了。假如让节度使、都团练使、观察使、租庸使等属僚尽由吏部来选拔，那么怎能承担镇守一方之重任，解决好繁重的财赋问题呢？"

沈既济指出的选拔官员的三个标准（德行、才能、功劳）无疑是非常正确的，他特别针砭当时选拔官员的弊病，就是"管人的不管事，管事的不管人"，所以管人与管事要统一起来。他提出的解决办法是由州郡自行辟用官吏，这个办法妥不妥，留待后人评说。

12. 刘晏论士与吏的区别

《资治通鉴·唐纪四十二·建中元年》载，刘晏常常认为："办好各项政务，在于选用官员得当，因此必须选择那些通达明敏、精明强干、清廉勤勉之士而任用。至于考核簿籍文书，支出钱财粮谷，必定要委任给士（指为官的读书人）来做。吏（指胥吏，不入流的小吏）只负责书写文牒，不得随便发言。"

他还常常说："士如果陷于贪赃受贿，就会被时世所废弃，因此他们看重名声大于财利，因此士多清廉自修；吏即使廉洁，但终究不能显荣，因此看重财利大于名声，因此吏多贪污。"

然而这些只有刘晏能推行，别人效法的终究没有谁能赶得上他。他的属官即使在数千里之外，奉行刘晏的命令就像刘晏在眼前一样，平时起居及说话，不敢欺瞒。

刘晏所提出的士与吏的区别，确实有一定的意义。他是从人性和理性的角度来分析的，因此具有很好的操作性。

13. 陆贽论"慎惜爵位，不可轻易赏官"

《资治通鉴·唐纪四十六》载，兴元元年（公元784年），由于朱泚之乱，唐德宗被迫流亡，当时在途中，百姓中有人向唐德宗进献瓜果，唐德宗想授给他散试官，便向陆贽征求意见。陆贽上奏，认为："官爵授予一定要慎重珍惜，不可轻用。起端虽然微小，但流弊一定很大。献瓜果的人，只可赐给钱帛，不应当用官位来酬报。"

唐德宗说："给一个试官，是虚名，无损于事。"陆贽又上奏，大略是说："自从战事兴起以来，财赋不够给予赏赐，而以职官为赏赐的办法兴起，身穿青色、红色朝服的人混杂于胥吏之间，穿着金紫色朝服的高官之位施于那些地位微贱的人。当今的弊端，正是在于爵位轻，应当设法使之尊贵，如果担心爵位不重，又自己放弃而轻易授予官位，那么将以什么来劝勉人呢？

大凡诱导人的方法，在于名和利，名虽然近于虚的，但是对教化来说很重要；利虽然近于实的，但是对于道德来说不重要。如果专门给人实际利益而不给予虚的名声相济，那么就耗空钱财而物力难以供给；如果专门给人虚的名声而不给予实的利益，那么人心就不会趋附。因此国家任命官吏的制度，有职事官、有散官、有勋官、有爵号，然而掌管实务而授予俸禄者，只有职事官一种，这就是给予实际利益而且将虚的名声寓于其中的方法。其他如勋官、散官、爵号三项所关系的，大抵只限于朝服的颜色和官品荫及子孙而已，这就是用虚的名声而辅之以实际的利益。

如今的员外、试官，很是与勋官、散官、爵号相同，虽然授给这种官不需要花费俸禄，且不占用名额，然而对于冒着刀锋、排除祸患危难的人，是用这种官职来赏赐的，对于竭心尽力、辛劳而有效的人也是用这种官职来酬报的。

如果献瓜果的人也授予试官，则他们必然相互谈论说：'我以不要性命而获得此官，他人因为进献瓜果而获得此官，这是国家将我的性命等同于瓜果啊！'这是将人看作草木，谁还再为国效力呢？如今陛下既没有实际利益以劝勉，又不重视虚的名声而滥施于人，人们将无所凭借了，那么以后的建立功业的人，将用什么来作为赏赐呢？"

14. 陆贽论"求才贵广，考课贵精"

《资治通鉴·唐纪五十》载，贞元八年（公元792年），陆贽奏请让台省长官各自推举属官，将他们的名字列入诏书上，以便他日考核他们的政绩高低，并据此进行升迁或罢黜。唐德宗下诏推行陆贽的建议。

没多久，有人向唐德宗说："各部门所举荐的官员都有人情，有的收受贿赂，没有得到真正有实际才能的人。"唐德宗秘密告诉陆贽说："从今开始任命官员或调整官员，卿当自己选择，不要让各部门来做。"

陆贽于是上奏，其中说："大凡寻求人才以广博为贵，考核官员以精要为贵（'求才贵广，考课贵精'）。以往武则天时想收揽人心，进用官员不拘次序，不仅人人可以推荐士人，而且还可以自己推荐自己的才能。然而考课督责也很严，官员的升降都很迅速，因此当时认为她有知人之明，连续几朝依赖她选拔的众多士子官员。"

又说："武则天选拔任用的方法的硬伤在于变动太快，但是能够得到人才；陛下慎重选择官吏的方法过于精细，反而失去人才。"唐德宗最终还是追回之前颁布的诏书，不再推行。

15. 陆贽论"官员廉洁当从拒绝小贿做起"

《资治通鉴·唐纪五十》载，贞元九年（公元793年），唐德宗派人对陆贽说："你过于清廉谨慎了，各道到长安来，送给你一些礼物，你全都拒之门外，一律不受，那是很不合乎情理的。比如送你一根马鞭、一双皮靴之类的小东西、小物品，收下了，也是无伤大雅的。"

陆贽上奏说："监察官员受贿，只要所得财物折为布帛满了一尺就要判刑，至于那些普通卑微的士吏，尚且应当严禁，何况宰相居于风俗教化之首，怎么可以放过受贿的行为呢？此门一旦开了，就会滋长蔓延，肯定不止马鞭、皮靴，必然会涉及更贵重的金玉了。眼睛所看见想得到的东西，怎么能在心中自己停止念头呢？已经用赠送的物品与人交了私情，如何能中途断绝他人的请求呢？因此如果不拒绝涓流一样的小礼物，就会形成溪壑那样的灾害。"又说："如果对赠送的物品有的接受、有的拒绝，则被拒绝的人就会怀疑自己被拒绝而事情难以办成。如果都推辞不受，则都知道不接受是常理，又如何生出嫌隙来呢？"

陆贽的上述分析是非常有道理的。所以，官员廉洁就要从小物品开始，如小红包、土特产等，把贿道之门堵住，坚持"零容忍"，一元钱的礼金也不接受。

16. 陆贽论"官员的升降与功过一致且要相互为用""不因个人情感和志趣来选拔官员""不以一言一事而任用官员"

《资治通鉴·唐纪五十》载，贞元十年（公元 794 年），唐德宗性格猜忌，不信任臣下，官职无论大小，必定自己选拔任用，宰相进呈拟注①的官员人选，很少有称许认可；及至群臣往往一有被谴责，则终身不再任用。唐德宗好以辩才选取官员，因此不能得到敦厚笃实的人才，而且许多有品行、才干的官员往往难以提拔任用，众多人才被沉抑淹没。

陆贽上奏进谏唐德宗，大致是说："大凡提拔任用是为了勉励功劳，罢黜斥退是为了惩罚过错，两方面相互为用、形成循环。提拔任用后如果有过失则需要惩罚，惩罚后又改正过来便应该再重新任用，这样既不荒废法度，也不会抛弃人才，即使对细微的过失都处罚而可供使用的人才也不会匮乏，因此能使罢黜斥退的人勉励自己以求重新起用，也可使被提升的人不断警戒自己而恪守本职，这样上面没有疑虑，下面没有积怨。"

又说："明主不因为言辞来使用人才，也不会根据自己主观想法来选士，如果对自己喜欢的人便不加选择地任用，如果喜欢一个人的言辞而不去检验他的行为，官员升降进退全随自己的爱憎情感，亲疏远近全根据与自己的志趣是否相同，这是舍弃绳墨而凭自己主观来判断线的曲直，舍弃秤砣而凭双手来掂量物体的轻重，即使精微，还是不能避免错误。"

又说："以一言称自己心意就认为说话的人有才能，而不核查他的实际情况；以一事违背自己心意就认为办事的人有过错，而不考察他是忠是邪。对说话使自己惬意的人，将超过他能力的重任交给他，而不考虑他的能力够不够；对办事违背自己心意的人，就让他承担不当的罪责，不宽恕他在职任上的无能为力，这就使人在职责范围内不能成就事功，使君臣之间没有确定的责任分工。"但唐德宗不听。

---

① 拟注：应试入选者，由吏部注名于册，经宰相审核后拟定授予具体官职。

17. 陆贽论"善于任用中等材质的官员"

《资治通鉴·唐纪五十》载，贞元十年（公元794年），陆贽上奏说："中等才质以上的人，各有所长，如果能区分辨别得当，授予的职位与才能相匹配，各自发挥他们的能力，等到集合一起成就功业，也与全才没有什么不同。这也只在于善于明鉴、胸怀大度、驾驭有道而已。"

实际上，多数人都是中等才质，但是只要善于用中等才质人之长处，一个团队合成一起也是可以成就大事的。这也即是"集众人之长"。但是如果求全责备而不加以培养任用，就会贻误事业。所以要善于任用中等才质的官员，要明白对这类官员多加培养也是可以成器的。清朝中兴名臣曾国藩也说过："衡人亦不可眼界过高。人才靠奖励而出，大凡中等之才，奖率鼓励，便可望成大器；若一味贬斥不用，则慢慢地就会坠为朽庸。"

18. 窦俨论"为政之本，莫大择人；择人之重，莫先宰相"

《资治通鉴·后周纪四》载，显德四年（公元957年）九月，中书舍人窦俨（窦仪的弟弟）上书，他认为："治理国家的根本在于选拔官员，选拔官员最重要的莫过于先选拔宰相。自从唐朝末年以来，国家对官爵名器非常轻率，刚担任为辅佐，就兼任三公、仆射等官职。因此很多人在没有得到官职之前，将心思放在趋附奔竞上，得到之后就明哲保身、沉默寡言，只思考如何解脱耗力费神的政务，守住地位崇高的官职，逍遥于园林亭台，保全宗族。

请求陛下命令即日起，让宰相及尚书省三品以上官员、中书省中书舍人和门下省给事中以上官员，各推举所知道的人才。如果陛下向来知道其人贤能，自可提拔任用为宰相，如果不知其人，暂且命令他以原来官位负责政事，一年之间可以考察他的任职业绩，倘若果真能够胜任的，如果原官职已很高，就任命他为平章事；如果原官职不高，就稍稍升迁他的官，继续代理负责政事。如果有不称职的，就罢免他处理政事的资格，追究举荐者的责任。"后周世宗看后很是赞同。

为什么窦俨认为选拔官员中最重要的是宰相呢？司马光在《资治通鉴·唐纪五十五·元和十年》记载了柳宗元的《梓人传》，并进行了删减。这个《梓人传》

讲的就是宰相之道，说的是有一位梓人（即木匠）不亲自做斧头刀锯这类手艺活计，而是专门用圆规、绳墨来审度各种木料之材的用处，察看房屋的规模，选用高深、方圆、短长适当的材料，指挥众多的木工各自干活，对不能胜任的就将他们辞退。大厦建成后，唯独以他的名字记功，得到的酬金是一般木工的三倍。这犹如辅助天子的宰相，建立纲纪、整顿法度，选择天下之士使他们能胜任本职，让天下之人安居乐业，贤能的就进用，不贤能的就斥退。国家得到治理后，谈论的人独称他们是伊尹、傅说、周公、召公，而其他各部门的勤劳却不得记载。有的人不识大体、不懂要领，夸耀自己的名声，亲自干琐碎之事，侵夺百官的职责，包揽他们的差事，在政府官衙中辩论，而忽略了重大而长远的方略，这是不懂得做宰相的大道啊！

在这篇文章中，柳宗元将木匠之道与宰相之道相类比，可谓别出心裁。只有像木匠那样，善于用木头、用木工，才能建成大厦；只有像宰相那样，善于举贤用人，才能使国家得到治理。所以，宰相在官员中居于首要地位，选拔官员要特别注意先选择好宰相。

第七篇

吏治清明的历史举措

第七篇　吏治清明的历史举措

　　如何实现吏治清明，是执政者最需要考虑的大事，这虽然是一篇大文章，但是也并非无规律可循。从历史上的治盛之世及贤明之君抓吏治监察的经验中，我们可以得到很多启示。鉴于前面一些篇章已讲述了关于如何抓好吏治监察的举措及观点，比如像"任官不以资历""任官不求全责备""不可以私赏官"等，这里就不再赘述。本篇将结合史料，具体阐述中国历史上有关吏治清明的措施（由于之前已讲述《资治通鉴》所举的史实，故此处多用《资治通鉴》所未载的史实或者宋代及以后的史实）。

一、任官惟贤才

　　自古以来，选任官员对于治国理政极为关键。如何选任官员呢？就是五个字："任官惟贤才"。所谓贤，是指品德好。贤才指的是德才兼备的人。"任官惟贤才"是中国传统吏治文化最精华所在。"任官惟贤才"最早出自《尚书·咸有一德》，是商朝宰相伊尹告诫商王太甲时所说。

　　可以说，任官是否贤才关系国家治乱兴衰。明代余继登《典故纪闻·卷九》载，明宣宗曾对吏部尚书蹇义说："众官员是否贤能，关乎国家治乱。掌管铨选的，要以进贤能、退不肖为本职。一件事得贤才，则一件事得到解决；一个城邑得贤才，则一个城邑安宁。推及各种政务、大到天下，都是这样。朕继承祖宗大统，治理国家，以安民生，尤其以选贤任能为切要。古人从乡间选取贤士，是因为贤士的道艺一向闻名，后世因为以说话和相貌选取人，想求得他们的底蕴，大概也很难啊！何况那些笃实厚道的贤士，他们大多恬静谦退，而偏僻之才却巧于进取，如果没有至公之心难以战胜私情，没有至明之察难以辨别事物。因此，要严格选举以遏制冗滥之事发生，精心考核以防止矫饰伪装，不要使小人得到任用以贻患于百姓。古代的大臣，以贤事君，国家因此受福，百姓因此受惠，他们的声名流芳百世，你们要勉励啊！"

这段话突出体现了明宣宗对"任官惟贤才"的看法，事实上他也是这样做的，他在位时贤才济济，比如文臣中有著名的"三杨"（杨士奇、杨荣、杨溥），还有蹇义、夏原吉、金幼孜、胡濙，武将中有张辅，地方官员有于谦、周忱等，《明史·宣宗本纪》称赞"（宣宗）即位以后，吏称其职，政得其平"，他与其父明仁宗开创了明代的"仁宣之治"。

从历史实践看，"任官惟贤才"是治盛之君和雄武之君的共同特征。比如治盛之君唐太宗就是"任官惟贤才"的典型。唐太宗任官不问亲疏、不论贵贱，只求贤才。如出身寒门的马周、戴胄，出身士族的李靖、长孙无忌，投诚过来的李勣、秦叔宝，来自敌方的尉迟恭，拔于怨仇的魏徵、王珪，等等。《资治通鉴·唐纪十一》载，贞观十二年（公元638年），唐太宗说："贞观以前，跟随朕夺取天下，以房玄龄的功劳最大。贞观以来，纠正朕的过失，以魏徵的功劳最大。"《资治通鉴·唐纪十二》还载，贞观十七年（公元643年），唐太宗命人在凌烟阁画上朝廷的功臣，共有长孙无忌、李孝恭、杜如晦、魏徵、房玄龄、高士廉、尉迟敬德、李靖等二十四人。唐太宗任用这二十四人，不仅扫平群雄建立唐朝、开创了"贞观之治"的盛世，而且还使中国成为世界的"天朝"。

又如雄武之君汉武帝也是"任官惟贤才"的典型。《汉书·公孙弘卜式兒宽传》载，儒雅有公孙弘、董仲舒，公孙弘为武帝讲解《春秋》，董仲舒提出大一统思想、建立太学；品德高尚有石建、石庆；质朴正直有汲黯、卜式；推举贤才有韩安国、郑当时；制定法令有赵禹、张汤；文章有司马迁、司马相如；滑稽有东方朔、枚皋；应对有来助、朱买臣；历法有唐都、洛下闳；音律有李延年；理财有桑弘羊；外交有张骞、苏武；将帅有卫青、霍去病；托孤受遗有霍光；农业技术有赵过，创建了代田之法，制作出犁地与播种同时进行的曲辕耧犁，等等，其余不可胜记。汉武帝任用这些贤才，使汉王朝非常地强大，展示出了大汉雄风。

"任官惟贤才"还有一个方面就是对贤才进行量才授官。《明太祖宝训·卷三·任官》载，洪武十三年十二月，吏部上奏说，天下郡县所举荐的聪明正直、孝弟力田、贤良方正、文学才干之士到京城的共计八百六十多人。明太祖命令各授以官，并且告谕说："人的才能，很少有全能的。像宽厚慈祥的人，让他治理百姓；勤敏通达的人，让他办理众事。根据他们的才能授官，这样才能做出成绩。如果才能不称职、职位不适合才能发挥，国家即使有褒德录贤之名，却无代理上天治理之实，不是图治之道，你们要详审啊！"于是吏部对他们各自授予不同官职。

二、举荐者承担连带责任

如果说任官惟贤才是治盛之世的关键之举，那么怎么从制度上保证所任的官员都是贤才呢？作为执政者，即使再英明也不可能一一识遍贤才，还是得靠他人举荐。如何保证他人举荐的人就是贤才呢？这就要求举荐的人承担连带责任。

一方面，要鼓励举荐贤才，不举荐的要处罚。一般来说，举荐贤者不仅需要眼光，更需要胸怀，而这并不是很容易做到的。因为举荐之人大多不愿举荐比自己更贤能的人，而心胸狭窄之人更是如此了，原因有几个方面：一是担心自己与贤士比较，在执政者（领导者）面前显出自己的短处；二是厌恶贤士不归附自己，不和自己成为朋党；三是担心所举荐的贤士在某些方面惹怒执政者（领导者），会牵连到自己。为了防止出现这些情况，导致英才被埋没（因为人才的浪费是最大的浪费），在中国古代还设置了"蔽贤罪"，据《管子·小匡》载，齐桓公之时就设立了"蔽贤罪"，所以齐国的贤才一般不会被埋没，这也是齐桓公之时国家强大的重要原因。

另一方面，举荐不当要追究责任。战国时代的秦国曾实行这个制度，使得被举荐的官员多为贤才。《史记·范雎蔡泽列传》载："秦之法，任人而所任不善者，各以其罪罪之。"即是说，秦国有法律规定，推荐者要受到与被推荐者所犯罪行同样的处罚。当时，秦国的国相、应侯范雎推荐的郑安平攻打赵国失败而投降，这样范雎应判收父、母、妻三族的罪刑；推荐的王稽做河东郡守，王稽却与六国的诸侯有勾结，因此而被诛杀，这样范雎也应当判死刑。为此，范雎非常不安。但正是在这样的制度下，才使秦国的官吏之间不拉帮、不结派、不内斗，都非常具有公心。

大学者荀子到秦国观游时就感叹"其百吏肃然，莫不恭俭、敦敬、忠信而不楛，古之吏也。入其国，观其士大夫，出于其门，入于公门；出于公门，归于其家，无有私事也；不比周，不朋党，偶然莫不明通而公也，古之士大夫也。"(《荀子·强国篇》）也就是说，到了大小城镇的官府，那里的各种官吏都是严肃认真的，无不谦恭节俭、敦厚谨慎、忠诚守信而不粗疏草率，真像是古代圣王统治下的官吏啊。进入它的国都，观察那里的士大夫，他们走出自己的家门，就走进公家的衙门，走出公家的衙门，就回到自己的家里，没有私下的事务；不互相勾结，不拉党结派，卓然超群地没有不明智通达而廉洁奉公的，就像古代圣王统治下的士大夫一样。荀子非常赞赏秦国的官吏和士大夫的风气，并指出秦国四代强盛，并不是因为侥幸，而是必然的结果。所以，秦国之所以能从西部边陲小国不断走向强盛直至统一六国，是有其深刻道理的。

到了汉武帝时便专门下达了关于"进贤受上赏，蔽贤蒙显戮"的诏令，也就是说举贤受赏、举不肖则严惩。《汉书·武帝纪》载，元光元年（公元前134年），汉武帝下诏天下郡国分别举荐孝、廉各一人。到元朔元年（公元前128年），诏书已发出六年，并不见有人才被举荐到京城长安。于是汉武帝在这一年的冬天十一月，下诏说："现在全郡之中一个都没有举荐上来，这说明当地官员不能宣扬朝廷的教化，而使有德行的君子壅蔽而不被朝廷知道。俸禄为二千石的官员是主管朝廷纲纪和社会人伦的，将何以辅佐朕了解下情，劝慰百姓，激励众民，崇尚乡党之训呢？况且'进贤受上赏，蔽贤蒙显戮'（能推荐贤能的人应当受到上等赏赐，堵塞贤人之路的应当受到杀戮惩罚），这是古代的道理原则。我请俸禄二千石、礼官、博士讨论一下，对那些不举荐贤能的郡国官吏应该处以什么样的惩罚？"

于是负责主管的官员奏议说："在古代，诸侯向朝廷进献人才，第一次举得其人称之为'好德'，第二次举得其人称之为'贤贤'（即贤明），第三次举得其人称之为'有功'，朝廷对他进行加封九锡的崇高奖赏。诸侯不向朝廷进献人才，第一次贬降爵位，第二次削减封地，第三次爵位、封地都削。如果不举荐孝敬亲长的人，就是不奉诏令，当以不敬论处。如果不察举清廉之士，就是不称职，应当罢免。"奏议呈上去后，汉武帝批准下诏施行。

所以，汉武帝一朝人才济济，与汉武帝建立并推行"进贤受上赏、蔽贤蒙显戮"这一人才察举制度是有直接关系的。

唐朝的雄武之君武则天也是一位推行"进贤受上赏"的典型。《资治通鉴·唐纪二十三》载，则天皇后长安二年（公元702年）十二月，侍御史张循宪任河东采访使，有疑难之事不能决断，为此很是忧虑，问左右的官吏说："这里有没有可以一起议事的人才呢？"左右的官吏说前平乡尉、猗氏人张嘉贞有异才，张循宪于是召见张嘉贞，以事向他征询。张嘉贞为他逐条分析并用道理阐释，没有不清楚的。张循宪于是请张嘉贞代为上奏，所写的都是自己意料之外的。张循宪回到京城，见到武则天，武则天认为这个上奏很好，张循宪将张嘉贞所做之事详细汇报，并且请将自己的官授给张嘉贞。武则天说："朕难道就没有一个官职奖励进贤的人吗？"于是在内殿召见张嘉贞，和他谈话后感到非常满意，当即任命张嘉贞为监察御史，同时擢升张循宪为司勋郎中，奖赏张循举荐人才的功劳。

宋代之后也有举荐者承担连带责任的规定。比如《宋史·太祖本纪》载，建隆二年正月，太仆少卿王承哲因举荐官员不实，降为殿中丞。建隆三年，宋代太祖下诏举荐胜任宾佐、令录各一人，举荐不当的要连坐。乾德二年，下诏翰林学士陶谷、窦仪举荐担任通判的各一人，举荐不当要连坐。乾德五年，下诏翰林学士、常参官各自举荐能够担任常参官的人一名，举荐不当承担连带责任。《宋史·仁宗本纪》载，皇祐五年七月，宋仁宗诏令举荐官员不当的，由御史台弹劾。《宋史·孝宗本纪》载，淳熙十一年十月，宋孝宗初次命令举荐的人选升迁为京官的官员犯有贪赃罪的，举荐者降二阶官。《宋史·光宗本纪》载，绍熙元年五月，卫国公赵雄因为所举荐的人受贿负有连带责任，降封为益川郡公、削减食邑一千户。

《元史·成宗本纪》载，元贞元年七月，元成宗下诏告诫朝廷内外："各路举荐对儒学、吏术都精通的人，廉访司每道每年贡举两人，中书省、御史台派官员考试，合格的予以任用，贡举不公正的，对举荐人进行治罪。"《元史·英宗本纪》载，至治三年三月，监察御史拜住，因为举荐八思吉思失当，一并被罢黜免职。《元史·顺帝本纪》载，至元十六年二月，元顺帝命令六部、大司农等机构长官各自举荐可胜任地方长官的人一名，如有在任职期内残虐百姓、贪赃受贿的，举荐官员依照情节轻重予以降职。

《明史·恭闵帝本纪》载，洪武三十一年，恭闵惠帝（即建文帝）下诏让五品以上的文臣和各州县官员都要举荐自己所知的人才，举荐不当要惩罚。《明史·仁宗本纪》载，永乐二十二年十月，明仁宗下诏让朝廷内外官员举荐贤才，并且严格执行举荐者承担连带责任的规定。

从举荐者承担连带责任的历史实践来看，无论是治盛之世的贤君还是雄武之君，都取得了很好的效果，使这些帝王得到了真正的贤才。

三、慎择中央高级官员及组织人事部门、政务机要部门、刑狱部门的官员

《管子·立政》中将选任几种重要官员作为关系国家安危的大事。这里面提到"安国有四固"（即安定巩固国家有四个方面的原则）。具体来说，就是君主需要慎重对待的问题有四个方面：一是虽有大德但没有达到仁的地步，不可以授予国家权柄；二是见到贤才而不能谦让的，不可以给予尊贵的官位；三是掌握刑罚却不能对亲贵施行的，不可以使他统领军队；四是不喜欢本业（即农耕），不注重地利，而轻易聚敛赋税的，不可以让他出任都邑长官（即治理百姓的地方长官）。这四个方面的原则，是国家安危之本。因此说："卿相不得众人拥护，是国家的危险；大臣不同心，是国家的危险；军队统帅不值得畏惧，是国家的危险；百姓不心恋自己的产业，是国家的危险。"并提出，大德到了仁的地步，则执政会得到众人拥护；见到贤才能够谦让，则大臣就会同心；刑罚不避亲贵，则威行于邻近的敌国；喜欢农耕，注重地利，不轻易聚敛赋税，则百姓心恋自己的产业。从这段话可以看出，选任执政的卿相、显贵大臣、军队统帅、地方长官关系到国家的安危。

关于慎择中央高级官员（包括上述卿相、显贵大臣、军队统帅）。中央高级官员在治国理政上掌握着大权，对他们的选拔任用要极为慎重。除了要求中央高级官员的品行外，还必须注重他们的才能。《资治通鉴·汉纪四十一·永初元年》

载,司马光引用仲长统《昌言》的评论,提出"高官选拔不可平庸""必须给予高官权力"两个重要观点。

仲长统说:"从东汉中期开始,任用三公(即司徒、司空、太尉,司徒是之前的宰相,司空是之前的御史大夫,太尉是之前的大将军),都是从清廉忠厚谨慎、遵行常规、熟悉过去经验的人中选拔。这是妇女的标准,乡村的平常之人,怎么能足以身居三公之位呢?(从光武帝以来,三公之权被夺)三公的权势既然如此之低,选拔的人又是如此平庸,而想盼望三公为国家建立功勋,业绩加于百姓,这难道不是遥远的事情吗?

从前汉文帝对于邓通,可以说是宠爱之至,然而还让丞相申徒嘉得以伸展自己的心意惩处邓通。这样受到信任,那么三公何必顾忌皇帝左右的小臣呢?可是到了近世,面对外戚、宦官,如果请托不能成功,让他们产生不满的情绪,立刻就能让官员们陷于不测之祸,这样怎能弹劾纠正他们呢?之前,三公的任重而责轻,如今则是任轻而责重。光武帝夺去三公的权力,到了如今剥夺得更加厉害,光武帝制定不给皇后家族权力的政策,数代之后已不再遵行了,这大概是皇帝与三公、后党的亲疏不同造成的。

如今皇上若是能够信任三公,将权力给他们,责令他们完成任务,如果他们在职为害百姓,举荐官员不贤能,百姓不安,争讼不停,天地多变,人间多妖,到这时就可以追究他们罪责。"

这里表达了两层意思:其一,高官选拔不可平庸。因为高官是决策者,不是执行者,岗位职责决定了他们必须有德,同时更要有才,不但要有建立功业、为国为民纾难的抱负,更要有雄才大略,能用超常方法取得超常的政绩。

其二,必须给予高官权力。在慎择高官之后,必须授予他们权力。在古代,君主与宰相、三公的关系,就好比公司企业中的董事长与总经理的关系。如果总经理没有一点权力,那是无法管理好公司企业的。西汉刘向《说苑·尊贤》记载了一个"春秋第一相"管仲曾经向齐桓公要"三权"的故事,说的是齐桓公让管仲治国,管仲说:"贱不能临贵。"(意思是,地位低不能驾驭地位高的)于是齐桓公任命管仲为上卿,但是国家没有得到治理。齐桓公问管仲说:"这是什么缘故?"

管仲回答说："贫不能使富。"（意思是，贫穷的不能使唤富裕的）于是齐桓公将齐国一年的市场租税赐给管仲，但是国家依然没有得到治理，齐桓公又问管仲："这是什么缘故？"管仲回答说："疏不能制亲。"（意思是，关系疏远的不能制住关系亲近的）于是齐桓公拜管仲为"仲父"，于是齐国大安，而称霸天下。对于这件事，孔子说："管仲之贤，不得此三权者，亦不能使其君南面而霸矣。"也即是说，像管仲这样贤能的人，如果不能得到这三种权力（贵、富、亲），也不能使齐桓公称霸啊！这里面，前两权好理解，第三权也极其重要，如果"主官"不亲近自己，时间久了就会有人进谗言，不仅干不成事，而且还会惹祸。当然，高官有权也必须有责，在治国理政上出现失误也必须追究责任。

关于慎择组织人事部门官员。组织人事部门在古代是吏部，主要负责官员选拔任用的具体工作，这就要求他们除了有宽阔胸怀、甘为人梯的品德外，还必须有识人的才能，以及正确的选人用人导向。

史料记载，官渡之战以后曹操就统一了北方，曹操之所以能统一北方，除了他本人知人善任外，还有一个重大原因，就是他所用的组织人事部门的官员非常得力。《资治通鉴·汉纪五十七》载，建安十三年（公元208年），汉献帝任命曹操为丞相。曹操任命冀州别驾、从事崔琰为丞相西曹掾，司空东曹掾、陈留人毛玠为丞相东曹掾。当时，崔琰与毛玠两人负责选用官吏，他们所选用的都是清廉正直之士，即使有很高名誉而品行不好的人终究不能得到任用。他们选拔任用敦厚务实的官吏，不用那些华而不实、虚浮伪饰之人；进用冲和谦逊的官吏，抑制结党营私之人，"由是天下之士莫不以廉节自励"（因此天下的士人无不以廉洁的节操勉励自己）。即使是显贵宠臣，所乘的车、所穿的服饰也不敢超越制度，以至于高级官吏回家时，蓬头垢面，衣服陈旧，乘坐柴车；文武官员入府办公时，穿着朝服徒步。当时的情形是"吏洁于上，俗移于下"（在上的官吏清廉，在下的风俗也美好）。曹操知道后，感慨地说："像这样用人，使天下的人都能自我治理，还要我做什么呢？"

《资治通鉴·齐纪八》还载，东昏侯永元元年（公元499年），北魏侍中郭祚兼任吏部尚书，他清廉谨慎，珍惜官位，每次铨选授官时，虽然发现有合适人选，但还是反复思虑很久，才下笔签署，说："这个人便富贵了。"人们对他多有抱怨，但经他所铨选的官员没有不称职的。这说明他当吏部尚书是非常不错的,用人得当。

关于慎择政务机要部门的官员。政务机要部门主要是指那些辅助最高执政者处理日常军国政务(包括公文运转)的部门。汉朝时政务机要官职就是录尚书事,当时的政务机要主要交由尚书处理,所以尚书就是政务机要部门的官员。《资治通鉴·汉纪三十八》载,元和元年(公元84年),大鸿胪(汉代九卿之一,负责礼宾)韦彪上书汉章帝说:"天下枢要在于尚书,对于尚书的选拔,岂可不重视?然而近来尚书多从郎官中超迁升任此位,虽然他们通晓文法,擅长应对,然而苛察这样的小聪明,大多没有大的才能。应当借鉴汉文帝采纳张释之建议不用敏捷利口的啬夫,深思绛侯周勃虽然木讷不善于言辞却建立大功。"当时汉章帝采纳了他的意见。

另外,也还要重视对刑狱官吏的选择,因为刑狱之事,关系着天下人的生命,死者不可复生,而刑狱官吏掌握着判决人的生死大权。治盛之世的贤君都非常重视这个问题,比如汉文帝时有张释之、汉宣帝时有于定国、唐太宗时有戴胄。像《资治通鉴·汉纪十七》载,地节三年(公元前67年),路温舒上书(即《尚德缓刑书》)论及秦朝灭亡有十个方面的过失,其中有一个到现在还没改,就是治狱之吏还在。他们用两个方法造成冤假错案:一是刑讯逼供,并且诱供,以取得更多的罪证;另一是对案件材料精心加工,并进行周密的推敲。由于这两个方法的使用,导致冤案如山,难以昭雪。汉宣帝深有感悟,于是设置了"廷尉平"这个官职,作为廷尉的属官,负责对案件的审查,俸禄六百石,员额四人。之所以加一个"平"字,就是取断狱公平的意思。所谓断狱公平,就是明察事情的真相,依法公平地判案。对有罪的人不能姑息,无罪的人不能冤枉,而且所犯的罪行和所判的刑罚相适应。只有这样,天下才不会有受冤屈的人。

四、极端重视地方长官的选拔

自古以来,"郡县治天下安"。特别是作为郡县的长官(主要领导),刺史(太守)、县令是否德才兼备,尤为重要。可以说,他们的任用是否得当,直接关系一方治乱。郡县的长官甚至被称为"父母官",可见郡县的长官多么重要!

清朝徐栋《牧令书》指出："天下真实紧要之官，只有二员，在内则宰相，在外则县令。"也就是说，天下只有两个官职是真实紧要的，一个是宰相，一个是县令。因为宰相是辅佐皇帝治理国家的，而县令是直接治理百姓的。当然刺史（太守）也非常重要，也是治民长官，可以造福一方，所以对他们的选拔要极端重视。

从历史实践来看，治盛之世的帝王都极为重视选拔地方长官。比如汉宣帝对将要任命的刺史、太守、国相，都亲自接见问讯，观察他们，退后就考察他们所行与所言是否一致，如果有名实不相符的，必然知道其所以然。所以，当时汉朝出现了中兴。

唐太宗常常将地方长官（都督、刺史）的姓名写在屏风上，以便自己坐卧可以观看，得知他们为官的善恶事迹就注在他们的名下，以便将来升迁或降免。对于县令也谨慎选拔，让朝廷五品以上官员举荐能胜任县令的人。到了贞观十一年时，因为侍御史马周上书，唐太宗于是亲自选拔刺史，而县令由京官各自荐举一人。所以贞观时代州郡都能治理好。

唐玄宗在开元年间注意选拔京官中有才识的人担任都督、刺史，都督、刺史中有政绩的担任京官。开元四年，唐玄宗召集所有的县令到宣政殿庭，亲自策试，题目是"如何治理百姓"。唐玄宗作为帝王，亲自考察最基层的县令，这是相当了不起的。县令作为百姓的父母官，如果不合格，一方的百姓就会受苦。唐玄宗如此策试，那些县令怎么敢不尽职、怎么敢不加强自身的学问呢？唐玄宗如此重视州县的长官，这也是"开元盛世"形成的重要原因之一。

唐宣宗曾颁布诏令："各州刺史不得外迁调往他处，必须先到京师，由皇帝当面考察其能否胜任，然后再授予官职。"唐宣宗说："朕因为天下各州刺史大多用非其人，成为百姓的祸害，因而想一一召见，询问他们的施政举措，了解他们的优劣以进行升降。"这表明，唐宣宗极为重视刺史、县令的选拔，设立亲自面试考察刺史的制度。所以他在位期间，那些刺史、县令都不敢为非作歹，百姓深受其福，因而出现了"大中之政，人思咏之"的局面。

宋太祖也极为重视地方长官的选任，尤其对直接治理百姓的县令更是慎之又慎。《宋史·太祖本纪》载，开宝五年十二月，宋太祖下诏对改任县令、录事参军的人必须由自己面见进行对答后才能任命。

宋太宗严格选任太守县令，下诏让各道使者考察所辖部属中"履行著闻、政术尤异、文学茂异"者，州牧长官选择判、司、簿、尉中的"清廉明干"者，上报朝廷，并召集他们入对后，才授给知县的职务。（《宋史·太宗本纪》）

宋仁宗在天圣七年下诏贪赃枉法、不走正道的官员不得担任州县长官。庆历四年诏令各路转运使、提点刑狱举荐有政绩的州县长官。皇祐二年专门确定县令任命的法令。皇祐三年罢免调离不称职的州县长官十六人，下诏让各路监司（宋初将全国划分为十五路监察区，每路有转运司、提刑司、提举常平司、提举学事司、经略安抚司，总称为"监司"，是中央派出的监察官员，分别监察地方财政、司法、农业、教育、军事）上奏所属州县长官是否称职。嘉祐三年下诏让监司检举弹劾那些贪婪昏庸、以放纵为宽厚、以苛察为精明、以增加赋税为政绩、恣意改变刑罚、自以为能干的州县长官。嘉祐六年诏令监司对于清廉不扰民、有惠政的州县长官，要保举他们连任，政绩突出的应当奖励提拔。（《宋史·仁宗本纪》）

宋高宗对县令的选拔很慎重，《宋史·高宗本纪》载，绍兴元年正月，宋高宗下诏京官、知县由宰相任命，内外侍从各自举荐可任县令的两名，如果县令犯贪赃罪要连坐。而且将"今后没有担任过县令的人不得任命为监司、郎官，没有担任过地方官的人不得任命为侍从"编入法令。

金世宗在位时对地方长官严格要求，大定七年十月，金世宗对宰相说："近来听说蠡州同知移剌延寿在任上贪污没有节制，询问他的出身是鹰房的人。像鹰房、厨人之类的人，能治理百姓吗？从今天起要区分人才，不得授予这类人治理百姓的官职。"大定十六年七月，夏津县令移剌山住因贪赃而被诛杀。这年的十二月，金世宗下诏：原定各科所取之士年满四十岁才可授予县令，年岁太久，以后年满三十二岁，没有犯过贪赃罪的就可授予县令。大定十八年，金世宗对宰相说："县令的职位与百姓最为亲近，应当选贤才任用。"《金史·世宗本纪》称赞金世宗"知吏治得失""慎守令之选，严廉察之责"，他在位期间是金朝政治最为清明、百姓最为安定之时，被称为"小尧舜"。

这里就例举这么多。百姓是国家之本,"本固邦宁"。而地方长官承担治理一方百姓的重任,他们工作的好坏,关系到民心向背。所以,选拔贤良之士担任地方长官是治国要务中的要务,是安民、安天下之本。

五、选用少言质朴敦厚清廉者为官

选任官员需要有一定的标准,选什么样的官员好呢?当然是贤才,也即德才兼备。孔子曾说:"巧言乱德,"又说:"君子欲讷于言而敏于行。"所以,从德的角度来讲,选用少言质朴的人较好。同时敦厚者为人厚道,比较宽容,不苛刻,这也是非常重要的。而清廉则是为官者的重要标准。从中国历史的经验来看,选用少言质朴敦厚清廉者为官确实是一条非常重要的经验。

而且,治盛之世的君主多选用少言质朴敦厚清廉者为官。比如"文景之治"时期的吏治最大的特征,就是汉文帝、汉景帝多任用少言厚重的长者为官吏,并且重视廉洁之士。虽然"文景之治"主要归功于黄老之学休养生息的经济政策,但是黄老之学在政治方面的吏治政策就是用少言厚重、清廉的官吏。如果没有这个作为保证,"文景之治"的效果也是难以取得的。

为什么要用少言的官吏呢?这是因为善于言辞的官吏有很大的缺陷。老子《道德经》第八十一章也讲:"信言不美,美言不信。善者不辩,辩者不善",意思是真实诚信的话并不漂亮,而甘美的话则不值得相信。真正的好人不巧言善辩,善于卖弄口才的往往不是好人。孔子也曾说过:"巧言令色,鲜矣仁。"(《论语·学而》)即是说,花言巧语,装出和悦的样子,这种人很少有仁心。孔子还特别厌恶三种情形:"恶紫之夺朱也,恶郑声之乱雅乐也,恶利口之覆邦家者。"(《论语·阳货》)这最后一种讲的就是用伶牙俐齿而颠覆国家。在孔子看来,"刚毅木讷近仁。"(《论语·子路》)也就是说,木讷而不善于言辞的人是接近仁德的(就是古代所讲的"长者")。一代仁君宋仁宗曾经专门下诏罢黜善于言辞的官员。《宋史·仁宗本纪》载,嘉祐五年七月,宋仁宗诏令中书、门下选任那些正直质朴实诚的人在朝中做官,罢黜那些能言善辩、虚伪的人。另外,在实际政治中,有远见的领导不重用善于言辞的人，还有一个原因，就是不能形成"清谈误国"的风气，而要形成"实干兴邦"的导向。

为什么要用质朴者呢？明太祖对于这个问题有相当高的见解，他认为任官用质朴者胜过聪明灵活者。据明朝历史学者余继登《典故纪闻·卷二》载，明太祖朱元璋曾经有次命令中书省录用各司弹劾辞退的官吏，他说："人之才能，各有长短，故治效有迟速。"他特别强调，质朴的人多迂阔缓慢，而聪明灵活的人则多方便利索。聪明灵活的人虽然善于办事，但有时不免急促，对百姓有所损害，而质朴的人，做事迂缓，虽然不一定赶得上聪明灵活者，但是对百姓却无所损害。应当说，明太祖朱元璋这个认识是有深刻道理的，值得执政者（领导者）留意。

为什么要用敦厚者呢？所谓敦厚，是指敦实厚道，也常常称为老实忠厚。大凡敦厚者，都是宅心仁厚之人、做事可靠之人，经常替别人着想，他们做事真正地靠谱。清朝王永彬《围炉夜话》中讲："敦厚之人，始可托大事，故安刘氏者，必绛侯也。"绛侯指的就是周勃，这里面就是称赞周勃是个敦厚之人，所以能托以大事。《资治通鉴·汉纪四》载，汉高祖十二年（公元前195年），汉高祖刘邦说："周勃重厚少文，然安刘氏者必勃也，可令为太尉。"意思是，周勃为人厚重、敦厚，不善言谈，然而能够安定刘氏天下的必定是周勃，可任用他为太尉。从这可以看出，汉高祖刘邦之所以看重周勃，正在于周勃的性格特质，就是"重厚少文"，后来果然平定诸吕之乱的大功臣就是周勃。

像周勃这样的还有霍光等。《资治通鉴·汉纪十四》载，后元二年（公元前87年），当时卫太子刘据已死，此时钩弋夫人所生的儿子刘弗陵，虽然只有几岁，但长得壮大，多智慧，汉武帝感到惊奇并非常喜爱，心里想立刘弗陵为太子。但又因为他年龄小，母亲又年轻，所以汉武帝犹豫了很久，想让大臣来辅政。汉武帝观察群臣，唯有奉车都尉、光禄大夫霍光"忠厚可任大事"，汉武帝于是让黄门官画了一幅周公背着周成王接受诸侯朝拜的图赐给霍光。汉武帝去世后，霍光不负所托，辅佐汉昭帝刘弗陵，使汉室逐渐得以中兴。

为什么要用清廉者呢？清廉这个词来源于《道德经》。《道德经》第四十五章讲：“清静，为天下正。”这是讲，唯有清静，才是天下的正道。第五十八章讲：“圣人方而不割，廉而不刿，直而不肆，光而不耀。"意思是，圣人保持自我的方正，却不要求众人；保持自我的廉洁，却不伤害众人；保持自我的率直，却不肆意做事；保持自我的光亮，却不炫耀。这两句中，头一句的"清"字，表示的是清白不杂而没有贪欲；后一句的"廉"字，表示的是廉正而品行高洁。这两个字组合起来便是"清廉"。

关于官吏为什么要用"清廉"者，汉宣帝讲过一句名言："吏不廉平则治道衰"。意思是，官吏如果不清廉公平，则治国之道必将衰微，国家就不可能得到治理。所以，选拔官吏一定要选清廉者。明太祖对此也认识深刻。《明史·太祖本纪》载，洪武元年正月，明太祖称帝，全国的府州县官来京城朝见。明太祖告诫他们说："天下刚刚安定，百姓财力和人才都很匮乏，重要任务是让百姓休养生息，只有廉洁的官员才能约束自己，为百姓造福。你们要勤勉啊！"这告诉我们，只有清廉的官员才不会聚敛百姓，百姓才能富裕起来。

六、分不同科目选拔官员

由于每个人的天赋禀性、德行才能不相同，适合的官职也各异。所以，有必要分不同科目来选拔官员，而且要求有所不同。

从中国历史实践来看，汉代就有四科取士。根据《后汉书·百官志》注引应劭《汉官仪》载，汉朝的四科取士是："一曰德行高妙，志节清白；二曰学道行修，经中博士；三曰明达法律，足以决疑，能案章覆问，文中御史；四曰刚毅多略，遭事不惑，明足以决，才任三辅令，皆存孝悌廉公之行。"《后汉书·和帝纪》注引《汉官仪》载："建初八年十二月己未，诏书辟士四科：一曰德行高妙，志节清白；二曰经明行修，能任博士；三曰明晓法律，足以决疑，能案章覆问，文任御史；四曰刚毅多略，遭事不惑，明足照奸，勇足决断，才任三辅令，皆存孝悌清公之行。"两者在文字表述上略有差别，但四科的内容基本一致。

这里面，第一科，德行很高，可担任志节清白的职位；第二科，学习治道，精通儒学经典，可担任博士的职位；第三科，通达法律，足以决断疑问，能够查办核实案件，可担任御史的职位；第四科，刚毅且多谋略，遇到事情不迷惑，明察决断，可以担任三辅的县令。以上四科都必须具备"孝悌、清廉、公正"的品行。这些科目对应职位。

除了这四科之外，两汉当时有名的如孝廉科、贤良方正直言极谏科、贤良文学科、茂才异等科、"四行"科（即"质朴、敦厚、逊让、有行"）等科目，这些科目没有完全对应职位。

隋文帝时，开始分科考试，当时仅设"志行修谨""清平干济"两科。隋炀帝即位后，于大业三年（公元607年）分为"孝悌有闻""德行敦厚""节义可称""操履清洁""强毅正直""执宪不挠""学业优敏""文才美秀""才堪将略""膂力骁壮"十科。大业五年（公元609年），又从"学习该通、才艺优洽，膂力骁壮、超绝等伦，在官勤奋、堪理政事，立性正直、不避强御"四科中取士；同时设立进士科，开始用诗赋考试。

到了唐朝，科目就更多，除了进士科外，根据《新唐书·选举志上》所载，还有秀才科、明经科、俊士科、明法科、明字科、明算科、开元礼科、三传科（即春秋三传）、史科、道举科、童子科等。这些科目考试的内容都不同，比如秀才科，考方略策五道；明经科，考试时先帖文，然后口试，经书问大义十条，回答时务策三道；三传科，《左氏传》问大义五十条，《公羊》《谷梁传》各三十条，策问三道；史科，从《史记》《前后汉书》《三国志》中出题，每史问大义百条、策问三道。进士科，考时务策五道、帖一大经（唐朝时将《礼记》《春秋左氏传》定为大经，《诗经》《周礼》《仪礼》为中经，《易经》《尚书》《春秋公羊传》《谷梁传》为小经）。童子科，十岁以下能通晓一经及《孝经》《论语》，能背诵其中的文十篇。

武则天时还专门颁布"八科取士诏"。这个诏书颁布于永昌元年（公元689年），要求五品以上文武官员，各推荐自己所知道的人才，分为八科："其有抱梁栋之才，可以丹青神化；蕴韬钤之略，可以振耀天威；资道德之方，可以奖训风俗；

践孝友之行，可以劝率生灵；抱儒素之业，可以师范国胄；蓄文藻之思，可以方驾词人；守贞亮之节，可以直言无隐；履清白之操，可以守职不渝。"（《文苑英华》卷462）这里面，第一科，有怀抱栋梁之才的，能够担任功勋之臣（用图画将其相貌画下来，如凌烟阁）；第二科，胸中蕴藏韬略的，能够振兴光耀朝廷的威德；第三科，道德品行高尚的，能够训导百姓以移风易俗；第四科，践行孝敬友爱的，能够劝导百姓，并作其中的表率；第五科，怀抱儒家之学的，能够作为老师教导王室子弟；第六科，含有很深文学辞藻的，能够作为词人；第七科，恪守正直光明之节操的，能够直言无隐进行劝谏；第八科，力行清白德操的，能够忠于职守而不改变。

到了宋朝，科目和唐朝差不多，但"进士得人为盛"，宋神宗时开始罢除各科目，只分经义、诗赋取士，后来遵行未改。司马光担任宰相时，曾奏请朝廷设十科举士：一是行义纯固可为师表科；二是节操方正可备献纳科；三是智勇过人可备将帅科；四是公正聪明可备监司科；五是经术精通可备讲读科；六是学问该博可备顾问科；七是文章典丽可备著述科；八是善听狱讼尽公得实科；九是善治财赋公私俱便科；十是练习法令能断请谳科。当时宋哲宗同意了。到了宋高宗时还设立了博学宏词科，但真正选拔得人极少（以上见《宋史·选举志》）。另外，宋徽宗曾下诏以"八行取士"，《续资治通鉴·宋纪九十》载，大观元年（公元1107年），宋徽宗下诏以"八行取士"。所谓八行，即善父母为孝、善兄弟为悌、善内亲为睦、善外亲为姻、信于朋友为任、仁于州里为恤、知君臣之义为忠、达义利之分为和。孝悌忠和为上，睦姻为中，任恤为下。

元朝时对科举考试进行了改革，元仁宗皇庆二年时，中书省大臣提出隋唐以来崇尚词赋导致士人风气华而不实，建议只设德行明经科。元仁宗同意了，并下诏说："考察三代以来，选拔士人各有科目，选举人才以德行为首，考试内容以经术为先，其次是词章。文字浮华、言过其实，是朕所不能选用的。"元仁宗在诏书中明确蒙古、色目人考试考两场，第一场考经学五道题，从四书（《大学》《论语》《孟子》《中庸》）中出题，采用朱熹的章句集注。第二场考策论一道，以时务出题，限五百字以上。对于汉人、南人，要考三场，第一场先从四书中出考题两道，也是采用朱熹章句集注，再用自己的观点阐述，限三百字以上；再考经义一道，专攻一门经，比如《诗经》以朱熹注的为主，《尚书》以蔡沈注的为主，《周易》以二程（程颢、程颐）、朱熹注的为主，以上三种经，兼用古人注疏，限五百字以上，不拘文体；第二场考古赋、诏诰、章表；第三场考策论一道，从经史及时务中出题，要求语言平直，限一千字以上。蒙古、色目人愿意参加汉人、南人科目，中选的加一等授官。（《元史·选举志》）

明清时沿用元朝的科举制度，但是规定更加死板，连考试的文体都变成了"八股文"（每篇由破题、承题、起讲、入手、起股、中股、后股、束股八部分组成）。

虽然元明清时的科举保证了考试的标准，确保了公平，但非常僵化，而且科目也由原来的多科变成了只考单一的经义。

总的来看，还是相对划分科目稍多一些取士更加科学，像唐朝时分的明法科、明算科可以得到法律、科技等方面的人才。因此，如果采取考试的办法来选拔，应当分不同科目，科目不宜少但也不宜过细过多，且不能所有的人都参加同一种考试，而是考同一科目的人参加同一种考试。这样才能保证更多的不同类型的人才进入到官员队伍。

七、精简机构和冗余官员

精简机构和冗余官员是保证整个官员队伍体系高效运作的措施，也是降低行政成本、减轻百姓税赋的措施，同时更是保证能者上、庸者下的措施。

当然，精简机构和冗余官员要慎重，必须先进行调查。《管子·问》中讲，凡主持朝政，需要进行调查。这些调查有不少是关于吏治的内容，比如调查国内建立大功的人都是哪些部门的官吏；调查各州的大夫都是什么地方的人；调查现任官吏是凭什么条件提拔的；调查官员判案长期积压的原因是什么；调查官员拖延事情不办的原因是什么；调查低级官吏之中有多少是没有田禄而白白干事的；调查群臣之中在官大夫家里兼职的有多少人；调查国家急难时可供调遣的官吏有多少人；调查带兵的官吏和豪杰之士在国家危急时能够跟从君主赴难的有多少人；

调查教练和选拔人才都采用哪些标准；调查各个担任地方长官职务的任职多少年了，他们任内所开垦的荒地使人们受益的有多大面积，他们所提的奏议可以增加人们财利的有什么内容，他们建筑的城郭、修筑的墙垣、设置的路障、安设的门楼以及加深的护城河等有益于守卫国土的共有哪些，所捕盗贼并消除百姓之害的事情有多少。在调查之后，才能做好这项工作。除此之外，还要对政府规模进行测算和控制。

从中国历史实践看，治盛之世的君主和雄武之君都会采取精简机构和冗余官员的措施。比如汉光武帝、唐太宗、唐宪宗等都是如此（见本书第一篇、第三篇）。

唐太宗对这个问题认识极为深刻。《贞观政要·择官》载，贞观元年（公元627年），唐太宗对房玄龄等大臣说："要根据一个人才能的大小授予官职，务必精简官员。《尚书》上说'任官惟贤才'，还说'官不必备，惟其人'（官员不必齐备，只在于用人得当）。如果任用了贤能的官员，即使人数少也足够了；如果官员不贤能，即使人数再多也没有什么用。古人也将任用官员不得贤才，比喻为在地上画饼而不能吃。《诗经》上说'谋夫孔多，是用不就'（谋划的人多了，决策的时候反而无所适从），又孔子说'官事不摄，焉得俭'（如果官员都不兼任职事，怎能称得上节俭呢？），而且'千羊之皮，不如一狐之腋'。这些都载在经典，不能一一道来。当前应合并减少官员，使他们各自能当其任，则可以无为而治。卿应该详细思考这个道理，衡量确定官员的位置。"房玄龄等人因此设定文武官员共六百四十人，唐太宗采纳了。

唐太宗还对房玄龄说："从今以后，如果有音乐、杂艺等特长，技艺超过一般人的，只可以赐给钱帛作为激赏他们的才能，一定不可授予他们官爵，与朝廷的贤君子比肩而立，同坐一起吃饭，使士大夫引以为耻。"从这里面可知，唐太宗一方面要求任官得其人，朝廷文武官员极少；另一方面要求不可将官职爵位赏赐给有音乐、杂艺等技术专长的人。

元代史学家戈直评论说，贞观时代的善政，当以精简官员为首。为什么这样说呢？因为选择简易，不至于失去贤才；俸禄易供，不必忧于对百姓厚敛；权责专一，没有遇事苟且、推诿扯皮之患；官员不多，没有经常变更、生事找事之忧。而官员冗多则上述四个方面就会相反。但后来兵部的职权又分给了枢密（唐代是宦官充任），户部（掌管钱粮）之职又分给三司，监军（唐朝是宦官充任）侵夺监司之权，州府大将侵夺太守之权，官员数额之外的设置又多于正式官员，斜封官数额超过千百，贞观之时的善政遭到了毁坏。

戈直还认为贞观时精简官员的善处主要有两个方面：一是使奔竞之风（即跑官要官）停止了；二是使那些受宠爱但不能干事的人得到了裁减。大凡奔竞之风盛行，原本定额的官员数量就不够用，这时官员不得不增加；宠幸之门增多，原本的私人恩情不能施行，这时官员也不得不增加。这两个方面，是保证政治清明的根本。（戈直注《贞观政要·择官》）

明太祖时也注重精简官员。《明太祖宝训·任官》载，洪武七年六月，明太祖命令吏部大臣说："古代称'任官惟贤材'，大凡一个郡得到一个贤明的太守，一个县得到一个贤明的县令，足以让这个郡、这个县得到治理。像颖川有黄霸、中牟有鲁恭，何必担心得不到治理？如今北方的郡县有的百姓少、事情也简，但是设置官员却与那些事情繁杂的地方相同，官员的俸禄供给未免使百姓疲惫贫困，可以酌量减少。"于是吏部经过讨论减少北方的府州县官共三百零八人。

明末清初思想家顾炎武在其《日知录》曾指出治官三大定律：一是"官多则乱"；二是"大官多者其世衰"；三是"省事更重于职官多寡"。意思是官多了就会导致政事乱，大官多就会导致国家衰败，精简职事更重于官职本身的多少。所以，治官的原则是既要精简官员（不仅要"精兵简政"，还要"精官简政"），也要精简职事。

八、选任官员必须公平公正

选任官员必须公平公正，除了程序、机制上确保做到外，关键是在实际内容上保证。比如不能专用同乡、同学（事）、同宗，不能专用门生故旧。

东汉的郭伋曾专门论述过"任官当选天下贤俊、不能专用同乡"。《资治通鉴·汉纪三十四》载，建武十一年（公元35年），郭伋担任并州牧，经过京师时，光武帝刘秀询问他政治得失，郭伋说："选拔补充众多官员，应当精选天下的贤能俊杰，不宜专用陛下的同乡南阳人。"当时在职的官员多是光武帝刘秀的同乡故旧，因此郭伋谈到这件事。

郭伋这句话表明，任用官员应当坚持五湖四海原则，而不能专用同乡。同样的，也不能专用同学（事）、同宗。虽然同乡、同学（事）、同宗三者与执政者（领导者）本人有地缘、业缘、血缘的关系，容易相识了解，但是从整个大局考虑，一定要从天下优秀的人才中选拔。当然，同乡、同学（事）、同宗也不能因为回避而一概不用，确实优秀的同样可用，但要比例均衡。

关于这个问题，司马光曾对唐德宗时宰相崔祐甫专门选用亲朋故旧担任官员进行过评论。《资治通鉴·唐纪四十一》载，大历十四年（公元779年），此时唐代宗去世，唐德宗即位，尚未改元。唐德宗当时服丧，国家政务都委托崔祐甫处理，对崔祐甫所说的没有不答应的。

起初，至德（唐德宗祖父唐肃宗的年号）以后，天下用兵，诸位将领竞相论功请赏，因此官爵不可能不滥。等到永泰（唐代宗年号）以来，天下稍微平定，而元载、王缙主持朝政，四方向他们行贿以求官，一时门庭若市，大的官职出于元载、王缙，小的官职出于卓英倩等，都如所愿而去。等到常衮为宰相，想革除其弊，杜绝靠侥幸得官，对四方奏请的，一概不予考虑，然而由于不加甄别，贤能的和愚笨的都被停滞了。

崔祐甫代替常衮为宰相，想获得有声望的人，于是推荐引拔每天不断。担任宰相不到二百天，授官八百人，他与常衮前后相互矫正，终究没有找到合适的尺度。唐德宗曾经对崔祐甫说："有人诽谤卿，说你所用官员多涉及亲朋故旧，这是为什么呢？"崔祐甫回答说："臣为陛下选择百官，不敢不详慎。如果平生不认识，臣何以知道他的才能品行而任用他呢？"唐德宗认为崔祐甫说得对。

司马光就此评论说："我听说用人者，没有亲疏、新旧的区别，只考察贤与不肖。有的人未必贤能，而因为是亲朋故旧而取用，这原本不公正；如果其人贤能，而因为是亲朋故旧而舍弃,这也不公正。天下贤人,原本不是一人所能收尽的,如果必须等待平素认识、熟悉其才能品行而后选用,那么所遗弃的就多了。古代做宰相的,则不是这样,他让公众来推举,以公正来选用。众人说贤能,自己即使不知道详细情况,姑且先用他,如果没有功劳将他辞退,如果有功劳则进用他,如果推荐的人所推举的是贤者就奖赏他,所推荐的人不能胜任就处罚他。进退赏罚,都是众人所公认的,自己没有丝毫私心在里面。如果以这样的心来推行,又有什么遗漏贤人、缺乏官员的弊病呢?"

这里面,司马光一方面批评了崔祐甫用人不够公正,另一方面指出了古代宰相是如何用人的。这实际上也是司马光的观点,其内涵主要是三个方面:一是让公众来推举,二是以公正来选用,三是对举荐者实行赏罚。

九、官员要有一定的任期

官员必须要有一定的任期,尤其是地方长官必须任职久些。这是为什么呢?宋高宗曾经说过:"朕以前任元帅时,见州县的长官以三年为一任,他们一年立威信,二年守规矩,三年则收人情,作为离开之时的打算。"(《宋史·选举志六》)宋高宗所说的确实是实情,所以官员一定得有较长的任期,一方面熟悉情况,另一面可以做一些有利于百姓长远的事。

官员要任职长久一些,这也是治盛之世的一个重要特征。像汉宣帝认为地方长官如果更换频繁,百姓就会不安,他在位时保证了地方长官的任期稳定,所以能创造汉室中兴的局面。另外像南朝宋文帝时朝廷百官都能久居职位,郡县长官也以六年为任期,所以能创造"元嘉之治"的局面。

元世祖时,也将治民之官(地方长官)的任期改得长久些。《元史·世祖本纪》载,至元七年,尚书省大臣上奏说:"治民之官升迁调整,以三十个月为一个考核期,变动频繁,很容易有得过且过的想法,从今开始请以六十个月(即五年)作为升迁调整的期限。"元世祖采纳了这个建议。至元十九年,规定朝廷官员以三年为一个考核期,任满的予以升迁任用。元武宗时规定州县长官必须长久任职。

《元史·武宗本纪》载，至大二年，元武宗命令将州县长官以九年为一任的诏书颁行天下。元文宗时对朝廷官员也规定了任期，《元史·文宗本纪》载，天历二年，中书省大臣上奏说："之前的制度规定，朝廷官员以三十个月为一个考核期，外任官员则以三年为一个任期。近年来在朝官员大多任职时间不长，有的几个月就升迁调整，不符合制度，而且政绩也难以考察，请求遵循之前的制度。"元文宗敕令："除监察官员外，其他朝廷官员必须任满二十月，才可升迁调整。"

明朝的治盛之世时，地方长官任期一般较长，有的还因为百姓的请求长期留任。《明史·循吏列传》载，史诚祖在明太祖时授官汶上知县，为政廉平宽简。永乐七年，明成祖北上巡视，派遣御史考核郡县的长官，回来时御史奏报史诚祖政绩第一。明成祖赐给玺书慰劳史诚祖。史诚祖得表彰后，更加勤政，汶上县的土地开垦增加，户口繁衍滋生，民户增加十四里。他屡次应当升迁，都被百姓奏请留任，历任二十九年，最终在任上去世。百姓哀痛号哭，将他留葬在城南，每年按时祭祀。《明史·循吏列传》还载，范希正治理曹县二十三年（曹县升格为州时，又升为知州），当时深得民心最久。另外还有刘纲也是深得民心最久，由府谷知县升任宁州知州，任职三十四年，去世后宁州百姓祭祀他于狄仁杰祠中。

《明史·况钟列传》载，宣德五年，明宣宗因尚书蹇义、胡濙的举荐，任命况钟为苏州知府。他兴利除害，不遗余力。铲锄豪强，扶植良善，"民奉之若神"。正统六年，况钟任期已满应当升迁（这时已任职十二年），所属官吏百姓两万多人，前往巡按御史张文昌乞求让况钟留任。为此，明英宗下诏擢升况钟正三品的俸禄，仍然留任知府。况钟在任上去世后。苏州府官吏和百姓聚在一起哭悼，并为他立祠祭祀。

清代史学家赵翼在《二十二史札记·卷三十三·明大臣久任者》中还记载了明朝"仁宣之治""弘治中兴"时朝廷大臣久任的情形。他指出，明成祖以后，数十年中，大臣多有长久任职其位的。杨士奇在内阁四十三年，虽然开始不过是学士，但是已经参与机务，后来加官至三公，但始终在中枢之位，不出内阁一步，古来所未曾有过这样。同时在内阁的，金幼孜三十年、杨荣三十七年、杨溥二十二年。六卿中，蹇义担任吏部尚书三十四年，夏原吉担任户部尚书二十九年，胡濙担任礼部尚书三十二年。所以当时"中外翕然，称名臣无异词，其必有以孚众望者矣"。

当时与杨士奇、杨荣、杨溥同时在内阁的，还有黄淮、胡广，都有十六年。后来李东阳在内阁十八年、徐阶在内阁十七年。而蹇义、夏原吉之后，又有吕震担任礼部尚书十九年，马文升担任各部尚书二十二年，王直、王翱担任吏部尚书各十五年，也都久于其位，名实相称。

到了明朝末年，宰相及台省之官更替太快。崇祯帝在位十七年中，宰相更换了五十多人，刑部尚书更换了十七人，兵部尚书更换了十四人。

史学家司马光曾对官员是否久任的问题有专门的论述。宋仁宗嘉祐六年，时任谏官的司马光在上《言御臣上殿札子》（见《司马光集·卷十八·章奏三》）中指出，大凡人的才能性格各有所宜，而官之职位也各有所守。自古以来，得到贤人最盛的，莫过于尧舜之时。然而后稷负责播种，伯益掌管山林，垂为共工，龙为纳言，契负责教化，皋陶主管用刑，伯夷负责礼仪，夔掌管音乐，都是各自负责一个官职，终身不改。如果让他们更来改去，换个职位，未必能尽善。如今以当前的群臣之材，原本非这八人可比，而让他们遍任这八人的官职，多的三年，少的几个月，就已更换。如此希望他们任职优秀、功业成就，一定不可能。为此，宋仁宗专门下诏说："朕观察古代治盛之世，治民的官吏，多能称职，而百姓安居乐业。如今求才的路并非不广，责善之法并非不多，而官吏多失职，不符合为民的本意，难道是人才少而时代不同吗？原因是不得长久任其官职啊！大凡智能才力之士，即使有兴利除害、禁奸劝善之心，如果不假以时日，则也难以得以为用，想建立功绩，却也没有办法。自今以后各州县的太守、县令，有清正廉洁、不扰百姓、政绩特别突出而有实际恩惠于百姓的，本路要保举他们，将政绩实情奏闻，中书门下省察访属实的，允许连任。"（《宋史·选举志》）

所以，官员必须有一定的岗位任职年限，一来有利于各方面的稳定，二来可以熟悉各方面的情况和业务。但是官员也需要在多岗位历练，比如干满五年至十年可以根据工作需要轮岗。但是，绝对不可频繁换岗，尤其是治民之官，要保证相当的任期才可。

十、考核官吏需要科学分类、评定等次

考核也叫考黜，与考绩、考课都是同一个意思。考核官吏在吏治中极为重要。东汉时的左雄甚至认为："考黜制度是整肃吏治的关键。"（《后汉书·左雄传》）明太祖在洪武十七年也说过："任官之法，考课为重。唐虞、成周之时，所以野无遗贤，庶绩咸熙者，用此道也。"（《明太祖宝训·任官》）

早在秦代时，就对官吏进行了考核。根据《睡虎地秦简》所载，秦律规定："凡为吏之道，必清洁正直，慎谨坚固，审悉毋私，微密纤查，安静毋苛，审当赏罚。"即作为官吏，必须清廉正直、谨慎坚定、办事详审不可徇私、查实微细、安静不扰民且为政不苛刻、赏罚得当。这是对官吏的要求，也是作为官吏的通用标准。同时，秦律还对官吏的考核提出了"五善""五失"。"五善"即：一是"忠信敬上"（忠诚信用敬奉上级），二是"清廉毋谤"（清正廉洁没有不好的名声），三是"举事审当"（办理事情审慎适当），四是"喜为善行"（喜欢做善事），五是"恭敬多让"（与同事之间恭敬谦让）。"五失"即：一是"夸以迣"（夸耀自己），二是"贵以大"（恃贵而骄），三是"擅制割"（擅自决断政事），四是"犯上弗智害"（冒犯上级），五是"贱士而贵货贝"（不贵士人而贵钱财）。这个"五善""五失"就是秦代对官吏考核的内容。

虽然秦代已有对官吏考核的通用标准和实质内容，但对官吏的考核没有分类。事实上，由于每位官吏所从事的职位不同，因此在考核中要科学分类，同时还要评定等次。

在中国历史上，考核的分类和评定等次是在唐朝时才完备起来的。根据《唐六典·吏部·考功郎中员外郎》记载，唐朝由吏部考功司采取"四善二十七最"对官吏进行考核。这个考核制度非常科学，有通用标准和分类标准。

"四善"是通用标准，即"德义有闻、清慎明著、公平可称、恪勤匪懈"。即现代的德、能、勤、绩、廉，外加公平。

"二十七最"是分类标准，即对不同的岗位施行不同的标准。总共对近侍、选司、考校、礼官、乐官、判事、宿卫、督领、法官、校正、宣纳、学官、将帅、政教、

文史、纠正、句检、监掌、役使、屯官、仓库、历官、方术、关津、市肆、牧官、镇防二十七个类别规定了标准。

标准是怎样的呢？一是"献可替否，拾遗补阙，为近侍之最"；二是"铨衡人物，擢尽才良，为选司之最"；三是"扬清激浊，褒贬必当，为考校之最"；四是"礼制仪式，动合经典，为礼官之最"；五是"音律克谐，不失节奏，为乐官之最"；六是"决断不滞，与夺合理，为判事之最"；七是"部统有方，警守无失，为宿卫之最"；八是"兵士调习，戎装充备，为督领之最"；九是"推鞫得情，处断平允，为法官之最"；十是"雠校精审，明于刊定，为校正之最"；十一是"承旨敷奏，吐纳明敏，为宣纳之最"；十二是"训导有方，生徒克业，为学官之最"；十三是"赏罚严明，攻战必胜，为军将之最"；十四是"礼义兴行，肃清所部，为政教之最"；十五是"详录典正，词理兼举，为文史之最"；十六是"访察精审，弹举必当，为纠正之最"；十七是"明于勘覆，稽失无隐，为句检之最"；十八是"职事修理，供承强济，为监掌之最"；十九是"功课皆充，丁匠无怨，为役使之最"；二十是"耕耨以时，收获成课，为屯官之最"；二十一是"谨于盖藏，明于出纳，为仓库之最"；二十二是"推步盈虚，究理精密，为历官之最"；二十三是"占候医卜，效验多者，为方术之最"；二十四是"检察有方，行旅无壅，为关津之最"；二十五是"市廛弗扰，奸滥不行，为市司之最"；二十六是"牧养肥硕，蕃息孳多，为牧官之最"；二十七是"边境清肃，城隍修理，为镇防之最"。

根据四善二十七最的标准，考评分为九个等级，即一最以上、有四善，评定为"上上"；一最以上、有三善，或无最而有四善，评定为"上中"；一最以上、有二善，或无最而有三善，评定为"上下"；一最以上有一善，或无最而有二善，评定为"中上"；一最以上，或无最而有一善，评定为"中中"；对职事粗粗办理、没有听闻过四善二十七任何一项的，评定为"中下"；爱憎任凭自己的情感，处理职事违背常理的，评定为"下上"；私心过重，职事荒废的，评定为"下中"；为官谄媚奸诈，贪污受贿的，评定为"下下"。

评定为"中中"的守本官、守本禄；评定为"中上"以上的，每进一等，加一个季度的俸禄；评定为"中下"以下的，每退一等，减一个季度的俸禄；评定为私罪"下中"、公罪"下下"的解除职务，追夺当年的俸禄，革去告身（任官的资格）。

到了宋代，实行的是"一制（磨勘制）、两院（审官院、考课院）、三级（京官、监司和路州、县令）"的考核办法。宋太祖对考课制度进行了改革，罢除了凭年资考满就可以升迁的制度，专门设置了审官院，负责考核官吏，明确规定没有劳绩不升迁。后来立法规定：文臣五年、武臣七年，没有贪赃私罪才可以升迁。对于考核资历，没有过错或者有劳绩的人逐步升迁，称为"循资"。宋太宗时励精图治，下诏各道考核所属官吏，按照优劣分为三等："政绩尤异"为上，"职务粗治"为中，"临事弛慢所莅无状"者为下。宋太宗时开始分设磨勘部门，审官院负责考核在京的朝官，考课院负责考核幕职、州县官。宋太宗还亲自考选在京的朝官三十多人，书写告诫他们说："勤政爱民，奉法除奸，方可书为劳绩。"宋真宗时命令各道考核所属官吏，分为三等："公勤廉干、惠及民者"为上，"干事而无廉誉、清白而无治声者"为次，"畏懦贪猥"为下。宋度宗咸淳三年时，按照旧制对朝廷文武官员（即京官）考核，规定：奉公勤政、廉洁恪守而又将本职工作做得很好，评定为上等；在奉公勤政或廉洁恪守各有一方面所长，评定为中等；既没有清廉的声誉又政事多错谬的，评定为下等。评定为中等的无所赏罚，评定为上等的或升迁调整官职或减少磨勘（即减少提拔所需的年资），评定为下等的降官、延长磨勘（即延长提拔所需的年资），各有等差。此外，宋神宗、宋哲宗、宋高宗、宋孝宗加强了对监司（相当于刺史）和路州长官、县令的考核。（以上见《宋史·选举志六》）

金代在世宗时注重考核官吏，比如《金史·世宗本纪》载，大定二年十一月，金世宗将在职官员考核划分三个等次，即廉能、污滥、不称职，以此决定罢黜还是升职。大定十一年八月，金世宗对宰相说："如今朝廷官员，自称经过一次考核就觉得应当得到某个职位，经过两次考核就应当得到某个职位，因循守旧、庸庸碌碌，从现在开始将各路官员和朝廷官员同等对待，考察他们的奉公勤政情况而升迁提拔，但是如果怠慢，不必等到任期满，就可罢免官职，如果赏罚不明，官员如何能够勤勉呢？"但金世宗时并没有对考核分类。真正考核分类是在金世宗的孙子金章宗时。根据《金史·百官志一》载，泰和四年，金章宗制定考课法，作"四善十七最"之制（参照唐朝的"四善二十七最"）。

四善即"德义有闻、清慎明著、公平可称、勤恪匪懈"，和唐朝的一样。

"十七最"是对政教、牧民、判事、严明、检校、幕职、巡捕、仓库、学官、关津、河防、监督、狱官、市司、边防、法官、军职十七个类别作出不同的规定，具体指：一是"礼乐兴行，肃清所部，为政教之最"；二是"赋役均平，田野加辟，为牧民之最"；三是"决断不滞，与夺当理，为判事之最"；四是"钤束吏卒，奸盗不滋，为严明之最"；五是"案簿分明，评拟均当，为检校之最"；六是"详断合宜，咨执当理，为幕职之最"；七是"盗贼消弭，使人安静，为巡捕之最"；八是"明于出纳，物无损失，为仓库之最"；九是"训导有方，生徒充业，为学官之最"；十是"检察有方，行旅无滞，为关津之最"；十一是"堤防坚固，备御无虞，为河防之最"；十二是"出纳明敏，数无滥失，为监督之最"；十三是"谨察禁囚，轻重无怨，为狱官之最"；十四是"物价得实，奸滥不行，为市司之最"；十五是"戎器完肃，捍守有方，为边防之最"；十六是"议狱得情，处断公平，为法官之最"；十七是"差役均平，盗贼止息，为军职之最"。

县令以下官吏，如果有三最以上、有四善或三善为上的，升一等；有三最以上、有二善为中的，减两资历；有三最以上、有一善为下的，减一资历。节度判官、防御判官、军判以下，如果有一最而有四善或三善为上的，减一资历；有一最而有二善为中的，升为榜首；有一最而有一善为下的，升本等首。

元代的考核没有分类，根据《元史·选举志四·考课》所载，主要是按照年资劳绩来升迁。比如六部侍郎是正四品官，如果干满八十个月（六年零八个月），升为正三品；吏员考满授从七品以下的官职需要干满九十个月（七年零六个月）。

明代的考核也没有分类，根据《明史·选举志三》所载，分为考满、考察，二者相辅而行。

考满是评价一个人是否胜任官职，分为"称职、平常、不称职"，对应上、中、下三等，考满的方法是任职三年由主管长官将其履职情况提供吏部，叫初考，六年叫作再考，九年叫作通考，根据常例，进行升迁降黜。洪武十八年，吏部上奏说，天下的布政使、按察使、知府、知州、知县等官员，一共四千一百一十七人，称职的只有十分之一，平常的十分之七，不称职的十分之一，而贪污低劣的也考核有十分之一，明太祖命令称职的升迁，平常的复职，不称职的降职，贪污的治罪，低劣的免为平民。

考察是对一个人在本职岗位不良方面的定性，京官和地方官都统计在内，分为"贪、酷、浮躁、不及、老、病、罢、不谨"八个方面。洪武四年，明太祖命令工部尚书朱守仁察核山东莱州各郡的官吏是否清廉。洪武六年，明太祖命令御史台的御史和各道按察司察核检举主管官吏有否过错犯罪，上奏官吏升降，这是考察官吏的开始。考察分为京察（专门针对京官的），六年一次、外察（专门针对地方官员的），三年一次。

清朝的考核又有些改进，但仍然没有进行分类。根据《清史稿·选举志六·考绩》所载，清朝负责考核的部门是吏部考功司，对于京官的考核称为"京察"，对于地方官的考核称为"大计"。京官的考核每逢子、卯、午、酉年进行（每三年一次），各部司的官吏由长官考核，根据"四格"即才（才能）、守（操守）、政（政绩）、年（年资）进行，分为称职、勤职、供职三等，列为一等的，加级记名。同时纠以"六法"，即不谨、罢软、浮躁、才力不及、年老、有疾。对于行为不谨慎、软弱无能的予以革职，对于浮躁、才能不胜任的予以降职调整，对于年老、有疾病的着令退休。

对于地方官的考核，每逢寅、巳、申、亥年进行（每三年一次），先由藩、臬、道、府考察下属是否贤能，再由总督、巡抚察核事迹，送吏部复核。才能、操守都优秀的，举荐为"卓异"，才能、操守劣等的，以"六法"弹劾。不被举荐、弹劾的为中平。被举荐为"卓异"的官员自知县以上，都被引见候旨。以"六法"处分的像京察一样，贪酷者特别参奏。

大凡京察评为一等、大计评为卓异的都有定额，京官是七个里面评一个，道、府、厅、州、县是十五个里评一个，佐杂、教官是一百三十个里评一个。

虽然，唐朝、金朝都进行了分类考核，程序、内容复杂些，但相对科学合理，而元明清的考核虽然相对简单、容易操作，但大笼统、没有体现各职位的差异性。

分类考核就是要根据不同职位进行大体分类以体现科学性，当然分类太细也确实不易操作。总体而言，既要分类，也要易行。同时，必须评定等次，目的是实施赏罚，也就是将考核结果作为官员升迁或罢黜的依据，这样的考核才能有效果。

十一、考核的重点是治民之官

治民之官的职任重大，与百姓密切相关，以唐朝的刺史、县令为例，我们就可以知道治民之官为什么是考核的重点。根据《唐六典》，唐代的刺史职责主要有六项：一是"清肃邦畿"，也就是让辖区稳定；二是"考核官吏"，对所辖的属吏考核；三是"宣布德化"，即宣传并贯彻以德化民；四是"抚和齐人"，即安抚协和所辖百姓；五是"劝课农桑"，就是劝导百姓生产粮食和衣料；六是"敦谕五教"，就是敦促晓谕父子有亲、君臣有义、夫妇有别、长幼有序、朋友有信这五教。

具体的措施有：每年都要巡视所辖各县，观察风俗，询问百姓，察看囚徒，抚恤鳏寡，查阅人丁户口，以了解百姓疾苦；辖区有真才实学、特殊才能闻名于乡间的，举荐任用；有不孝悌的，违背礼义、扰乱伦常、不遵守法令的，予以处罚；所辖属吏在政府中公正廉洁、清直守节的以及贪婪、谄媚、阿谀、求名、徇私的，仔细审察，都进行考课，作为褒贬的依据。如果有善恶特别明显的，随即奏报朝廷。狱讼、兵甲、工程、符瑞等事也奏报朝廷。其他日常之事向尚书省上报。

唐代的县令职责主要有七项：一是"导扬风化"，即引导宣扬善良风俗进行教化；二是"抚字黎氓"，即安抚黎民百姓；三是"敦四人之业"，人即民，避唐太宗李世民的讳，即敦促士、农、工、商四民之本业；四是"崇五土之利"，即以五土种植粮食等农作物，让百姓有衣食之利；五是"养鳏寡，恤孤穷"，即赡养鳏夫寡妇，抚恤孤儿、穷困之人；六是"审察冤屈，躬亲狱讼"，即亲自审理案件，审察是否有冤屈。通过以上"务知百姓之疾苦"。

具体的措施有：对辖区所管理的户口人丁，估量其资产，由强到弱分为九等。户口人丁三年进行一次认定，列入簿籍账本，像残疾、废疾、笃疾等及人丁多少、贫富强弱、虫霜旱涝、年收耗实等都亲自批注确定。还有该收回或授予的田，都从农历十月开始（此时农忙已结束），由里正造好簿册，县令于十一月亲自给授，十二月要完毕（因为春天要播种）。至于征收赋税先后以及诉讼曲直，必须合情合理。每岁季冬之月，还要行乡饮酒之礼，使百姓知道尊卑长幼的礼节。另外，像驿传、仓库、捕盗、修理河堤和道路，即使有专门的人员负责，也都由县令统筹。

唐朝的刺史、县令是怎么考课的呢？《新唐书·百官志》中讲得比较简单，对于都督、刺史等，是根据他们的"功过行状"来评定等级；对于县令，每年考察他们的"殊功异行，灾蝗祥瑞，户口赋役增减，盗贼多少"。

宋代极为重视对监司（刺史）、路州长官、县令等治民之官的考核。《宋史·太祖本纪》载，建隆三年，县令的考核根据户口增减来决定升降。《宋史·太宗本纪》载，开宝九年，宋太宗下诏命令各路转运使考察州县官吏贤能与否，分成三等，年终上奏。太平兴国六年，又诏令各路转运使考察州县官吏贤能与否，上报朝廷。《宋史》评价宋太宗同情百姓的艰辛、加强对治民之官的政绩考察，被称为贤君。《宋史·神宗本纪》载，治平四年，宋神宗命令考课院审查各州奏呈的县令政绩簿册。《宋史·哲宗本纪》载，元祐四年，宋哲宗敕令州郡长官、副手以"四善三最"考核县令，吏部每年奏报监司考察知州的情况。元祐七年，又专门制定了考察县令的课绩法。绍圣元年，宋哲宗命令监司每年考察地方官员的政绩，将优异者上报。元符二年，宋哲宗下诏吏部，太守县令的政绩考核，让御史台纠察，罢免考核不实的官员。《宋史·徽宗本纪》载，宣和元年，宋徽宗诏令考察县令的政绩及德行。《宋史·孝宗本纪》载，绍兴三十二年，宋孝宗下诏帅臣、监司奏报所辖境内知州政绩优劣。乾道元年，宋孝宗的御座后大屏风写着各路监司、郡守的姓名，宋孝宗还令政事堂也写一面屏风。乾道二年，下诏各路监司、帅臣分别考察太守县令的政绩优劣并上报。

根据《宋史·职官志》载，宋代以七事考核监司：一是"举官当否"（即举荐官员是否适当），二是"劝课农桑、增垦田畴"（劝勉百姓从事农耕蚕桑本业、增加开垦田地），三是"户口增损"（人口是否增加或减少），四是"兴利除害"（为百姓兴建利益除去弊害），五是"事失案察"（处理公事是否失察），六是"较正刑狱"（是否纠正刑狱不当的地方），七是"盗贼多寡"（境内盗贼多少）。同时，宋代以"四善、三最"考核太守、县令。"四善"是指"德义有闻、清谨明著、公平可称、恪勤匪懈"（和唐朝的"四善"一样）；"三最"是指"狱讼无冤、催科不扰为治事之最"，"农桑垦殖、水利兴修为劝课之最"，"屏除奸盗、人获安处、振恤困穷、不致流移为抚养之最"。"四善、三最"共七事，分为三等：达到其中五事的评定为"上"，达到其中二事评定为"中"，二事以下评定为"下"。如果能力或没有能力的特别显著，则另外评定优劣，以进行升降。从到任之时计算，满一年为一考，三考为一任。

《宋史·选举志六》载，宋神宗即位后，凡是有官职者都必须考核，凡是考核的都要责成核实。大凡县令考核，以"断狱平允、赋入不扰、均役屏盗、劝课农桑、振恤饥穷、导修水利、户籍增衍、整治簿书"为最，而以德义清谨、公平勤恪为善，参考治绩和品行，评定上、中、下等。宋哲宗元祐年间，又专门规定对县令的考核，有"四善、五最"条目。宋高宗绍兴二年，下诏对监司、太守等实行考课之法，并命令以"户口增否"另外规定太守县令的考核办法，分为上、中、下三等。绍兴五年，宋高宗专门规定对县令考核的四个方面："纠正税籍，团结民兵，劝课农桑，劝勉孝悌"。后来，有大臣上奏说："太守县令的治理职任，大略有七个方面：一是宣诏令，二是厚风俗，三是劝农桑，四是平狱讼，五是理财赋，六是兴学校，七是实户口。如果得到合适的人选，那么这七件事都能做好。如今的监司，实际上是古代的刺史，近年来太守、县令奸邪贪婪，监司未曾检举发现，导致地方政令松弛、弊病越来越多。"户部侍郎张致远也上奏说到此事，宋高宗于是下诏戒令整饬监司，检举查办不称职的太守、县令。

金代对地方长官也加强考核。《金史·世宗本纪》载，大定七年，金世宗对宰相说："听说县令大多不称职，那么让吏部考察善恶，明确是罢免还是留任。"《金史·百官志一》还载，金宣宗兴定元年，规定从六个方面考核县令：一是"田野辟"，二是"户口增"，三是"赋役平"，四是"盗贼息"，五是"军民和"，六是"词讼简"。如果六件事都完备评定为"上等"，升职一等。如果四件事做得好，评定为"中等"，减少两个资历。其次评定为"下等"，减少一个资历。否则评定为不称职，就要罢免职务或降职。

元朝时，元武宗对地方长官考核更加细致。《元史·武宗本纪》载，至大三年，元武宗下令颁布给地方长官（亲民长吏）考功历，命监管他们的官员年终时核实他们的功绩，写在考功历上呈报，由廉访司、御史台、尚书礼部考核后进行升降官职。

明朝时，明太祖朱元璋重视地方长官考核的实际内容。《明史·太祖本纪》载，洪武五年，明太祖下诏将农桑和学校列入地方官员的政绩考核内容。明朝余继登《典故纪闻·卷三》对明太祖这个诏令记载得较为详细，洪武五年，明太祖下诏说："农桑，是衣食之本；学校，是治道之原。朕曾经设置有关部门，颁布条令，崇尚教化，务必使百姓丰衣足食，治理之道顺畅。现在有关地方官员不遵从朕的命令，任期已满赴京述职时，往往不写农桑之务、学校之教，甚是违背朕的意思。现在特别下敕中书省，命令有关部门今后考核官员时，必定要讲农桑、学校方面的政绩，违者降职处罚。百姓有不遵守天时、地利者，老师有不教导学生者，都要论罪。"

从以上可知，只有加强对治民之官的考核，才能实现"郡县治，天下安"。三国时，蜀国名相诸葛亮在《便宜十六策·考黜第八》中讲："考黜，就是要升迁好的官员，罢免坏的官员。考黜政绩，一定要知道百姓之苦，百姓之苦有五个方面：或有官吏，假公济私，借权作奸，左手握着戈矛，右手主宰生死，内欺官员，外欺百姓，这是第一个方面的苦；或有过错很重但处罚很轻，法令不公平，无罪被判有罪，以致惨遭灭身，或有罪刑很重而得到宽大处理，扶强压弱，加以严刑，枉责案情，这是第二个方面的苦；或有放纵罪恶官吏，陷害上告申诉之人，隐瞒真情，其冤屈不同一般，这是第三个方面的苦；或有长吏因为屡换地方官员，而帮助处理政事，就偏私亲属，不遵循法令，又借赋税来聚敛，送旧待新，巴结权贵，征收发放，假称储备，而成私家财产，这是第四个方面的苦；或有趁朝廷希望建功，借赏罚之机，办利人之事，定买卖之费时，估量数大，专断价格，使百姓失去生计，这是第五个方面的苦。大凡这五个方面，是百姓的五害。有像以上情况的，不可不废黜；没有以上情况的，不可不升迁。"从诸葛亮这段话中可知，对治民之官必须进行考核，因为他们直接关系到百姓的疾苦。

十二、考核必须综核名实

考核官员不是仅凭官员奏报或有关部门（如吏部）考察就可以的，必须要核实清楚是否真实。否则只凭一面之词，就断定考核的结果，会导致考核失真。

从历史实践来看，治盛之世的君主和雄武之君都是极为重视综核名实的。比如战国时的雄武之君齐威王，对即墨大夫、阿地大夫考核时，就没有听左右的人毁誉，而是综核名实，所以齐国官员不敢欺瞒，各尽其职，齐国因此国治兵强。

又如汉宣帝对官员考核时，也是综核名实，他主要是让御史核查真伪。《汉书·宣帝纪》载，黄龙元年（公元前49年），汉宣帝下诏让御史查证各地向朝廷上报的簿册的真伪。他下诏说："听说上古治理天下，君臣同心，推举正直的人，贬斥不贤明的人，使他们各得其所，因此上下和洽，海内康平，上古君臣之德是难以企及的。朕虽不是明君，也多次申明下诏公卿大夫要行宽大之政，解决百姓疾苦，想要将来能匹配三王时的隆盛，彰显先帝的德泽。现今天下少事，徭役减省，没有战事，而百姓多贫困，盗贼多起，这其中的过错在哪里呢？一些地方向朝廷上报的户口、赋税等情况，修饰得很完备，但多为欺骗隐瞒，以避免考察。三公对此不以为意，朕将如何任用呢？凡是请求减省随从与差役以自给的都停止。御史要核查各地上报的计簿，怀疑不是真实的，要进行查证，不得使真假相乱。"

再如《金史·世宗本纪》载，大定十二年，尚书省上奏说，通过廉察得知同知城阳军事山和尚等人是清官、能官，金世宗说："对于这类明察暗访得知有显著声誉的官员，可以按政绩考核等次，分别升职，表彰奖赏。"这说明，金世宗时的廉察官员主要通过明察暗访的形式。金章宗时也注重综核名实，《金史·章宗本纪》载，金章宗说："如果告诉有关部门，考察选拔官吏，必须审查他们的真伪，使有才无德者没有做官的指望，对那些搞歪门邪道做了官的人加以督察弹劾，那么钻营请托的不正之风就可消失，而讲究廉耻的风气就可以兴盛了。"

元朝、明朝时的贤明帝王也多注重综核名实。比如《元史·仁宗本纪》载，至大四年，元仁宗对侍从大臣说："郡县官员有善有恶，命令御史台官员选拔正直的人担任廉访司官员进行实地考察，果真有清廉能干爱护百姓的得到破格提拔使用，那么小人也就知道要勤勉奋发了。"从这可知，元仁宗是要廉访司的官员实地考察，去核实官员的政绩真伪。《明史·孝宗本纪》载，弘治八年，明孝宗晓谕吏部、都察院，要求他们对官员的升降考核一定要根据真实政绩，不能偏听一面之词、冤枉好官。

在中国历史上，极为有名的以综核名实考核官员的便是明神宗时的张居正。张居正推行的"考成法"便是综核名实运用的成功案例。这个"考成法"具体操作方法相当简单：所有工作必须以实事登记，用三个本子抄录，这种本子叫考成簿。就是由各部制定一式三份收发文簿，分别留部作底本，送六科备注，交内阁查考。这种本子要求将规划要干什么事，达到什么目标，完成的具体时间以及落实到什么程度、效果如何，都要登记清楚。考核就根据这种本子的记录，"月有考，岁有稽"，并由此决定各级官吏的赏罚升降。通过考成法，不仅强化了中央特别是内阁的权力（即由内阁通过六科、都察院控制六部，而各省则听命于六部，最终从中央到地方各级机构都受内阁节制），而且改变了很多形式主义、官僚主义的东西，扭转了光说不干、玩忽职守、不作为的风气，淘汰了一批冗官。《明神宗实录·卷七一》说："自考成之法一立，数十年废弛丛积之政，渐次修举。"《明史·张居正传》则评价说，官场上下"自是，一切不敢饰非，政体为肃"。

北宋史学家司马光对考核官员必须综核名实的问题也有专门的论述。宋仁宗嘉祐六年，时任谏官的司马光在上《言御臣上殿札子》（见《司马光集·卷十八·章奏三》）中指出，假设有勤勉恪守之臣，悉心全力做好本职，但与众多同事关系不够融洽，绩效尚未显现，在上的猜疑他，同事嫉妒他，在下的怨恨他。当此之时，朝廷或因为众人之言而惩罚他，那么勤勉恪守者没有不人心离散的。而奸邪之臣，喜欢炫耀奇特以哗众取宠，和大家交好以得到好声誉，居官不久，声闻四达，而积蓄祸患和流弊，以留给后人。当此之时，朝廷或因为众人之言而奖赏他，则奸邪的人没有不争相进用的。之所以出现这种现象，过失在于国家采用名声而不采用实际，责罚表面现象而不责罚内心动机。大凡因为名声而行赏，那么天下的人就会装饰名声来求得功劳；因为表面现象而被责罚，那么天下的人就会掩饰表面以逃避罪罚。如果是这样的话，则为善者未必得到奖赏，而为恶者未必得到责罚。这就是陛下（指宋仁宗）虽然勤于政事，夙夜求治，历年甚久，但是天下太平未能取得成效的原因。

所以，考核官员必须综核名实，这样才能得出真实的结果，以此来升降赏罚，官员才不敢诈伪，尽心本职工作，如此才能取得治理之效。

十三、加强对地方长官（或部门主管）的巡视和各级官员的监察

从中国历史来看，"严以治吏，宽以治民"是一个极好的治国之道。所以，巡视监察极为重要。而且从巡视监察事权来说，应当归于中央，巡视监察部门的官员任免也应当归于中央。在古代，巡视一般由皇帝派遣使者前去，监察则由御史或刺史负责。

加强对地方长官、部门主管的巡视和各级官员的监察是澄清吏治的一把利剑。如果将军队比作"枪杆子"，警察比作"刀把子"，那么巡视监察部门可比作悬在官员头上的"剑刃子"。

从历史实践来看，加强对地方长官（或部门主管）的巡视和各级官员的监察，是治盛之世的君主和雄武之君在吏治方面的一条重要经验。像汉宣帝、唐太宗时就多次派遣使者巡视，雄武之君汉武帝还开设刺史制度对地方主官加强监察。即使在中平、衰败之世，巡视监察也能极大震慑贪官污吏，如汉顺帝时曾派遣八位使者到各州郡巡视，汉桓帝下诏任命侍御史朱穆为冀州刺史，惩处了不少贪官污吏。以上《资治通鉴》均有记载。

宋、辽、金、元、明、清时代的贤君都极为重视对地方长官（或部门主要负责人）的巡视和各级官员的监察。

宋代除了当时的各路转运使（相当于刺史）监察所属境内官员外，一些贤君还经常派遣使者巡视，并以御史台对朝廷官员进行监察。《宋史·太宗本纪》载，

雍熙二年，宋太宗派使者巡视江南各州，赈济饥民，同时考察官吏贤能与否。淳化四年，派近臣巡视各路，察到官吏无能、苛刻的向朝廷上奏。《宋史·真宗本纪》载，咸平二年，宋真宗劝戒百官不得结党营私、撷取名利，不接受规诫的，由御史台弹劾。咸平三年，任命向敏中为河北、河东宣抚使，巡视所属州县。咸平四年，派使者到巴蜀地区，考察风俗和官吏是否能干。景德二年，诏令河北转运使考察所属官吏，不称职的上报朝廷。大中祥符七年，诏令川、峡、闽、广等地转运使、提点刑狱官考察所属官吏，检举其中贪婪酷虐的人。《宋史·仁宗本纪》载，庆历三年，诏令各路转运使都兼任按察使，每年向朝廷奏报官吏能否称职。嘉祐五年，下诏命令转运使、提点刑狱督促州县赈济，检举不称职的官员。

辽金之时，也加强了对官员的巡视监察。《辽史·圣宗本纪》载，开泰五年，辽圣宗命令政事舍人吴克昌巡察霸州刑狱。开泰六年，派礼部尚书刘京、翰林学士吴叔达、知制诰仇正己、起居舍人程翥、吏部员外郎南承颜、礼部员外郎王景运巡察各道刑狱。《金史·世宗本纪》载，大定二年正月，金世宗命令御史台查核六部转交的公文，对拖延不实行或者实行失当的，进行弹劾。同年八月，诏令左谏议大夫石琚、监察御史冯仲尹廉察河北东路。十二月，派遣尚书刑部侍郎刘仲渊等廉察宣谕东京、北京等路。大定三年，诏令太子少詹事杨伯雄等人廉察山西路。大定十一年，大理卿李昌图廉察发现真定府尹徒单贞、咸平府尹石抹阿没剌贪污不法。大定十二年，诏令尚书省：“贪赃枉法的官吏，已经被廉察清楚的，如果还在担任旧职，必然继续为害百姓。要派遣使者到各道当天即行罢免。”赵翼《二十二史札记·卷三十三》称：“世宗即位，凡数岁一遣使。故大定之间，吏皆奉法，百姓滋殖，号为小康。”

元世祖十分重视巡视监察。他在至元五年设置御史台时说：“中书是朕左手，枢密是朕右手，御史台为朕医左右手。”《元史·世祖本纪》载，至元二十三年，采纳御史台大臣的建议，确立按察司巡行郡县的制度，除按察使二人留守按察司，按察副使以下官员每年二月分赴全国各地巡察，十月返回按察司。至元二十八年，诏令：“将提刑按察司改为肃政廉访，每道设置官员八人，除两名廉访使留守廉访司外，其他六人分别前往所负责的地方，诸如民事、钱粮、官吏奸弊，一切都委任他们查办。等到年终,由中书省、御史台派遣官员考察成效。"由于元世祖对巡视监察极为重视,所以其后世的君主都遵循。即使是元朝最后一位皇帝元顺帝也是如此。《元史·顺帝本纪》载,至元三年,元顺帝下诏:"制定新的监察法令。在朝廷的中央官员有违犯的,由监察御史弹劾;地方官员有违犯的,由行台监察御史弹劾,每年八月底出巡,第二年四月回到官署。"当时还涌现了一位极为知名的巡视监察官员,这便是苏天爵。《元史·苏天爵列传》载,至元五年,苏天爵担任淮东道肃政廉访使,法纪大振,淮东道一时肃然。至正五年,苏天爵出任山东道肃政廉访使,不久召回集贤院供职,出任京畿奉使宣抚,考察民间疾苦,按察官吏奸邪贪赃,其中兴利除害七百八十三件,纠举弹劾官吏九百四十九人,京城人把他称誉为当今包拯、韩琦。

明朝建立之初,明太祖曾说:"国家立三大府,中书总政事,都督掌军旅,御史掌纠察。朝廷纪纲尽系于此。而台、察之任尤为清要。"后来,明太祖将御史台改为都察院。都即总的意思,都察院就是总领监察的部门。《明史·职官志二》载:"都御史职专纠察百司,辨明冤枉,提督各道,为天子耳目风纪之司。凡大臣奸邪,小人构党,作威福乱政者,劾。凡百官猥茸贪冒坏官纪者,劾。凡学术不正、上书陈言变乱成宪、希进用者,劾。遇朝觐、考察,同吏部司贤否陟黜。大狱重囚会鞫于外朝,偕刑部、大理寺谳平之。"从中可见,都察院有三大权,一是监察权,即纠察弹劾官员;二是人事权,与吏部一起对官员进行升降;三是司法权,与刑部、大理寺会审大案。此外,明太祖还设置了十三道监察御史,又在地方上设置了按察使,按察使为一省最高监察官,负责振扬风纪、澄清吏治等。《明史·太祖本纪》载,洪武十年,开始派遣御史巡视、检察各州县。《明史·成祖本纪》载,永乐元年,明成祖派遣给事中、御史巡视天下,惩治奸贪的地方官员。永乐二年,下令御史巡察官吏,要将官吏贤能与否的实情奏报。《明史·职官志二》载,永乐十九年,明成祖还派遣尚书蹇义等二十六人巡视天下。《明史·仁宗本纪》载,永乐二十二年十一月(此时明成祖已去世,明仁宗即位),明仁宗派遣御史巡视各地,考察官吏。洪熙元年,派遣布政使周幹、按察使胡概、参政叶春等人巡视南畿、浙江等地。《明史·宣宗本纪》载,宣德五年,明宣宗提拔御史于谦、长史周忱等六人为侍郎，到两京、山东、山西、河南、江西、浙江、湖广等地巡视安抚。《明史·景帝本纪》载，景泰三年，明景帝派遣都御史洪英，尚书孙原贞、薛希琏等巡察天下，考察官吏。

同时，宋代以来对监察官员本身也有严格要求，对监察官的选任有具体条件限制，并对监察官的失察或自身贪婪的给予严厉处罚。比如《宋史·真宗本纪》载，大中祥符二年，宋真宗诏令各路转运使、提点刑狱官（两者属于中央派出监察地方的官员）对本部败政害民的官吏不检举揭发的，承担连带责任。《宋史·仁宗本纪》载，皇祐元年，宋仁宗诏令转运使、提点刑狱若没有发现所属官吏贪赃者，就要降职贬官。嘉祐二年，宋仁宗命令孙抃、张昇考核转运使及提点刑狱的政绩。嘉祐三年，宋仁宗下诏限制小吏和伎官出身的人不得出任提点刑狱。《宋史·孝宗本纪》载，乾道二年，宋孝宗下诏县令不经两任，不得任监察御史。淳熙九年，宋孝宗诏令侍从、台谏各自举荐操守端正、能力很强、可以担任监司的一至二人。淳熙十二年，宋孝宗下诏浙东帅臣、监司不按时上报各州长官优劣评定的，降一官阶。

《元史·世祖本纪》载，至元十九年，元世祖敕令："官吏受贿及仓库官侵吞盗用财物，御史台监察官员知道而不纠举的，根据情节轻重予以治罪。"《元史·文宗本纪》载，至顺二年，陕西行台御史捏古伯、高坦等弹劾上奏："本台监察御史陈良倚仗权势、残暴枉法，请求罢免他的职务，没收赃物，遣归乡里。"元文宗下旨："虽然碰到大赦，依据监察官员犯法的先例，追缴收回赦命，其余的按照奏请执行。"

十四、奖励提拔廉洁能干的官吏

官吏是否廉洁，是吏治的重要内容。《周礼·天官冢宰·小宰》中以"六计"来评断吏治，这六个方面分别是廉善（廉洁而又善良）、廉能（廉洁而又能干）、廉敬（廉洁而又能敬畏）、廉正（廉洁而又正直）、廉法（廉洁而又奉法）、廉辨（廉洁而又明辨是非）。这六个方面都离不开廉洁。可见，廉洁在吏治中的重要地位。

对那些贤能、廉洁的官吏给予奖励提拔，从正面引导官吏贤能、廉洁，这是治盛之世吏治监察的一条重要经验。比如汉宣帝对当时贤能廉洁的郡守、国相，或者颁布诏书勉励，或者增加俸禄，或者赏赐黄金，或者赏赐爵位，或者提拔为朝廷公卿，甚至在去世后还给予专门的赏赐。在此之前，汉宣帝也赏赐那些廉洁的官吏，比如《资治通鉴·汉纪十七》载，元康四年（公元前62年），右扶风尹翁归去世，家无余财。汉宣帝下诏说："尹翁归廉洁公正，治民的政绩优异，赐给尹翁归之子黄金百斤，以奉祭祀之用。"《资治通鉴·汉纪十八》载，神爵元年（公元前61年），大司农朱邑（之前是北海太守，因为治行第一而被提拔为大司农）去世，汉宣帝因他是循吏（非常廉洁且能干），怜悯悼惜，下诏赐其子黄金一百斤，以奉其祭祀。因此，当时的官员无不勉励自己要廉洁能干，汉世的良吏在这个时候最多。又如唐太宗也是注重选用廉洁的官员，所以才促成了"贞观之治"的局面。

雄武之君也往往多奖励提拔廉洁能干的官吏。比如梁武帝在天监年间每次任命地方长官，务必挑选清廉公平的官吏；北齐献武帝高欢给各位刺史写信褒扬称赞房谟、羊敦、窦瑗、许惇清廉能干，让他们向这几人学习；北周高祖宇文泰褒扬清廉、谨慎的裴侠。

从中国历史上看，宋代之后的君主尤其是贤君多注重奖励选拔（或提拔）廉洁能干的官吏，勉励官吏清廉能干。《宋史·太宗本纪》载，淳化元年，宋太宗因为知白州蒋元振、知须城县姚益恭两人以清廉能干著称，下诏褒奖，赐给粟米丝帛。《宋史·真宗本纪》载，大中祥符九年，宋真宗诏令推举官员优先考虑廉洁能干的人。南宋时更加注重廉洁官吏的推举。《宋史·孝宗本纪》载，乾道二年，宋孝宗下诏监司、守臣举荐廉吏。淳熙元年，宋孝宗诏令举荐廉吏。淳熙十年，宋孝宗再次下诏让各路监司、帅臣每年举荐廉吏。《宋史·宁宗本纪》载，绍熙五年，宋宁宗下诏让各道举荐廉吏。嘉定六年，宋宁宗下诏恢复监司、郡守举荐廉吏的制度。嘉定八年，宋宁宗诏令大州每年举荐廉吏二人，小州每年举荐廉吏一人。《宋史·理宗本纪》载，宝庆元年，宋理宗下诏让侍从、给谏、卿监、郎官，以及在外的前任执政、侍从、帅臣、监司等人，各举荐廉吏三人。

辽金之时的辽圣宗、金世宗尤其注重提拔廉洁官吏。《辽史·圣宗本纪》载，太平六年，辽圣宗诏令大小官员如果能以清廉勤政自持，即使处在卑微的职位，也应当予以推荐提拔。《金史·世宗本纪》载，大定二十年，金世宗告诉宰相说："郡守选拔，考察资历即使不够，但只要是廉洁贤能的人就提拔任用，以此来勉励其他人。"大定二十七年，金世宗对宰相说："朕听说宝坻县的县尉蒙括特末也清廉，他为政到底如何呢？"左丞相斡特剌回答说："他的百姓称誉他，但不知称誉何事。"金世宗说："当官能有清廉的名声就可以了，哪能得到全才之人呢？可以提拔一级官职，升为县令。"

元朝、明朝、清朝在开国或盛世之时也多注重提拔廉洁官吏。

《元史·世祖本纪》载，至元十九年，命令各道提刑按察司推举廉洁能干的人，给予提拔任用。至元二十二年四月，元世祖敕令因麦术丁清正廉洁，让他与宰相安童管理中书省事务。五月，中书省上奏说："六部官员太多，可以只以六十八名为限，其他的全部裁减淘汰。"元世祖诏令选择其中廉洁能干的官员留下来。

《明史·太祖本纪》载，洪武十八年，明太祖诏令官员举荐孝廉。另外，根据《明史·循吏列传》载，高斗南在明太祖洪武年间授予四川定远知县，后来推荐全国廉洁官吏数人，高斗南也在其中。他的名字列在《彰善榜》《圣政记》以示劝勉。这表明，明朝开国之初，极为重视廉洁官吏，而且还在全国表彰。赵翼《二十二史札记·卷三十三·明初吏治》还载，当时（指明朝）吏部考察之权最重，蹇义（明太祖时）、王直（明英宗时）、马文升（明孝宗时）先后任吏部尚书，尤以"奖廉黜贪"为要，史称蹇义慎择守令，考察明恕；而王直察举天下廉吏，以范衷为第一。正是因为他们能奖励廉吏，所以当时吏治清明，出现了盛世或中兴的局面。

清朝康熙帝对天下的廉吏也多奖励提拔。《康熙政要·择官》载，康熙二十六年，康熙帝对大学士（清朝的宰相）等官员说："如今观察各位官员，虽然有品行清廉的，但都是畏惧国法而这样。像直隶巡抚于成龙这样真正清廉的很少。观察他为人天性忠直，并无交游，只知道爱民。直隶地方百姓和旗人，无不感恩戴德、称颂他。如此好官，如果不从优褒奖，如何勉励众官员。可以让九卿集中讨论。于成龙之前也是因为九卿推荐，朕才开始提拔任用的，如果再有这样的好官，不论官位大小，也让九卿保举上奏。"《康熙政要·论尚廉》载，康熙二十年，康熙帝赏赐直隶巡抚于成龙白金一千两、皇帝亲自乘骑的良马一匹，并且亲自作诗一首嘉奖他的廉洁能干。《康熙政要·任贤》还载，康熙二十三年，于成龙去世，康熙帝说："朕博采舆论评价，都称于成龙为古今第一廉吏。可加赠太子太保，荫其一子入国子监读书。"此外，康熙帝还从优表彰当时的清廉官员张伯行、陈瑸。康熙四十六年，康熙帝南巡时，称"誓不取民一钱"的张伯行是清官，将其提拔为福建巡抚，亲赐"廉惠宣猷"四字，并认为张伯行是当时天下清官第一。康熙五十七年，当时的福建巡抚陈瑸去世后，康熙帝称其是"清廉中之卓绝者"，追授礼部尚书，并荫其一子入国子监读书，以此表示优礼清廉大臣之意。

除了提拔奖励廉洁官吏之外，为了劝勉官员廉洁从政，一些帝王下诏告诫（警戒）官吏。

《宋史·真宗本纪》载，大中祥符二年，宋真宗撰写《文武七条》，警戒官吏。大中祥符八年，诏令各州将《御制七条》刻在石碑上。这个"文武七条"的缘由及内容是什么呢？《续资治通鉴·宋纪二十八》载，宋真宗作"文武七条"警戒官吏，对宰相说："汉朝的制度是刺史以六条问事，诸葛亮有武臣七戒，朕如今参照他们的治理要道，以儆戒勉励群臣。又思虑先朝（宋太宗时）以《儒行篇》赏赐近臣，如今都可一并赏赐一轴。"据有关史料记载，"文武七条"的主要内容：一是清心，即平心待物，不因喜怒爱憎而影响政事；二是奉公，即公平正直，自身廉洁；三是修德，即以德服人，不以势压人；四是务实，即不贪图虚名；五是明察，即体察民情，不要征收繁苛之税和刑罚不公正。六是勤课，即勤于政事和农桑之务。七是革弊，即革除各种弊端。

《宋史·孝宗本纪》载，淳熙五年，宋孝宗告诫百官和各监司不得请托。

《宋史·理宗本纪》载，淳祐四年正月初一，皇帝撰写《训廉》《谨刑》二则铭文，告诫朝廷内外官员。

《金史·世宗本纪》载，大定二年，金世宗以廉洁公平的道理告诫晓谕朝廷内外官吏。

《明史·宣宗本纪》载，宣德七年，明宣宗撰写的《官箴》完成，共计三十五篇，印发给百官。

《康熙政要·论尚廉》载，康熙帝曾撰写《廉静论》，这篇文章提到："廉洁是管子所谓'国之四维'之一，对于作为官吏尤其以廉洁为贵。为什么这样说呢？只有廉洁，才能做到有所不取，做到有所不取，才能有所不为。大凡无理、无义、无耻之事，都是他们所不为的。官吏如果廉洁，就会奉法做对百姓有利的事，不会枉法侵犯百姓，就会恪守职官以勤勉民事，而不会荒废职官而残害百姓。百姓安而官吏称职，官吏称职则天下治，因此官吏尤其以廉洁为贵。有所不取称之为廉，有所不为称之为静，只有做到廉洁才能做到清静，没有不廉洁而能清静的。既能廉洁而又清静，那么就能做到有无不为而后可以有为。因此愿天下官吏做真正的廉吏，这样才能做真正的安静之吏。"

十五、严厉惩处贪污受贿的官吏

严厉惩处贪污受贿的官员，让官员付出腐败的代价，对官员保持强大的震慑，这是让官员不敢贪污受贿的主要举措；同时，也是救治社会风俗的重要举措。如《金史·章宗本纪》载，金章宗说："现在的考察选拔官吏，都是先看才而后看德。奸猾之徒，虽有曾经贪赃的污点，一旦被任用，往往仍被认为是能干的官吏，这就是廉耻丧失的根本原因。"所以，严厉惩处贪污受贿的官吏，不给其任用机会，可以有助于养成社会上讲廉耻的风气。

早在上古时代，就有严惩贪官污吏的做法。舜帝在位时，制定的"五刑"中有一个"墨刑"，就是针对官员贪污受贿而设置的。

根据《资治通鉴》所载，可知治盛之世的贤君、雄武之君以及合格的守文之君都会将严惩贪官污吏作为吏治的重要举措。我们这里重点讲述《资治通鉴》所未载的宋代之后如何严厉惩处贪污受贿的官员。

宋太祖虽然以忠厚开国，但他对贪官极为痛恨，因此对贪官严厉惩处，多处以死刑。《宋史·太祖本纪》载，建隆二年四月，商河县令李瑶因为贪赃受杖刑处死，左赞善大夫申文纬因为事先没有察觉被除名。同年五月，供奉官李继昭因盗卖官船被处死。乾德三年，职方员外郎李岳因贪赃被处死。同年八月，殿直成德钧因贪赃处死。同年十月，太子中舍王治因受贿杀人，被处死。乾德四年，光禄少卿郭玘因为贪赃被处死。乾德五年，仓部员外郎陈郾因贪污被处死。开宝三年，右领军卫将军石延祚主管仓库与仓吏贪赃，被处死。开宝四年正月，右千牛卫大将军桑进兴因贪赃被处死。同年十月，太子洗马王元吉因为贪赃被处死。开宝五年三月，殿中侍御史张穆因贪赃被处死。同年七月，右拾遗张恂因贪赃被处死。十二月，内班董延谔因为主管场务时偷盗刍粟，被杖杀。开宝八年，宋州观察判官崔绚、录事参军马德休因为贪赃被处死。开宝九年，太子中允郭思齐因贪赃被处死。《宋史·太祖本纪》对宋太祖的评论中特别谈到宋太祖在位十七年间打下三百多年的基业，其中有一条很重要的措施就是重惩贪官。赵翼在《二十二史札记·卷二十四·宋初严惩赃吏》中讲："宋以忠厚开国，凡罪罚悉从轻减，独于治赃吏最严。盖宋祖亲见五代时贪吏恣横，民不聊生，故御极以后用重法治之，所以塞浊乱之源也。"即是说，宋朝以忠厚开国，但凡罪罚都从轻减省，但是独独对治理贪赃的官吏最严。大概是因为宋太祖亲自见到五代时贪官污吏恣意横行，民不聊生，因此即位后用重法惩治，这正是堵塞浊乱的源头的原因。

宋太宗时，也和宋太祖一样严惩贪官污吏。《宋史·太宗本纪》载，太平兴国三年三月，监海门戍、殿直武裕因贪赃被处死。同年四月，侍御史赵承嗣因为监察商税时隐没官钱，被处死。同年七月，中书令史李知古因受贿被杖刑处死。同年八月，詹事丞徐选因贪赃被杖刑处死。太平兴国六年，监察御史张白因为知蔡州时挪用官府的钱财贩卖粮食被处死。雍熙二年，殿前承旨王著因为监资州军时贪赃被处死。

而且宋太祖、宋太宗对于贪官污吏即使大赦时也不予宽免、录用。《宋史·太祖本纪》载，开宝元年，宋太祖大赦天下，但其中官吏受贿的不得赦免。开宝四年，大赦，但其中官吏受贿的不宽赦。《宋史·太宗本纪》载，太平兴国三年，宋太宗下诏说："太平兴国元年十月以来，所有在职官员因贪赃获罪的，即使遇赦也不得录用，永远成为定制。"

宋真宗、宋仁宗之后一直到南宋，对于贪官污吏的惩处有所放松，造成了吏治问题严重。宋高宗、宋孝宗时又加强了对贪官污吏的严惩。《宋史·高宗本纪》

载,建炎二年正月,宋高宗下诏:今后有违法贪赃、监守自盗的,中书省将其姓名备案,判处徒刑以上的,永不录用。同年二月,宋高宗又下诏今后有贪赃枉法、监守自盗罪如果罪刑严重,判处死罪的,没收家产。建炎三年,宋高宗下诏按察官每年根据奏报的贪官污吏的数量,作为考核优劣的根据。《宋史·孝宗本纪》载,乾道二年,知上元县李允升因犯贪赃罪,被杖击脊背、刺面,发配惠州牢城,没收家产。乾道三年,直秘阁、前广东提刑石敦义因犯贪赃罪,被刺面,发配柳州,抄没家产。乾道六年,知潮州曾造因犯贪赃罪,抄没家产。淳熙十年,宋孝宗下诏各路监司、帅臣严格执行官吏贪赃的禁令。

宋宁宗、宋理宗时对贪官污吏仍然严格惩处。《宋史·宁宗本纪》载,嘉定十六年,宋宁宗诏令官员犯贪赃罪不得宽恕。《宋史·理宗本纪》载,绍定二年,诏令每年举荐的廉吏如果犯了贪赃罪,举荐人承担连带责任,监司、守臣要严加督察。而且在宋理宗时,像贾似道这样奸邪的人,也知道对于贪赃的官吏不可不重惩。《宋史·理宗本纪》载,嘉熙二年,大宗正丞贾似道上奏说:"裕财之道,莫急于去赃吏(即增加国家财富之道,莫过于急除贪赃的官吏)。宋太祖将贪赃的官吏杖杀在朝堂,宋孝宗将贪赃的官吏在脸上刺字,如今实行,国家财政就充裕了。"

辽金时代的贤君辽圣宗、金世宗也对贪官污吏的惩处很是严厉。《辽史·圣宗本纪》载,太平六年,辽圣宗下诏大小官员有贪赃残暴、危害百姓的,立即罢免,终身不得录用;如果不是廉洁正直,虽然处在重任,也要撤换;皇亲国戚中有受贿的,一经发觉,与常人一样论罪惩处。史书称赞辽圣宗"践阼四十九年,理冤滞,举才行,察贪残,抑奢僭,录死事之子孙,振诸部之贫乏,责迎合不忠之罪,却高丽女乐之归。辽之诸帝,在位长久,令名无穷,其唯圣宗乎!"这其中有一条就是"察贪残",即对那些贪赃残暴的官吏进行严惩。所以,辽圣宗是辽朝各位皇帝中在位长久、名声最好的一位。《金史·世宗本纪》载,大定三年,金世宗诏令官吏如果犯贪赃罪,即使遇到赦免,也不能授官或奖励。大定七年,又再次重申了这个诏令。大定十二年,金世宗诏令尚书省:"贪赃枉法的官吏,已经察明事实清楚的,如果还担任旧职,必定继续为害百姓。要派遣使者到各道,当天就罢免。"大定十八年，金世宗对宰相大臣说："在职官员初次犯贪赃罪的，容许有过失，至于再犯，就是无改过之心。今后如果再犯，不论赃数多少，一律除名。"

元朝时，元世祖、元成宗都对贪官污吏严惩。《元史·世祖本纪》载，至元十九年，敕令："朝廷内外官吏如果有贪赃的，情节轻者用杖责罚，情节重者处死。"《元史·成宗本纪》载，元贞元年，元成宗下诏告诫朝廷内外官员："官吏贪赃已判处罪刑，再犯的加两等。仓库官吏监守自盗钱粮的，一贯钱以下笞责，到十贯的杖责，二十贯加一等，一百二十贯处以一年徒刑，每三十贯加半年，二百四十贯处以三年徒刑，满三百贯的处死。计算赃物以至元钞为标准。"元贞二年，元成宗又颁布惩治官吏收受贿赂的法令，共有十三等。大德五年正月，御史台大臣上奏说："官吏贪赃以及盗窃官府钱财的，即使有赦免，也要贬职。"元成宗采纳了上述意见。同年七月，元成宗诏令军官贪赃的与民官同样论处。同年八月，元成宗诏令："小吏犯贪赃罪的，一律罢职，永不录用。"大德七年，下诏制定贪赃罪十二章。

到了明朝，反贪最厉害、惩处最狠的便是众人皆知的明太祖。明太祖朱元璋出身底层，受尽贪官污吏之苦，对贪官污吏深恶痛绝。因此，他即位后将惩治贪官作为重要大事，严惩不贷，以儆效尤。凡是贪污六十两以上者，枭首示众，甚至剥皮、凌迟、钩肠等，可谓残酷（参见赵翼《二十二史札记·卷三十三·重惩贪吏》）。当时，一些大臣在每天早朝时，犹如上刑场一样，下朝后能平安回来，则庆幸又多活了一天。据统计，明太祖朱元璋执政期间，杀死的贪官有十多万人，力度可以说是中国历史上最大的。明太祖以重典治贪，可谓极为严厉，但是起到了澄清吏治的作用。《明史·循吏列传序》中讲："一时守令畏法，洁己爱民，以当上指，吏治焕然不变矣。下逮仁、宣，扶循休息，民人安乐，吏治澄清百余年。"也就是说，当时的太守、县令畏惧法度，廉洁爱民，以承太祖旨意，吏治焕然一新。下到明仁宗、明宣宗，与民休息，百姓安居乐业，吏治清明一百多年。

明成祖、明宣宗对贪官污吏也很严厉。《明史·成祖本纪》载，永乐十六年，明成祖告谕刑狱官员说："朕多次要求朝廷官员要廉洁爱民，但一些不称职的官吏仍然恣意妄为，危害百姓。良农种田时一定要除去杂草，因为它们会危害禾苗。

今后,对贪赃受贿的官员一定要依法惩处。"《明史·宣宗本纪》载,宣德四年,明宣宗废除文官犯有贪污受贿罪可以赎罪的规定。宣德六年十一月,派遣御史逮捕贪污残暴的宦官袁琦等人。同年十二月,将袁琦等十一人处死,将他们的罪行张榜公告天下。

清朝时,数雍正皇帝惩处贪官污吏最为厉害。康熙帝虽然对清官廉吏提拔奖赏,但对贪官污吏姑息,以致到了晚年国库空虚。雍正帝即位后,就大力反腐,他的一大招数就是革职、抄家、索赔,当时朝廷的高官被抄家的有十多位,甚至连其家族也不放过。众所周知,雍正六年,著名文学家、《红楼梦》的作者曹雪芹就曾被抄家。曹雪芹的曾祖母做过康熙帝的保姆,祖父曹寅与康熙帝关系极好,任江宁织造,康熙帝南巡多住在其家,曹寅去世后,曹雪芹的父亲也任江宁织造,但因为亏空,而被雍正皇帝抄家。

为什么要对贪官污吏进行严厉惩处呢?这里用一个古代的事例来说明,《宋名臣言行录》载,宋仁宗起用范仲淹为参知政事,让他主持改革,范仲淹针对弊政,提出了他的十条改革纲领:明黜陟、抑侥幸、精贡举、择长官、均公田、厚农桑、修武备、推恩信、重命令、减徭役。这十条主要是以整顿吏治为主。特别是他认为,州县两级官吏是最接近百姓的官员,最直接关系到百姓疾苦。他们无能、失职、腐化是致使百姓贫困不安的关键。因此,范仲淹决心狠狠地治一治那些为政恶劣的官吏,每见一人姓名,便一笔勾销。他的同事富弼颇为担心,说:"你大笔一勾,就有一家人会哭。"他说:"一家哭何如一路哭?"意思是,宁愿让一家人(被撤职官员的一家)哭,不能让一路(几个州县)的百姓哭。于是将这些官员统统罢免。

这说明,对贪官污吏的宽容就是对百姓的残忍。所以,对贪官污吏不可手软,必须严厉惩处。

十六、实行高位尊贤、高薪养贤(含高薪养廉)制度

一般而言,国家设置官职,一定要吸引第一流的人才来担任,这样国家才能

大治。历朝在开国时往往兴盛，这是因为吸引了当时第一流的人才。所以，应当实行高位尊贤、高薪养贤。像历史上的秦孝公为什么能使秦国由一个弱国而迅速成为一个强国，其中重要原因是吸引了当时第一流人才商鞅。他是怎么吸引商鞅来的？就是他在《求贤令》中讲了一条："宾客群臣有能出奇计强秦者，吾且尊官，与之分土。"就是说，宾客和群臣中，有能出奇计使秦国强大的人，我就给予他高官让他尊显，并分封土地给他。

如果国家只是照例任官，而且薪金不高，就很难找到一流的人才。因为贤才思考出来的方略是他长期积累的心血，如果对治国有非常大的作用，而所得职位很卑微、所得薪金很薄少，这是对他的侮辱，如果他有更好的去处就一定会离开。试想一下，一个国家公务员的薪金如果比一般社会阶层的人收入还低，怎么能保证吸引第一流的人才来。如果第一流的人才离开了政府，剩二三流的人甚至更低流的人才来管理国家，必定难以达到治世，弄得不好国家还会衰败。因此，只有实行高位尊贤、高薪养贤，才能吸引第一流的人才。

高位尊贤，只能是对少数第一流人才，特别是有雄才大略的贤士。而对大多数官员来说，需要高薪养贤，这也是极为重要的。在历朝中，宋代官员的俸禄是最为优厚的，根据《宋史·职官志》等史料记载，宋朝的宰相、枢密使（正宰相级）每月三百千钱，春、冬服各绫二十匹、绢三十匹、绵百两；参知政事、枢密副使（副宰相级）每月二百千钱，绫十匹、绢三十匹、绵五十两。俸禄中还有粟米，宰相、枢密使每月一百石；三公（太师、太傅、太保）、三少（少师、少傅、少保）每月一百五十石；权三司使每月七十石；节度使每月一百五十石；观察、防御使每月一百石。除此之外，还有职钱，这个只给在京的朝廷官员，外任的不给。御史大夫、六曹尚书每月有六十千钱；翰林学士有五十千钱。此外，还有给随从、奴仆的钱，也由官府开支。比如宰相、枢密使各使七十人；参知政事至尚书左右丞各使五十人。

清朝史学家赵翼《二十二史札记·卷二十五·宋制禄之厚》中讲："（宋朝）其待士大夫可谓厚矣。惟其给赐优裕，故入仕者不复以身家为虑，各自勉其治行。观于真、仁、英诸朝名臣辈出，吏治循良。及有事之秋，犹多慷慨报国。绍兴之支撑半壁，德祐之毕命疆场，历代以来，捐躯殉国者，惟宋末独多，虽无救于败亡，亦不可谓非养士之报也。"也即是说，宋朝对待士大夫可以说非常优厚啊！正因为俸禄赏赐优厚，因此入仕为官的人不再以身家为虑，各自勉励自己砥砺品行。观看宋真宗、宋仁宗、宋英宗三朝名臣辈出，吏治清明，官吏多循良。等到有事之时，还多能慷慨报国。宋高宗之时支撑半壁江山，宋恭帝时全力效命疆场，历代以来，捐躯殉国的官吏，只有宋朝末年最多（如厓山之战），虽然不能救于败亡，也不可不说是宋代养士之报啊！

赵翼同时也指出，宋朝因为给予俸禄赏赐过于优厚，对于国家来说，耗费太多，恩加百官唯恐不足，财取于万民而不留其余，这也是宋朝制度不可以效法的原因。

这也告诉我们，如果薪金太高，国家财力难以承受，百姓也负担沉重。所以古代治盛之世通行的做法是，精简官员。国家养的人少了，相对来说，官员的薪金就可以高了。比如，国家每年的财政收入有一万亿元，可用于官吏俸禄预算为一千亿元，如果官吏有一百万名，那么每人平均只有十万年薪；如果官吏有十万名，那么每人平均有百万年薪；如果官吏更少，那么每人平均年薪就更多了。

同时，实行高薪养贤还有一个目的就是养廉，也即人们所说的高薪养廉。官员需要有体面的生活，否则赡养老人、养育子女以及教育、医疗、住房等费用将官员的薪金月月用光，也很难保证官员清廉。

治盛之世的贤君汉宣帝曾经讲过一句著名的话："吏不廉平，则治道衰"。这句话众所周知，但是这句话之后，汉宣帝还讲："今小吏皆勤事而俸禄薄，欲无侵渔百姓，难矣！其益吏百石以下俸十五。"（《资治通鉴·汉纪十八·神爵三年》）就是说，如今小吏都勤于事务而俸禄却很微薄，想要他们不侵夺鱼肉百姓，很难啊！给百石以下的官吏增加俸禄十分之五。所以，汉宣帝担心官吏不清廉，才给低级官吏加工资，因为他们的工资太低，如果养家糊口都成问题，他们就可能会想方设法掠夺百姓。

虽然高薪未必能养廉，但是低薪却是极易腐败。为什么明太祖如此狠杀贪官，而贪官却总是"野火烧不尽，春风吹又生"呢？这其中的重要原因就是低薪。赵翼在《二十二史札记·卷三十二》中专门提到"明官俸最薄"，这里面提到，明朝初年百官的俸禄都来自于江南的官田（当时首都在南京），后来归还官田，给以俸禄。洪武十三年，明太祖厘定文武官员的禄米俸钞之数。二十五年，更定官禄：正一品，每月俸禄八十七石米；从一品至正三品，每减少一级就减十三石；从三品（相当于现在的副部级）只有二十六石米，正四品二十四石米，从四品二十一石米，正五品十六石米，从五品十四石米，正六品十石米，从六品八石米，正七品至从九，每减少一级递减五斗米，至五石而止。从此之后为明朝永远的定制。当时的一石米仅值十四、五钱。因此《明史·食货志》称"自古官俸之薄未有若此者"。也就是说，自古以来官吏的俸禄没有比明朝更少的了。

相比来说，汉代的官员俸禄就比较高。根据《汉书·百官公卿表》等史料记载，汉朝的丞相、太尉、大将军等宰相级（相当于明朝的正一品）的官员每年的俸禄为一万石谷物（御史大夫虽为副宰相，但俸禄也是一样），除以十二，每月的俸禄达到八百三十三石多，由谷物折成米，就算减个两成，也有六百六十六石米，这比明朝多五百七十九石米；九卿等高级官员（相当于明朝正三品以上）每年的俸禄为两千石谷物，除以十二，每月的俸禄达到一百六十六石多，再换成米，也有一百三十三石米，这比明朝多了一百多石；当时的郡守（相当于明朝的正四品）也是两千石，不过实际比九卿每月少了三分之一，但也有一百一十一石多，折成米有八十九石左右；县令（人口超过万户的县级长官）俸禄为每年六百石至一千石不等，县长（人口少于万户的县级长官）俸禄为每年三百石至五百石不等，县令、县长实际相当于明朝的正七品，拿最低的来说，每年三百石，每月也有二十五石，折成米有二十石。就连县丞、县尉的俸禄也达到每年二百石至四百石，拿最低的计算，每月也能有十六石多，折成米将近十三石，也相当于明朝正六品以上，接近从五品。

清朝时，雍正皇帝为了整顿吏治，除了前面所讲的革职、索赔、抄家外，还推行了"耗羡归公"和"养廉银"制度。即将各地征收的火耗银由不合法变为合法，确定比例按期分给官吏，作为养廉银。这个制度实施后，对于减轻百姓负担、调动官吏积极性、提高官吏待遇、防止官吏贪赃、促进官吏廉洁有很好的作用。

所以，实行高位尊贤、高薪养贤，对于吸引第一流人才从政和促进官员廉洁都是有一定作用的。

参考文献

1.【春秋】孔子等编撰:《四书五经》,中华书局 2009 年版
2.【战国】公羊高:《春秋公羊传》,中华书局 2016 年版
3.【西汉】司马迁:《史记》,中华书局 2000 年版
4.【西汉】刘向:《管子》,西苑出版社 2016 年版
5.【东汉】班固:《汉书》,中华书局 2000 年版
6.【三国魏】王弼:《老子道德经注》,中华书局 2011 年版
7.【三国蜀】诸葛亮:《诸葛亮集》,中华书局 2012 年版
8.【南朝宋】范晔:《后汉书》,中华书局 2000 年版
9.【唐】魏徵等撰:《隋书》,中华书局 2000 年版
10.【唐】吴兢:《贞观政要》,中华书局 2011 年版
11.【唐】李林甫等撰:《唐六典》,中华书局 2014 年版
12.【后晋】刘昫等撰:《旧唐书》,中华书局 2000 年版
13.【北宋】欧阳修等撰:《新唐书》,中华书局 2000 年版
14.【北宋】司马光:《资治通鉴》,中华书局 2009 年版
15.【北宋】司马光:《稽古录》,北京师范大学出版社 1988 年版
16.【北宋】司马光撰,李文泽、霞绍辉校点:《司马光集》,四川大学出版社 2010 年版
17.【南宋】朱熹撰,葛景春、任崇岳译:《大指导力:宋名臣言行录》,贵州教育出版社 2011 年版

18.【元】脱脱等撰:《辽史》,中华书局 2000 年版

19.【元】脱脱等撰:《宋史》,中华书局 2000 年版

20.【元】脱脱等撰:《金史》,中华书局 2000 年版

21.【明】宋濂等撰:《元史》,中华书局 2000 年版

22.【明】胡广等撰:《明太祖宝训》,中华典藏网

23.【明】张居正:《资治通鉴直解》,九州出版社 2011 年版

24.【明】张居正:《张居正奏疏集》,华东师范大学出版社 2014 年版

25.【明】余继登:《典故纪闻》,中华书局 1981 年版

26.【明】顾炎武撰、张京华校释:《日知录校释》,岳麓书社 2011 年版

27.【清】王鸣盛:《十七史商榷》,凤凰出版社 2008 年版

28.【清】王夫之:《读通鉴论》,中华书局 2013 年版

29.【清】张廷玉等撰:《明史》,中华书局 2000 年版

30.【清】毕沅:《续资治通鉴》,岳麓书社 2008 年版

31.【清】唐甄著、黄敦兵校释:《潜书校释》,岳麓书社 2011 年版

32.【清】赵翼:《廿二史札记》(也称《二十二史札记》),凤凰出版社 2008 年版

33.【清】章梫:《康熙政要》,中州古籍出版社 2012 年版

图书在版编目(CIP)数据

从《资治通鉴》看吏治监察/罗英桓著. —北京：中国法制出版社，2023.11（2023.12重印）

ISBN 978-7-5216-3759-5

Ⅰ.①从… Ⅱ.①罗… Ⅲ.①《资治通鉴》—研究 Ⅳ.①K204.3

中国国家版本馆CIP数据核字（2023）第137897号

策划编辑：黄会丽

责任编辑：黄会丽 赵律玮　　　　　　　　　　封面设计：李　宁

从《资治通鉴》看吏治监察
CONG《ZIZHI TONGJIAN》KAN LIZHI JIANCHA

著者/罗英桓
经销/新华书店
印刷/北京虎彩文化传播有限公司
开本/710毫米×1000毫米　16开　　　　　印张/21.25　字数/321千
版次/2023年11月第1版　　　　　　　　　2023年12月第2次印刷

中国法制出版社出版
书号ISBN 978-7-5216-3759-5　　　　　　　　　　　定价：68.00元

北京市西城区西便门西里甲16号西便门办公区
邮政编码：100053　　　　　　　　　　　　　传真：010-63141600
网址：http://www.zgfzs.com　　　　　　　　编辑部电话：010-63141785
市场营销部电话：010-63141612　　　　　　　印务部电话：010-63141606
（如有印装质量问题，请与本社印务部联系。）